구속사의 관점에서 본

구약성경 파노라마

시편 · 상

개정판

구속사의 관점에서 본

시편 · 상(개정판)

초　판 2003년 3월 24일
개 정 판 2023년 6월 25일

지 은 이 유도순
펴 낸 이 유효성
펴 낸 곳 머릿돌

등록번호 제17-240호
등록일자 1997년 5월 20일
주　소 경기도 성남시 분당구 성남대로 30, 501호
Mobile 010-9472-8327
http://cafe.daum.net/gusoksa
E-mail yoodosun@hanmail.net/ yoohs516@hanmail.net,

총　판 기독교출판유통
주　소 경기도 파주시 광탄면 서원길 104
(031-906-9191)

ISBN 978-89-87600-97-0 03230

디 자 인 참디자인(02-3216-1085)

구속사의 관점에서 본

구약성경 파노라마

유도순 지음

15

시편 · 상

개정판

머릿돌

머리말

시편을 대할 때에 시인(詩人)은 시적인 관점으로 보려고 할 것이요, 교육자는 교훈적인 면을 찾으려고 할 것입니다. 그러나 하나님의 구속의 은총을 입은 자들은 주님께서 친히 "시편에 나를 가리켜 기록된 모든 것이 이루어져야 하리라"(눅 24:44) 말씀하신 그리스도를 만나려 할 것입니다. 시편에는 그리스도의 "탄생 · 고난 · 부활 · 승귀 · 재림" 등 전 사역이 계시되어 있습니다. 그리고 표현양식이 "시(詩)"로 되어있기 때문에 구구절절이 영광스러움이 농축(濃縮)되어 있는 것이 시편입니다.

그러므로 시편을 해설한다는 것은 불가능에 속합니다. 한 편을 가지고 한 권의 책으로도 모자랄 것입니다. 참으로 시편은 성경 66권에 대한 백과사전이요, 보물창고라 할 수 있습니다. 저는 "시편 파노라마"를 오직 예수 그리스도와 복음을 증언하기 위해 썼습니다. 그리고 이것은 제가 주님을 처음 만났을 때의 약속입니다.

그러므로 본서를 읽는 분들이 "우리가 메시아를 만났다"(요 1:41)고 말하게 된다면 더 바랄 것이 없다 하겠습니다. 이를 위해서가 아니라면 "시편 파노라마"를 쓸 이유가 무엇이란 말인가? 주님께서는 가룟 유다를 가리켜, "차라리 나지 않았다면 좋을 뻔하였다"고 말씀하셨습니다. 유다만이 아닙니다. 이 땅에 태어났다가 그리스도를 만나지 못하고 떠난다면 그 누구라도 "차라리 나지 않았다면 좋을 뻔한 사람"인 것입니다.

"시편 파노라마"는 전에 쓴 책의 증보판이 아니라, 다윗이 향수한 나이만큼 된 제 자신이 경건에 이르기를 사모하는 마음으로 다시 쓴 책입니다. 이 책을 읽으시는 분들도 하루에 한 편씩 묵상한다면 6개월 정도를 동행하는 것이 될 것입니다.

도움을 드리기 위해서 성경 본문을 도표로 나타냈고, 도표와 해설의 번호를 일치하도록 했습니다. 바라기는 읽으시는 모든 분들에게 "주의 말씀을 열면 빛이 비치어 우둔한 사람들을 깨닫게 하나이다"(119:130)한 은혜 입게 되시기를 구할 뿐입니다.

우리교회

원로목사 유도순

Contents

시편 파노라마

주제 : 시편에 나를 가리켜 기록한 모든 것이 이루어져야 하리라(눅 24:44)

시편은 150편의 다양한 시(詩)가 다섯 권으로 편집되어 있습니다. 그 중 "다윗의 시"라는 표제가 붙어 있는 것이 73편이나 됩니다. 표제가 없는 시 중에서도 신약성경은 다윗의 시로 인정하고 있는 것들도 있습니다. 이처럼 시편 저자의 중심적인 인물은 다윗입니다. 이점이 왜 중요한가? 구속사에 있어서 "아브라함과 다윗"은 하나님께서 세워주신 언약의 당사자들이기 때문입니다. 그런데 우리는 아브라함에 의하여 기록된 글을 갖지 못한 채 또 한 분의 언약 당사자인 다윗의 글만을 가지고 있는데, 그것이 시편(詩篇)인 것입니다.

오순절 성령강림 후에 행한 베드로의 설교에서 다윗을 가리켜 "그는 선지자라 하나님이 이미 맹세하사 그 자손 중에서 한 사람을 그 위에 앉게 하리라 하심을 알고 미리 본 고로 그리스도의 부활하심을 말했다"(행 2:30-31)고 증언합니다. 이처럼 메시아언약 당사자인 다윗이 선지자의 영에 의해서 시편을 기록하였다면 기록목적이 무엇인가 하는 점은 자명해진다고 하겠습니다.

시편의 기록목적

① 이점이 성령강림 후에 행한 베드로의 첫 설교에서,

㉠ 구약성경의 많은 말씀 중 그리스도의 부활(復活)을 입증하는 증거구절로 다윗이 기록한 시편 16편을 인용하고,

㉡ 부활 승천하셔서 하나님 우편에 앉아 계시는 근거 구절로 110편을 제시하고 있다는 점에 의해서도 드러납니다. 이처럼 시편은 예수가 그리스도이심을 입증하는 데 중요하게 사용되었던 것입니다.

㉢ 부활하신 주님께서도 친히 "모세의 율법과 선지자의 글과 시편에 나를 가리켜 기록된 모든 것이 이루어져야 하리라 한 말이 이것이라"(눅 24:44)고, 시편의 중심주제도 그리스도를 증언하는 것임을 말씀하셨습니다.

② 이 점에서 주의해야 할 점은 쌀밥에 콩이 섞여 있듯이 "모세오경 · 선지서 · 시편" 등에 그리스도를 증언하는 말씀이 드문드문 섞여 있는 양 여겨서는 안 된다는 점입니다. 만일 그렇게 여긴다면 예수는 성경의 주인공이 아니라 엑스트라(extra)가 되고 맙니다. 주님께서 "이 성경이 곧 내게 대하여 증언하는 것"(요 5:39)이라 말씀하신 대로 모든 성경의 중심주제는 그리스도를 증언하는 것이라는 점에 확고해야 합니다.

㉠ 예를 들어 성경을 거목(巨木)에 비한다면 굵은 줄기만이 그리스도를 증언하고 있는 것은 아닙니다. 무성한 나무의 맨 끝의 가지에 열매 맺는 것이 가능한 것은 "나는 포도나무요 너희는 가지니"(요 15:5) 한 원줄기에 붙어 있기 때문입니다. 그러므로 지엽적인 말씀도 그리스도를 증언하는 중심주제에 붙어있기 때문에 성경이 된다는 점을 명심해야 합니다.

㉡ 이처럼 성경의 모든 말씀은 직접적이든, 간접적이든, 암시적이든, 반영하고 있든지, 중심주제인 그리스도를 증언하는 것과 결부가 되어 있기 때문에 성경이 될 수 있는 것입니다.

③ 다윗은 언약 당사자뿐만이 아니라, 그리스도를 예표하는 인물이기도 합니다. 선지서들은 "내 종 다윗이 그들의 왕이 되리니 그들에게 다 한 목자가 있을 것이라"(겔 37:24)고 다윗을 그리스도의 예표의 인물로 증언하고 있습니다. 그러므로 시편을 대할 때에 세 가지 방면으로 바라보아야 합니다.

㉠ 첫째는 시(詩)를 기록한 장본인의 입장입니다. 다윗의 시를 상고할 때에는 다윗이 어떤 역사적인 배경과 상황에서 이 시를 기록하였는지를 관찰해야 합니다.

㉡ 둘째는 다윗을 예표로 하여 예수 그리스도에게 성취될 일들을 증언하고 있다는 점을 볼 수 있어야 합니다. 만일 이를 간과해 버린다면 시편을 기록하게 하신 성령님의 의도를 망각하는 것이 되고, 그림자는 보고 실체는 보지 못하는 것이 되어 시편을 통해서 계시하시고자 하는 영광스러움을 놓치게 될 것입니다.

㉢ 셋째는 시편 기자의 경험과 예수 그리스도에게서 성취된 일들을 통해서 경건하게 살고자 하는 성도들에게 적용되는 점입니다. 시편만큼 성도들에게 위로와 격려를 준 말씀도 달리는 없을 것입니다. 왜냐하

면 시편에 수록되어 있는 다양한 경험들이 성도들의 생활현장에서 재연되고 있기 때문입니다.

다윗이 당한 수난의 의미

④ 다윗과 관련된 시편들을 보면 크게 세 부류로 나눌 수 있는데,

㉮ 첫째는 사울로부터 박해를 당하며 기록한 것과
㉯ 둘째는 압살롬의 반역 때에 지은 시와
㉰ 셋째는 블레셋과 같은 대적과의 전쟁 중에 지은 시입니다.

이를 예표로 그리스도를 증언하고 있습니다.

㉠ 첫째로 다윗이 사울에게 당한 박해의 중심 모티브는 "까닭없이 당하는 박해"라는 점입니다.

㉮ "그들이 까닭없이 나를 잡으려고 그들의 그물을 웅덩이에 숨기며 까닭없이 내 생명을 해하려고 함정을 팠사오니"(35:7)

㉯ "부당하게 나의 원수된 자가 나로 말미암아 기뻐하지 못하게 하시며 까닭없이 나를 미워하는 자들이 서로 눈짓하지 못하게 하소서"(35:19)

㉰ "까닭없이 나를 미워하는 자가 나의 머리털보다 많고 부당하게 나의 원수가 되어 나를 끊으려 하는 자가 강하였으니 내가 빼앗지 아니한 것도 물어주게 되었나이다"(69:4)하고 진술합니다.

사울은 다윗을 죽이려고 악랄하게 추격을 하나 다윗은 사울을 죽일 수 있는 결정적인 기회가 주어졌음에도 "여호와께서 금하시는 것이라"(삼상 24:6) 하면서 해하지 않습니다. 그리고 이렇게 말합니다. "다윗이 왕을 해하려 한다고 하는 사람들의 말을 왕은 어찌하여 들으시나이까 오늘 여호와께서 굴에서 왕을 내 손에 넘기신 것을 왕이

아셨을 것이니이다, 내 손에 있는 왕의 옷자락을 보소서 내가 왕을 죽이지 아니하고 겉옷 자락만 베었은즉 내 손에 악이나 죄과가 없는 줄을 오늘 아실지니이다"(삼상 24:9-11)

ⓛ 그렇다면 역사상 가장 무고하게, 가장 비참한 고난을 당하신 분이 누구인지 아십니까? 주님은 말씀하십니다. "그러나 이는 그들의 율법에 기록된바 그들이 이유 없이 나를 미워하였다 한 말을 응하게 하려 함이라"(요 15:25)

⑤ 둘째로 아들 압살롬에게 당한 박해의 모티브는 "배신"입니다. 압살롬이 반란을 일으켰을 때에 다윗에게 가장 큰 충격을 준 배신자는, "압살롬과 함께 모반한 자들 가운데 아히도벨이 있나이다"(삼하 15:31)한 아히도벨의 배신입니다. 그는 모략에 능한 자인데 다윗의 신복이었던 자입니다. 다윗은 이렇게 진술합니다.

㉠ "나의 신뢰하여 내 떡을 나눠 먹던 나의 가까운 친구도 나를 대적하여 그의 발꿈치를 들었나이다"(41:9)

ⓛ "나를 책망하는 자는 원수가 아니라 원수일진대 내가 참았으리라 나를 대하여 자기를 높이는 자는 나를 미워하는 자가 아니라 미워하는 자일진대 내가 그를 피하여 숨었으리라 그가 곧 너로다 나의 동류 나의 친구요 나의 가까운 친우로다"(55:12-13)

ⓒ 이 예표가 주님에게는 가룟 유다의 배신으로 응하여졌던 것입니다. 주님은 "내 떡을 먹는 자가 내게 발꿈치를 들었다 한 성경을 응하게 하려는 것이니라"(요 13:18) 하십니다. 베드로 사도는 "형제들아 성령이 다윗의 입을 의탁하사 예수 잡는 자들의 길잡이가 된 유다를 가리켜 미리 말씀하신 성경이 응하였으니 마땅하도다" 하면서, "시편에 기록하였으되 그의 직분을 타인이 취하게 하소서 하였도다"(행 1:16,20)하고 증언합니다.

⑥ 다윗의 수난은 하나님의 택하심과 기름부음을 받아 성령의 충만하게 됨으로 시작됩니다. 다윗은 성령의 충만하게 됨을 받아 골리앗을 물리치게 되고 환영하는 백성들은 "사울이 죽인 자는 천천이요. 다윗은 만만이로다"(삼상 18:7)하고 다윗을 더 높임으로 사울의 증오를 사게 됩니다. "여호와께서 사울을 떠나 다윗과 함께 계시므로 사울이 그를 두려워한지라"(삼상 18:12), "사울이 다윗을 더욱더욱 두려워하여 평생에 다윗의 대적이 되니라"(삼상 18:29)하고 성경은 말씀합니다. 만일 하나님이 다윗을 택하시지 않으셨다면, 그리하여 기름 부으심이 없었다면 그는 수난당함 없이 양을 치는 목자로 평생을 편안히 마쳤을 것입니다. 그러므로 다윗이 받은 박해는 사사로운 것이 아니라, "그리스도를 위하여 받는 박해"(참고, 히 11:26)였으며, 다윗을 대적한 것은 곧 하나님을 대적한 것이 되는 것입니다.

다윗은 예수 그리스도의 예표의 인물

⑦ 하나님께서는 다윗이라 지칭하시지 않고, "이새의 아들 중에서 한 왕을 보았느니라"(삼상 16:1)고 말씀하셨는데 그가 다윗입니다. 그런데 이사야 선지자는 "이새의 줄기에서 한 싹이 나며 그 뿌리에서 한 가지가 나서 결실할 것이요"(사 11:1)라고 예언하고 있는데 그분이 그리스도이십니다. 그러므로 하나님께서 다윗을 택하신 목적은 "그 조상 다윗의 왕위를 그에게 주시리니"(눅 1:32)한 메시아왕국의 예표로 세우신 것입니다.

㉠ 이점을 에스겔 선지자도 "내 종 다윗이 그들의 왕이 되리니"(겔

37:24)하고 예언하고, 호세아 선지자도 "그 후에 이스라엘 자손이 돌아와서 그들의 하나님 여호와와 그들의 왕 다윗을 찾을 것"(호 3:5)이라고 예언하고 있습니다. 다윗은 이미 죽은 지 수백 년이나 되었음에도 "내 종 다윗이 그들의 왕이 된다" 하심은 그리스도에 대한 명백한 예언이었던 것입니다.

㉡ 성경에는 신학적인 면과 교훈적인 면이 있습니다. 만일 교훈적인 면만을 본다면 성경이 "위인전기 · 명언집"같이 되고 맙니다. 이것은 우려가 아니라 현대교회의 실상입니다. 그래서 "아브라함같이 순종하여 복을 받자, 요나 같이 불순종하다가 풍랑을 만나지 말자"하고 말합니다. "교훈"은 중요하고 유익합니다. 그런데 명심해야 할 점은 성경은 문제(問題)에 대한 해답(解答)으로 주어졌다는 점과 인간이 행해야 하는 교훈에는 해답이 없다는 점입니다. 즉 구원에 이르게 하지 못한다는 말씀입니다. "그들은 그러다가 멸망을 당했다, 우리는 그렇게 하지 말자" 하는 이것이 해답입니까?

교훈적인 관점은 다윗의 처지와 형편을 설명한 후에 우리도 다윗을 본받자고 곧바로 적용시킵니다. 그렇게 한다면 그림자는 보고 실체는 못 보는 것이 되고, 시편을 통해서 증언하고자 하는 그리스도는 실종(失踪)되고 맙니다. 신구약 시대를 막론하고 오직 해답은 "내가 문이다(요 10:9), 내가 길이다"(요 14:6)하신 예수 그리스도에게만 있는 것입니다. 시편을 상고할 때에 이점을 놓치지 말아야 합니다. 그러므로 시편을 통해서 만나야 할 분은 다윗이 아니라 그리스도인 것입니다.

다윗의 귀를 통하여 깨닫게 하심

⑧ 다윗은 "기가 막힐 웅덩이와 수렁에서 끌어 올리심"을 받은 후에 예물과 감사제를 드리려 했습니다. 그런데 "주께서 내 귀를 통하여 들려주시기를 제사와 예물을 기뻐하지 아니하시며 번제와 속죄제를 요구하지 아니하신다"(40:2,6) 하시는 것이 아닌가?

㉠ 그래서 다윗은 하나님이 나 자신을 요구하신다는 것을 깨닫고는 "그 때에 내가 말하기를 내가 왔나이다 나를 가리켜 기록한 것이 두루마리 책에 있나이다"(7)고 자신을 드리기에 이릅니다.
다윗 당시에 이런 깨달음을 얻었다는 것은 가히 혁명적인 일이라 할 것입니다. 그의 아들 솔로몬을 보십시오. 일천 번제를 드리고, 성전 낙성식 때에 드린 제물이 소가 2만 마리, 양이 12만 마리라고 전하고 있습니다. 그런데 이런 "예물과 번제"를 요구치도 아니하시고 기뻐하시지도 아니하신다니!

㉡ 그런데 이 점에서 주목해야 할 점은 "나를 가리켜 기록한 것이 두루마리(성경) 책에 있다"는 대목입니다. 성경은 다윗을 증언하기 위해서 기록이 된 책이 아니라, "이 성경이 곧 내게 대하여 증언하는 것이로다"(요 5:39) 한 그리스도를 가리켜 기록된 책이라는 점입니다.

그러므로 신약성경은 이를 인용하여 "그러므로 세상에 임하실 때에 이르시되 하나님이 제사와 예물을 원하지 아니하시고 오직 나를 위하여 한 몸을 예비하셨도다 번제와 속죄제는 기뻐하지 아니하시나니 이에 내가 말하기를 하나님이여 보시옵소서 두루마리 책에 나를 가리켜 기록한 것과 같이 하나님의 뜻을 행하러 왔나이다"(히 10:5-7)하고 그리스도에게서 성취되었음을 증언하고 있는 것입니다.

시편의 문학형식

⑨ 또한 시편을 상고할 때에 유념해야 할 점은 메시아언약 당사자요, 선지자인 다윗이 시편을 기록할 때에 "시"(詩)라는 문학 양식으로 기록한 것도 무심한 일이 아니라는 점입니다. 왜냐하면 하나님은 모세에게 이스라엘 백성들이 가나안에 들어가서 언약을 버리고 다른 신을 좇을 것을 말씀하시면서, "그러므로 이제 너희는 이 노래를 써서 이스라엘 자손들에게 가르쳐서 그들의 입으로 부르게 하여 이 노래로 나를 위하여 이스라엘 자손들에게 증거가 되게 하라"(신 31:19)고 명하셨습니다.

㉠ 시편의 문학 형식이 "시와 노래"로 되어있는 점도 이런 흐름에서 이해되어야 합니다. 제3권은 주로 "아삽의 시"로 되어있는데, 그는 찬양대 지휘자입니다. 성경은 찬양대 지휘자들을 "선견자"(대상 25:5)라고 말씀합니다. 그러면 어떤 뜻이 되는가? 주 성령께서는 언약 당사자인 다윗에게 그리스도에 대한 증언들을 시(詩)라는 양식으로 기록하게 하셔서 노래로 부르게 하심으로 메시아언약을 잊지 않게 하시려는 것이 하나님의 의도라는 것이 됩니다.

㉡ 그러므로 시편의 문학형식이 "시(詩)"로 되어있으나, 서술체로 기록한 선지(先知)서와 동일하게 그리스도를 증언하는 것이 중심주제인 것입니다. 그러니까 시편도 선지자인 다윗을 들어 기록하게 하신 "선지서"(先知書)라는 것이 됩니다. 참고로 선지서·시편을 상고할 때에 주목하시라고 언급합니다만 선지서와 시편이 앞부분에서는 문제를 진술하고 이에 대한 해답이 결론부분에 주어진다는 점입니다. 이처럼 성경은 문제에 대한 해답으로 주어진 것입니다.

시편에 나타난 의인과 악인

⑩ 시편을 푸는 열쇠는 전체의 서론 격인 1편에 있다 하겠습니

다. 1편은 두 부류의 사람을 대조해서 보여줍니다. 1-3절은 "복 있는 사람"에 대한 진술이고, 4-5절은 "악인은 그렇지 않음이여" 하고 악인에 대한 진술입니다. 그리고 결론은,

㉠ "무릇 의인들의 길은 여호와께서 인정하시나, 악인들의 길은 망하리로다"(6)고 "두 길, 두 종말"이 있다고 말씀합니다.
모든 사람은 이 두 부류 중 어느 한 진영에 속해 있으며, 두 길 중 어느 한 길을 가고 있는 것입니다. 이처럼 시편에는 의인과 악인의 대조가 다 빈번하게 등장합니다. 그러면 의인과 악인은 각각 누구를 가리키는 말인가? 조심할 점은 윤리적인 면에서 의인과 악인이 아니라는 점입니다. 물론 의인은 선하고 악인은 악할 수도 있으나, 엄밀한 의미에서 "의인은 없나니 하나도 없도다"라고 성경은 선언합니다.

㉡ 그러므로 시편이 말씀하는 의인과 악인이란 창세기 3:15절에서 선언하신 "여자의 후손과 뱀의 후손"을 가리키는 것입니다. 즉, 하나님을 경외하는 자와 불신자를 가리키는 표현입니다. 물론 불신자들 중에는 선한 사람이 있음을 인정합니다. 그러나 그가 추종하는 대표자가 악한 사탄이기 때문에 그도 피할 수 없이 악한 자로 분류되고 맙니다. 같은 원리로 신자들 중에도 신실하지 못한 자가 있으나 그의 머리가 의로우신 그리스도이시기 때문에 의인의 그룹에 서게 되는 것입니다.

시편에 등장하는 대적자 원수

⑪ 시편에는 놀라울 만치 대적자, 또는 원수라는 말이 많이 등장합니다. 그리고 저주하는 시를 대하면서 의아해하게 됩니다. 대적자 원수가 1차적으로는 다윗을 미워하고 죽이려던 누구일 수 있습니다. 그러나 시편이 말씀하고 있는 궁극적인 원수는 사탄인

것입니다.

어찌하여 이방 나라들이 분노하며
민족들이 헛된 일을 꾸미는가
세상의 군왕들이 나서며 관원들이 서로 꾀하여
여호와와 그의 기름 부음 받은 자를 대적하며
우리가 그들의 맨 것을 끊고
그의 결박을 벗어 버리자 하도다 (시 2:1-3)

주님을 판 자는 가룟 유다였으나 그에게 팔 마음을 넣어 준 자는 사탄이었던 것입니다. 사울 왕은 왕위에 있을 동안 다윗을 죽이려는데 많은 날을 허비했는데, 그 배후에는 악신이 그에게 들렸기 때문입니다. 그러므로 시편에 나오는 무자비한 저주는 사탄에 대한 적개심으로 이해해야 합니다. 마지막 심판 때에는 사탄과 그의 추종자들이 함께 불과 유황불에 던짐받게 될 것입니다.

시편의 중심주제

⑫ 그러므로 시편을 통해서 말씀하려는 중심주제는 "이스라엘의 구원이 시온에서 나오기를 원하도다(14:7), 시온에서 이스라엘을 구원하여 줄 자 누구인고"(53:6)한 그리스도를 증언하는데 있습니다.

㉠ 시편에는 "내가 나의 왕을 내 거룩한 산 시온에 세웠다 하시리로다 내가 여호와의 명령을 전하노라 여호와께서 내게 이르시되 너는 내 아들이라 오늘날 내가 너를 낳았도다"(2:6-7) 한 탄생이 있고,

㉡ "개들이 나를 에워쌌으며 악한 무리가 나를 둘러 내 수족을 찔렀나이다"(22:16)한 수난이 있고,

㉢ "이는 주께서 내 영혼을 스올에 버리지 아니하시며 주의 거룩한 자로 멸망시키지 않으실 것임이니이다"(16:10)한 부활이 있고,

㉣ "여호와께서 내 주에게 말씀하시기를 내가 네 원수로 네 발판이 되게 하기까지 너는 내 오른쪽에 앉아 있으라 하셨도다"(110:1)한 부활 승천이 있고,

㉤ "우리 하나님이 오사 잠잠하지 아니하시니 그 앞에는 삼키는 불이 있고 그 사방에는 광풍이 불리로다"(50:3)한 심판주로 재림하실 것과,

㉥ "여호와께서 다스리시나니 땅은 즐거워하며 허다한 섬은 기뻐할지어다"(97:1)한 메시아 왕국이 계시되어 있는 것입니다.

시편 1편이 전체의 서론이라면, 마지막 150편은 전체의 송영이라 할 수 있습니다. 시편은 "복 있는 사람은"(1:1)하고 "사람"으로 시작하여, "호흡이 있는 자마다 여호와를 찬양할지어다 할렐루야"(150:6)하고 "여호와를 찬양"하는 것으로 끝맺고 있습니다. 이처럼 시편은 "이는 그가 사랑하시는 자 안에서 우리에게 거저 주시는바 그의 은혜의 영광을 찬송하게 하려는 것이라"(엡 1:6)한 영광스러움으로 가득한 책입니다.

시편 1편 개관도표

주제 : 두 진영, 두 길, 두 종말

의인의 길

1-3

1 ① 복 있는 사람은

악인들의 꾀를 따르지 아니하며
죄인들의 길에 서지 아니하며
오만한 자들의 자리에 앉지 아니하고

2 ② 오직 여호와의 **율법을 즐거워하여** 그의 율법을
즐거워하여 그의 율법을 주야로 **묵상하는도다**
3 그는 시냇가에 심은 나무가 철을 따라 열매를 맺으며
그 잎사귀가 마르지 아니함 같으니 그가 하는
모든 일이 다 형통하리로다

악인의 길

4-5

4 ③ **악인들은**

그렇지 아니함이여
오직 바람에 나는 겨와 같도다

5 ④ 그러므로 악인들은 심판을 견디지 못하며
죄인들이 의인들의 모임에 들지 못하리로다

두 종말

6 ⑤ **무릇 의인들의 길은 여호와께서 인정하시나**
악인들의 길은 망하리로다

1편

두 진영, 두 길, 두 종말

6 무릇 의인들의 길은 여호와께서 인정하시나 악인들의 길은 망하리로다.

1편은 시편 전체의 서론(序論)이라 할 수 있는데, 명제(命題)와 같은 말씀으로 시편을 해석하는 길잡이가 됩니다. 1편에는 "두 부류, 두 길, 두 종말"이 있습니다. 모든 사람은 "두 부류" 중 어느 한 부류에 속하여 "두 길" 중 어느 한 길을 가고 있는 것이며, 결국은 "두 종말"로 갈라지게 된다는 점을 보여주고 있습니다.

이처럼 시편은 전반적으로 시편이라는 이미지와는 달리 "의인과 악인, 경건한 자와 대적하는 원수"의 대조(對照)가 끊이지 않고 계속해서 등장합니다. 그러니까 시편의 무대는 영적 대결의 장(場)이라는 점을 유념해야 합니다.

도표를 보시면 “두 진영, 두 길, 두 종말”을 중심으로, 첫째 단원에서는 “의인의 길”을, 둘째 단원에서는 “악인의 길”의 특성을 말씀한 후에, 셋째 단원은 결론으로 “두 종말”로 갈라지게 될 것을 보여줍니다. 핵심은 “무릇 의인의 길은 여호와께서 인정하시나 악인의 길은 망하리로다” 하는 말씀입니다.

첫째 단원(1–3) **의인의 길**
둘째 단원(4–5) **악인의 길**
셋째 단원(6) **두 길의 종말**

첫째 단원(1–3) **의인의 길**

“무릇 의인들의 길은 여호와께서 인정하시나 악인들의 길은 망하리로다”(6)

① 첫째 단원은 “복 있는 사람은”(1상), 이렇게 시작됩니다. 그런데 “의인의 길”이라는 제목을 붙인 것은 결론에서, “무릇 의인들의 길은 여호와께서 인정하시나 악인들의 길은 망하리로다”(6) 한 명백한 대조(對照)와 통일성(統一性)을 위해서 “의인의 길”이라 한 것입니다.

㉠ 5절에는 “악인과 의인”, “죄인의 모임과 의인의 모임”이 대조(對照)되어있습니다. 온 인류가 이처럼 두 진영으로 나누이게 된 비극적인 원인은 죄가 세상에 들어옴으로 말미암아 “여자의 후손과 뱀의 후손”(창 3:15)으로 갈라지게 되었기 때문입니다.

이 점에서 유념해야 할 점은 1편의 주제가 “…행하는 사람”은 복이 있고, 의인의 모임에 들게 된다는 그런 내용이 아니라는 점입니다. 만일 교훈적인 면에 치우쳐서 그렇게 말한다면 행위 구원론이 되고 맙니다. 다시 상기시킵니다만 시편이 말씀하는 의인과 악인이란 창세기 3:15절에서 선언하신 "여자의 후손과 뱀의 후손", 즉 하나님을 경외하는 신자와 불신자를 가리키는 것입니다. 물론 불신자들 중에도 선한 사람이 있습니다만 그러나 그가 추종하는 대표자가 악한 사탄이기 때문에 "악인의 길"로 분류되고 맙니다. 같은 원리로 신자들 중에도 신실하지 못한 자가 있으나 그의 머리가 의로우신 그리스도이시기 때문에 "의인의 길"이 되는 것입니다.

㉡ 그러므로 "복 있는 사람"은 "악인들의 꾀를 따르지 않는다, 죄인들의 길에 서지 않는다, 오만한 자들의 자리에 앉지 않는다"는 뜻은 그들과 같은 방식으로 살아가지 않다는 구별된 삶을 가리킵니다. 구체적으로 "세계관 · 인생관 · 가치관", 즉 인생의 목적(目的)이 바뀐 사람들이라는 말씀입니다. "아니하고, 아니하며"는 부정적이요 소극적인 면이고,

② 적극적으로 "오직 여호와의 율법을 즐거워하여 그의 율법을 주야로 묵상(黙想)하는도다"(2), 즉 하나님의 말씀대로 살기를 사모하는 사람이라는 것입니다.

㉠ 여기 성별된 삶을 살아가는 비결(祕訣)이 있습니다. 어떻게 "악인들의 꾀를 따르지 아니하며, 죄인들의 길에 서지 아니하며, 오만한 자들의 자리에 앉지 아니"할 수 있는가? 즉 불신자들의 생활방식대로 살지 않을 수 있는가? 그것은 하나님의 말씀을 "묵상"(黙想)함으로 가능하여진다는 것입니다. 또한 "묵상"하기 위해서는 하나님의 말씀이 "마음"에 기록이 되어야만(히 8:10) 가능한 것입니다. 그러므로 "묵상"이라는 말 속에는 "배우고, 훈련되고, 기억함"(암송) 등이 전제되는 것입니다.

신약성경에서 "항상 기뻐하라, 쉬지 말고 기도하라, 범사에 감사하라"한 "기쁨과 감사"도 자동(自動)으로 일어나는 일이 아니라, "쉬지 말고 기도하는", 즉 묵상을 통해서만이 가능하여지는 것입니다. 무엇을 묵상해야 하는가? 본문이 말씀하는 "율법"이란 "하나님의 말씀"(19:7)을 가리킵니다. 하나님께서 우리를 위하여 행해주신 영광스러운 행사(行事)들을 묵상할 때 "주의 말씀은 내 발에 등이요 내 길에 빛이니이다"(119:105)가 되는 것입니다.

㉡ "그는 시냇가에 심은 나무가 철을 따라 열매를 맺으며 그 잎사귀가 마르지 아니함 같으니 그가 하는 모든 일이 다 형통하리로다"(3) 합니다.

㉮ 첫째로 "나무"는 스스로 심겨질 수 없다는 점입니다. 이스라엘 백성을 애굽에서 구원하시어 가나안에 정착하게 하신 것을 "주께서 한 포도나무를 애굽에서 가져다가 민족들을 쫓아내시고 그것을 심으셨나이다"(80:8)라고 진술하는데, 이를 예표로 하여 하나님께서 형제를 택하시고 구속하시어 자녀 삼아주셨다는 이 영광스러움을 묵상해보시기 바랍니다.

㉯ 둘째는 "시냇가에 심은 나무", 즉 마르지 않고 흐르는 시냇물을 계속적으로 공급(供給)받기 때문에 "잎사귀가 마르지 않고, 열매를 맺게" 된다는 점입니다. 예레미야서에서도 "그러나 무릇 여호와를 의지하며 여호와를 의뢰하는 그 사람은 복을 받을 것이라 그는 물가에 심어진 나무가 그 뿌리를 강변에 뻗치고 더위가 올지라도 두려워하지 아니하며 그 잎이 청청하며 가무는 해에도 걱정이 없고 결실이 그치지 아니함 같으리라"(렘 17:7-8) 합니다.

㉢ 그러므로 "형통(亨通)하리로다"란 인간이 원하는 대로 다 이루어진다는 그런 뜻이 아닙니다. 1편의 구조가 "의인과 악인"을 대조하여 그 종말이 다르다는 점을 보여주려는데 초점이 맞춰져 있다는 점을

유념하시기 바랍니다. 그러므로 "형통"이 결론에 이르러서는 "여호와께서 인정하신다"는 말씀으로 발전합니다. 그러므로 "형통"이란 구원의 날까지 "모든 것이 합력하여 선을 이루느니라"(롬 8:28)한 그런 뜻인 것입니다.

둘째 단원(4-5) 악인의 길

"악인들은 그렇지 아니함이여"(4상)

③ 다시 강조합니다만 시편에는 "의인과 악인"이라는 대조(對照)가 참으로 많이 등장한다는 점입니다.

㉠ 이를 윤리적(倫理的)인 면으로만 보아서는 안 됩니다. 왜냐하면 그렇게 되면 인과응보(因果應報), 권선징악(勸善懲惡) 사상이 되어, 주님께서 "모세의 율법과 선지자의 글과 시편에 나를 가리켜 기록된 모든 것이 이루어져야 하리라"(눅 24:44)하신 구속교리와 충돌하게 되어 다른 사상이 되어 시편 전체가 뒤틀리게 되기 때문입니다.

㉡ 성경이 말씀하는 "의인과 악인"은 창세기 3장에서 선언하신 "여자의 후손과 뱀의 후손", 즉 신자와 불신자를 가리키는 묘사입니다. 불신자 중에도 선한 사람이 있고 믿는다는 사람 중에도 악한 사람들이 있음을 인정합니다. 그런데 시편에서 언급하는 두 부류는 개개인에 대한 것이 아니라, "두 진영(陣營), 두 대표(代表) 간에 대한 대조라는 점입니다. 그리고 한 진영의 대표자는 "의인"이고, 다른 진영의 대표자는 "악인"이라는 것입니다. 하나님을 인정하지 않는 불신자들은 자신이 알든 모르든 "너희는 너희 아비 마귀에게서 났으니"(요 8:44)한 사탄을 추종하는 것이기 때문에 "악인"으로 분류되는 것입니다.

㉢ "오직 바람에 나는 겨와 같도다"(4하) 합니다. 이는 의인의 "형통"과 대조되는 표현인데, 이 점에서 혼동하지 말아야 할 점은 불신자들도 무엇인가 위대한 업적(業績)을 이룬다는 점입니다. 그런데 "바람에 나는 겨와 같다"한 것은, 그 업적들이 하나님 앞에 인정(認定)받지 못한다는 뜻입니다. 왜냐하면 자신의 이름과 명예를 위하여 쌓아 올린 바벨탑과 같기 때문입니다.

④ 그런데 인정받지 못하는 것만이 아니라 더욱 비극적인 것은 "그러므로 악인들은 심판을 견디지 못하며 죄인들이 의인들의 모임에 들지 못하리로다"(5)한 말씀입니다.

㉠ "심판"이 있다고 말씀합니다. 성경은 "한 번 죽는 것은 사람에게 정해진 것이요 그 후에는 심판이 있으리니"(히 9:27), 즉 누구나 예외 없이 피할 수 없는 세 가지 사실이 있다고 말씀합니다.

㉮ 첫째는 "죽는다"는 것이고

㉯ 둘째는 "심판이 있다"는 것이고

㉰ 셋째는 영생과 영벌로 갈라지게 된다는 것입니다.

㉡ 둘째 단원의 중심 모티브는 심판 날에 "의인들의 모임에 들지 못한다"는데 있습니다.

셋째 단원(6) **두 길의 종말**

"무릇 의인들의 길은 여호와께서 인정하시나 악인들의 길은 망하리로다"(6)

⑤ "복 있는 사람은"(1)하고 시작한 1편은, "무릇 의인들의 길은 여호와께서 인정하시나 악인들의 길은 망하리로다"(6)하는 결

론에 이르게 됩니다.

㉠ 지금이 아닙니다. 금생(今生)에서가 아닙니다. "의인이 겨우 구원을 받으면 경건하지 아니한 자와 죄인은 어디에 서리요"(벧전 4:18) 할 그날입니다. "하늘은 두루마리가 말리는 것같이 떠나가고 각 산과 섬이 제 자리에서 옮겨지매 땅의 임금들과 왕족들과 장군들과 부자들과 강한 자들과 모든 종과 자유인이 굴과 산들의 바위틈에 숨어 산들과 바위에게 말하되 우리 위에 떨어져 보좌에 앉으신 이의 얼굴에서와 그 어린 양의 진노에서 우리를 가리라 그들의 진노의 큰 날이 이르렀으니 누가 능히 서리요 하더라"(계 6:14-17) 할 그날에입니다.

㉡ 이점을 신약성경에서는 "이는 그 마지막이 사망임이라, 그 마지막은 영생이라"(롬 6:21,22)고, 마지막이 다르다고 말씀합니다. 그렇다면 전적타락, 전적부패한 죄인들이 어떻게 "의인들의 모임"에 들게 되고, 여호와께 인정(認定)함을 받게 되는가? "복 있는 자는"(1상) 한 여호와께 복을 받았기 때문입니다.

그 복이 무슨 복인가? 그리스도의 구속을 믿음으로 말미암아 우리의 죄는 인정하지 아니하시고, 의롭다고 여겨(인정) 주신(롬 4:5,8) 복을 받았기 때문입니다. 그러면 "죄인"은 어찌하여 "의인들의 모임"에 들지 못하는가? "하나님이 죄를 알지도 못하신 이를 우리를 대신하여 죄로 삼으신"(고후 5:21) 그리스도의 대속을 믿지 않았기 때문입니다. 그렇다면 자신의 죄에 대한 책임을 자신이 담당할 수밖에 없는 것입니다.

㉢ "의인들의 모임"에 들게 된 자들은 "그런즉 자랑할 데가 어디냐 있을 수가 없느니라 무슨 법으로냐 행위로냐 아니라 오직 믿음의 법으로니라"(롬 3:27)고 자랑할 것이 없는 자들인 것입니다. 이것이 "두 진영, 두 길, 두 종말"입니다. 형제는 어느 길을 가고 있습니까?

적용 : 본질상 진노의 자녀였던 죄인이 의인들의 모임에 들게 된 것이 어떻게 해서 가능하여졌는가를 명심하십시다. 이를 알았다면 의인들의 모임에 들게 된 우리는 구별된 삶을 살아야 한다는 것은 너무나 마땅한 것입니다.

묵상

㉠ 1편이 대조해서 보여주고자 하는 것이 무엇인가에 대해서
㉡ "의인과 악인"은 누구를 가리키며, 갈라지게 된 원인에 대해서
㉢ 두 부류의 종말이 어떻게 다른가에 대해서.

시편 2편 개관도표

주제 : 내가 나의 왕을 시온에 세웠다

대적하는 자들

1- 3
1 ① 어찌하여 이방 나라들이 **분노하며** 민족들이 헛된 일을 꾸미는가
2 세상의 군왕들이 나서며 관원들이 **서로 꾀하여**

여호와와 그의 기름 부음 받은 자를 대적하며

3 ② 우리가 그들의 맨 것을 끊고 그의 결박을 벗어 버리자 하도다

질그릇같이 부수심

4- 9
4 ③ **하늘에 계신 이가 웃으심이여** 주께서 그들을 비웃으시리로다
5 **그 때에 분을 발하며 진노하사** 그들을 놀라게 하여 이르시기를
6 **내가 나의 왕을** ④ **내 거룩한 산 시온에 세웠다 하시리로다**
7 내가 여호와의 명령을 전하노라 여호와께서 내게 이르시되
너는 내 아들이라 오늘 내가 너를 낳았도다
8 내게 구하라 내가 이방 나라를 네 유업으로 주리니 네
소유가 땅 끝까지 이르리로다
9 ⑤ **네가 철장으로 그들을 깨뜨림이여 질그릇 같이 부수리라 하시도다**

입맞추라

10- 12
10 ⑥ 그런즉 군왕들아 **너희는 지혜를 얻으며** 세상의 재판관들아
너희는 **교훈을 받을지어다**
여호와를 경외함으로 섬기고 떨며 즐거워할지어다
12 **그의 아들에게 입맞추라**
⑦ 그렇지 아니하면 **진노하심으로 너희가 길에서 망하리니**
그의 진노가 급하심이라 여호와께 피하는 모든 사람은
다 복이 있도다

2편

내가 나의 왕을 시온에 세웠다

6 내가 나의 왕을 내 거룩한 산 시온에 세웠다 하시리로다.

2편은 메시아 예언으로 유명한 장입니다. 그러므로 중심점은 "내가 나의 왕을 시온에 세웠다"에 있습니다. 도표를 보시면 이를 중심으로 "기름 부음 받은 자를 대적"(첫째 단원)하는데, 그 분이 "왕이요, 하나님의 아들"(둘째 단원)이라 하시면서 "그 아들에게 입맞추라"(셋째 단원)고 촉구합니다. 2편에서는 그리스도가 "기름 부음 받은 자"(2), "왕"(6), "아들"(7)로 계시되어 있습니다.

첫째 단원(1–3) **기름 부음 받은 자를 대적함**

둘째 단원(4–9) **질그릇 같이 부수심**

셋째 단원(10–12) **아들에게 입 맞추라는 복음초청**

첫째 단원(1–3) 기름 부음 받은 자를 대적함

"어찌하여 이방 나라들이 분노하며 민족들이 헛된 일을 꾸미는가"(1)

첫째 단원의 중심점은 "여호와와 그의 기름 부음 받은 자"에 있습니다. "여호와와 그의 기름 부음 받은 자"라는 표현이 중요한 것은 구원계획의 주체(主體)는 하나님이시요, 구원의 방도는 "기름부음을 받은 자", 곧 그리스도를 통하여 이루신다는 점을 나타내고 있기 때문입니다.

① 그런데 첫 말씀이 "어찌하여 이방 나라들이 분노하며 민족들이 헛된 일을 꾸미는가"(1) 합니다. 2절에서는 "세상의 군왕들이 나서며 관원들이 서로 꾀하여 여호와와 그의 기름 부음 받은 자를 대적(對敵)한다"고 진술합니다, 1-2절에는 "이방 나라 · 민족들(1) · 군왕 · 관원"(2)들이 망라되어 있습니다. 이들이 연합하여 "여호와와 그리스도"를 환영이라도 한단 말인가? 아닙니다. 반대로 합세하여 대적하면서,

② "우리가 그들의 맨 것을 끊고 그의 결박을 벗어 버리자"(3) 한다는 것입니다.

㉠ 이는 하나님의 "통치"(統治)에서 벗어나려는 반역을 가리키는데 그들은 하나님의 "사랑의 돌보심"(호 11:4)을 마치 자신들을 속박하는 쇠사슬인 양 끊고 벗어나려고 한다는 것입니다. 이는 탕자가 아버지

의 슬하를 벗어나려 한 것과 같습니다. 이런 일은 에덴에서부터 시작되었고, 불신자들만이 아니라 성경 역사는 하나님의 백성이라 하면서도, "부를수록 그들은 점점 멀리하고, 내 백성이 끝끝내 내게서 물러가나니 비록 그들을 불러 위에 계신 이에게로 돌아오라 할지라도 일어나는 자가 하나도 없도다"(호 11:2,7) 하십니다. 이것이 "우리가 그들의 맨 것을 끊고 그의 결박을 벗어 버리자"의 뜻입니다.

ⓛ 그런데 그들은 거기서 멈추는 것이 아니라 "분노(憤怒)하며, 서로 꾀(모의)하여, 대적"(對敵)하고 있다는 것입니다. 사도행전을 보면 박해를 당하는 사도들이 이를 인용하여 "주의 종 우리 조상 다윗의 입을 통하여 성령으로 말씀하시기를 어찌하여 열방이 분노하며 족속들이 허사를 경영하였는고 세상의 군왕들이 나서며 관리들이 함께 모여 주와 그의 그리스도를 대적하도다"(행 4:25-26)하고, 본문 말씀을 붙잡고 기도하는 것을 봅니다.

그러나 그 음모는 이루지 못할 것이기 때문에 "헛된 일을 꾸미는가" 하시는 것입니다. 하나님은 말씀하십니다. "너희는 함께 계획하라 그러나 끝내 이루지 못하리라 말을 해 보아라 끝내 시행(施行)되지 못하리라"(사 8:10).

둘째 단원(4-9) 질그릇같이 부수심

"네가 철장(鐵杖)으로 그들을 깨뜨림이여 질그릇 같이 부수리라"(9)

둘째 단원의 중심점은 "내가 나의 왕을 내 거룩한 산 시온에 세웠다"는데 있습니다. 둘째 단원의 말씀들은 그리스도의 초림으로부터 재림까지를 함축하는 것으로 보아야 합니다. 다윗은 14편에서 "이스라엘의 구원이 시온에서 나오기를 원하도다"(14:7)하고 그리스도의 초림을 기다리고 있습니다. 그런가 하면 계시록에서는 "또 내가 보니 보라 어린 양이 시온 산에 섰고 그와 함께 십사만사천이 서 있는데"(계 14:1)하고, 시온 산이 재림(再臨)과 결부되어 있는 것을 보게 됩니다.

③ "하늘에 계신 자가 웃으심이여 주께서 그들을 비웃으시리로다"(4) 하십니다. 그들의 음모가 헛된 일을 꾸미는 것이기에 "하늘에 계신 이가 웃으심이여" 하는 것입니다. 그런데 웃으시는 것만이 아니라, "그 때에 분을 발하며 진노하사 그들을 놀라게 하여 이르시기를"(5),

④ "내가 나의 왕을 내 거룩한 산 시온에 세웠다 하시리로다"(6) 합니다.

㉠ 이 말씀에는 그리스도의 "탄생 · 고난 · 재림"이 함축되어 있습니다. "내가···세웠다 하시리로다" 하는데, 세우시는 이는 하나님이십니다.

㉮ 첫째로 "오직 유다 지파와 그가 사랑하시는 시온 산을 택하시며, 또 그의 종 다윗을 택하시되"(78:68,70), 즉 그리스도를 유다 지파 다윗의 자손으로 시온에 세우시기로 작정(作定)하신 분은 하나님이시라고 말씀합니다. 그래서 "시온의 딸아 크게 기뻐할지어다 예루살렘의 딸아 즐거이 부를지어다 보라 네 왕이 네게 임하시나니"(슥 9:9)하는 것입니다.

㉯ 둘째로 보내주신 것만이 아니라 "이 예수를 하나님이 그의 피로써 믿음으로 말미암는 화목제물로 세우셨으니"(롬 3:25), 자기 아들을 화목제물로 갈보리에 세우신 분도 하나님 자신이셨습니다.

㉰ 또한 "또 내가 보니 보라 어린 양이 시온 산에 섰고 그와 함

께 십사만사천이 서 있는데"(계 14:1)하고, 하나님의 때가 찬 경륜 가운데 우리들의 왕은 재림하시게 될 것입니다.

㉡ "내가 여호와의 명령을 전하노라 여호와께서 내게 이르시되 너는 내 아들이라 오늘 내가 너를 낳았도다"(7) 하십니다. "내가 너를 낳았다"는 말씀은 "그는 근본 하나님의 본체(本體)시나 하나님과 동등됨을 취할 것으로 여기지 아니하시고 오히려 자기를 비워 종의 형체를 가지사 사람들과 같이 되셨고"(빌 2:6-7), 즉 임마누엘 하실 것을 인간적인 관점으로 표현한 것입니다.

그러므로 "내가 너를 낳았다"는 말씀에는 "나와 아버지는 하나이니라"(요 10:30)는 뜻이 있는 것입니다. 바울은 비시디아 안디옥 전도 때에 "시편 둘째 편에 기록한 바와 같이 너는 내 아들이라 오늘 너를 낳았다"(행 13:33)하고 본문을 인용하여 그리스도의 선재성을 증언하고, 히브리서에서도 "하나님께서 어느 때에 천사 중 누구에게 너는 내 아들이라 오늘 내가 너를 낳았다"(히 1:5) 하셨느냐 하고 천사보다 우월하신 그리스도의 신성을 증언하고 있습니다.

㉢ "내게 구하라 내가 이방 나라를 네 유업으로 주리니 네 소유가 땅 끝까지 이르리로다"(8)한 것은, 복음이 온 세상에 전파될 것을 가리킵니다. 이점을 다니엘서에서는 "우상을 친 돌은 태산을 이루어 온 세계에 가득하였었나이다"(단 2:35) 합니다.

⑤ 그러므로 "네가 철장(鐵杖)으로 그들을 깨뜨림이여 질그릇 같이 부수리라"(9) 하시는 것입니다. 이는 정복자의 "철장"이 아니라 악의 세력을 멸하고 인류를 구원하시려는 의의 철장인 것입니다.

㉠ 부활 승천하신 주님은 지상의 교회들에게 편지하시기를 "이기는 자와 끝까지 내 일을 지키는 그에게 만국을 다스리는 권세(權勢)를 주리니 그가 철장을 가지고 그들을 다스려 질그릇 깨뜨리는 것과 같이

하리라"하시면서, "나도 내 아버지께 받은 것이 그러하니라"(계 2:26,27) 하십니다. 주님은 시편 2편에서 예언한 이 권세를 가지고 승천하신 것이 아니라, 전투하는 교회에 위임하셨다는 말씀입니다.

바울은 이 권세를 가지고 "우리의 싸우는 무기는 육신에 속한 것이 아니요 오직 어떤 견고(堅固)한 진도 무너뜨리는 하나님의 능력이라"(고후 10:4)하고 말씀합니다. 형제의 손에 "철장 권세"가 맡겨졌음을 믿으시기 바랍니다.

구속사(救贖史)가 그러하듯이 시편도 상고해 보면 "여자의 후손은 네 머리를 상하게 할 것이요 너는 그의 발꿈치를 상하게 할 것이니라"(창 3:15)하고 선언하신 두 부류 간의 영적 전투를 하면서 읊은 전쟁 시(戰爭 詩)가 대부분임을 발견하게 될 것입니다. 그래서 대부분의 시편에는 "대적 · 원수"가 등장합니다. 이는 무엇을 말해주고 있느냐 하면 하나님의 나라를 회복하는 구원계획은 선한 싸움을 통해서 이루어진다는 점입니다. 그러므로 시편을 음악 감상하듯이 감미로운 시상(詩想)만을 맛보려 해서는 안 됩니다.

ⓛ 이상에서 상고한 바와 같이 2편의 메시지는, 그리스도의 "탄생, 사망권세를 이기심, 악의 세력을 물리침(복음 전파), 심판 주로 다시 오심"을 포괄하는 말씀인 것입니다. 이점이 "그 때에 분을 발하며 진노하사 그들을 놀라게 하여 이르시기를"(5)한 말씀에 나타납니다.

ⓒ 이런 맥락에서 그리스도를 "왕과 아들"로 계시하신 의도를 인식해야 합니다.

㉮ "너는 내 아들이라"한 언급은 "하나님이 세상을 이처럼 사랑하사 독생자를 주셨으니"(요 3:16), 그 아들의 죽으심으로 말미암아 하나님과 화목되었은즉"(롬 5:10)한 대속제물과 결부되고,

㉯ 그런데 "네가 철장(鐵杖)으로 그들을 깨뜨림이여 질그릇같이 부수리라"한 언급은 왕적(王的)인 권세를 나타낸다는 점을 명심하시기 바랍니다.

셋째 단원(10–12) 아들에게 입 맞추라는 복음초청

셋째 단원의 중심점은 "그의 아들에게 입 맞추라"는데 있습니다. "입 맞추라"는 말은 그리스도를 영접하고 하나님과 화목하라는 복음초청입니다.

⑥ "그런즉 군왕들아 너희는 지혜를 얻으며 세상의 재판관들아 너희는 교훈을 받을지어다"(10) 합니다. "그런즉"이란 뜻은 이상에서 한 말을 알아들었느냐? 그렇다면 더 이상 헛된 일을 꾸미지 말고 "여호와를 경외함으로 섬기고 떨며 즐거워할지어다"(11)하는 권면입니다.

⑦ 첫 말씀이 "그의 아들에게 입맞추라"(12상) 합니다.

㉠ 그들은 "여호와와 그의 기름 부음 받은 자를 대적"(2)하고 있는 자들입니다. 그들에게 "여호와를 경외하고 그의 아들에게 입 맞추라" 촉구하는데, 이점을 신약성경에서는 "하늘에 있는 자들과 땅에 있는 자들과 땅 아래 있는 자들로 모든 무릎을 예수의 이름에 꿇게 하시고, 모든 입으로 예수 그리스도를 주라 시인하여 하나님 아버지께 영광을 돌리게 하셨느니라"(빌 2:10–11)고 진술합니다.

㉡ 둘째는 "그렇지 아니하면 진노하심으로 너희가 길에서 망하리니 그의 진노가 급하심이라"(12중)고 경고합니다. "길에서"라는 말을 유념하십시오. 주님께서는 "너를 고발하는 자와 함께 길에 있을 때에 급히 사화하라"(마 5:25) 하십니다. 모든 사람은 재판을 받으러 (심판날을 향해) 가는 도상(途上)에 있는 자들이라는 뜻입니다. 그날이 이르게 되면 사화하기에는 이미 늦은 때입니다. "보라 지금은 은혜받을 만한 때요 보라 지금은 구원의 날이로다"(고후 6:2) 하십니다.

㉢ 그리하여 결론은 "여호와께 피하는 모든 사람은 다 복이 있도

다"(12하), 즉 믿는 자는 복이 있도다 하고 "분노와 대적"으로 시작한 2편은 "복" 즉 구원으로 마치고 있습니다.

"기름 부음을 받은 자, 왕, 하나님의 아들"되시는 예수 그리스도께서 또다시 "시온"에 서실 날이 다가오고 있습니다. 우리가 믿는 하나님은 "일을 행하시는 여호와, 그것을 만들며 성취하시는 여호와"(렘 33:2)이십니다. "만군의 여호와께서 맹세하여 이르시되 내가 생각한 것이 반드시 되며 내가 경영한 것을 반드시 이루리라"(사 14:24) 하십니다. 그러므로 "이 돌 위에 떨어지는 자는 깨지겠고 이 돌이 사람 위에 떨어지면 그를 가루로 만들어 흩으리라"(마 21:44) 하시는 것입니다. 주님의 이름으로 간구합니다. 길에 있을 때에 급히 사화하십시오.

적용 : 주님은 승천하시면서 "너희는 온 천하에 다니며 만민에게 복음을 전파하라"(막 16:15)하신 지상명령과 "만국을 다스리는 권세"를 주고 가셨습니다. "그런즉 군왕들아 너희는 지혜를 얻으며, 그 아들에게 입 맞추라"고 초청해야 할 사명이 우리에게 있다는 점을 명심하십시다.

묵상

㉠ 그리스도가 어떻게 계시되어 있는가에 대해서

㉡ 세상의 군왕들과 관원들이 어떻게 반응하리라 말씀하는가?

㉢ 이들에게 주어진 초청과 경고가 무엇인가에 대해서.

시편 3편 개관도표

주제 : 나의 머리를 드시는 하나님

환난	1-2 1 ① **여호와여 나의 대적이 어찌 그리 많은지요** 일어나 나를 치는 자가 많으니이다 2 많은 사람이 있어 나를 대적하여 말하기를 **그는 하나님께 구원을 받지 못한다** 하나이다(셀라)
주는 나의 방패	3-4 3 ② **여호와여 주는 나의 방패시요 나의 영광이시요** **나의 머리를 드시는 자이시니이다** 4 내가 나의 목소리로 여호와께 부르짖으니 그 성산에서 응답하시는도다(셀라)
여호와 신뢰	5-8 5 5 ③ **내가 누워 자고 깨었으니** 여호와께서 나를 붙드심이로다 6 천만인이 나를 에워싸 진 친다 하여도 나를 두려워하지 아니하리이다 7 ④ **여호와여 일어나소서** 나의 하나님이여 나를 구원하소서 주께서 나의 모든 원수의 뺨을 치시며 악인의 이를 꺾으셨나이다 8 ⑤ **구원은 여호와께 있사오니** **주의 복을 주의 백성에게 내리소서(셀라)**

3편

나의 머리를 드시는 하나님

[3] 여호와여 주는 나의 방패시요 나의 영광이시요 나의 머리를 드시는 자이니시이다.

3편에는 "다윗이 그 아들 압살롬을 피할 때에 지은 시"라는 표제가 있습니다. 사무엘하 15장에 압살롬의 반역 기사가 기록되어 있는데, "전령이 다윗에게 와서 말하되 이스라엘의 인심(人心)이 다 압살롬에게로 돌아갔나이다"(삼하 15:13)라고 말하고, "어떤 사람이 다윗에게 알리되 압살롬과 함께 모반한 자들 가운데 아히도벨이 있나이다"(31)고 전합니다. "아히도벨"은 다윗이 가장 신임한 모사(謀士)로 다른 사람이 다 배반한다 해도 그는 배반하지 않을 것으로 믿은 자입니다. 지금 다윗은 머리를 숙이고, 즉 고개를 떨어뜨리고 있는 셈입니다. 그러므로 중심점은 "나의 머

리를 드시는 하나님"에 있습니다. 도표를 보시면 이를 중심으로,

① "여호와여 나의 대적이 어찌 그리 많은지요" 하면서
② 그러나 "여호와여 주는 나의 방패시요, 나의 머리를 드시는 자이니시이다"라고 고백합니다.
③ 그런 와중에서도 "내가 누워 자고 깨었으니"하고 신뢰를 나타내면서
④ "여호와여 일어나, 나를 구원하소서"하고 간구합니다.
⑤ 그리고 결론은 "구원은 여호와께 있사오니" 합니다.

첫째 단원(1–2) **대적이 어찌 그리 많은지요**
둘째 단원(3–4) **환난 중의 신앙고백**
셋째 단원(5–8) **여호와 신뢰와 확신**

첫째 단원(1–2) 대적이 어찌 그리 많은지요

"여호와여 나의 대적이 어찌 그리 많은지요 일어나 나를 치는 자가 많으니이다"(1)

① 이것이 다윗이 직면한 상황입니다.

㉠ 아들 압살롬이 반역의 주모자요, 모사 아히도벨이 가담하고 "이스라엘의 인심이 다 압살롬에게로 돌아갔나이다" 했으면, "여호와여 나의 대적이 어찌 그리 많은지요" 할만도 합니다.

㉡ 이 점에서 시편을 해석하는 세 방면을 생각해야 합니다.

㉮ 첫째 관점은 시편을 기록하고 있는 다윗의 입장입니다. 하나님은 다윗에게 언약을 세워주시면서 "만일 죄를 범하면 내가 사람의 매와 인생의 채찍으로 징계"(삼하 7:14)하시겠다고 말씀하셨습니다. 그러므로 다윗이 당하는 환난은 우리아의 아내를 범

한 대가를 치르는 징벌이었던 것입니다.

㉯ 둘째 관점은 다윗을 예표로 하여 그리스도를 증언하고 있다는 점입니다. 우리는 지금 다윗의 참회록을 읽고 있는 것이 아니라, "다윗이 성령에 감동하여"(마 22:43) 기록한 하나님의 말씀을 상고하고 있는 것입니다. 성령께서는 압살롬의 반역을 통해서 "자기 땅에 오매 자기 백성이 영접하지 아니"(요 1:11)할 뿐 아니라, "내가 신뢰하여 내 떡을 나눠 먹던 나의 가까운 친구도 나를 대적하여 그의 발꿈치를 들었나이다"(시 41:9, 요 13:18)한 그리스도께서 당하실 수난을 예표로 보여주려는 것입니다.

다윗이 이런 시련을 당하는 것은 자신의 죄 값으로 당하는 것이지만, 다윗의 위에 오르실 그리스도께서 당하실 수난은 우리의 죄를 대신하여 당하신 수난이었던 것입니다. 다윗은 감람산 길을 머리를 가리우고 울면서(삼하 15:30) 피하여 도망갔습니다. 약 천년 후에 그리스도께서는 감람산에서 심한 통곡과 눈물로 간구와 기도(눅 22:39, 히 5:7)를 드리십니다.

㉰ 셋째 관점은 주님의 자취를 따르는 우리에게 적용되는 점입니다. 시편에는 성도들이 직면하게 되는 다양한 상황들이 수록되어 있습니다. 그러므로 시편은 성도들에게 위로와 격려를 주는 최고의 책이라 할 수 있습니다.

Ⓒ "많은 사람이 나를 대적하여 말하기를 그는 하나님께 구원을 받지 못한다 하나이다(셀라)"(2) 합니다. 이는 다윗을 비난하는 말입니다. 그런데 주님을 십자가에 못을 박고도 "지금 십자가에서 내려올지어다 그리하면 우리가 믿겠노라"(마 27:42)하고 조롱했습니다. 하나님의 백성들에게는 "그는 하나님께 구원을 받지 못한다"는 말보다 더욱 슬프게 하는 말은 달리는 없는 것입니다.

둘째 단원(3–4) 환난 중의 신앙고백

"여호와여 주는 나의 방패시요 나의 영광이시요 나의 머리를 드시는 자이니시이다"(3)

② 그러나 다윗은 그런 상황에서도 이렇게 기도합니다. 이것이 "환난 중에 우리의 신앙고백"이 되어야 할 점입니다. 중심점은 "나의 머리를 드시는 자"라는데 있습니다.

㉠ 다윗은 법궤를 메고 쫓아온 대제사장 사독에게 "하나님의 궤를 성읍으로 도로 메어 가라 만일 내가 여호와 앞에서 은혜를 얻으면 도로 나를 인도하사 내게 그 궤와 그 계신 데를 보이시리라 그러나 그가 이와 같이 말씀하시기를 내가 너를 기뻐하지 아니한다 하시면 종이 여기 있사오니 선히 여기시는 대로 내게 행하시옵소서 하리라"(삼하 15:25-26)고 말합니다. 그런데 하나님께서는 다윗의 왕위를 회복시켜주심으로 다윗의 "머리를 들게" 행해주셨던 것입니다.

요한복음에서는 주님께서 "다 이루었다 하시고 머리를 숙이니 영혼이 떠나가시니라"(요 19:30)하고 말씀합니다. 그러나 "하나님께서 그를 사망의 고통에서 풀어 살리시고"(행 2:24), "그를 지극히 높여 모든 이름 위에 뛰어난 이름을 주사, 모든 무릎을 예수의 이름에 꿇게 하심"(빌 2:9-10)으로 주님의 머리를 들게 행해주셨던 것입니다.

㉡ 이 점에서 시편이 우리에게 적용되는 바를 생각하게 되는데, 형제도 선을 행하다가 낙심이 되어 머리를 푹 숙인 때가 있으시겠지요. 저 자신도 그런 때가 한두 번이 아니었기 때문입니다. 그러나 천하 사람이 다 형제를 향하여 "그는 하나님께 구원을 받지 못한다"고 돌을 던질 때라도 하나님은 형제의 "머리를 드시는 자"이심을 믿으시기 바랍니다. 시편은 오늘도 성도들에게 위로·격려하고 있습니다.

㉢ 그래서 둘째 단원은 "내가 나의 목소리로 여호와께 부르짖으니 그

의 성산에서 응답하시는도다"(4)한 "응답"으로 마치고 있습니다.

셋째 단원(5–8) 하나님 신뢰와 확신

"여호와여 일어나소서 나의 하나님이여 나를 구원하소서"(7상)

셋째 단원은 환난 중에서도 "하나님을 신뢰하면서 간구"하는 내용입니다.

③ "내가 누워 자고 깨었으니"(5상) 합니다.

㉠ 다윗은 "나의 대적이 어찌 그리 많은지요"하는 와중에서도, "내가 누워 자고 깨었으니"하고 단잠을 자고 일어날 수 있었습니다. 이는 잠 잘 잤다는 말을 하려는 것이 아니라 하나님 신뢰를 나타냅니다. 그 비결(祕訣)이 무엇이겠습니까?

㉡ "천만인이 나를 에워싸 진 친다하여도 나는 두려워하지 아니하리이다"(6), 이것이 비결인 것입니다. 나를 둘러 치려하는 "천만인(6)과 나를 붙드시는 여호와"(5) 한 분의 대조(對照)를 보십시오. 3절에서는 "여호와여 주는 나의 방패"라고 고백합니다. 방패 되시는 여호와는 천만인을 막아주시고도 남음이 있으시다는 점을 다윗은 신뢰하고 있는 것입니다. "내가 누워 자고 깨었으니", 이것이 여호와를 신뢰하는 자에게 주어지는 평강입니다.

④ 이제 다윗은 "여호와여 일어나소서 나의 하나님이여 나를 구원하소서"(7상) 합니다.

㉠ 시편에는 "여호와여 일어나소서"(7:6, 9:19, 10:12)하는 호소가 여러 번 등장합니다. 이는 "그러나 여호와께서 기다리시나니 이는

너희에게 은혜를 베풀려 하심이요 일어나시리니 이는 너희를 긍휼히 여기려 하심이라"(사 30:18)한 구원하실 하나님의 때가 있다는 점을 나타냅니다.

ⓛ 이를 믿기에 "주께서 나의 모든 원수의 뺨을 치시며 악인의 이를 꺾으셨나이다"(7)하고, 이미 구원하여 주셨다고 진술하는 것입니다.

⑤ "여호와여 나의 대적이 어찌 그리 많은지요"하고 시작한 3편은, "구원은 여호와께 있사오니"(7상) 하고, "구원"으로 마치고 있습니다.

ㄱ 요나도 풍파, 시련 당한 큰 물고기 뱃속에서 "구원은 여호와께 속하였나이다"(욘 2:9)라고 고백합니다. "여호와께 속한 구원"은 "여호와와 그 기름 부음 받은 자"(2:2), 즉 하나님께서 자기 아들을 통하여 이루시는 구원인 것입니다.

ⓛ 그러므로 다윗은 "나의 대적"이라고 "나"로 시작하였으나, "주의 복(구원)을 주의 백성에게 내리소서"(7)하고 "백성"(百姓)으로 확장함으로 마치고 있는 것입니다. 3편을 통해서 말씀하는 바는 압살롬의 반역으로부터 자신을 구원해 달라는 자기중심에 국한된 것이 아니라, 기름 부음을 받은 자를 통한 만백성들의 구원을 지향하고 있다는 점에서 우리를 놀라게 합니다.

ⓒ 모두가 여덟 절에 불과한 3편 안에는 "나"라는 말이 열다섯 번이나 등장합니다. 그러면 "나의 환난과 백성의 구원"과는 어떤 상관관계가 성립되는가?

㉮ 다윗이라는 "나"를 예표로 한 사람 그리스도의 수난을 통하여 구원이 온 백성에게 미치게 된다는 점입니다.

㉯ 또 하나 주목할 점은 "여호와"라는 호칭이 여섯 번이나 등장한다는 점입니다. "구원은 여호와께 있사오니" 하고 "여호와와 구원"이 결부되어 있습니다. "여호와"라는 칭호는 "언약 · 구원"

과 결부되는 호칭이기 때문입니다.

㉣ 도움을 드리기 위해서 언급합니다만 시편의 구조가 앞부분에서 문제를 진술하고 그 해답이 대부분 결론 부분에서 주어진다는 점입니다.

㉮ 1편은 "무릇 의인들의 길은 여호와께서 인정하시나 악인들의 길은 망하리로다"(1:6) 말씀하고,

㉯ 2편은 "여호와께 피하는 모든 사람은 다 복이 있도다"(2:12) 하고 마쳤는데,

㉰ 3편은 "주의 복을 주의 백성에게 내리소서"(8)하고 마치고 있습니다.

이는 무엇을 말씀해주고 있느냐 하면, 앞부분의 진술, 즉 예표의 인물인 다윗의 경험을 들어서 실체(實體)이신 "그리스도"에게서 성취될 실상을 증언하기 위해서인 것입니다. 그러므로 그림자만 보고 실체는 보지 못하는 우를 범하시지 않게 되기 바랍니다. 이것이 "나의 머리를 드시는 하나님"입니다. 얼마나 위로와 용기를 주는 말씀인가!

적용 : 형제를 택하시고 왕 같은 제사장 삼아주신 하나님은 형제가 선을 행하다가 고개를 떨어뜨릴 때 머리를 들어주시는 분이십니다.

묵상

㉠ 3편은 누가 어떤 상황에서 지은 시(詩)인가?

㉡ 누워 자고 깰 수 있었던 비결이 무엇인가?

㉢ 3편을 통해서 그리스도의 어떤 점을 증언하고 있는가?

시편 4편 개관도표

주제 : 여호와의 택하신 자를 대적하지 말라

자기를 위하여 택하심

1-5

1 ① 내 의의 하나님이여 내가 부를 때에 응답하소서
곤란 중에 나를 너그럽게 하셨사오니
내게 은혜를 베푸사 나의 기도를 들으소서

2 ② **인생들아 어느 때까지 나의 영광을 바꾸어 욕되게 하며**
헛된 일을 좋아하고 거짓을 구하려는가(셀라)

3 **여호와께서 자기를 위하여**
경건한 자를 택하신 줄 너희가 알지어다
내가 그를 부를 때에 여호와께서 들으시리로다

4 ③ **너희는 떨며 범죄하지 말지어다** 자리에 누워 심중에 말하고
잠잠할 지어다(셀라)

5 의의 제사를 드리고 여호와를 의뢰할지어다

얼굴을 비추소서

6-8

6 여러 사람의 말이 우리에게 선을 보일 자 누구뇨 하오니
④ **여호와여 주의 얼굴을 들어 우리에게 비추소서**

7 ⑤ **주께서 내 마음에 두신 기쁨은** 그들의 곡식과 새 포도주가
풍성할 때보다 더하니이다

8 ⑥ **내가 평안히 눕고 자기도 하리니**
나를 안전히 살게 하시는 이는 오직 여호와이시니이다

4편

여호와의 택하신 자를 대적하지 말라

[3] 여호와께서 자기를 위하여 경건한 자를 택하신 줄 너희가 알지어다 내가 그를 부를 때에 여호와께서 들으시리로다.

4편도 다윗의 시인데 중심점은 "여호와의 택하신 자를 대적하지 말라"는데 있습니다. "여호와의 택하신 자"란 1차적으로는 다윗을 가리키는 것이지만, 다윗을 예표로 한 그리스도를 바라보게 하는 말씀입니다. 그래서 "여호와께서 자기를 위하여" 택하셨다고 말씀하면서 "어느 때까지 나의 영광을 변하여 욕되게 하겠느냐"하는 것입니다. 도표를 보시면 "여호와의 택하신 자를 대적하지 말라"를 중심으로,

① "곤란 중에 나를 너그럽게 하셨다"고 말하면서
② "영광을 바꾸어 욕되게" 하려는 것은 "헛된 일이요, 거짓이다"
③ "너희는 떨며 범죄하지 말라" 하면서
④ "여호와여 주의 얼굴을 들어 우리에게 비추소서" 합니다.
⑤ 그리고 "곤란"으로 시작한 4편은 "주께서 내 마음에 두신 기쁨"과
⑥ "내가 평안히 눕고 자기도 하리니" 한 기쁨과 평강으로 끝맺고 있습니다.

첫째 단원(1–5) **자기를 위하여 택하심**
둘째 단원(6–8) **주의 얼굴을 들어 비추소서**

첫째 단원(1–5) **자기를 위하여 택하심**

"여호와께서 자기를 위하여 경건한 자를 택하신 줄 너희가 알지어다"(3상)

① 첫째 단원의 중심점은 "자기를 위하여 택하셨다"는데 있습니다. 하나님께서 "택하신 자"가 1차적으로는 다윗을 가리키는 말이지만, "자신을 위하여 택하신" 분은 그리스도인 것입니다. 하나님 나라건설은 다윗을 택하심으로가 아니라, 그리스도를 통해서 이루시는 것이기 때문입니다.

㉠ 다윗은 하나님을 "내 의의 하나님"으로 부르고 있는데 특이한 호칭입니다.

㉮ 이는 자신을 대적하는 자들에 대한 공의(公義)로운 판단을 구하는 뜻도 되지만,

㉯ 이어지는 “긍휼히 여기사”와 결부시켜보면, “경건하지 아니한 자를 의롭다 하시는”(롬 4:5) 하나님이시라는 의미도 있다고 보아야 할 것입니다.

㉡ 이점이 “곤란 중에 나를 너그럽게 하셨사오니”에 나타납니다. 다윗은 지금 아들 압살롬의 반역으로 인하여 도망하고 있는 중입니다. 그러므로 자신이 당하는 곤란이 죄에 대한 징벌임을 인식하고 있는 것입니다.

이 징벌을 통해서 다윗이 깨달은 바는 무엇이며, 우리에게 계시하시려는 바가 무엇인가? “허물의 사함을 받고 자신의 죄가 가려진 자는 복이 있도다”(32:1)한 대속을 통한 칭의(稱義)교리인 것입니다. 오직 여기에 소망이 있기 때문입니다.

② “인생들아 어느 때까지 나의 영광을 바꾸어 욕되게 하며 헛된 일을 좋아하고 거짓을 구하려는가(셀라)(2) 하는 말씀은 이런 맥락에서 이해되어야 합니다. 앞에서 말씀드린 대로 “나의 영광” 이란, 1차적으로는 하나님께서 다윗을 택하여 기름 부어 왕위에 오르게 하신 “왕위”를 가리킵니다. 그러므로 이에 도전한다는 것은 하나님을 대적하는 일인 것입니다. 그런데 “인생(人生)들아 어느 때까지 나의 영광을 바꾸어 욕되게 하며”하고, “인생들아”라고 지칭한다면 이는 이미 다윗을 뛰어 넘는 묘사인 것입니다. 하나님께서는 “이새의 아들 중에서 한 왕을 보았느니라”(삼상 16;1)고 말씀하시는데, 궁극적으로 예선해 놓으신 “한 왕”은 “이새의 줄기에서 한 싹이 나며”(사 11:1)한 그리스도인 것입니다.

③ 이런 맥락에서 다윗이 성령의 감동으로 “여호와께서 자기를

위하여 경건한 자를 택하신 줄 너희가 알지어다"(3상)한 말은, 자신이 아닌 그리스도를 전망(展望)하는 예언이 되는 것입니다.

㉠ 물론 하나님은 다윗을 택하셨습니다. 그런데 하나님이 이루시고자 하는 것은 다윗왕국이 아니라, "메시아왕국"이라는 점입니다. 그러므로 이 말씀은 "번제 할 어린 양은 어디 있나이까"라고 묻는 이삭의 말에 아브라함이 "아들아 번제 할 어린 양은 하나님이 자기를 위하여 친히 준비하시리라"(창 22:8)한 대답과 맥을 같이 하는 것입니다. 이점을 신약성경에서는 "나를 위하여 한 몸을 예비하셨도다"(히 10:5)하고 그리스도로 성취되었음을 증언합니다.

㉡ 그러므로 아브라함과 다윗의 증언에는 공통점(共通點)이 있는데, "자기를 위하여"라는 말입니다.

㉮ "여호와께서 자기를 위하여 경건한 자를 택하셨다"(3)

㉯ "어린 양은 하나님이 자기를 위하여 친히 준비하시리라"(창 22:8) 합니다.

그렇습니다. 아브라함이나 다윗을 위해서가 아닙니다. 그렇다고 이스라엘 민족을 위한 것도 아닙니다. 구원계획에는 "자기를 위하여"라는 하나님의 이름과 명예가 걸려있다는 점을 아무리 강조해도 지나침이 없다 하겠습니다. 다윗은 23:3절에서도 "내 영혼을 소생시키시고 자기(自己) 이름을 위하여 의의 길로 인도하시는도다"라고 진술합니다.

㉢ 그래서 "너희는 떨며 범죄하지 말지어다 자리에 누워 심중에 말하고 잠잠할지어다(셀라)"(4)라는 언급이 성립되는 것입니다. 누구에게 하는 말인가? "인생들아 어느 때까지"(2)한 "인생(人生)들" 즉 모든 사람들을 향해서 하는 경계인 것입니다. "나의 영광을 바꾸어 욕되게 한다"는 말은 "여호와와 그 기름 부음을 받은 자를 대적"(2:2)한다는 말의 다른 표현입니다.

그래서 2편에서는 "어찌하여 이방 나라들이 분노하며 민족들이 헛된 일을 꾸미는가"(1)라고 말했고, 4편에서는 "헛된 일을 좋아하고 거짓을 구하려는가"(2)라고 꾸짖고 있는 것입니다.

㉣ "의의 제사를 드리고 여호와를 의지할지어다"(5) 합니다. 이는 하나님을 경배하며 섬기라는 뜻인데, 이점을 2편에서는 "그의 아들에게 입맞추라, 여호와께 피하는 모든 사람은 다 복이 있도다"(2:12)라고 말씀합니다.

둘째 단원(6-8) 주의 얼굴을 들어 비추소서

"여러 사람의 말이 우리에게 선을 보일 자 누구뇨 하오니 여호와여 주의 얼굴을 들어 우리에게 비추소서"(6)

④ 둘째 단원은 기도로 되어있는데 중심점은 "주의 얼굴을 들어 비추소서"하는 간구에 있습니다.

㉠ 첫째로 "우리에게 선을 보일 자 누구뇨?"하는 것은 구원자를 찾고 있음을 나타내는 말입니다. 누가복음 2:38절에서는 "예루살렘의 속량을 바라는 모든 사람에게 이 아기에 대하여 말하니라" 합니다. 이들은 자신들에게 "선을 보일 자"를 기다리고 있었던 것입니다. 엠마오의 두 제자도 "우리는 이 사람이 이스라엘을 속량할 자라고 바랐노라"(눅 24:21)고 말했습니다.

㉡ 둘째로 "여호와여 주의 얼굴을 들어 우리에게 비추소서" 하는 의미인데 구속사라는 맥락에서 "주의 얼굴을 들어 우리에게 비추소서" 하는 말은 본질적인 간구인 것입니다. 왜냐하면 "오직 너희 죄악이 너희와 너희 하나님 사이를 갈라 놓았고 너희 죄가 그의 얼굴을 가리어서 너희에게서 듣지 않으시게 함이니라"(사 59:2)고 말씀하기 때문입니다. 구약시대란 하나님의 얼굴을 가리신 시대였던 것입니다. 이점이 성소와 지성소 사이를 휘장으로 막으라 하심에 명백하게 나

타납니다.

㉢ 이런 맥락에서 시편에는 "하나님은 우리에게 은혜를 베푸사 복을 주시고 그의 얼굴빛을 우리에게 비추사(셀라)"(67:1)하고, 얼굴을 비춰달라는 간구가 31:16, 80:3,7,19, 119:135절 등 여러 번 등장합니다. 하나님은 일찍이 제사장들에게 "여호와는 그의 얼굴을 네게 비추사 은혜 베푸시기를 원하며"(민 6:25)라고 축복하라 명하셨습니다. 이 간구가 주님께서 십자가상에서 "다 이루었다" 선언하셨을 때에,

㉮ 휘장이 찢어지고, 즉 구름에 가려 있던 해가 빛을 비추듯이

㉯ "어두운 데에 빛이 비치라 말씀하셨던 그 하나님께서 예수 그리스도의 얼굴에 있는 하나님의 영광을 아는 빛을 우리 마음에 비추셨느니라"(고후 4:6)고 성취되었던 것입니다. 이 복음의 빛은 모든 인생들을 위한 것이기에 "나"가 아닌 "우리에게 비추소서"하는 것입니다.

⑤ 그런데 7절은 복음의 빛에 비춤을 받은 각 사람이 누리게 될 축복을 말씀하는 내용이기 때문에 "주께서 내 마음에 두신 기쁨은 그들의 곡식과 새 포도주가 풍성할 때보다 더하니이다"(7) 하고 인칭(人稱)이 "우리에서, 나로" 바뀌고 있는 것입니다.

㉠ 다윗은 "곤란 중"(1)에 처해있다고 진술하면서 "어느 때까지 나의 영광을 바꾸어 욕되게 하겠느냐"(2)라고 말하지 않았던가? 그런데 어떻게 "주께서 내 마음에 두신 기쁨은"하고 기뻐할 수 있단 말인가? 문맥적으로 보면 "얼굴을 들어 우리에게 비추소서"한 비침을 받은 자의 기쁨인 것입니다.

이 "구원의 복"을 받았기에 "주께서 내 마음에 두신 기쁨은 그들의 곡식과 새 포도주가 풍성할 때보다 더하니이다"(7)라고 말할 수 있는 것입니다.

ⓛ 다시 강조합니다만 불신자들은 "곡식, 포도주의 풍성"으로 인하여 기뻐하지만 구원의 복을 받은 자들은, "비록 무화과나무가 무성하지 못하며 포도나무에 열매가 없으며 감람나무에 소출이 없으며 밭에 먹을 것이 없으며 우리에 양이 없으며 외양간에 소가 없을지라도 나는 여호와로 말미암아 즐거워하며 나의 구원의 하나님으로 말미암아 기뻐하리로다"(합 3:17-18)고 고백하는 사람들인 것입니다.

⑥ "내가 평안히 눕고 자기도 하리니"(8상) 합니다.

㉠ 3:5절에서는 "내가 누워 자고 깨었으니" 한 "아침"에 한 노래인데, 4편에서는 "내가 평안히 눕고 자기도 하리니"하는 저녁 침상에 들기 전에 한 노래라 할 수 있습니다. 이는 모두가 "마음에 임한 평강"을 나타내는 묘사인 것입니다. 다윗이 처한 상황을 보면 3편에서는 "천만인이 나를 둘러 에워싸 진 친다하여도"(6)라고 말하고, 4편에서는 "어느 때까지 나의 영광을 바꾸어 욕되게 하며"(2)한 박해를 당하는 상황입니다. 그런 상황에서 어떻게 이처럼 "평강"을 누릴 수 있단 말인가?

ⓛ "나를 안전히 살게 하시는 이는 오직 여호와시니이다"(8하)한 여호와 하나님을 신뢰하기 때문입니다.

ⓒ 1-4편이 어떻게 끝맺고 있는가 주목해보시기 바랍니다.

㉮ 1편, "의인들의 길은 여호와께서 인정하시나 악인들의 길은 망하리로다"(1:6)

㉯ 2편, "여호와께 피하는 모든 사람은다 복이 있도다"(2:12)

㉰ 3편, "구원은 여호와께 있사오니 주의 복을 주의 백성에게 내리소서"(3:8)

㉱ 4편, "나를 안전히 살게 하시는 이는 오직 여호와시니이다"(8하)하는 고백적인 진술로 마치고 있습니다. 그래서 "여호와의 택하신 자를 대적하지 말라"는 것입니다.

적용 : 형제의 "마음에 두신 기쁨은 그들의 곡식과 새 포도주가 풍성할 때보다 더한" 기쁨입니까? 이런 맥락에서 현대교회가 시급히 회복해야 할 요점은 축복이 아니라 "복음이요, 기쁨"이라 할 것입니다. 사도 바울은 "항상 기뻐하라, 쉬지 말고 기도하라, 범사에 감사하라" 하면서 이것이 너희를 향하신 하나님의 뜻이라고 말씀합니다.

묵상

㉠ "나의 영광을 바꾸어 욕되게 하며"의 구속사적 의미에 대해서

㉡ "내가 평안히 눕고 자기도 하리니"의 평강에 대해서

㉢ 구원 얻은 자가 누릴 기쁨에 대해서.

시편 5편 개관도표

주제 : 주의 집에 들어가는 자와 쫓겨나는 자

죄를 미워하시는 하나님	1-6 1 ① 여호와여 나의 말에 귀를 기울이사 나의 심정을 헤아려 주서 2 **나의 왕, 나의 하나님이여** 내가 부르짖는 소리를 들으소서 내가 주께 기도하나이다 3 여호와여 아침에 주께서 나의 소리를 들으시리니 아침에 내가 주께 기도하고 바라리이다 4 ② **주는 죄악을 기뻐하는 신이 아니시니** **악이 주와 함께 머물지 못하며** 5 **오만한 자들이 주의 목전에 서지 못하리이다** 주는 모든 행악자를 미워하시며 6 거짓말하는 자들을 멸망시키시리이다 여호와께서는 피 흘리시기를 즐기는 자와 속이는 자를 싫어하시나이다
주를 경외하는 자와 배역하는 자	7-12 7 ③ **오직 나는 주의 풍성한 사랑을를 힘입어 주의 집에 들어가** **주를 경외함으로 성전을 향하여 예배하리이다** 8 여호와여 **나의** 원수들로 말미암아 주의 의로 **나를** 인도하시고 주의 길을 **내** 목전에 곧게 하소서 9 ④ **그들의** 입에 신실함이 없고 **그들의** 심중이 심히 악하며 **그들의** 목구멍은 열린 무덤 같고 **그들의** 혀로는 아첨하나이다 10 ⑤ **하나님이여 그들을 정죄하사** 자기 꾀에 빠지게 하시고 **그 많은 허물로 말미암아** **그들을 쫓아내소서** **그들이 주를 배역함이니이다** 11 ⑥ **그러나 주께 피하는 모든 사람은** 다 기뻐하며 **주의 보호로** 말미암아 영원히 기뻐 외치고 **주의 이름을** 사랑하는 자들은 주를 즐거워 하리이다 12 ⑦ **여호와여 주는 의인에게 복을 주시고** 방패와 같은 **은혜로** **그를 호위하시리이다**

5편

주의 집에 들어가는 자와 쫓겨나는 자

[7] 오직 나는 주의 풍성한 사랑을 힘입어 주의 집에 들어가
주를 경외함으로 성전을 향하여 예배하리이다.

5편에는 도표에 표시된 대로 "주를 경외(敬畏)하는 자와 주를 배역(背逆)하는 자"가 대조되어 있습니다. 그리하여 "주의 집에 들어가는 자와 쫓아냄"을 당하는 자가 있게 되는데 이점이 5편을 해석하는 열쇠입니다. 도표를 보시면 먼저 "주를 경외하는 자"를 중심으로,

① 하나님을 "나의 왕"이라 부르면서, 내가 부르짖는 소리를 들으소서

② "주는 죄악을 기뻐하는 신이 아니시니" 하면서
③ "오직 나는 풍성한 사랑을 힘입어 주의 집에 들어가 예배하리이다" 합니다.
④ 다음은 "주를 배역함"을 중심으로 "그들의 입에 신실함이 없다" 하면서
⑤ "그들을 정죄하사, 그들을 쫓아내소서" 합니다.
⑥ 결론적으로 "오직 주께 피하는 자", 즉
⑦ "의인에게 복을 주시고, 은혜(恩惠)로 호위하시리이다"라는 언급으로 마치고 있습니다.

첫째 단원(1–6) **죄악을 미워하시는 하나님**
둘째 단원(7–12) **주를 경외하는 자와 배역하는 자**

첫째 단원(1–6) 죄악을 미워하시는 하나님

"여호와께서는 피 흘리시기를 즐기는 자와 속이는 자를 싫어하시나이다"(6)

① 첫째 단원은 하나님의 성품을 언급하는 내용인데, 한마디로 "죄악을 미워하시는 하나님"이시라 합니다.

㉠ "심정을 헤아려 주소서"하는 것은 자신의 마음을 헤아려 보소서 라는 뜻입니다. 다윗은 먼저 자신을 하나님 앞에 내어놓고 있습니다. 이는 139:23-24절에서 "하나님이여 나를 살피사 내 마음을 아시며 나를 시험하사 내 뜻을 아옵소서 내게 무슨 악한 행위가 있나 보시고 나를 영원한 일로 인도하소서"한 것과 같은 뜻입니다.

㉡ "나의 왕, 나의 하나님이여"(2상)하고 다윗은 진정한 왕은 하나님이

심을 고백합니다. 그런데 "우리"가 아닌 "나의 왕"이라는 고백에는 그 이상의 의미가 있다 하겠습니다. 왜냐하면 하나님께서는 다윗 자신을 통치(統治)하시고, 다윗은 하나님의 뜻을 따라 나라를 다스린다는 뜻이 되기 때문입니다. 이것이 신정왕국(神政王國)인 것입니다.

이 개념은 대단히 중요한 요점입니다. 가정도 교회도 동일한 원리에 의하여 통치(統治)하시기 때문입니다. 그러므로 하나님을 믿는다는 것은 복을 받는다는 것보다 하나님의 뜻을 받든다는 통치의 개념이 우선하는 것입니다. "통치(統治)는 받기 싫다, 복만 달라"하는 것이 "우리가 그들의 맨 것을 끊고 그의 결박을 벗어버리자"(2:3)하는 불신앙의 태도인 것입니다.

㉢ "여호와여 아침에 주께서 나의 소리를 들으시리니 아침에 내가 주께 기도하고 바라리이다"(3)고 "아침"이 강조되어 있습니다. 아침이란 일과(日課)를 시작하기 이전의 시간을 가리키는데, "아침에 내가 주께 기도하고 바란다"는 것은 종이 상전의 분부를 기다리는 자세입니다. 하나님께서는 "거기서 내가 너와 만나고, 네게 명령할 모든 일을 네게 이르리라"(출 25:22) 하십니다. 일과를 시작하기 전 하나님과 만나고 "바라는", 즉 대령(待令)하는 자세가 먼저입니다.

② "주는 죄악을 기뻐하는 신이 아니시니 악이 주와 함께 머물지 못하며"(4) 합니다.

㉠ 어찌하여 아담 하와가 하나님 존전에서 추방당해야 했는가? "악이 주와 함께 머물 수 없기" 때문에 하나님 존전에서 쫓겨날 수밖에 없었습니다. 성경은 "의와 불법이 어찌 함께 하며 빛과 어둠이 어찌 사귈"(고후 6:14) 수 있느냐고 묻고 있습니다.

㉡ 그리고 "오만(傲慢)한 자들이 주의 목전에 서지 못하리이다"(5상)라고 말씀합니다. 그날에 주의 목전(目前)에 "서느냐? 못 서느냐" 이것이 문제입니다.

㉢ 그래서 "주는 모든 행악자를 미워하시며 거짓말하는 자들을 멸망시키시리이다 여호와께서는 피 흘리기를 즐기는 자와 속이는 자를 싫어하시나이다"(5하-6)하는 것입니다. 이것이 "죄악을 미워하시는 하나님"입니다. 다시 강조합니다만 "주와 함께 머물지 못하며, 주의 목전에 서지 못하리이다"한 두 가지 요점을 명심해야 합니다.

둘째 단원(7-12) 주를 경외하는 자와 배역하는 자

"오직 나는 주의 풍성한 사랑을 힘입어 주의 집에 들어가 주를 경외함으로 성전을 향하여 예배하리이다"(7)

③ 7-10절 안에는 "나"라는 말이 네 번, "그들"이 일곱 번 등장하는데, "나와 그들"를 대조(對照)하여 "들어가는 자(7)와 쫓겨남"(10)을 당하는 자를 진술합니다. "나"라는 사람은 여호와를 경외하는 자를 가리키고 "그들"은 오만한 자를 가리키는 말인데, 먼저 7-8절은 "주를 경외하는 자"가 힘입게 될 사랑 즉 은혜입니다.

㉠ 이 7절을 5편의 요절로 삼았는데, 복음의 중요한 요소들이 들어있기 때문입니다.

㉮ 첫째로 "오직 나는 주의 풍성한 사랑을 힘입어" 합니다. "사랑"으로 번역된 "헤세드"는 하나님의 사랑과 은혜를 뜻합니다. 그런데 그 사랑이 "풍성"(豊盛)하다는 것입니다.

㉯ 둘째로 "주의 집에 들어가" 합니다. 구속사라는 넓은 지평으로 보면 "주의 집에 들어가"라는 주제(主題)는 사활적인 중요한 요점입니다. 왜냐하면 인류의 시조가 죄를 범함으로 하나님 존전에서 추방당했기 때문입니다. 그러므로 "들어감"이 가능해지

는 것은 "오직 주의 풍성한 사랑을 힘입어" 뿐입니다.

㉰ 셋째로 "주를 경외함으로 성전을 향하여 예배하리이다"(7) 합니다. 이는 하나님과의 관계가 회복되었음을 나타냅니다.

이 점에서 시편을 상고하면서 꼭 붙잡고 있어야 할 점을 말씀드려야 하겠습니다. 그것은 "주의 풍성한 사랑"이라 한 "사랑"입니다. 이는 하나님의 "사랑 · 불쌍히 여기심 · 은혜" 등을 가리키는 것으로 시편에 120번 이상 등장합니다. 시편 기자는 결정적인 대목마다 "주의 사랑"을 내세우고 있는데, 이는 바울이 "내가 나 된 것은 하나님의 은혜로 된 것이라"(고전 15:10)고 고백한 것과 같은 뜻으로, 우리도 시편을 상고하는 내내 그리고 평생 붙잡고 있어야 할 사랑, 은혜인 것입니다.

㉡ 그러므로 "들어감"에 대해서 좀 더 말씀을 드려야 하겠습니다. 다윗이 "주의 집에 들어가" 했어도 그것은 온전한 "들어감"은 아닌 것입니다. 왜냐하면 구약시대는 하나님의 임재를 상징하는 지성소(至聖所)가 휘장으로 굳게 막혀있었기 때문입니다. 이점을 신약성경에서는 "성령이 이로써 보이신 것은 첫 장막이 서 있을 동안(구약시대)에는 성소에 들어가는 길이 아직 나타나지 아니한 것이라"(히 9:8)고 말씀합니다.

㉢ 그러므로 "들어감"이 가능해지는 것은 주님께서 십자가상에서 "다 이루었다"라고 선언하심으로 성전 휘장을 찢어놓으셨기 때문입니다. "그러므로 형제들아 우리가 예수의 피를 힘입어 성소에 들어갈 담력을 얻었나니 그 길은 우리를 위하여 휘장 가운데로 열어놓으신 새로운 살 길이요"(히 10:19-20)라고 말씀합니다.

"예수의 피를 힘입어"라는 뜻은 "이제 우리가 그의 피로 말미암아 의롭다 하심을 받았은즉"(롬 5:9)한 칭의(稱義)를 뜻합니다. 이점을 사도 베드로는 "그리스도께서도 단번에 죄를 위하여 죽으사 의인으로서 불의한 자를 대신하셨으니 이는 우리를 하나님 앞으로 인도하려 하심이라"(벧전 3:18)고 증언합니다.

㉣ 이런 맥락에서 "여호와여 나의 원수들로 말미암아 주의 의로 나를 인도하시고 주의 길을 내 목전에 곧게 하소서"(8)한 말씀은 해석이 되어야 합니다. "주의 의, 주의 길"이 무엇을 의미하는가? 이는 둘이 아니라 하나인데 무엇과 결부되는 "주의 의"인가?
"원수들로 말미암아"한 "원수들"은 "나"를 대적하고, 송사하고, 망하기를 바라는 자들입니다. 이를 막아줄 수 있는 것은 오직 "주의 의"라는 것입니다. 그렇다면 "주의 의"란 "칭의"라 할 수 있습니다. 이 점이 "주의 풍성한 사랑을 힘입어 주의 집에 들어가"(7)라는 말씀과도 부합됩니다. 이것이 "주의 길을 내 목전에 곧게 하소서"(8하)의 뜻이기도 합니다.

④ 이와는 대조적으로 9-10절은 "오만한 자, 행악자"(5)의 특성을 언급함인데, "그들의 입에 신실함이 없고 그들의 심중이 심히 악하며 그들의 목구멍은 열린 무덤 같고 그들의 혀로는 아첨하나이다"(9) 합니다.

사도 바울은 로마서에서 "그들의 목구멍은 열린 무덤 같고 그들의 혀로는 아첨하나이다"(9)한 본문을 인용하여 인간의 전적부패를 말하면서, "그러면 어떠하냐 우리는 나으냐 결코 아니라 유대인이나 헬라인이나 다 죄 아래 있다고 우리가 이미 선언하였느니라"고 인간의 자력으로는 하나님 앞에 의롭다함을 얻을 자가 없다(롬 3:9,13,20)는 점을 증언하고 있습니다.

⑤ "하나님이여 그들을 정죄(定罪)하사 자기 꾀에 빠지게 하시고 그 많은 허물로 말미암아 그들을 쫓아내소서 그들이 주를 배

역(背逆) 함이니이다"(10) 합니다.

㉠ 여기 대조가 나타나는데,

㉮ "경외와 배역"(7,10)이 대조되어 있고

㉯ "주의 의와 정죄"(8,10)가 대조되어 있고

㉰ "들어감과 쫓아냄"(7,10)이 대조되어 있습니다.

㉡ 어찌하여 불신자들은 "정죄를 당하고 쫓아냄"을 당하게 되는가?

㉮ "많은 허물로 말미암아"(10중)한 허물 때문입니다.

㉯ 그런데 결정적인 원인은 "그들이 주를 배역(背逆) 함이니이다"(10하), 즉 "주의 풍성한 사랑" 곧 하나님의 은혜를 배척하기 때문인 것입니다.

다시 강조합니다만 도표 우측에 표시된 "주의 집에 들어가는 자와 쫓아내소서"의 대조를 주목해야 하는데, 이 점에서 명심해야 할 점은 들어가는 자도 무슨 자격이 있어서가 아니라, "오직 나는 주의 풍성한 사랑을 힘입어 주의 집에 들어가는 것"(7)이 가능하여진다는 점을 망각하지 말아야 합니다.

㉢ "하나님이여 그들을 정죄하사"(10상) 하는데, 신약성경에서는 "그러므로 이제 그리스도 예수 안에 있는 자에게는 결코 정죄함이 없나니" 합니다. 그러면 "정죄"함이 어떻게 해서 "정죄함이 없나니"가 가능하여지는가? "곧 죄로 말미암아 자기 아들을 죄 있는 육신의 모양으로 보내어 육신에 죄(罪)를 정(定)하셨기"(롬 8:1,3) 때문입니다. 그런데 본문에 등장하는 "그들"은 이를 배역(背逆)하는 자들인 것입니다. 그렇다면 자신의 죄의 대가를 자신이 책임을 질 수밖에 없는 것입니다.

⑥ 이점이 11-12절에 분명하게 나타나는데, "그러나 주께 피하는 모든 사람은 다 기뻐하며 주의 보호로 말미암아 영원히 기뻐 외치고 주의 이름을 사랑하는 자들은 주를 즐거워 하리이다"(11)

라는 진술에 나타납니다. "그러나 주께 피하는 자"라 한 것은 도피성(逃避城)을 염두에 두고 하는 묘사인데, 그리스도인들이란 도피성이 되시는 그리스도를 향해서 "앞에 있는 소망을 얻으려고 피난처를 찾는"(히 6:18) 자들입니다.

㉮ "다 기뻐하며"

㉯ "주의 보호로 말미암아 영원히 기뻐 외치고"

㉰ "주의 이름을 사랑하는 자들은 주를 즐거워 하리이다"(11)하고, "기쁨과 즐거움"이 있게 된다는 것입니다.

⑦ 5편도 중심점이 결론에 나타나는데, "여호와여 주는 의인에게 복을 주시고 방패와 같은 은혜로 그를 호위하시리이다"(12)합니다. "의인(義人)에게 복을 주시고"한 "의인"이 누구란 말인가? 주의 풍성한 사랑을 힘입는 자들입니다. 이처럼 하나님을 경외하는 자는,

㉮ "인도"(8) 하시고

㉯ "보호"(11)해 주시고

㉰ "은혜로 호위"(12)하여 주시고

㉱ 궁극적으로는 "주의 집에 들어감"(7)을 받게 된다는 말씀입니다. 이것이 "주의 집에 들어가는 자와 쫓겨나는 자"입니다.

적용 : 하나님께서 "나의 심정을 헤아려" 보신다면 나의 모습은 어떠할 것인가? 하나님을 "나의 왕, 나의 하나님"이라고 고백한다는 것은 하나님의 통치에 순복하겠다는 것을 의미합니다. 그런데 오늘날은 입으로 주여, 주여 하는 사람들은 많이 있어도, 하나님의 뜻대로 행하고자 하는 사람은 예레미야 선지자 당시처럼

"넓은 길을 왕래"하면서 찾아보아도 만나기가 어렵습니다. 이에 대한 형제의 대답은 무엇입니까?

묵상

㉠ 5편이 대조하여 보여주기를 원하는 "나와 그들"의 특성에 대해서
㉡ 주의 사랑을 힘입는 자의 누릴 복이 무엇인가에 대해서
㉢ 주의 집에 들어가는 자와 쫓겨나는 자에 대해서.

시편 6편 개관도표

주제 : 징벌을 당하는 자가 의지할 주의 인자

긍휼히 여기시고 고치소서

1-7

1 ① 여호와여 주의 분노로 나를 / 주의 진노로 나를 → **책망하지 마시오며 징계하지 마옵소서**

2 ② 여호와여 내가 수척하였사오니 / 여호와여 나의 뼈가 떨리오니 → **내게 은혜를 베푸소서 나를 고치소서**

3 **나의 영혼도 매우 떨리나이다** 여호와여 어느 때까지니이까

4 여호와여 돌아와 나의 영혼을 건지시며

→ **주의 사랑으로 나를 구원하소서**

5 ③ 사망 중에서는 주를 기억하는 일이 없사오니
스올에서 주께 감사할 자 누구리이까

6 → **내가 탄식함으로 피곤하여 밤마다 눈물로 내 침상을 띄우며 내 요를 적시나이다**

7 내 눈이 근심으로 말미암아 쇠하며 내 모든 대적으로 말미암아
어두웠나이다

나를 떠나가라

8-10

8 ④ **악을 행하는 너희는 다 나를 떠나라**

→ 여호와께서 내 울음소리를 들으셨도다

9 **여호와께서 내 간구를 들으셨음이여**
여호와께서 내 기도를 받으시리로다

10 ⑤ **내 모든 원수들이** → **부끄러움을 당하고 심히 떪이여 갑자기 부끄러워 물러가리로다**

6편

징벌을 당하는 자가 의지할 주의 인자

4 여호와여 돌아와 나의 영혼을 건지시며 주의 사랑으로 나를 구원하소서.

시편 6편도 "다윗의 시"라는 표제가 있는데, 참회(懺悔) 시로 분류됩니다. "나의 뼈가 떨리오니 나를 고치소서"(2)하는 것을 보면 중병 중에 있는 것으로 여겨지나 그것이 단순한 육신의 병이 아니라, "밤마다 눈물로 내 침상을 띄우며 내 요를 적시나이다"(6)한 것을 보면, 어떤 죄책으로 인한 것으로 볼 수 있습니다. 도표를 보시면 "주의 인자하심으로 말미암아 나를 구원하소서"를 중심으로,

① "책망하지 마시오며, 징계하지 마옵소서"하고 징벌을 당하면서도 "주의 사랑"을 기대하면서
② "내가 수척하였사오니 내게 은혜를 베푸소서" 합니다.
③ "사망 중에서는 주를 기억하는 일이 없사오니"하고 죽을 지경에 이르렀음을 나타내는데
④ 갑자기 "악을 행하는 너희는 다 나를 떠나라"고 외치면서
⑤ "내 모든 원수들이 부끄러움을 당하고 물러가리로다"고 진술합니다.
이것이 어떤 의미가 있으며 우리에게 적용되는 바가 무엇인가?

첫째 단원(1-7) **은혜를 베푸시고 고치소서**
둘째 단원(8-10) **대적은 나를 떠나라 물러가라**

첫째 단원(1-7) 은혜를 베푸시고 고치소서

"여호와여 내가 수척하였사오니 내게 은혜를 베푸소서 여호와여 나의 뼈가 떨리오니 나를 고치소서"(2)

첫째 단원은 처절할 정도로 참회하는 정경이 묘사되어 있습니다.

① "여호와여 주의 분노로 나를 책망하지 마시오며 주의 진노로 나를 징계(懲戒)하지 마옵소서"(1)라고 호소하는데, 이 호소를 요절로 정한 "사랑으로 나를 구원하소서"(4)한 말씀과 결부시켜 보면 "책망과 징계"를 거절하는 그런 뜻이 아니라, "진노 중에라도 긍휼을 잊지 마옵소서"(합 3:2)하는 호소임을 알 수 있습니다.

② "여호와여 내가 수척하였사오니 내게 은혜를 베푸소서 여호와여 나의 뼈가 떨리오니 나를 고치소서"(2) 합니다.

㉠ "나의 뼈가 떨리오니(2), 영혼도 매우 떨리나이다"(3) 하면서, "사망(死亡) 중에서는 주를 기억하는 일이 없사오니"(5)한 언급으로 볼 때 몸만이 아니라, 마음과 영혼까지도 신음하고 있음을 보게 됩니다. 다윗은 이 떨림을 "책망과 징계"로 받아드리고 있는 것입니다. 그래서 "여호와여 어느 때까지니이까"(3)하는 것입니다.

㉡ "여호와여 돌아와 나의 영혼을 건지시며"(4상)하는 것은 자신이 버림을 당한 상태임을 나타내는 표현인데 그가 의지할 것은 "주의 사랑으로 나를 구원하소서"(4하)한 "주의 사랑"뿐인 것입니다.

이는 5:7절에서 "오직 나는 주의 풍성한 사랑을 힘입어 주의 집에 들어가" 한 것과 맥을 같이 하는 것으로, 다윗은 징벌을 당하면서도 하나님의 자비 · 긍휼 · 사랑 · 은혜 밖에 의지할 것이 없음을 믿고 있는 것입니다.

③ "사망 중에서는 주를 기억함이 없사오니 스올에서 주께 감사할 자 누구리이까"(5) 하면서,

㉠ "내가 탄식함으로 피곤하여 밤마다 눈물로 내 침상을 띄우며 내 요를 적시나이다"(6)고 진술하는 것을 보면, 이 시편이 "우리아의 아내가 다윗에게 낳은 아이를 여호와께서 치시매 심히 앓는지라 다윗이 그 아이를 위하여 하나님께 간구하되 금식하고 안에 들어가서 밤새도록 땅에 엎드렸으니 그 집의 늙은 자들이 곁에 서서 다윗을 땅에서 일으키려 하되 왕이 듣지 아니하고 그들과 더불어 먹지도 아니하더라 이레 만에 그 아이가 죽으니라"(삼하 12:15-18)한 그런 배경에서 읊은 시로 여겨집니다.

㉡ 그런데 "내 눈이 근심으로 말미암아 쇠하며 내 모든 대적으로 말미

암아 어두웠나이다"(7)하고 참회하는 시에 "대적"이 등장하는 까닭을 어떻게 설명해야 한단 말인가? 이는 나단 선지자가 "이 일로 말미암아 여호와의 원수가 크게 비방할 거리를 얻게 하였다"(삼하 12:14) 한 책망과 결부되는 것으로 볼 수 있습니다. 밧세바 사건은 다윗의 왕권만이 아니라, 보다 더 하나님의 이름을 더럽힌 것임을 생각할 때에 "근심"하지 않을 수 없었을 것입니다.

ⓒ 그리고 "원수 · 대적"이란 사무엘하 16장에 보면 사울의 집 족속 시므이가 압살롬의 반역을 피하여 도망가는 다윗을 향해 참기 어려운 모욕과 저주를 퍼붓는 것을 보게 됩니다. 돌을 던지면서 "사악한 자여 가거라 가거라"(삼하 16:6-7) 합니다. 다윗을 따르던 심복이 나로 건너가서 그의 머리를 베게 하소서 라고 말하자 다윗은 만류하면서, "그가 저주하는 것은 여호와께서 그에게 다윗을 저주하라 하심이니 네가 어찌 그리하였느냐 할 자가 누구겠느냐" 합니다. 다윗은 심한 죄책감에 빠져있었을 것입니다.

이 시(詩)가 이 무렵에 쓰여진 것이라면 "대적"이란 가깝게는 사울의 족속을 염두에 한 말이요, 궁극적으로는 "하나님 앞에서 밤낮 참소하던 자가 쫓겨났고"(계 12:10)한 사탄이라 할 것입니다. 성도들이 징벌을 당할 때 우선적으로 생각해야 할 점은 나로 인하여 하나님의 이름이 이방인들에게 모독을 받으시게 되었다는 점을 애통히 여겨야 하는 것입니다.

둘째 단원(8-10) 대적은 나를 떠나라 물러가라

"악을 행하는 너희는 다 나를 떠나라"(8상)

④ 둘째 단원의 중심점은 넘어졌던 자가 "주의 사랑"을 의지하여 벌떡 일어나는 장면입니다. 하나님의 은혜를 믿는 자들은 언제까지 "나의 뼈가 떨리오니"라고만 말하는 사람들이 아닙니다. "나를 떠나라, 물러가라" 하고 벌떡 일어나는 사람입니다.

㉠ 이 말은 표면적으로만 보면 어리둥절하게 합니다. "행악"(行惡)을 한 것은 자기 자신이 아니던가? 그런데 누구를 향해서 "악을 행하는 자들아 나를 떠나라" 한단 말인가? 이는 1차적으로 진실한 회개(悔改)를 통한 정죄감에서의 해방을 나타냅니다.

이점을 스가랴 3장을 통해서 보게 되는데, 대제사장 여호수아가 더러운 옷을 입고 있기 때문에 사탄이 우편에 서서 대적합니다. 그런데 하나님께서 더러운 옷을 벗기게 하시고 아름다운 옷을 입혀주시자 사탄은 떠나가고 천사가 수종드는 것을 보게 됩니다.

㉡ 그러므로 "악을 행하는 자"란 "우리 형제들을 참소하던 자 곧 우리 하나님 앞에서 밤낮 참소하던 자가 쫓겨났고"(계 12:10)한 사탄을 가리키는 말로 보아야 할 것입니다. 간교한 사탄은 하나님이 주신 율법을 악용하여 성도들을 정죄하고 무력화시키는 자입니다. 이 거짓에 걸려들어 희생을 당한 주의 종들이 부지기수일 것입니다.

㉢ 다윗으로 하여금 "허물의 사함을 받고 자신의 죄가 가려진 자는 복이 있도다"(32:1)한 칭의교리를 깨닫게 하신 것은 이러한 정죄감과 진실된 참회를 통해서였던 것입니다. 그래서 "악을 행하는 너희는 다 나를 떠나라 여호와께서 내 울음소리를 들으셨도다 여호와께서 내 간구를 들으셨음이여 여호와께서 내 기도를 받으시리로다" (8-9) 하는 확신을 갖고 벌떡 일어날 수 있었던 것입니다.

㉣ 4절에서 "여호와여 돌아와 나의 영혼을 건지시며"한 것과 9절에서 "내 간구를 들으셨음이여"한 말씀의 대조(對照)를 주목해보시기 바랍니다. 4절의 다윗은 하나님께 버림을 당한 것으로 여기고 있는 반면, 9절의 다윗은 영접하여주실 것을 믿고 있습니다. 이처럼 벌떡

일어날 수 있는 것은 "의롭다 하신 이는 하나님이시니 누가 정죄하리요"(롬 8:33)한 칭의교리를 통해서 뿐입니다.

⑤ 그리하여 "내 모든 원수들이 부끄러움을 당하고 심히 떪이여 갑자기 부끄러워 물러가리로다"(10)고, "책망과 징계"로 시작된 6편은 "부끄러워 물러가리로다"하는 승리(勝利)로 끝맺고 있습니다.

㉠ 계시록 12장에 이런 장면이 나옵니다. "우리 하나님 앞에서 밤낮 참소하던 자가 쫓겨났다"(계 12:10)고 말씀합니다. 부끄러워 물러갔다는 것입니다. 무엇이라고 밤낮 참소했는가? "하나님은 의로우신 분이 아니십니까? 〈먹으면 반드시 죽으리라〉 하셨은즉 법대로 시행해주십시오"라고 참소한 것입니다.

그러면 하나님께서는 한번 말씀하신 법을 폐하시고 우리를 받아주신 것인가? 아닙니다. "죄를 알지도 못하신 이를 우리를 대신하여 죄로 삼으심"(고후 5:21)으로 "율법의 요구"가 이루지게 하셨던 것입니다. 사탄이 부끄러움을 당하고 물러가고, 쫓겨나게 된 것은 더 이상 "참소"할 근거가 없기 때문임을 명심해야 합니다. 다윗은 자신의 죄 값으로 이런 징벌을 당하는 것이지만 그리스도는 우리의 죄로 말미암아 우리를 대신하여 징벌을 받으셨습니다. 그런데 "우리는 생각하기를 그는 징벌을 받아 하나님께 맞으며 고난을 당한다 하였노라"(사 53:4) 했다는 것입니다.

㉡ 그러므로 본문은 원수가 "물러갔다"고만 말씀하는 것이 아니라, "내 모든 원수들이 부끄러움을 당하고 심히 떪이여 갑자기 부끄러워 물러가리로다"(10)고 "부끄러워, 떨면서, 물러갔다"고 진술합니다. 어찌하여 부끄러움을 당하고 두려워서 떠는가? 하나님께서는 다윗이나 우리를 처형하신 것이 아니라 우리 죄로 말미암아 우리 대신 자기

아들을 내어주셨기 때문입니다.

이런 맥락에서 원수가 "심히 떪이여 갑자기 부끄러워 물러가리로다" 하는 것은 죄로 말미암아 자신들이 심판을 당하게 될 것을 인식했기 때문인 것입니다. 이것이 "대적은 나를 떠나라 물러가라"요, "징벌을 당하는 자가 의지할 주의 인자"입니다.

적용 : 형제가 실수하고 넘어져서 다윗과 같은 징벌을 당한다면 어떤 반응을 보이시겠습니까? 첫째는 본문에 나타난 것과 같은 진실한 회개가 있어야 합니다. 그러나 언제까지 넘어진 상태에서 눈물을 흘리고 있어서는 안 됩니다. "주의 사랑"을 의지하여 "악을 행하는 너희는 다 나를 떠나라"고 외치면서 벌떡 일어나시기 바랍니다.

묵상

㉠ 다윗의 참회하는 모습에 대해서

㉡ 그런 중에 의지할 것이 무엇인가에 대해서

㉢ 이 징벌을 통해서 누구를 바라보게 해주는가?

시편 7편 개관도표

주제 : 판단을 의로우신 하나님께 맡김

무고함을 변백함	1-5 1 ① **여호와 내 하나님이여 주께 피하오니** 나를 쫓아오는 모든 자들에게서 나를 구원하여 내소서 2 건져낼 자가 없으면 그들이 사자 같이 나를 찢고 뜯을까 하나이다 3 ② **여호와 내 하나님이여 내가 이런 일을 행하였거나** 내 손에 죄악이 있거나 4 화친한 자를 악으로 갚았거나 내 대적에게서 까닭없이 빼앗았거든 5 ③ **원수가 나의 영혼을 쫓아 잡아** 내 생명을 땅에 짓밟게 하고 내 영광을 먼지 속에 살게 하소서(셀라)
심판을 호소함	6-9 6 ④ **여호와여 진노로 일어나사** 내 대적들의 노를 막으시며 나를 위하여 깨소서 **주께서 심판을 명령하셨나이다** 7 ⑤ 민족들의 모임이 주를 두르게 하시고 **그 위 높은 자리에 돌아오소서** 8 **여호와께서 만민에게 심판을 행하시오니** 여호와여 나의 의와 나의 성실함을 따라 나를 심판하소서 9 악인의 악을 끊고 의인을 세우소서 의로우신 하나님이 **사람의 마음과 양심을 감찰 하시나이다**
하나님은 재판장이시라	10-17 10 ⑥ **나의 방패는 마음이 정직한 자를 구원하시는 하나님께 있도다** 11 **하나님은 의로우신 재판장이심이여** ⑦ **매일 분노하시는 하나님이시로다** 12 사람이 회개하지 아니하면 그가 그의 칼을 가심이여 그의 활을 이미 당기어 예비하셨도다 13 죽일 도구를 또한 예비하심이여 그가 만든 화살은 불화살들이로다 14 악인이 죄악을 낳음이여 재앙을 배어 거짓을 낳았도다 15 그가 웅덩이를 파 만듦이여 제가 만든 함정에 빠졌도다 16 그의 재앙 은 자기 머리로 돌아가 그의 포악은 자기 정수리에 내리리로다 17 ⑧ **내가 여호와께 그의 의를 따라 감사함이여 지존하신 여호와의 이름을 찬양하리로다**

7편

판단을 의로우신 하나님께 맡김

[11] 하나님은 의로우신 재판장이심이여 매일 분노하시는 하나님이시로다.

7편도 다윗의 시인데 "여호와 내 하나님이여 내가 주께 피하오니 나를 쫓아오는 모든 자들에게서 나를 구원하여 내소서"(1) 하고 호소하는 것으로 시작됩니다. 이는 다윗이 누군가에게 쫓기고 있음을 나타냅니다. 그러므로 도표를 보시면 "하나님은 의로우신 재판장이심이여"를 중심으로,

① "주께 피하오니"
② "내가 이런 일을 행하였거나, 내 손에 죄악이 있거나", 즉 그렇게 행했다면
③ "원수가 내 생명을 땅에 짓밟게 하소서", 즉 무고히 고난을 당하고

있다는 점을 호소하면서

④ 그래서 "여호와여 진노로 일어나사 내 대적들의 노를 막으시며"
⑤ "그 위 높은 자리에 돌아오소서", 즉 심판석에 서주십시오
⑥ "하나님은 의로우신 재판장이심이여"
⑦ "매일 분노하시는 하나님"이시라 고백합니다.
⑧ 이처럼 호소로 시작한 7편은 "내가 여호와께 감사하며 찬양하리로다"하는 "감사"로 마치고 있습니다.

첫째 단원(1–5) **무고함을 변백함**
둘째 단원(6–9) **심판은 주께 있사오니**
셋째 단원(10–17) **하나님은 재판장이시라**

첫째 단원(1–5) **무고함을 변백함**

"여호와 내 하나님이여 내가 주께 피하오니 나를 쫓아오는 모든 자들에게서 나를 구원하여 내소서"(1)

① 첫째 단원은 자신의 무고함을 변백하는 내용입니다. "주께 피한다"는 뜻은 하나님을 의지한다는 말인데, "도피성"을 염두에 두고 한는 표현입니다. 다윗은 지금 누군가에게 쫓기어 도피성을 향해서 도망가고 있는 상황입니다.

㉠ 사무엘상에 의하면 사울이 다윗을 죽이려고 쫓고 있을 당시,

㉮ "어떤 사람이 사울에게 전하여 이르되 다윗이 라마 나욧에 있더이다"(19:19)

㉯ "다윗이 그일라에 온 것을 어떤 사람이 사울에게 알리매"

(23:7)

㉰ "다윗이 그일라에서 피한 것을 어떤 사람이 사울에게 말하매" (13)

㉱ "보소서 다윗이 엔게디 광야에 있더이다"(24:1)

㉲ "다윗이 가드에 도망한 것을 어떤 사람이 사울에게 전하매"(27:4)하고 지속적으로 밀고(密告)하는 자가 있고, 그때마다 사울이 추격하는 것을 보게 됩니다.

ⓛ 그래서 "건져낼 자 없으면 그들이 사자같이 나를 찢고 뜯을까 하나이다"(2)라고 호소합니다.

② 그러면서 "여호와 내 하나님이여 내가 이런 일을 행하였거나 내 손에 죄악이 있거나"(3), "화친한 자를 악으로 갚았거나 내 대적에게 까닭 없이 빼앗았거든"(4)

③ "원수가 나의 영혼을 쫓아 잡아 내 생명을 땅에 짓밟게 하고 내 영광을 먼지 속에 살게 하소서(셀라)"(5)하고 자신의 무고함을 진술합니다. 그러니까 까닭 없이 죽이려고 쫓고 있다는 것입니다. 그렇습니다. 다윗은 자기를 죽이려고 그처럼 악랄하게 쫓는 사울을 죽일 기회가 몇 번이고 주어졌지만, 기름 부음을 받은 자를 해하는 것이 용납되지 않는다고 겉 옷자락만 베고(삼상 24:4), 머리 곁에 놓아둔 창과 물병(삼상 26:11)만을 증거물로 가지고 왔을 뿐입니다. 이것이 "무고함을 변백"하는 첫 단원의 내용입니다.

둘째 단원(6-9) 심판은 주께 있사오니

"여호와여 진노로 일어나사 내 대적들의 노를 막으시며 나를 위하여 깨소서 주께서 심판을 명령하셨나이다"(6)

④ 둘째 단원의 중심점은 "주께서 심판을 명령하셨나이다"(6)에 있습니다. "주께서 심판을 명령하셨다"는 뜻은 "내 사랑하는 자들아 너희가 친히 원수를 갚지 말고 하나님의 진노하심에 맡기라 기록되었으되 원수 갚는 것이 내게 있으니 내가 갚으리라고 주께서 말씀하셨다"(롬 12:19)는 그런 뜻입니다. 이를 알았기에 다윗은 "여호와께서 살아 계심을 두고 맹세하노니 여호와께서 그를 치시리니 혹은 죽을 날이 이르거나 또는 전장에 나가서 망하리라"(삼상 26:10)고 심판을 하나님께 맡겼던 것입니다. 형제가 다윗의 경우라면 어떻게 했을 것 같습니까?

⑤ "민족들의 모임이 주를 두르게 하시고 그 위 높은 자리에 돌아오소서"(7)하고 하는데 무슨 뜻인가?

㉠ 이는 "또 내가 크고 흰 보좌와 그 위에 앉으신 이를 보니, 죽은 자들이 큰 자나 작은 자나 그 보좌 앞에 서 있는데"(계 20:11,12)한 최후심판을 전망(展望)하는 호소입니다. 50편에는 "전능하신 이 여호와 하나님께서 말씀하사 해 돋는 데서부터 지는 데까지 세상을 부르셨도다"(1)하고 온 세상 만민을 심판대 앞으로 소집하는 장면이 있습니다. 그리고 "하나님이 자기의 백성을 판결하시려고 위 하늘과 아래 땅에 선포하여 이르시되 나의 성도를 네 앞에 모으라 그들은 제사로 나와 언약한 이들이니라 하시도다 하늘이 그의 공의를 선포하시리니 하나님 그는 심판장이심이로다(셀라)"(50:4-6)고 말씀하는

데, 본문의 "민족들의 모임"이라는 말도 그런 뜻입니다.

ⓛ 그래서 본문은 "여호와께서 만민(萬民)에게 심판을 행하시오니"(8상)하고 최후심판으로 나아가고 있습니다. 다윗은 자신을 해하려는 대적을 심판하시리라는 차원을 뛰어넘어 만민의 심판 주되심을 증언하고 있는 것입니다.

시편들을 상고해 보면 이처럼 앞부분에서는 개인적(個人的)인 호소나 탄원으로 시작이 되었다가도, 뒷부분에서는 자신과 이스라엘을 뛰어넘어 만민(萬民)으로 확대되는 것을 보게 됩니다. 이는 시편의 경험을 예표로 하여 우리를 그리스도에게로 인도하고 있기 때문입니다.

ⓒ 그 심판 주되시는 하나님께 "여호와여 나의 의와 나의 성실함을 따라 나를 심판하소서"(8하)하고 의롭게, 성실하게 살려고 애를 쓴 자신의 결백을 판단해 달라고 호소합니다. 그럼에도 불구하고 다윗이 왜 이처럼 미움과 박해를 받아야 했는가? 그 이유는 단 한 가지 하나님께서 그를 택하시고 기름 부어 성령으로 충만하게 하셨기 때문입니다. 사울이 왜 이렇게 악해졌는가? 악신의 조정을 받았기(삼상 16:13) 때문입니다.

ⓡ 그래서 "악인의 악을 끊고 의인을 세우소서 의로우신 하나님이 사람의 마음과 양심을 감찰하시나이다"(9)라고 고백합니다. 다윗은 139:23-24절에서 "하나님이여 나를 살피사 내 마음을 아시며 나를 시험하사 내 뜻을 아옵소서 내게 무슨 악한 행위가 있나 보시고 나를 영원한 길로 인도하소서" 합니다. "심장을 감찰하시나이다" 하니까 생각나는 말씀이 있는데 그것은 하갈이 "여호와의 이름을 감찰하시는 하나님"(창 16:13)으로 고백한 말입니다. 애굽 여인 하갈도 하나님을 "감찰하시는 하나님"이라 부르고 있는데 신약의 성도들인 우리는 "감찰하시는 하나님"에 대해서 얼마나 둔감한가?

셋째 단원(10–17) 하나님은 재판장이시라

"하나님은 의로우신 재판장이심이여 매일 분노하시는 하나님이시로다"(11)

⑥ 그런 후에 하나님을 "나의 방패"라고 고백하는데, 하나님은 아브라함에게 "두려워하지 말라 나는 네 방패요 너의 지극히 큰 상급이니라"(창 15:1)고 말씀하셨습니다. 형제도 "하나님은 나의 방패시다"라고 담대히 선언하시기 바랍니다.

⑦ 한 걸음 더 나아가,

㉠ 하나님이 재판장이심은 알고 있으나 "매일 분노하시는 하나님"으로 아는 자는 많지 않을 것입니다. 왜냐하면 하나님을 최후심판의 하나님으로 알고 있을 뿐 다윗의 고백처럼 "매일 진노하시는 하나님", 즉 때마다 일마다 분노하시는 하나님에 대해서는 둔감하기 때문입니다. 그래서 "매일 보시지도 못하고, 매일 모르시는 하나님"으로 여기고 있는 것은 아닌가? "매일 분노하시는 하나님"으로 고백할 수 있는 사람은 영적으로 깨어있고, 성령의 인도하심에 민감한 자만이 할 수 있는 말입니다. 우리는 "귀를 지으신 이가 듣지 아니하시랴 눈을 만드신 이가 보지 아니하시랴"(94:9), 이 점을 명심하면서 말하기도 하고 행하기도 해야 할 것입니다.

㉡ 그러므로 다윗은 "사람이 회개하지 아니하면 그가 그의 칼을 가심이여 그의 활을 이미 당기어 예비하셨도다"(12)고, 먼저 "회개"(悔改)를 촉구입니다. 회개하지 아니하면 "죽일 도구를 또한 예비하심이여 그가 만든 화살은 불화살들이로다"(13)고, 심판(審判)을 경고합니다.

㉢ "악인이 죄악을 낳음이여 재앙을 배어 거짓을 낳았도다 그가 웅덩

이를 파 만듦이여 제가 만든 함정에 빠졌도다 그의 재앙은 자기 머리로 돌아가고 그의 포악은 자기 정수리에 내리리로다"(14-16)고 진술합니다. 이 언급에는 짝들이 있는데,

㉮ "재앙을 배어, 죄악과 거짓을 낳고"

㉯ "자기가 판 웅덩이와 함정에, 자기가 빠지고"

㉰ "잔해와 포악이 자기 머리와 정수리로 돌아간다", 이것이 매일 분노하시는 하나님의 심판의 방도이기도 합니다.

⑧ 사자에게 쫓기는 한 마리 토끼인 양 시작된 7편은, "내가 여호와께 그의 의를 따라 감사함이여 지존하신 여호와의 이름을 찬양하리로다"(17)하는 "감사와 찬양"으로 마치고 있습니다.

㉠ 다윗은 무엇을 감사하며 왜 찬양을 하는가? 다윗은 "여호와의 의를 따라 감사"(17) 한다고 진술하고 있습니다. 이 "여호와의 의"가 문맥적으로 보면 "하나님은 의로우신 재판장이시라"한 의로우신 하나님께서 대적들을 공의(公義)로 심판하신 데 대한 감사요 찬양이라 할 수 있습니다.

㉡ 그런데 "여호와의 의"를 "만민에게 심판을 행하시오니"(8)한 "심판"과 결부시킨다면 어떻게 되는가? 심판의 날에 "나의 의와 나의 성실함"(8)으로 그 앞에 설 수 있는 자가 있단 말인가? 만민만이 아니라 자신도 심판에서 제외될 수 없는 것입니다.

이런 구속사라는 맥락에서 "내가 여호와께 그의 의를 따라 감사함이여"(17)한 말씀을 음미하게 되면 이를 공의(公義)로만 한정할 수 없게 되는 것입니다. 왜냐하면 다윗이라 하여도 하나님의 공의 앞에 자유로울 수 없기 때문입니다.

㉢ 17절에는 "여호와의 의(義), 감사, 찬양"(17)이 함께 등장하는데, "감사와 찬양"은 원수에 대한 심판보다는 "주께서 내 마음에 두신 기쁨은 그들의 곡식과 새 포도주의 풍성할 때보다 더하니이다"한 은

혜를 입은 자 속에서 더욱 우러나오는 산물인 것입니다.

이해를 돕기 위해 시편에 등장하는 "하나님의 의"에 대해서 좀 더 말씀을 드리려고 합니다. 하나님에게는 "공의와 칭의"가 따로 있는 것이 아닙니다. 하나님은 의로우시다 한 "의로우심" 하나뿐입니다. 이 "의"가 우리에게 직접 임하게 되면 죄에 대한 심판을 시행하게 되는 공의(公義)가 되고, "나의 방패는 마음이 정직한 자를 구원하시는 하나님께 있도다"(10)하는 방패이신 그리스도를 통해서 임하게 되면 "칭의"(稱義)가 되는 것입니다. 왜냐하면 그리스도께서 우리 대신 하나님의 공의의 심판을 받으셨기 때문입니다. 하나님께서 "내가 피를 볼 때에 너희를 넘어가리라"(출 12:13)한 말씀을 생각하시기 바랍니다.

적용 : "하나님은 의로우신 재판장이심이여 매일 분노하시는 하나님"(11)이십니다. 하나님의 의로우심이 시행되는 곳에 공의(公義)의 심판이 있고, "방패"이신 그리스도를 통하여 임하게 되는 것에 "칭의"(稱義)가 있습니다. 그러므로 쫓기는 것으로 시작된 본문은 "감사함이여, 찬양하리로다" 하고 마치고 있는 것입니다. 항상 기뻐하십시다. 범사에 감사하면서 찬양하십시다.

묵상

㉠ "주께서 심판을 명하셨나이다"에 대해서

㉡ "감찰하시는 하나님, 매일 분노하시는 하나님"에 대해서

㉢ 개인의 호소에서 만민의 심판으로 확대되는 점에 대해서.

시편 8편 개관도표 사람
주제 : 하나님보다 조금 못하게 하신 사람

대적과 어린아이	1-4 1 ① 여호와 우리 주여 주의 이름이 **온 땅에 어찌 그리 아름다운지요** **주의 영광이 하늘을 덮었나이다** 2 ② **주의 대적으로 말미암아** ③ **어린 아이들과 젖먹이들의 입으로** 권능을 세우심이여 ④ 이는 **원수들과** 보복자들을 **잠잠하게 하려 하심이니이다** 3 주의 손가락으로 만드신 주의 하늘과 주의 베풀어 두신 달과 별들을 내가 보오니 4 **사람이 무엇이기에 주께서 그를 생각하시며** **인자가 무엇이기에 주께서 그를 돌보시나이까**
비하와 승귀	5-9 5 ⑤ **그를 하나님보다 조금 못하게 하시고** ⑥ **영화와 존귀로 관을 씌우셨나이다** 6 ⑦ 주의 손으로 만드신 것을 **다스리게 하시고** 만물을 그의 **발아래 두셨으니** 7 곧 모든 소와 양과 들짐승이며 8 공중의 새와 바다의 물고기와 바닷길에 다니는 것이니이다 9 ⑧ **여호와 우리 주여 주의 이름이 온 땅에 어찌 그리 아름다운지요**

8편

하나님보다 조금 못하게 하신 사람

[5] 그를 하나님보다 조금 못하게 하시고 영화와 존귀로 관을 씌우셨나이다.

8편도 다윗의 시인데, 하나님의 선하심과 인자하심에 대한 찬양 시입니다. 천지만물을 창조하신 후에 맨 나중에 하나님의 형상대로 사람을 지으셔서 만물을 다스리게 하심을 찬양하고 있는 것입니다. 첫 절과 마지막 절에서 "주의 이름이 온 땅에 어찌 그리 아름다운지요"(1,9)하고 감격하고 있습니다.

그런데 이토록 아름다운 시 속에 마치 에덴동산에 "뱀"이 출현하듯이 "주의 대적(對敵) · 원수 · 보복자"(2)가 등장(登場)합니다. 이는 우리로 하여금 긴장하게 하고, 8편을 서정적인 전원(田園) 시로 볼 수 없게 만듭니다. 왜냐하면 "대적과 원수"가 등장한다는 것은 "하나님 보시기에 좋았더라"가 아닌 "한 사람으로 말미암아 세상에 죄가 들어온"(롬 5:12) 이후의 상황을 가리키는 것이 되기 때문입니다. 도표를 보시면 "사람이 무엇이기에 주께서 그를 돌보시나이까"를 중심으로,

① "주의 이름이 온 땅에 어찌 그리 아름다운지요" 하다가
② "주의 대적으로 말미암아"하고 아름다운 세계에 어떤 불상사가 일어났음을 암시하면서
③ "어린아이와 젖먹이" 같이 사모하는 자들과
④ 이를 대적하는 "원수와 보복자"로 갈라지게 될 것을 말씀하면서
⑤ "그를 하나님보다 조금 못하게" 하셨다고 진술한다면 "그"라는 분이 여자의 후손이 육신을 입고 자기 비하(卑下)를 암시하는 것이 되고
⑥ 반면 "영화와 존귀로 관을 씌우셨나이다" 하는 것은 부활 승천하신 승귀가 됩니다.
⑦ "만물을 그의 발아래 두셨으니" 하면서
⑧ "여호와 우리 주여 주의 이름이 온 땅에 어찌 그리 아름다운지요" 하고 마치고 있다면, 이는 첫 창조가 아니라 회복될 "새 하늘과 새 땅"을 전망하는 말씀이 되는 것입니다.

이를 본문 관찰에서 보게 될 것입니다.

첫째 단원(1–4) **대적과 어린아이**
둘째 단원(5–9) **낮아지심과 높아지심**

첫째 단원(1–4) 대적과 어린아이

"여호와 우리 주여 주의 이름이 온 땅에 어찌 그리 아름다운지요 주의 영광이 하늘을 덮었나이다"(1)

본문으로 직행하기 전에 구약성경을 해석하는 관점에 대해서 한 말씀 드리려고 합니다.

㉮ 구약으로 구약을 해석한다면 의문(儀文)만을 볼 수 있을 뿐 "오직 영으로 함이니"(고후 3:6)한 영광스러움을 볼 수 없게 됩니다. 왜냐하면 복음이 의문에 가려져 있는 것이 구약성경이기 때문입니다. 즉 본문에서도 첫 창조만 볼 뿐 재창조의 아름다움을 볼 수 없다는 말씀입니다. 이는 원칙적으로 신약성경을 인정하지 않는 유대주의적인 해석인데, 문자(文字)주의도 이런 한계에 부닥치게 됩니다.

㉯ 그러므로 계시의 빛이 밝히 드러난 신약성경의 조명(照明)하에 구약을 보아야 "이 성경이 곧 내게 대하여 증언하는 것이로다"(요 5:39)하신 그리스도를 만날 수 있는 것입니다. 이는 제가 제안(提案)하는 방법이 아니라 성령께서 하시는 방법입니다. 그렇게 하면 8편이 어떤 의미가 되는가?

① 이는 분명 "하늘이 하나님의 영광을 선포하고 궁창이 그의 손으로 하신 일을 나타내는도다"(19:1)한 자연계시에 대한 칭송입니다. "내가 보오니" 하는데, 하늘의 해와 달과 별들과 삼라만상이, "혼돈하게 창조하지 아니하시고 사람이 거주하게 그것을 지으셨으니 나는 여호와라"(사 45:18), 즉 인간이 살아갈 환경을 조성해주시기 위해서라는 깨달음을 가지고 바라볼 때 성도들의

자연관은 불신자들이 보는 것과는 판이하게 되는 것입니다.

② 그런데 갑자기 "주의 대적으로 말미암아"(2상)하고 에덴동산에 하와를 유혹하는 "뱀"이 출현을 하듯이 "대적"(對敵)이 등장한다는 점입니다. "한 사람으로 말미암아 죄가 세상에 들어오고 죄로 말미암아 사망이 들어왔나니"(롬 5:12)한 타락사건을 염두에 두지 않았다면 다윗이 전원시와 같은 8편에서 "주의 대적"을 언급했을 리가 있겠는가?

③ 그런데 이어지기를 "주의 대적으로 말미암아 어린아이들과 젖먹이들의 입으로 권능을 세우심이여"(2상)하고 "대적과 어린아이"가 대결(對決)하듯이 대조(對照)되어 있습니다.

㉠ 주님은 본문을 인용(引用)하셔서 "그렇다 어린 아기와 젖먹이들의 입에서 나오는 찬미를 온전하게 하셨나이다 함을 너희가 읽어 본 일이 없느냐" 하셨습니다. 이는 나귀 타고 예루살렘에 입성하실 때에 "소리 질러 호산나 다윗의 자손이여 하는 어린이들을 보고 노한"(마 21:15-16) 대제사장들과 서기관들을 향해서 하신 말씀입니다.

㉡ 그러므로 여기에는 상징성이 있는데 "어린아이"는 그리스도를 환영, 즉 영접한 겸비한 자를 "대적"이란 배척하는 교만한 자들을 가리킨다 하겠습니다.

④ 이런 맥락에서 "이는 원수들과 보복자들을 잠잠하게 하려 하심이니이다"(2하) 하는데, 바로 대제사장들과 서기관들이 "원수와 보복자"의 입장에 섰던 것입니다.

㉠ 어떻게 잠잠하게, 즉 입을 다물도록 하셨는가?

㉮ 예수 그리스도를 죽은 자 가운데서 다시 살리심으로 잠잠하게 하셨던 것입니다.

㉯ 베드로 사도는 나면서 앉은뱅이 된 사람을 "나사렛 예수 그리스도의 이름으로 걸으라"고 일으킨 후에, "너희와 모든 이스라엘 백성들은 알라 너희가 십자가에 못 박고 하나님이 죽은 자 가운데서 살리신 나사렛 예수 그리스도의 이름으로 이 사람이 건강하게 되어 너희 앞에 섰느니라"(행 4:10)고 증언함으로 그들의 입을 벙어리 되게 했던 것입니다.

ⓛ 다윗이 "주의 손가락으로 만드신 주의 하늘과 주의 베풀어 두신 달과 별들을 내가 보오니 사람이 무엇이기에 주께서 그를 생각하시며 인자가 무엇이기에 주께서 그를 돌보시나이까"(3-4)한 것은, 하나님의 형상대로 사람을 창조하신 후에 "하나님이 그들에게 복을 주시며, 생육하고 번성하여 땅에 충만하라, 땅을 정복하라, 바다의 물고기와 하늘의 새와 땅에 움직이는 모든 생물을 다스리라"(창 1:28)하신 말씀을 염두에 두고 한 말씀이 분명합니다.

ⓒ 그런데 주님께서 "주의 대적으로 말미암아 어린아이들과 젖먹이들의 입으로 권능을 세우심이여"한 2절을 주님 자신에게 적용시키셨다면, "사람이 무엇이기에 주께서 그를 생각하시며, 인자가 무엇이기에 주께서 그를 돌보시나이까"(4)한 의미도 달라질 수밖에 없는 것입니다. 다시 말하면 그리스도와 결부시켜 해석되어야 한다는 점입니다.

그렇습니다. 4절 안에는 "사람과 인자"가 등장하는데 놀라운 것은 신약성경 히브리서에서는 이를 통해서 "사람의 몸을 입고 오신 인자", 즉 예수 그리스도를 보고 있다는 점입니다. 이런 맥락에서 첫째 단원은 "대적과 어린아이"가 대결(對決)하듯 하는 구조로 되어있는 것입니다. 이점을 둘째 단원에서 분명히 깨닫게 될 것입니다.

둘째 단원(5-9) **낮아지심과 높아지심**

"여호와 우리 주여 주의 이름이 온 땅에 어찌 그리 아름다운지요" (9)

⑤ 신약성경은 이를 해설해주기를 "오직 우리가 천사들보다 잠시 동안 못하게 하심을 입은 자"(히 2:9), 즉 "자기를 비워 종의 형체를 가지사 사람들과 같이 되신"(빌 2:7) 그리스도로 증언하고 있는 것입니다.

⑥ 그리고 "영화와 존귀로 관을 씌우셨나이다"(5하) 한 말씀을 "영광과 존귀로 관을 쓰신 예수를 보니"(히 2:9중)하고, 부활 승천하셔서 하나님 우편에 앉으신 승귀(昇貴)로 해석해주고 있습니다. 이런 해석이 가능한 것은,

㉮ 구약성경을 밝히 드러난 신약의 빛을 통하여 구속사라는 맥락에서 보기 때문에 가능한 것입니다.

㉯ 그리고 이런 해석의 정당성이 "주의 대적으로 말미암아 어린아이들과 젖먹이들의 입으로 권능을 세우심이여"(2상)한 말씀을 자신과 결부시키신 주님의 말씀에 의하여 입증됩니다.

⑦ "주의 손으로 만드신 것을 다스리게 하시고 만물을 그의 발아래 두셨으니"(6)한 말씀도 해설해주기를,

㉠ "만물을 그 발아래 복종하게 하셨느니라 하였으니 만물로 그에게 복종하게 하셨은즉 복종하지 않은 것이 하나도 없어야 하겠으나 지금 우리가 만물이 아직 그에게 복종하고 있는 것을 보지 못하고"(히 2:8)하고, 미래(未來)에 성취될 즉 "네 원수들로 네 발판이 되게 하

기까지 너는 내 오른쪽에 앉아 있으라 하셨도다"(110:1)에서 성취될 것으로 재해석해주고 있는 것입니다.

㉡ 바울 사도도 "평강의 하나님께서 속히 사탄을 너희 발아래서 상하게 하시리라"(롬 16:20)하고, 만물을 그 발아래 복종하게 하실 날을 대망하였던 것입니다.

⑧ 이런 관점으로 8편의 결론인 "여호와 우리 주여 주의 이름이 온 땅에 어찌 그리 아름다운지요"(9)하는 말씀을 대한다면, 이를 통해서 신약의 성도들은 "또 내가 새 하늘과 새 땅을 보니 처음 하늘과 처음 땅이 없어졌고 바다도 다시 있지 않더라"(계 21:1)한 신천신지(新天新地)를 바라보게 되는 것입니다.

㉠ 이처럼 8편을 재해석하고 있는 히브리서 기자는 "이는 확실히 천사(天使)들을 붙들어주려 하심이 아니요 오직 아브라함의 자손을 붙들어 주려 하심이라"(히 2:16)하고 말씀합니다.

㉮ 그렇습니다. 하나님께서 회복하시고자 하는 하나님의 나라는 첫 창조만큼이 아니라, "그 성은 해나 달의 비침이 쓸데없으니"(계 21:23)한 영광의 나라요,

㉯ 우리의 구원도 아담이 범죄하기 이전만큼의 회복이 아니라, "우리의 낮은 몸을 자기 영광의 몸의 형체와 같이 변하게 하시리라"(빌 3:21), 즉 우리에게도 "존귀와 영화로 관"을 씌워주실 회복인 것입니다.

㉰ 이를 생각한다면 우리도 "사람이 무엇이기에 주께서 그를 생각하시며, 돌보시나이까"(4)하고 감격하지 않을 수 없는 것입니다.

㉡ 제가 목회하다가 낙심이 되어 어느 산에 올라가 기도하기를 "하나님께서 종을 보시기에 어떠합니까? 하나님께서 보시는 종의 모습을 종으로 보게 하소서"하고 기도하였을 때에 하나님께서는 제게 본문

을 생각나게 하시어 "내가 너에게 영화와 존귀로 관을 씌워주었다" 하셨습니다. 이를 깨닫고는 얼마나 황송하고 감격했던지요. "젖먹이와 어린아이" 같이 약하고 천하고 멸시받고 없는 것들을 택하시어 영화와 존귀로 관을 씌워주셨다는 망극하신 은혜를 감사하고 찬양할 따름입니다. 이것이 "낮아지심과 높아지심"이요, "천사보다 조금 못하게 하신 인자" 곧 그리스도의 비하와 영광입니다.

적용 : 구원계획은 회복의 역사입니다. 사탄의 노예였던 우리가 그리스도의 구속으로 말미암아 "영화와 존귀로 관 씌움"을 받게 된 것입니다. 천지 만물 · 교회 · 가정 · 직장 · 이웃을 "내가 보오니"한 새로운 관점으로 보아야 하겠습니다.

묵상

㉠ 본문의 1차적인 찬양이 무엇인가? 우리에게 이런 감격이 있는지에 대해서

㉡ 대적과 원수와 어린아이가 함께 등장하는 2절에 대해서

㉢ 신약성경은 8편을 통해서 그리스도의 어떤 면을 증언하고 있는가에 대해서.

시편 9편 개관도표

주제 : 구원과 심판을 행하시는 여호와를 찬양함

과거심판을 찬양	1-8 1 ① **내가 전심으로 여호와께 감사하오며 주의** / **모든 기이한 일들을 전하리이다** 2 내가 주를 **기뻐하고 즐거워하며** 지존하신 / **주의 이름을 찬송하리니** 3 ② **내 원수들이 물러갈 때에** 주 앞에서 **넘어져 망함이니이다** 4 주께서 나의 의와 송사를 변호하셨으며 보좌에 앉으사 **의롭게 심판하셨나이다** 5 이방 나라들을 책망하시고 악인을 멸하시며 그들의 이름을 영원히 지우셨나이다 6 원수가 끊어져 영원히 멸망하였사오니 주께서 무너뜨린 성읍들을 기억할수 없나이다 7 **여호와께서 영원히 앉으심이여** / **심판을 위하여 보좌를 준비하셨도다** 8 공의로 **세계를 심판하심이여** 정직으로 / **만민에게 판결을 내리시리로다**
시온의 문과 구원기쁨	9-14 9 ③ 여호와는 **압제를 당하는 자의 요새이시요** 환난 때의 요새이시로다 10 여호와여 주의 이름을 아는 자는 **주를 의지하오리니** 이는 **주를 찾는 자들을 버리지 아니하심이니이다** 11 **너희는 시온에 계신 여호와를 찬송하며 그의 행사를 백성 중에 선포할지어다** 12 피 흘림을 심문하시는 이가 그들을 기억하심이여 가난한 자의 부르짖음을 잊지 아니하시도다 13 여호와여 내게 은혜를 베푸소서 나를 사망의 문에서 일으키시는 주여 나를 미워하는 자에게서 받는 나의 고통을 보소서 14 ④ 그리하시면 **내가 주의 찬송을 다 전할 것이요** 딸 **시온의 문에서 주의 구원을 기뻐하리이다**
여호와를 알리는 심판	15-20 15 ⑤ **이방 나라들은** 자기가 판 웅덩이에 빠짐이여 자기가 숨긴 그물에 자기 발이 걸렸도다 16 여호와께서 **자기를 알게 하사 심판을 행하셨음이여** 악인은 자기가 손으로 행한 일에 스스로 얽혔도다(힉가욘, 셀라) 17 악인들이 스올로 돌아감이여 **하나님을 잊어버린 모든 이방나라들이 그리하리로다** 18 궁핍한 자가 항상 잊어버림을 당하지 아니함이여 가난한 자들이 **영원히 실망하지 아니하리로다** 19 ⑥ 여호와여 일어나사 **인생으로 승리를 얻지 못하게 하시며** 이방나라들이 주 앞에서 심판을 받게 하소서 20 ⑦ 여호와여 그들을 두렵게 하시며 **이방나라들이 자기는 인생일 뿐인 줄 알게 하소서** (셀라)

9편

구원과 심판을 행하시는 여호와를 찬양함

[11] 너희는 시온에 계신 여호와를 찬송하며 그의 행사를 백성 중에 선포할지어다.

9편도 다윗의 시라는 표제가 있는데, "내가 전심으로 여호와께 감사하오며 주의 모든 기이한 일들을 전하리이다"(1)하고 시작됩니다. 11절에서도 "여호와를 찬송하며 그의 행사를 백성 중에 선포할지어다" 합니다. 그렇다면 감사하면서 전하기를 원하는 "주의 모든 기이한 일들과 행사"가 무엇인가고 묻게 됩니다. 그것은 "시온의 문에서 주의 구원을 기뻐하리이다"(14)한 "구원"입니다. 그리고 본문에는 "심판"이 다섯 번(4,7,8,16,19)이나 언급되어 있는데, 하나님의 행사가 대적에게는 "심판"으로, 성도들에게는 "구원"으로 임하게 되는 것입니다. 본문에는 이런 여호와의 행사가 과거 · 현재 · 미래로 나타나고 있습니다. 도표를 보시면 "여호와를 찬송하며 그의 행사를 백성 중에 선포할지어다"를 중심으로,

① 첫째 단원은 "주의 모든 기이한 일들을 전하고, 찬송하리니"
② "원수들이, 넘어져 망함이니이다" 하는데 이는 과거적인 심판이고,
③ "여호와는 압제를 당하는 자의 요새이시요" 말하면서
④ 둘째 단원은 "시온의 문에서 주의 구원을 기뻐하리이다" 하는데 이것이 현재적인 구원이요,
⑤ 셋째 단원은 "여호와께서, 심판을 위하여 보좌를 준비하셨도다"(7)
⑥ "만민에게, 자기를 알게 하사 심판을 행하셨다" 말하면서
⑦ "여호와여, 인생으로 승리를 얻지 못하게 하시며"
⑧ "이방 나라들이 자기는 인생일 뿐인 줄 알게 하소서" 하고 마치는데 이는 미래적인 심판입니다.

첫째 단원(1–8) **과거의 도우심을 찬양함**
둘째 단원(9–14) **시온의 문에서 현재적인 구원을 기뻐함**
셋째 단원(15–20) **여호와를 알리시는 미래적인 최후심판**

첫째 단원(1–8) 과거의 도우심을 찬양함

"내가 전심으로 여호와께 감사하오며 주의 모든 기이한 일을 전하리이다"(1)

① 첫째 단원은 하나님의 과거적(過去的)인 심판, 즉 자기 백성을 도와주신 기이한 일을 진술하는 내용입니다. 이를 학자들은 다윗이 골리앗을 물리친 일로 보고 있습니다.

㉠ 첫 절에는 최우선적으로 증언해야 할 일과 모든 성도들이 행해야 할 요점이 나타나는데,

㉮ 증언해야 하는 일은 하나님이 행해주신 "기이한 일"을 전(傳)하는 일입니다. "너희는 나의 증인이라" 하심은 우리가 행할 일을 말하라는 뜻이 아니라 하나님께서 자기 아들을 통해서 행해주신 "기이한 일"을 증언하라는 말씀입니다.

㉯ 이를 듣고 믿는 모든 성도들은 감사(感謝)하며(1) "내가 주를 기뻐하고 즐거워하며 지존하신 주의 이름을 찬송하리니"(2)가 따르게 되는 것입니다.

㉡ 여기 비결이 있습니다. 어떻게 하면 성도들로 하여금 "기뻐하고 찬송하며(2), 감사하고 전도하게"(1) 할 수 있는가? 하나님께서 행해주신 "기이한 일" 즉 베풀어주신 사랑과 은혜를 먼저, 자주, 더 많이 전해주어야 한다는 것입니다. 그래야만 "사랑의 강권함"(고후 5:14)을 받게 되기 때문입니다.

② 그러면 주의 과거적인 기이한 일이 무엇인가? "내 원수들이 물러갈 때에 주 앞에서 넘어져 망함이니이다"(3) 합니다.

㉠ 이 묘사는 "물매로 던져 블레셋 사람의 이마를 치매 돌이 그의 이마에 박히니 땅에 엎드러지니라, 블레셋 사람들이 자기 용사의 죽음을 보고 도망하는지라"(삼상 17:49,51)한 장면을 연상하기에 족합니다.

㉡ 다윗은 이점을 "주께서 나의 의와 송사를 변호(辯護)하셨으며 보좌에 앉으사 의롭게 심판(審判)하셨나이다"(4)라고 하나님의 "심판"으

로 보고 있는 것입니다.

㉮ 다윗은 자신의 능력으로 승리한 양 말하고 있지 않습니다. “너는 칼과 창과 단창으로 내게 나아 오거니와 나는 만군의 여호와의 이름 곧 네가 모욕하는 이스라엘 군대의 하나님의 이름으로 네게 나아가노라”(삼상 17:45)고 말했던 것입니다.

㉯ 그리고 주목할 점은 “변호하셨다”는 언급인데 다윗은 소년이요 갑옷도 입지 않았고 “손에는 칼이 없었더라”(삼상 17:50)한 상태입니다. 그런데 상대는 “그의 키는 여섯 규빗 한 뼘이요 머리에는 놋 투구를 썼고 몸에는 비늘 갑옷을 입었으니 그 갑옷의 무게가 오천 세겔이며, 창 자루는 베틀 채 같고”(삼상 17:4-7) 합니다. 이들 사이의 “다툼”을 변호”해줄 분이 누구란 말인가? 오직 하나님뿐이십니다.

욥은 친구들의 정죄에 “지금 나의 증인(證人)이 하늘에 계시고 나의 중보자가 높은데 계시니라 나의 친구는 나를 조롱하고 내 눈은 하나님을 향하여 눈물을 흘리고, 사람과 하나님 사이에와 인자와 그 이웃 사이에 중재하시기를 원하노니”(욥 16:19-21)하고 하나님만이 변호해주시리라고 말합니다.

ⓒ 하나님께서는 그리스도 예수를 우리를 변호해줄 “중보자”(딤전 2:5)로 보내주셨습니다. 주님이 승천하신 후에는 “또 다른 보혜사”(요 14:16) 성령을 보내주셔서 “이와 같이 성령도 우리의 연약함을 도우시나니”(롬 8:26), “도우시는 분, 위로자”로 영원토록 함께 있게 행해주셨습니다. 이를 알았기에 욥도 “내가 알기에는 나의 대속자가 살아 계시니 마침내 그가 땅 위에 서실 것이라”(욥 19:25)하고 고백했던 것입니다. 하나님은 다윗을 확실하게 변호해주셨던 것입니다.

ⓓ “이방 나라들을 책망하시고 악인을 멸하시며 그들의 이름을 영원히 지우셨나이다 원수가 끊어져 영원히 멸망하였사오니 주께서 무너뜨린 성읍(城邑)들을 기억할 수 없나이다”(5-6) 합니다. 출애굽으로부

터 시작하여 다윗이 골리앗을 물리치기까지 선민 이스라엘은 소수의 민족이었으나 참으로 많은 승리를 거두게 하셨습니다. 이는 그들에게 능력이 있어서가 아니라 여호와께서 "변호"하여 주셨기 때문입니다. 이것이 "과거적인 도우심을 찬양"하는 내용입니다.

둘째 단원(9-14) 시온의 문에서 현재적인 구원을 기뻐함

"여호와는 압제를 당하는 자의 요새이시요 환난 때의 요새이시로다" (9)

③ 이는 현재적(現在的)인 도우심입니다.

㉠ 학자들은 현재적인 구원을 "암몬과의 전쟁"(삼하 12:26-31)에서 승리한 것으로 보고 있습니다. 그러므로 본 단원에서는 성도들을,

㉮ "압제와 환난을 당하는 자(9)

㉯ 주의 이름을 아는 자, 주를 찾는 자(10), 가난한 자"(12) 등으로 부르고 있습니다. 이런 자들에게 하나님은 "요새이시요", 4절의 표현대로 하면 "변호"해주시는 분이라는 말씀입니다.

㉡ "여호와여 주의 이름을 아는 자는 주를 의지하오리니 이는 주를 찾는 자들을 버리지 아니하심이니이다"(10) 합니다. "주의 이름을 아는 자"와 "주를 의지하오리니"가 결부되어 있다는 점을 주목하게 합니다. 환난 날에는 하나님을 아는 만큼 "의지(依支)하게"되고, "주를 찾는 자들을 버리지 아니하신다"는 말씀입니다. 그래서 호세아서에서는 "내 백성이 지식이 없으므로 망하는도다"(호 4:6)한 것입니다.

㉢ 이렇게 말씀한 후에 중심주제로 정한 "너희는 시온에 계신 여호와를 찬송하며 그의 행사를 백성 중에 선포할지어다"(11)하는 말씀이 등장합니다. "시온에 계신 여호와"라는 언급이 당시의 성도들에게는

예루살렘에 세워진 성막에 임재하시는 하나님을 가리킨다 하겠습니다. 그런데 이에 대한 구속사적인 의미와 계시의 전진(前進)을 인식해야 합니다.

㉮ 하나님께서 자기 백성들을 애굽에서 인도하여 내신 목적이 무엇인가? 출애굽의 목적지(目的地)는 시내 산에서 "율법"을 주시려는 것이 아닙니다. 그들은 "시내 산"에 머문 것이 아니라, 시온산 즉 예루살렘을 향하여 전진(前進)해 나갔던 것입니다.

㉯ 왜냐하면 "내가 나의 왕을 내 거룩한 산 시온에 세웠다 하시리로다(2:6), 이스라엘의 구원이 시온에서 나오기를 원하도다"(14:7)한 "시온"으로 인도하여 임마누엘의 하나님 곧 "그리스도"를 만나게 하시기 위함이라는 점을 유념해야 합니다.

④ 이점이 "그리하시면 내가 주의 찬송을 다 전할 것이요 딸 시온의 문에서 주의 구원을 기뻐하리이다"(14)한 언급에 분명히 나타납니다.

㉠ 주목할 점은 13절에는 "사망(死亡)의 문"이 있고, 14절에는 "시온의 문"이 있다는 점입니다. 사망의 문에는 곤고와 부르짖음이 있는데 "시온의 문"에는 구원과 기뻐함이 있습니다. 하나님께서는 압제를 당하는 자기 백성을 사망의 문에서 일으키셔서 시온의 문으로 인도해주신 것입니다.

그러므로 "시온의 문에서 주의 구원을 기뻐하리이다"(14)하는 진술은 복음 시대를 전망하는 말씀인 것입니다. 주님께서는 "멸망으로 인도하는 문과 생명으로 인도하는 문"(마 7:13,14)을 대조해서 말씀하셨습니다. 그리고 "내가 문이니 누구든지 나로 말미암아 들어가면 구원을 받는다"(요 10:9), 즉 생명의 문이라 하십니다.

㉡ 온 인류는 "여자의 후손과 뱀의 후손"이라는 두 부류로 갈라져 있고 모든 사람은 "두 문, 두 길" 중 어느 하나를 가고 있는(마 7:13,

14) 것입니다. 그런데 어찌하여 그냥 시온의 문이라 하지 않고 "딸 시온의 문"이라 하는가? "시온"이 신약교회를 가리키는 묘사라면, "딸"이라 함은 그리스도의 신부(新婦)인 성도들을 가리킨다 할 것입니다. 신약의 성도들은 "시온의 문에서 주의 구원을 기뻐하는"(14하) 그리스도의 신부들인 것입니다.

ⓒ 그러므로 다시 강조합니다만 설교자는 성도들 앞에 "시온의 문"을 활짝 열어주어야 할 책임이 있는 것입니다. "화 있을진저 외식하는 서기관들과 바리새인들이여 너희는 천국 문을 사람들 앞에서 닫고 너희도 들어가지 않고 들어가려 하는 자도 들어가지 못하게 하는도다"(마 23:13)하신 말씀을 명심해야 할 것입니다.

성도들 앞에 시온의 문을 열어주는 방법은 하나님께서 자기 아들을 통해서 행해주신 복음을 우선적으로 자주자주 더 많이 전해주는 일입니다. 그렇게 해서 성도들로 하여금 "내가 주의 찬송을 다 전할 것이요, 구원을 기뻐하리이다"(14)하게 해주어야 하는 것입니다. 이것이 "시온의 문에서 구원을 기뻐"하는 성도의 삶입니다.

셋째 단원(15–20) 여호와를 알리시는 미래적인 최후심판

"이방 나라들은 자기가 판 웅덩이에 빠짐이여 자기가 숨긴 그물에 자기 발이 걸렸도다"(15)

셋째 단원에는 "이방 나라(15,17)와 심판"(16,19)이 함께 등장합니다. 시편 대부분의 구조가 그러하듯이 "나의 구원에서, 이스라엘로, 이스라엘서 만민의 구원"으로, "대적의 심판에서 최후심판"으로 확장되고 있는 것이 시편의 구조(構造)입니다.

⑤ 자기가 판 함정에 자기가 빠지고, 자기가 놓은 올무에 자기가 걸리게 하시는 것이 하나님의 심판방도이기도 합니다.

㉠ 여기 심판과 결부된 중요한 요점이 나타나는데, 그것은 "여호와께서 자기를 알게 하사 심판을 행하셨음이여"(16)한 언급입니다. 성경은 하나님의 자기계시입니다. 그런데 선포되는 하나님의 말씀을 듣지 않는 자들에게는 "자기를 알게" 하기 위해서 심판이 시행된다는 그런 뜻입니다.

생각해 보십시오. 심판이 없다면 하나님을 부정하는 자들은 영원히 하나님을 알지 못하게 될 것입니다. 심판이 시행될 때에야 때는 늦었지만 "그 때에 사람의 말이 진실로 의인에게 갚음이 있고 진실로 땅에서 심판하시는 하나님이 계시다 하리로다"(58:11)하게 되리라는 것입니다.

㉡ 하나님께서 성도들을 징계(懲戒)하시는 목적도 여기에 있습니다. 에스겔서에는 "그들이 나를 여호와인 줄 알리라"는 말씀이 무려 57회 정도 등장합니다. 에스겔은 예루살렘이 멸망 당하고 포로로 끌려간 중에 세움을 받은 선지자인데, 이스라엘 백성들은 예루살렘의 멸망을 통해서야 비로소 자신들의 잘못을 깨달았던 것입니다. 믿노라 하는 자들도 징계를 당해야 여호와를 알고, 불신자들은 심판 때에 가서야 비로소 하나님을 알게 된다니 인간은 얼마나 완악하고 강팍한 자들인가?

㉢ 7-8절에서도 "여호와께서 영원히 앉으심이여 심판(審判)을 위하여 보좌를 준비하셨도다(7), 공의로 세계(世界)를 심판하심이여 정직으로 만민(萬民)에게 판단을 행하시리로다"(8) 합니다. 이는 역사 가운데 행하시는 심판을 통해서 종말적인 심판을 전망하는 진술입니다.

⑥ 그래서 "여호와여 일어나사 인생으로 승리(勝利)를 얻지 못하게 하시며"(19상)라고 호소하는 것입니다.

㉠ 이 호소는 이 땅에서는 다윗이 골리앗을 넘어뜨린 것 같은 그런 승리보다는 "인생"(골리앗)이 다윗을 이기는 것 같은 일이 일어날 수 있다는 뜻이 됩니다. 그것도 빈번하게 말입니다. 이를 보고 성도들은 "나는 거의 넘어질 뻔하였고 나의 걸음이 미끄러질 뻔하였다"라고 말하는 것입니다. 왜냐하면 "이는 내가 악인의 형통(亨通)함을 보고 오만한 자를 질투하였음이로다"(73:2-3) 합니다.

최후심판이 없다면 "인생"이 하나님을 이기는 최후승리자 격이 되고 말 것입니다. 그래서 "이방 나라들이 주 앞에서 심판을 받게 하소서"(19하)하는 것입니다.

㉡ 그리고 확신(確信)하기를 "악인들이 스올로 돌아감이여 하나님을 잊어버린 모든 이방 나라들이 그리하리로다"(17) 합니다. 그리고 이와는 대조적(對照的)으로 "궁핍한 자가 항상 잊어버림을 당하지 아니함이여 가난한 자들이 영원히 실망(失望)하지 아니하리로다"(18)고 확신을 나타냅니다.

9편에서는 성도들이 "압제를 당하는 자, 환난을 당하는 자(9), 궁핍한 자, 가난한 자"(18) 등으로 나타납니다. 이는 "무릇 그리스도 예수 안에서 경건하게 살고자 하는 자는 박해를 받으리라"(딤후 3:12) 한 점을 나타냅니다.

⑦ "전심으로 감사하오며"로 시작한 9편은 "여호와여 그들을 두렵게 하시며 이방나라들이 자기는 인생일 뿐인 줄 알게 하소서(셀라)"(20)라는 말씀으로 끝맺고 있습니다. 이는 "너희 생명이 무엇이냐 너희는 잠깐 보이다가 없어지는 안개니라"(약 4:14)한 인간의 유한(有限)성과 "심판"이 있다는 점을 알게 해달라는 것입니다. 이처럼 하나님의 심판하시는 손길을 과거에도 경험했고, 현재에도 맛보고 있으며, 미래에도 "그들을 두렵게 하시며, 자기는

인생일 뿐인 줄 알게 하는 방도"가 최후심판으로 나타나게 되는 것입니다. 이것이 "구원과 심판을 행하시는 여호와를 찬양함"입니다.

적용 : 다윗이 "전심으로 감사하며, 전하기를 원하는 하나님의 행사"는 구원과 심판입니다. 그렇다면 신약의 성도들은 더욱 찬양하고, 기뻐하면서 "구원을 선포하는 일과 심판을 경고"해야 할 것입니다.

묵상

㉠ 전심으로 감사해야 할 여호와의 행사가 무엇인가에 대해서
㉡ "사망의 문과 시온의 문"의 구속사적 의미에 대해서
㉢ "인생으로 승리를 얻지 못하게 하소서"의 뜻에 대해서.

시편 10편 개관도표

주제 : 영원무궁토록 왕이신 여호와 하나님

하나님이 없다 하는 사상	1-11	
	1 ①	**여호와여 어찌하여 멀리 서시며** 어찌하여 환난 때에 **숨으시나이까**
	2	**악한 자**가 교만하여 **가련한 자**를 심히 압박하오니 그들이 자기의 베푼 꾀에 빠지게 하소서
	3	**악인은** 그의 마음의 욕심을 자랑하며 탐욕을 부리는 자는 **여호와를 배반하여 멸시하나이다**
	4 ②	**악인은** 그의 교만한 얼굴로 말하기를 **여호와께서 이를 감찰하지 아니하신다 하며 그의 모든 사상에 하나님이 없다** 하나이다
	5 ③	**그의 길은** 언제든지 견고하고 주의 심판은 높아서 그에게 미치지 못하오니 저는 그는 모든 대적들을 멸시하며
	6	그의 마음에 이르기를 나는 흔들리지 아니하며 대대로 환난을 당하지 아니하리라 하나이다
	7	그의 입에는 저주와 거짓과 포악이 충만하며 그의 혀 밑에는 잔해와 죄악이 있나이다
	8 ④	**그가 마을 구석진 곳에 앉으며** 그 은밀한 곳에서 무죄한 자를 죽이며 그의 눈은 가련한 자를 엿보나이다
	9	**사자가 자기의 굴에 엎드림 같이** 그가 은밀한 곳에 엎드려 **가련한 자를 잡으려고 기다리며** 자기 그물을 끌어당겨 가련한 자를 잡나이다
	10	그가 구부려 엎드리니 그의 포악으로 말미암아 가련한 자들이 넘어지나이다
	11	그가 그의 마음에 이르기를 하나님이 잊으셨고 그의 얼굴을 가리우셨으니 영원히 보지 아니하시리라 하나이다
경건한 자의 호소	12-15	
	12 ⑤	**여호와여 일어나옵소서** 하나님이여 손을 드옵소서 가난한 자들을 잊지 마옵소서 어찌하여
	13	**악인이** 하나님을 멸시하여 그의 마음에 이르기를 주는 **감찰하지 아니하리라** 하나이까
	14 ⑥	**주께서는 보셨나이다** 주는 재앙과 원한을 **감찰하시고** 주의 손으로 갚으려 하시오니 **외로운 자가 주를 의지하나이다** **주는 벌써부터 고아를 도우시는 이시니이다**
	15	악인의 팔을 꺾으소서 악한 자의 악을 더 이상 찾아낼 수 없을 때까지 찾으소서
두 부류의 종말	16-18	
	16 ⑦	**여호와께서는 영원무궁하도록 왕이시니** 이방 나라들이 주의 땅에서 멸망하였나이다
	17	**여호와여 주는 겸손한 자의 소원을 들으셨으니** 그들의 마음을 준비하시며 귀를 기울여 들으시고
	18 ⑧	고아와 **압박당하는 자**를 위하여 심판하사 **세상에 속한 자가** 다시는 위협하지 못하게 하시리이다

10편

영원무궁토록 왕이신 여호와 하나님

[16] 여호와께서는 영원무궁하도록 왕이시니 이방 나라들이 주의 땅에서 멸망하였나이다.

10편에는 "악한 자가 교만하여 가련한 자를 심히 압박하오니"(2)하는, "악한 자와 가련한 자"의 두 부류(部類)의 사람이 대조되어 등장합니다. "악한 자"란 "모든 사상에 하나님이 없다"(4)하는 "세상에 속한 자"(18)를 가리키고, "가련한 자"란 이 세상에서 박해를 당하고 있는 경건한 자를 가리킵니다. "여호와여 어찌하여 멀리 서시며 어찌하여 환난 때에 숨으시나이까"(1)하고 호소합니다.

이런 심정은 시편 기자만의 고뇌는 아닐 것입니다. 그러나 "여호와께서는 영원무궁토록 왕이시라"(16)고 고백하면서, "압제 당하는 자를 위하여 심판하사 세상에 속한 자가 다시는 위협하지 못하게 하시리이다"(18)하는 확신을 나타내는 것으로 마치고 있습니다. 도표를 보시면 "여호와께서는 영원무궁토록 왕이시니"를 중심으로,

① 첫째 단원은 "하나님이 없다 하는 사상"의 특성인데, "여호와여 어찌하여 멀리 서시며, 환난 때에 숨으시나이까",
② "악인은 여호와께서 감찰하지 아니하신다, 하나님이 없다 하나이다",
③ "그의 길은 언제든지 견고하고",
④ "은밀한 곳에서 무죄한 자를 죽이며, 영원히 보지 아니하시리라 하나이다" 합니다.
⑤ 둘째 단원은 "경건한 자의 호소"인데, "여호와여 일어나옵소서",
⑥ "주께서는 보시고, 감찰하신다"하고 말합니다. 셋째 단원에서는 두 부류의 종말인데,
⑦ "주는 겸손한 자의 소원을 들으셨으니",
⑧ "세상에 속한 자를 심판"하여 주시리라는 확신으로 마치고 있습니다.

첫째 단원(1-11) **하나님이 없다 하는 사상**
둘째 단원(12-15) **경건한 자의 호소하는 기도**
셋째 단원(16-18) **두 부류의 종말**

첫째 단원(1-11) **하나님이 없다 하는 사상**

"여호와여 어찌하여 멀리 서시며 어찌하여 환난 때에 숨으시나이

까"(1)

① 첫째 단원은 "모든 사상에 하나님이 없다" 하는 교만한 자들이 득세하며 경건한 자들을 압제하는 내용입니다.

㉠ 10편은 경건한 자를 "가련한 자(2,9,9), 외로운 자(8,10,14), 가난한 자"(12) 등으로 부르면서, 성도들은 "환난"을 당하고 있건만 자신들을 변호(9:4)해주실 하나님은 "멀리 계시고, 숨어 계신" 듯하는 것으로 묘사되어 있는데, 경험적으로 그렇게 느껴질 때가 있는 것도 사실입니다.

㉡ 2-11절은 "악한 자"의 특성을 고발하는 내용인데, "악한 자가 교만하여 가련한 자를 심히 압박하오니 그들이 자기가 베푼 꾀에 빠지게 하소서"(2)하고, 첫째로 "교만"을 꼽습니다. 하나님과의 관계에 있어서 "교만은 넘어짐의 앞잡이라" 한대로 치명적인 병패입니다.

㉢ 그 교만이 "악인은 그의 마음의 욕심을 자랑하며 탐욕을 부리는 자는 여호와를 배반(背叛)하여 멸시하나이다"(3)한 말에 나타납니다. 이러한 악인들이 경건한 자를 심히 압박하는데도 하나님은 "멀리 계시고 숨어 계신 듯"하다는 것입니다.

② 그리하여 "악인은 그의 교만한 얼굴로 말하기를 여호와께서 이를 감찰하지 아니하신다 하며 그의 모든 사상에 하나님이 없다 하나이다"(4) 합니다.

㉠ 여기 악인의 결정적인 특성 두 가지를 언급하고 있는데,

㉮ 첫째는 교만한 얼굴로 "감찰하지 아니하신다", 즉 하나님이 보시지 않는다"하는 인생관(人生觀)이고,

㉯ 둘째는 "모든 사상에 하나님이 없다"하는 세계관(世界觀)입니다.

"사상"이란 그 사람의 마음과 생각에 작용하여 세계관 · 인생관을 형

성하게 하여 삶을 지배하는 위력이 있는데, 영적 싸움이란 사상전(思想戰)이라 해도 과언이 아닙니다.

주님은 열두 살 되던 해 유월절에 예루살렘에 올라가셨을 때, "내가 내 아버지 집에 있어야 될 줄을 알지 못하셨나이까"(눅 2:49)하는 자신의 정체성을 말씀하셨습니다. 오늘날 교회는 특히 청소년층의 "사상"무장에 너무 둔감한 듯이 여겨집니다. 윤리적으로는 "아버지가 없다"하는 말이 최고의 불효이듯이, 신학적으로는 "하나님이 없다"하는 사상이 근본적인 죄악인 것입니다.

㉡ 그런데 물질문명 · 인본주의 사상은 한마디로 "하나님이 없다"하는 사상입니다. 질문을 드려보겠습니다. "창조론"은 신학인가? 과학인가? 그렇다면 "진화론"(進化論)은 신학인가? 과학인가? 그리스도인 학생들도 과학이라고 말할 것입니다. 성경은 "믿음으로 모든 세계가 하나님의 말씀으로 지어진 줄을 우리가 아나니 보이는 것은 나타난 것으로 말미암아 된 것이 아니니라"(히 11:3)고 말씀합니다.

우주 만물은 분명히 존재합니다. 그런데 거대한 우주가 저절로 이루어졌다는 그것이 과학이란 말인가? 진화론은 우주의 기원을 입증하지 못하고 있습니다. 그러므로 진화론은 사탄의 신학이라 할 수 있는 것입니다.

성경은 "하나님의 진노(震怒)가 불의로 진리를 막는 사람들의 모든 경건하지 않음과 불의에 대하여 하늘로부터 나타나나니"(롬 1:18) 합니다. 죄들에는 억만 가지가 있어도 크게는 하나님과의 관계성인 "경건하지 아니함"과 사람과의 관계성인 "불의", 두 가지로 분류됩니다. 그런데 "왕을 죽였다, 부모를 죽였다" 하면 대역죄(大逆罪)로 여기면서, "하나님은 죽었다"하는 사상은 고상한 철학사상으로 취급받고 있으니, 이를 가리켜 본문은 "악인은 그의 교만한 얼굴로 말하기를 여호와께서 이를 감찰하지 아니하신다 하며 그의 모든 사상에 하나님이 없다 하나이다"(4)라고 진술합니다. 이 "경건치 아니함"에 하나님의 심판은 임한다는 것입니다. 창세기 16장에는 애굽 여인 하갈이 "여호와께서 네 고통을 들으셨음이라"는 말을 듣고는, "내가 어떻게 여기서 나를 살피시는 하나님을 뵈었는고"라고 여호와의 이름을 "엘 로이", 즉 "살피시는 하나님"(창 16:11,13)이라고 부르고 있는 것을 보게 됩니다. 나 자신도 하나님을 "엘 로이"로 고백하고 있는가?

③ 경건하지 않음에도 불구하고 "그의 길은 언제든지 견고(堅固)하고"(5상) 합니다. 이점을 73:4-6절에서는 "그들은 죽을 때에도 고통이 없고 그 힘이 강건하며 사람들이 당하는 고난이 그들에게는 없고 사람들이 당하는 재앙도 그들에게는 없나니 그러므로 교만이 그들의 목걸이요 강포가 그들의 옷이며 살찜으로 그들의 눈이 솟아나며 그들의 소득은 마음의 소원보다 많으며"라고 진술합니다.

㉠ 그런 자들에게는 "주의 심판은 높아서 그에게 미치지 못하오며"(5중) 하는데 무슨 뜻인가? 이는 인간의 이성으로는 깨닫지를 못한다는 뜻인데, "그의 모든 사상에 하나님이 없다"하는 것은 교만과 무지(無知)의 극치요, "높아서 그에게 미치지 못하오며", 즉 눈에 보이는 것이 없다란 안하무인(眼下無人)이라는 뜻입니다.

바울은 로마 총독으로부터 "네 많은 지식이 너를 미치게 한다"는 말을 들을 정도로 고상한 인격의 소유자였습니다. 그런 바울도 한 때는 예수가 누군가를 아는데 "안력(眼力)이 미치지 못하여" 박해하던 자였습니다. 그러나 멀었던 눈이 밝아진 후로는 "또한 모든 것을 해로 여김은 내 주 그리스도 예수를 아는 지식(智識)이 가장 고상하기 때문이라"(빌 3:8)고 고백하면서, 이를 증언하는데 자신의 목숨을 걸었던 것입니다.

㉡ "그의 마음에 이르기를 나는 흔들리지 아니하며 대대로 환난을 당하지 아니하리라 하나이다"(6), 즉 세상에서 누리고 있는 번영과 행복을 대대로 영원히 누릴 것처럼 말한다는 것입니다. 누가 이렇게 말하는가? "교만한 자"입니다. "모든 사상에 하나님이 없다"하는 자들입니다. 그런 자들은 9편 마지막 절에서 말씀한 "자기는 인생(人生)일 뿐인 줄" 즉 "질그릇 조각 중 한 조각 같은 자"(사 45:9)임을 알지 못하는 자들입니다.

④ 그런데 8-10절의 묘사를 주의 깊게 관찰해보시기 바랍니다. "그가 마을 구석진 곳에 앉으며 그 은밀한 곳에서 무죄한 자를 죽이며 그의 눈은 가련한 자를 엿보나이다"(8),

㉠ "사자가 자기의 굴에 엎드림 같이 그가 은밀한 곳에 엎드려 가련한 자를 잡으려고 기다리며 자기 그물을 끌어당겨 가련한 자를 잡나이다 그가 구부려 엎드리니 그의 포악으로 말미암아 가련한 자들이 넘어지나이다"(9-10) 합니다. 이 묘사는 "너희 대적 마귀가 우는 사자 같이 두루 다니며 삼킬 자를 찾나니"(벧전 5:8)한 말씀을 연상하게 합니다. 그렇습니다. "모든 사상에 하나님이 없다"하는 배후에는 악한 사탄의 세력이 지배하고 있는 것입니다.

주님은 당시의 종교지도자들을 향해서 "너희는 너희 아비 마귀에게서 났으니 너희 아비의 욕심대로 너희도 행하고자 하느니라"(요 8:44)고, 그들이 사탄에 의하여 지배를 당하고 있음을 지적하셨습니다. 이를 아셨기에 주님은 십자가상에서 "아버지 저들을 사하여 주옵소서 자기들이 하는 것을 알지 못함이니이다"(눅 23:34)하고, 그들이 기만을 당하고 있는 우매에서 깨어나기를 기도하셨던 것입니다.

㉡ "그가 그의 마음에 이르기를 하나님이 잊으셨고 그의 얼굴을 가리

셨으니 영원히 보지 아니하시리라"(11)한다는 것입니다. 이것이 "여호와께서 감찰하지 아니하신다"(4)는 뜻입니다.

㉮ 교만한 자는 "보지 아니하시리라"고 말하나
㉯ 경건한 자는 "주께서 보셨나이다"(14)하고 말합니다.
㉰ 모든 사상에 하나님이 없다 하는 자들은, "감찰하지 아니하신다"(4)고 말하나
㉱ 하나님을 경외하는 자는 "감찰하신다"(14)하고 말합니다.

이것이 "하나님이 없다 하는 사상"입니다. 앞에서 말씀드린 대로 이러한 무신론적인 사상 풍조(風潮)는 지나간 특성이 아니라, 현대교회가 직면하고 있는 더욱 큰 위협입니다. 이런 사상을 하나의 학문(學問)이라는 차원으로 여겨 교회와 상관이 없는 양 여겨서는 안 됩니다. 영적 싸움이란 혈과 육의 싸움이 아니라 인간의 "마음과 생각"을 누가 소유하고 지배하느냐의 사상전(思想戰)임을 명심해야 합니다.

성경은 "마음과 생각을 지키시리라"(빌 4:7) 말씀하고 있는데, 현대교회 내에는 세계관 · 인생관 · 가치관 · 인생의 목적은 거듭나지 못한 채 "자기를 사랑하고, 돈을 사랑"(딤후 3:2)하는 무리들로 붐비고 있는 것은 아닌가? 진정한 그리스도인의 정신무장이 무엇인가? "우리 중에 누구든지 자기를 위하여 사는 자가 없고 자기를 위하여 죽는 자도 없도다 우리가 살아도 주를 위하여 살고 죽어도 주를 위하여 죽나니 그러므로 사나 죽으나 우리가 주의 것이로다"(롬 14:7-8) 한 고백입니다. 형제의 인생관 · 가치관은 확실히 거듭났습니까?

둘째 단원(12-15) 경건한 자의 호소하는 기도

"여호와여 일어나옵소서 하나님이여 손을 드옵소서 가난한 자들을 잊지 마옵소서"(12)

⑤ 둘째 단원은 "경건한 자의 호소하는 기도"입니다.

㉠ 경건한 자는 "모든 사상에 하나님이 없다"하는 악하고 교만한 자와는 대조적으로 "일어나옵소서, 손을 드옵소서, 잊지 마옵소서"하고 하나님을 의뢰합니다. 하나님의 일어나심과 손을 드심이 신자들에게는 구원으로, 불신자들에게는 심판으로 임하게 되는 것입니다.

㉡ "어찌하여 악인이 하나님을 멸시하여 그의 마음에 이르기를 주는 감찰하지 아니하리라 하나이까"(13)라고 호소하는데, 이런 갈등은 하박국 선지자에게도 있었습니다.

"이러므로 율법이 해이하고 정의가 전혀 시행되지 못하오니 이는 악인이 의인을 에워쌌으므로 정의가 굽게 행하여짐이니이다, 악인이 자기보다 의로운 사람을 삼키는데도 잠잠하시나이까"(합 1:4,13)고 호소합니다. 하나님은 "이 묵시는 정한 때가 있나니 그 종말이 속히 이르겠고 결코 거짓되지 아니하리라 비록 더딜지라도 기다리라 지체되지 않고 반드시 응하리라"(합 2:3)고 대답하십니다.

⑥ 이를 믿기에 시편 기자도 "주께서는 보셨나이다 주는 재앙과 원한을 감찰하시고 주의 손으로 갚으려 하시오니 외로운 자가 주를 의지하나이다 주는 벌써부터 고아를 도우시는 이시니이다"(14) 합니다. 이는 하나님을 신뢰하는 확신을 나타내는 말입니다.

㉮ "주께서는 보셨나이다" 합니다.

㉯ 그들의 "재앙과 원한을 감찰(鑑察)하신다"라고 말합니다.
㉰ "주는 벌써부터 고아(외로운 자, 경건한 자)를 도우시는 이시니이다"(14) 합니다.

현재 도우시고 앞으로 도우실 것만이 아니라, 벌써부터 즉 애굽에서 신음하며 탄식하고 있을 때부터, 바로의 군사가 추격해왔을 때부터, 골리앗이 사시는 하나님의 군대를 모욕했을 때부터 도우신 자라는 그런 뜻입니다. 이것이 "경건한 자의 호소하는 기도"입니다.

셋째 단원(16–18) 두 부류의 종말

셋째 단원은 "두 부류의 종말"에 대한 진술인데 득세(得勢)하는 듯이 보이던 교만한 악의 세력들은 심판당하고 겸손한 자가 승리하게 될 것을 나타냅니다.

⑦ "여호와께서는 영원무궁토록 왕이시라"고 고백합니다.

10편의 중심점이 여기에 있습니다. 74:12절에서도 "하나님은 예로부터 나의 왕이시라"고 고백합니다. 그렇습니다. 하나님은 예로부터 영원무궁토록 우리의 왕이신 것입니다. 그러면 형제는 하나님이 언제부터 "나의 왕"이 되시는지 알고 있습니까? 창세기 1장에서부터입니다.

㉠ 나라의 구성요건은 "왕 · 백성 · 영토 · 법"입니다. 하나님께서 왕이 되시기 위해서 천지를 조성하시고, 자기 형상대로 백성을 지으시고 "선악을 알게 하는 나무 실과는 먹지 말라"는 법을 세우심으로 하나님의 나라가 세워졌던 것입니다. 에덴을 창설하시고, 아담에게 하와

를 짝을 지어주실 때부터 하나님은 우리의 왕이십니다.

㉡ "여호와여 주는 겸손한 자의 소원을 들으셨으니 그들의 마음을 준비하시며 귀를 기울여 들으시고"(17) 합니다. 첫 절에서는 "어찌하여 멀리 서시며 어찌하여 환난 때에 숨으시나이까"고 탄원하던 시편 기자는,

㉮ "겸손한 자의 소원을 들으셨다"라고 말합니다.

㉯ "귀를 기울여 들으시고"하고 거듭 진술함으로 확신을 나타냅니다.

⑧ 시편 10편은 "고아와 압제당하는 자를 위하여 심판하사 세상에 속한 자가 다시는 위협하지 못하게 하시리이다"(18), "나는 그렇게 해주실 것을 믿습니다"하는 확신(確信)으로 마치고 있습니다.

㉠ 여기 "세상(世上)에 속한 자"라는 언급이 나오는데, 그러면 경건한 자는 어디에 속한 자들인가? 주님은 말씀하십니다. "너희가 세상에 속하였으면 세상이 자기의 것을 사랑할 것이나 너희는 세상에 속한 자가 아니요 도리어 내가 너희를 세상에서 택하였기 때문에 세상이 너희를 미워하느니라"(요 15:19). "그러나 우리의 시민권은 하늘에 있는지라"(빌 3:20)고 말씀합니다.

㉡ 세상에 속한 자, 즉 "여호와를 떠나는 자는 흙에 기록(記錄)이 되오리니"(렘 17:13)하나, 그러나 형제의 이름은 "어린 양의 생명책에 기록"(계 13:8)되어있는 것입니다.

10편을 마치기 전에 계시의 진전(進展)에 대해서 말씀드려야 하겠습니다. 구약의 성도들이 "여호와께서는 영원무궁하도록 왕이시니"(16)한 고백이, 신약성경에서는 "보라 네가 잉태하여 아들

을 낳으리니 그 이름을 예수라 하라, 하나님께서 그 조상 다윗의 왕위를 그에게 주시리니 영원(永遠)히 야곱의 집을 왕으로 다스리실 것이며 그 나라가 무궁(無窮)하리라"(눅 1:31-33)하고, 영원무궁한 왕이 "그리스도"시라고 말씀합니다. 구약의 성도들이 "여호와는 나의 목자시니"(23:1)한 고백이, 주님은 "나는 선한 목자라" 하십니다. 왜 그런가? 한 마디로 "임마누엘" 사건이 일어났기 때문입니다.

구약의 성도들이 어떻게 해서 하나님의 백성들이 되는 것이 가능하여졌는가? "속량하여 너희를 내 백성으로 삼고"(출 6:6-7)한 "속량"을 통해서입니다. 그 예표가 실체이신 "예수 그리스도의 속량"으로 말미암아 하나님의 자녀가 되고 왕국 백성이 되는 것이 가능하여지는 것입니다. 그러므로 오늘날 유대인들이 여호와를 "영원무궁한 왕"으로 믿는다 하여도, 예수 그리스도를 "나의 왕"으로 고백하지 않는 한 그들은 하나님의 백성이 될 수 없는 것입니다. 백성만이 될 수 없는데 그치는 것이 아니라, "여호와와 그 기름 부음을 받은 자를 대적"(2:2)하는 악한 자, 교만한 자가 되는 것입니다. 그들은 "주의 심판은 높아서 그에게 미치지 못하고"(5) 있는 상태에 있는 것입니다.

형제여, 그리스도를 "나의 왕"으로 고백하는 자는 "가련하지 않습니다. 외롭지 않습니다. 안전합니다. 튼튼합니다. 영원한 승리가 있습니다. 이것이 "세상에 속한 자와 겸손한 자"의 종말이요, 역전(逆轉)입니다.

적용 : 형제가 때로는 "가련한 자, 외로운 자, 가난한 자"같이

여겨질 때는 없었습니까? 만일 그렇지 않다면 세상과 너무 가까워졌거나 타협했기 때문은 아닌지 고민해 보십시다.

묵상

㉠ 악인의 특성(1-11)이 어떻게 표현되어 있는가에 대해서
㉡ 경건한 자의 호소가 무엇인가에 대해서
㉢ 어찌하여 그리스도가 영원무궁한 왕이신가에 대해서,

시편 11편 개관도표

주제 : 여호와께 피하는 자의 안전

터가 무너지면

1-3

1 **내가 여호와께 피하였거늘**

① **너희가 내 영혼에게 새 같이 네 산으로 도망하라 함은 어찌함인가**

2 ② **악인이** 활을 당기고 화살을 시위에 먹임이여 마음이 바른 자를
어두운데서 쏘려 하는도다

3 ③ **터가 무너지면 의인이 무엇을 하랴**

그 얼굴을 뵈오리라

4-7

4 ④ **여호와께서 그의 성전에 계시니 여호와의 보좌는 하늘에 있음이여**
그의 눈이 인생을 통촉하시고 그의 안목이 그들을 감찰하시도다

5 ⑤ 여호와는 **의인을** 감찰하시고
악인과 폭력을 좋아하는 자를 마음에 미워하시도다

6 ⑥ **악인에게** 그물을 던지리니
불과 유황과 태우는 바람이 그들의 잔의 소득이 되리로다

7 **여호와는 의로우사** 의로운 일을 좋아하시나니
정직한 자는 그 얼굴을 뵈오리로다

11편

여호와께 피하는 자의 안전

4 여호와께서는 그의 성전에 계시고 여호와의 보좌는 하늘
에 있음이여.

11편도 "다윗의 시"라는 표제가 있는데, "내가 여호와께 피하였거늘"하는 말로 보아 사울에게 쫓기고 있을 때 지은 시로 여겨집니다. 사무엘상 23:7절에 보면 "다윗이 그일라에 온 것을 어떤 사람이 사울에게 알리매 사울이 이르되 그가 갇혔도다", 즉 독안에 든 쥐라 했습니다. 이때 그의 신복들이 급히 피신할 것을 권유했을 것입니다. 그러나 다윗은 "나는 여호와께 피하였다" 하면서 하나님께서 지켜주시리라는 확신을 나타냅니다. 도표를 보시면 "내가 여호와께 피하였거늘"을 중심으로

① 첫째 단원은 당면한 상황인데, "너희가 내 영혼에게 새 같이 네 산

으로 도망하라 함은 어찌함인가"
② "악인이 활을 당기고, 어두운 데서 쏘려 하는도다"
③ "터가 무너지면 의인이 무엇을 하랴" 합니다.
④ 둘째 단원은 확신을 나타내는 말인데, "여호와께서 그 성전에 계시니"
⑤ "그의 눈이 인생을 통촉하시고, 감찰하시도다" 하면서
⑥ "여호와는 의로우사, 정직한 자는 그의 얼굴을 뵈오리로다"는 확신으로 마치고 있습니다.

첫째 단원(1–3) **터가 무너지면 무엇을 하랴**
둘째 단원(4–7) **하나님의 얼굴을 뵐 것이라는 확신**

첫째 단원(1–3) 터가 무너지면 무엇을 하랴

"터가 무너지면 의인이 무엇을 하랴"(3)

① 첫째 단원은 다윗이 당면한 상황을 진술하는 내용입니다.

㉠ 다윗은 자신을 죽이려고 추격하는 사울을 피하여 광야로, 아둘람 굴과 엔게디 굴에 숨은 때가 있었습니다. 다윗은 이점을 "여호와께 피한 것"이라 말하고 있습니다. "다윗이 사울을 피하여 굴에 있던 때에"라는 표제가 있는 57편에서도, "내 영혼이 주께로 피하되 주의 날게 그늘 아래에서 이 재앙들이 지나기까지 피하리이다"(1)고 진술합니다.

바울도 복음을 증언하다가 로마 옥중에 갇힌 바 되었을 때 "그러므로 주 안에서 갇힌 내가 너희를 권하노니"(엡 4:1), 즉 옥 안에 있기 이전에 "주 안에" 있다고 진술합니다. 이처럼 여호와께 피하는

것은 물리적으로 되는 일이 아니라 약속을 믿는 믿음 안에서 되어지는 일입니다.

㉡ 한 번은 블레셋 사람들이 그일라 성을 쳐서 노략한 일이 있었습니다. 다윗은 쫓기는 중에도 블레셋 사람들을 격퇴하고 구원해줍니다. 그런데 이를 사울에게 밀고한 자가 있었습니다. 다윗은 하나님께 묻습니다.

㉮ 다윗 : "사울이 내려오겠나이까, 종에게 일러 주옵소서"

㉯ 하나님 : "그가 내려오리라"

㉰ 다윗 : "그일라 사람들이 나와 내 사람들을 사울의 손에 넘기겠나이까"

㉱ 하나님 : "그들이 너를 넘기리라"(삼상 23:11-12)

㉢ "너희가 내 영혼에게 새 같이 네 산으로 도망하라 함은 어찌함인가"(1하) 합니다. 시편에는 환난을 당하는 성도들을 "새"에 비유한 표현이 많이 등장합니다. "나는 광야의 올빼미 같고 황폐한 곳의 부엉이 같이 되었사오며 내가 밤을 새우니 지붕 위의 외로운 참새 같으니이다"(102:6-7) 합니다. 그런데 "서둘러 피하십시오"하는 측근들의 권유를, "새 같이 네 산으로 도망하라" 하는 것으로 표현하고 있습니다. "하나님의 산이 아닌, 네 산"이라 말함을 주목해야 합니다. 그러므로 "네 산"이란 표현에는 인본주의적(人本主義的)인 뜻이 담겨있습니다. 다윗은 이를 거부합니다. 자신의 생사(生死)가 사울의 손에 달려있는 것이 아니라, 하나님의 장중에 있다는 하나님의 주권을 신뢰하기 때문입니다. 즉 자신을 택하시고 기름 부으신 이는 하나님이시라는 말입니다. 물론 다윗은 그일라를 떠났습니다. 그것은 "내 산"으로 도망한 것이 아니라 "주 안에서" 인도함을 받은 것입니다.

주님께서도 이런 권유를 받으신 적이 있으십니다. "베드로가 예수를 붙들고 항변하여 이르되 주여 그리 마옵소서 이 일이 결코 주께 미치지 아니하리이다"라고 말했을 때 "사탄아 내 뒤로 물러가라 너는 나를 넘어지게 하는 자로다"(마 16:22-23)하고 단호하게 물리치셨습니다.

② "악인이 활을 당기고 화살을 시위에 먹임이여 마음이 바른 자를 어두운 데서 쏘려 하는도다"(2) 합니다. 이 장면을 영상으로 눈앞에 그려보십시오. 이렇게 하는 악인이 1차적으로 "사울일 수도 있고 가룟 유다"일 수도 있습니다. 그러나 그들은 모두가 하수인들이요, 배후에는 대적자 사탄이 조정하고 있다는 점을 명심해야 합니다. 그래서 주님은 "사탄아 내 뒤로 물러가라" 호령하셨던 것입니다.

③ 이럴 경우 사람의 이성(理性)은 "터가 무너지면 의인이 무엇을 하랴"(3)고 말하면서 절망하기 쉽습니다.

㉠ 여기서 "터"란 물리적인 터를 말하는 것이 아니라 사회정의와 같은 공정을 가리킵니다. 그러니까 사울 왕이 다윗을 죽이려 광분하고 있던 당시를 "터가 무너진" 때로 보고 있는 것입니다.
사울이 블레셋 같은 대적과 싸우는 것이 아니라, 하나님의 택하신 자 다윗을 죽이려고 혈안이 되어있다는 것은 "터를 무너뜨리려는" 사탄의 하수인 노릇을 하고 있는 것입니다. 다시 말하면 하나님을 대적하는 일이요, 영적논리로 하면 실체(實體)이신 그리스도를 대적하는 일인 것입니다.

㉡ 구속사(救贖史)란 "터를 무너뜨리려는 자와 보수하려는 자" 간의 싸움이었던 것입니다. 그러므로 마치 "진리의 터"가 무너진 것 같은 암흑한 때가 한두 번이 아닙니다.

㉮ "방주에서 물로 말미암아 구원을 얻은 자가 몇 명뿐이니 겨우 여덟 명이라"(벧전 3:20)한 노아 당시가 그러했고,

㉯ 성전을 건축한 솔로몬이 타락하여 우상을 숭배한 때도 그러했습니다. 그런데 하나님께서는 "한 등불"(왕상 11:36)을 남겨주심으로 메시아언약을 보수하셨습니다.

㉰ 엘리야 선지자가 "나만 남았는데"한 아합과 이세벨 당시가 그러했고,

㉱ 성전이 불에 타고 왕과 백성들이 포로로 끌려갔을 때도 터가 무너진 것과 같은 상황이었습니다. 그런데 하나님께서는 "그날에 내가 다윗의 무너진 장막을 일으키고 그것들의 틈을 막으며 그 허물어진 것을 일으켜서"(암 9:11) 다시 세워주셨던 것입니다.

㉲ 교회시대도 "너희는 사도들과 선지자들의 터 위에 세우심을 입은 자라"(엡 2:20)고 말씀합니다. 그러면서 "이 닦아 둔 것 외에 능히 다른 터를 닦아 둘 자가 없으니 이 터는 곧 예수 그리스도라"(고전 3:11) 합니다. 사도 바울이 "우리가 너희에게 전한 복음(福音) 외에 다른 복음을 전하면 저주를 받을지어다"(갈 1:8)고 진술한 것은 복음을 보수(保守)하려는 열망에서였던 것입니다.

㉳ "아시아에 있는 모든 사람이 나를 버린 이 일을 네가 아나니"(딤후 1:15)한 바울이 순교 당할 무렵이 터가 무너지는 것과 같은 상황이었습니다. 그럼에도 불구하고 사도는 절망하지 않고 "그러나 하나님의 견고한 터는 섰으니"(딤후 2:19)라고 선언합니다. 본문의 표현대로 하면 "내가 여호와께 피하였거늘" 즉 나는 하나님의 주권을 믿는다는 뜻이 됩니다. 형제도 그러합니까?

둘째 단원(4-7) 하나님의 얼굴을 뵈오리라

"여호와는 의로우사 의로운 일을 좋아하시나니 정직한 자는 그의 얼굴을 뵈오리로다"(7)

④ 둘째 단원은 "새 같이 네 산으로 도망하라"는 신복들의 권유에 대한 다윗의 고백적인 답변이라 할 것입니다.

㉠ "여호와께서 성전에 계시다" 하면서 동시에, "여호와의 보좌는 하늘에 있다" 한 것은 지상의 "성전"은 모형이요, 참 성전은 하늘에 있다는 뜻입니다. 스데반 집사가 돌에 맞아 순교 당한 것이 이 설교 때문이었습니다. 스데반 집사는 "지극히 높으신 이는 손으로 지은 곳에 계시지 아니하신다"고 말하면서, "이제 너희는 그 의인을 잡아 준 자요 살인한 자가 되었다"(행 7:48,52), 즉 성전의 실체가 오셨는데 너희가 십자가에 못 박아 죽였다 하고 증언했기 때문입니다.

㉡ 피하여 도망 다니는 상황에서도 "여호와의 보좌는 하늘에 있음이여"라고 고백하는 것, 이것이 신전신앙(神前信仰)입니다. 이는 우리의 시선을 대적이 아닌 하늘 보좌를 바라보게 해줍니다. 언제나 중심에는 "여호와의 보좌"가 있어야 하는 것입니다.

㉮ 이사야 선지자는 웃시야 왕이 죽던 국가적으로 어려운 시기에, "주께서 높이 들린 보좌에 앉으신"(사 6:1) 하나님을 보았습니다.

㉯ 스데반 집사는 순교를 당할 때 악한 무리와 날아오는 돌을 바라본 것이 아니라, "보라 하늘이 열리고 인자가 하나님 우편에 서신 것을 보노라"(행 7:56) 했습니다.

㉢ 하나님은 보좌에 앉아만 계시는 것이 아니라 "그의 눈이 인생을 통촉하시고 그의 안목이 그들을 감찰하시도다"(4하) 합니다. "통촉(洞燭)하시고, 감찰(鑑察)하신다"는 점을 명심하십시다. 다윗은 이렇게

말하고 있는 셈입니다. 하나님께서 "나는 통촉하시고, 그들(대적)은 감찰하신다", 그런데 어찌하여 "내 영혼에게 새 같이 네 산으로 도망하라"(1) 하느냐? 나는 하나님을 신뢰한다는 뜻입니다.

⑤ "여호와는 의인을 감찰하시고 악인과 폭력을 좋아하는 자를 마음에 미워하시도다"(5) 합니다. 도표에 표시된 대로 5-7절에는 "악인과 의인"이 대조되어 있습니다.

㉮ "의인을 감찰하신다"는 말은 감시한다는 뜻이 아니라 돌아보신다는 말입니다. 애굽 여인 하갈은 비천한 자신을 돌아보시는 하나님께 감격하여 "내가 어떻게 여기서 나를 살피시는 하나님을 뵈었는고"(창 16:13) 하면서 "감찰하시는 하나님"이라 고백했습니다.

㉯ 그러나 "악인과 폭력을 좋아하는 자를 마음에 미워하신다"하고 말합니다.

⑥ 6-7절은 두 종말을 보여주고 있는데, "악인에게 그물을 던지시리니 불과 유황과 태우는 바람이 그들의 잔의 소득이 되리로다"(6)하는 것은 악인의 종말입니다.

㉠ 여기서 말하는 "악인"은 다윗을 죽이려는 자를 뛰어넘어, "그 모든 사상에 하나님이 없다"(10:4)하는 모든 교만한 자를 가리킵니다. 왜냐하면 "불과 유황과 태우는 바람이 그들의 잔의 소득이 되리로다" 하는 것은 종말적인 심판을 가리키는 표현이기 때문입니다. "소득"(所得)이란 심은 대로 거둘 것을 가리킵니다.

㉡ 반면 "여호와는 의로우사 의로운 일을 좋아하시나니 정직한 자는 그의 얼굴을 뵈오리로다"(7)하는 것은 의인의 종말이 어떠할 것인가를 보여주는 말씀입니다.

"내가 여호와께 피하였거늘"(1)로 시작된 11편은, 하나님의 "얼굴을 뵈오리라"는 소망으로 마치고 있다는 것은 경이로운 말씀입니다. 다윗은 현재 직면하고 있는 고난 너머로 장차 누릴 영광을 바라보고 있는 것입니다. 다윗은 17:15절에서도 "나는 의로운 중에 주의 얼굴을 뵈오리니 깰 때에 주의 형상으로 만족하리이다"라고 고백합니다. 이렇게 말할 수 있는 사람은 오직 "내가 여호와께 피하였거늘"(1)하는, 하나님의 절대주권을 신뢰하는 자만이 가능한 것입니다. 이것이 "여호와께 피하는 자의 안전"입니다.

적용 : 선을 행하다가 도망하고 싶고, 후퇴하고 싶은 때가 있으셨겠지요. 하나님께서는 "나의 의인은 믿음으로 말미암아 살리라 또한 뒤로 물러가면 내 마음이 그를 기뻐하지 아니하리라"(히 10:38) 하십니다. "내 산"으로 도망하려 하지 말고 "내가 여호와께 피하였거늘"하고 선언하십시다.

묵상

㉠ 다윗이 처한 상황에 대해서

㉡ 신복들의 권유에 대해서

㉢ 다윗의 고백적인 답변에 대해서.

시편 12편 개관도표

주제 : 순결한 여호와의 말씀과 안전지대

자신의 혀로 이기려는 자

1-4

1 ① **여호와여 도우소서 경건한 자가 끊어지며**
충실한 자들이 인생 중에 없어지나이다

2 ② **그들이 이웃에게 각기 거짓을 말함이여**
아첨하는 입술과 두 마음으로 말하는도다

3 여호와께서 모든 **아첨하는 입술과 자랑하는 혀를 끊으시리**

③ 그들이 말하기를
우리의 혀가 이기리라
우리 입술은 우리 것이니
우리를 주관할 자 누구리요 함이로다

하나님의 순결한 말씀

5-8

5 ④ 여호와의 말씀에 **가련한 자들의 눌림과**
궁핍한 자들의 탄식으로 말미암아
내가 이제 일어나 그를 **그가 원하는 안전한 지대에 두리라** 하시도다

6 **여호와의 말씀은 순결함이여** 흙 도가니에 일곱 번 단련한 은 같도다

7 ⑤ 여호와여 **그들을 지키사**
이 세대로부터 영원까지 **보존하시리이다**

8 ⑥ **비열함이 인생 중에 높임을 받는 때에 악인들이 곳곳에서 날뛰는도다**

12편

순결한 여호와의 말씀과 안전지대

[5] 여호와의 말씀에 가련한 자들의 눌림과 궁핍한 자들의 탄식으로 말미암아 내가 이제 일어나 그를 그가 원하는 안전한 지대에 두리라 하시도다.

12편도 "다윗의 시"라는 표제가 있습니다. 12편은 "거짓말(2)과 순결한 여호와의 말씀"(6)이 대조(對照)되어 있는 구조(構造)인데, 이를 염두에 두고 해석되어야 마땅합니다. 첫 절에서 "경건한 자가 끊어진다"고 진술하면서, 마지막 절에서는 "악인들이 곳곳에서 날뛰는도다"한 상황은 참으로 어두운 시대상인 것입니다. 그런 시대는"아첨하는 입술과 거짓말하는 혀"가 득세하기 마련인데 이는 일반적인 표현이면서도 특히 종교적인 지도자들을 가리키는 것으로 여겨지는데 이점을 본문 관찰에서 확인하게 될 것입

니다. 도표를 보시면 "여호와의 말씀은 순결함이여"를 중심으로

① "첫째 단원은 거짓말하는 자에 대한 진술인데, 여호와여 도우소서 경건한 자가 끊어진다" 하면서
② "그들이 이웃에게 거짓을 말함이여"
③ "그들이 말하기를 우리의 혀가 이기리라" 한다는 것입니다.
④ 둘째 단원은 첫 단원과는 대조적으로 "순결한 말씀"에 대한 진술인데, "여호와의 말씀은 순결함이여" 하면서 여호와께서 "가련한 자, 궁핍한 자들을 안전한 지대에 두리라"하며
⑤ "여호와여 그들을 지키사, 보존하시리이다" 합니다.
⑥ "결론적으로 비열함이 인생 중에 높임을 받는 때에 악인들이 곳곳에서 날뛰는도다"하고 마칩니다.

12편은 "귀 있는 자는 성령이 교회들에게 하시는 말씀을 들을지어다"하는 경고로 받아야 할 말씀입니다.

첫째 단원(1–4) **자신의 혀로 이기려는 자들**
둘째 단원(5–8) **하나님의 순결한 말씀**

첫째 단원(1–4) 자신의 혀로 이기려는 자들

"여호와께서 모든 아첨하는 입술과 자랑하는 혀를 끊으시리니"(3)

첫째 단원 안에는 "아첨하는 입술(2,3), 거짓을 말함(2), 자랑하는 혀"(3) 등 언어(言語)와 관련된 것이 반복적으로 강조되면서, "우리의 혀로 이기리라"(4) 한다는 것입니다. 여기에는 교훈적인 의미와 신학적인 의미가 있다 하겠습니다.

① 12편은 "여호와여 도우소서 경건한 자가 끊어지며 충실한 자들이 인생 중에 없어지나이다"(1) 탄원으로 시작됩니다.

㉠ 시편이 말씀하는 "경건한 자"란 하나님을 경외하는 자들을 가리키는 묘사인데, "누구든지 스스로 경건하다 생각하며 자기 혀를 재갈 물리지 아니하고 자기 마음을 속이면 이 사람의 경건은 헛것이라"(약 1:26)한 말에 진실성(眞實性)이 있는 사람입니다. 그렇다면 "경건한 자가 끊어지며 충실한 자들이 인생 중에 없어지고 있다"는 말은 특히 지도자들을 염두에 두고 하는 진술입니다. 이런 상황은 다윗이 처했던 시대만이 아니라 오늘날이 더욱 그러하다 하겠습니다.

㉡ 그러므로 유념해야 할 점은 본문이 교회 밖에 있는 자들에 대해서 하는 말이 아니라는 점입니다. 왜냐하면 당시는 신정시대(神政時代)였기에 이스라엘이라는 국가가 곧 교회였기 때문입니다. 그러므로 이를 기록하게 하셔서 후대에 성경으로 주어진 것은 불신자들에게 하는 말이 아니라, 교회를 향해서 하시는 경계로 받아야하는 것입니다. 그렇다면 형제는 가장 영광스럽고 복된 혀가 될 수도 있고 가장 저주스러운 화가 될 수도 있는 혀가 누구의 혀인지 아십니까?

㉢ 하나님의 말씀을 맡은 설교자의 혀입니다. 여기에 신학적인 면이 있는 것입니다.

㉮ 이점을 잠언에서는 "의인의 입은 생명의 샘이라도 악인의 입은 독을 머금었느니라"(잠 10:11) 말씀하고,

㉯ 주님께서는 "화 있을진저 너희 율법교사여 너희가 지식의 열쇠를 가져가서 너희도 들어가지 않고 또 들어가고자 하는 자도 막았느니라"(눅 11:52) 하십니다.

㉰ 이 두려움을 알았기에 야고보는 "내 형제들아 너희는 선생 된 우리가 더 큰 심판을 받을 줄 알고 선생이 많이 되지 말라 우리가 다 실수가 많으니 만일 말에 실수가 없는 자라면 곧 온전한 사람이라"(약 3:1-2)고 말씀했던 것입니다.

예루살렘이 멸망하고 성전이 불에 타고 백성들이 포로로 끌려가게 된 원인(原因)과 그 책임(責任)이 누구에게 있는가? 하나님은 예레미야 선지자를 통해서 "이는 그들이 가장 작은 자로부터 큰 자까지 다 탐욕을 부리며 선지자로부터 제사장까지 다 거짓을 행함이라 그들이 내 백성의 상처를 가볍게 여기면서 말하기를 평강하다, 평강하다 하나 평강이 없도다"(렘 6:13-14)하고 말씀하십니다. 루터가 이 성구를 종교개혁을 부르짖는 95개 조항 끝에 인용한 것만 보아도 시편 12편은 하나님의 말씀을 맡은 설교자들에게 큰 경종이 된다 할 것입니다.

또 에스겔 선지자로 말씀하시기를 "너의 선지자들은 황무지에 있는 여우같으니라, 너희가 두어 움큼 보리와 두어 조각 떡을 위하여 나를 내 백성 가운데에서 욕되게 하여 거짓말을 곧이 듣는 내 백성에게 너희가 거짓말을 지어내어 죽지 아니할 영혼을 죽인다"(겔 13:4,19)하고 책망하십니다. 본문은 이런 맥락에서 받아야 할 말씀인 것입니다.

② "그들이 이웃에게 각기 거짓을 말함이여 아첨하는 입술과 두 마음으로 말하는도다"(2) 합니다.

㉠ 그들이 이웃에게

㉮ "거짓을 말함이여" 한다면 이는 12편의 의미 문맥으로 볼 때 비진리를 말하는 거짓 선지자요

㉯ "아첨하는 입술"이란, 유혹하는 것이고

㉰ "두 마음으로 말한다"면 이는 위선자니, 이렇게 하는 것들이 거짓 선지자의 특성인 것입니다.

㉡ 그래서 "여호와께서 모든 아첨하는 입술과 자랑하는 혀를 끊으시리

니"(3)하는 것입니다. 바울 사도는 "너희도 알거니와 우리가 아무 때에도 아첨하는 말이나 탐심의 탈을 쓰지 아니한 것을 하나님이 증언하시느니라"(살전 2:5) 하면서, "이제 내가 사람들에게 좋게 하랴 하나님께 좋게 하랴 사람들에게 기쁨을 구하랴 내가 지금까지 사람들의 기쁨을 구하였다면 그리스도의 종이 아니니라"(갈 1:10) 합니다.

바울이 이렇게 말하는 의도는 "아첨하는 말을 하고, 탐심의 탈을 쓰고, 사람들에게 영합하는 자들"이 있었기 때문입니다. 오늘날도 그러합니다.

③ "그들이 말하기를 우리의 혀가 이기리라 우리 입술은 우리 것이니 우리를 주관할 자 누구리요 함이로다"(4)고 말한다는 것은 참으로 오만하고 방자한 말입니다.

㉠ 그런데 "우리의 혀로 이길 지라"하고 말할 수 있는 위치에 있는 사람은 지도(指導)계급이라는 점입니다. 제가 이처럼 조심스럽게 접근하는 것은 이런 유혹과 위험에 노출(露出)되어 있는 사람들이 설교자(說敎者)들이라는 점 때문입니다.

㉡ 보십시오. "우리 입술은 우리 것이니 우리를 주관(主管)할 자 누구리요" 한다는데, 그 누구의 간섭도 받음이 없이 신성불가침의 영역같이 행해지고 있는 것이 설교(說敎)인 것입니다. 그러므로 설교자의 혀는 복이 될 수도 있고, 화가 될 수도 있다는 점을 명심해야 하겠습니다.

㉢ 계시록 13장에는 "적그리스도와 거짓 선지자"에 대한 묘사가 있는데,

㉮ "또 짐승(적그리스도)이 과장되고 신성모독을 말하는 입을 받고, 짐승이 입을 벌려 하나님을 향하여 비방하되"(계 13:5,6)하고,

㉯ "또 다른 짐승(거짓선지자)이 땅에서 올라오니 어린 양같이 두 뿔이 있고 용처럼 말을 하더라"(계 13:11) 합니다.

㉰ 주님의 "입에서 예리한 검이 나온다"고 말씀하는가 하면, "개구리 같은 세 더러운 영이 용의 입과 짐승의 입과 거짓 선지자의 입에서 나온다"(계 19:15, 16:13)고 말씀합니다.

현대교회는 복음진리를 보수하기보다는 성장(成長)에 급급하다보니, 누가 더 듣기에 좋은 말, 아첨하는 말, 영합하는 말을 하느냐에 승패가 달린 양 경쟁이라도 하는 양상입니다. 이것이 "자신의 혀로 이기려는 자들"이 아니고 무엇이겠습니까?

저는 실제로 어느 목회자 세미나에서 "축복하는 설교를 하라 그러면 교회가 부흥된다"하는 말을 들은 적이 있습니다. 꿩 잡는 것이 매라 하는 식이지요. 이런 의미에서 시편 12편은 설교자들에게 경종이 된다고 하겠습니다. 이점이 대조적으로 말씀하는 둘째 단원에 더욱 분명히 드러납니다.

둘째 단원(5-8) **하나님의 순결한 말씀**

"여호와의 말씀은 순결함이여 흙 도가니에 일곱 번 단련한 은(銀) 같도다"(6)

④ 둘째 단원의 중심점은 "여호와의 말씀은 순결하다"(6)는데 있습니다. 이는 첫째 단원에서 고발한 "거짓말, 아첨하는 말"과 날카롭게 대립되는 구조입니다.

㉠ 이 점에서 성경이 말씀하는 "가련한 자, 궁핍한 자"란 경건한 하나

님의 백성들을 가리키는 말인데, 이처럼 경건한 자들이 누구에게 "눌림을 당하여 탄식하게" 된다는 것인가를 생각하게 합니다. 이점을 미가 선지자는 "너희가 선을 미워하고 악을 기뻐하며 내 백성의 가죽을 벗기고 그 뼈에서 살을 뜯어 그들의 살을 먹으며 그 가죽을 벗기며 그 뼈를 꺾어 다지기를 냄비와 솥 가운데에 담을 고기처럼 하는도다"라고 원색적으로 책망을 하면서, "내 백성을 유혹하는 선지자들은 이에 물것이 있으면 평강을 외치나 그 입에 무엇을 채워주지 아니하는 자에게는 전쟁을 준비하는도다"(미 3:5), 즉 저주를 퍼붓는다고 고발합니다.

ⓛ 예루살렘이 바벨론에 의하여 멸망당할 무렵의 시대상이 그러했던 것입니다. 또한 예루살렘이 로마에 의하여 멸망 당할 무렵은 어떠했는가? 주님은 "긴 옷을 입고 다니는 것과 시장에서 문안받는 것과 회당의 높은 자리와 잔치의 윗자리를 원하는 서기관들을 삼가라 그들은 과부의 가산을 삼키며 외식으로 길게 기도하는 자니 그 받는 판결이 더욱 중하리라"(막 12:38-40) 하셨습니다.

ⓒ 사도 바울은 "우리는 수많은 사람들처럼 하나님의 말씀을 혼잡(混雜)하게 하지 아니하고 곧 순전함으로 하나님께 받은 것같이 하나님 앞에서와 그리스도 안에서 말하노라"(고후 2:17)고, 수많은 사람들이 "말씀"을 혼잡하게 하고 있다고 지적합니다. 그리고 목회서신에서는 "그들이 입을 막을 것이라 이런 자들이 더러운 이득을 취하려고 마땅하지 아니한 것을 가르쳐 가정들을 온통 무너뜨리는도다"(딛 1:11) 합니다.

ⓡ 교회사를 보면 암흑시대라 하는 중세시대가 또한 교권주의자들에 의하여, "가련한 자의 눌림과 궁핍한 자가 탄식"하던 시대였습니다. 그러다가 종교개혁으로 폭발했던 것입니다.

ⓜ 이런 맥락에서 요절로 정한 "여호와의 말씀은 순결함이여 흙 도가니에 일곱 번 단련한 은(銀) 같도다"(6)한 말씀이 핵심이라 하겠습니

다. 설교자의 입에서 선포되는 말씀이 "흙 도가니에 일곱 번 단련한 은"(銀)처럼 순전해야 한다는 말씀이 아니겠는가? 그런데 "여호와여 도우소서 경건한 자가 끊어지며 충실(忠實)한 자들이 인생 중에 없어지나이다"(1)하고 호소하고 있다면 이는 단순한 시대상이 아니라, "순결(純潔)한 여호와의 말씀"을 보수(保守)하는 자가 점점 없어진다는 교회(敎會) 상이 되는 것입니다.

⑤ 그러나 다윗은 낙심하고 있지 아니합니다. 왜냐하면 "여호와여 그들을 지키사 이 세대(世代)로부터 영원까지 보존(保存)하시리이다"(7)하고, 하나님께서 "지키시고, 보존"하실 것을 믿기 때문입니다.

㉠ 바울 사도는 그의 마지막 서신에서 "이로 말미암아 내가 또 이 고난을 받되 부끄러워하지 아니함은 내가 믿는 자를 내가 알고 또한 나의 의탁한 것을 그날까지 그가 능히 지키실 줄을 확신함이라"(딤후 1:12) 합니다. 그렇다면 바울이 "의탁한 것"이 무엇인가?

㉡ 존 스토트는 그것을 "복음을 보수하는 것"으로 보고 있습니다. 바울이 달려갈 길을 마칠 무렵은 복음의 빛이 꺼져가는 등불 같은 비관적인 상황이었습니다. "아시아에 있는 모든 사람이 나를 버린 이 일을 네가 아나니(딤후 1:15), 내가 처음 변명할 때에 나와 함께 한 자가 하나도 없고 다 나를 버렸으나 그들에게 허물을 돌리지 않기를 원하노라"(딤후 4:16) 합니다. 이런 상황에서 바울은 순교를 당하게 되었는데 그러면 복음진리를 누가 보수한단 말인가? "그가 능히 지키실 줄을 확신함이라"고, 주님께 의뢰하고 의탁한 채 순교를 당했다는 것입니다. 12편의 상황과 내용도 같은 맥락이라 할 것입니다.

㉢ 그러면 12:5절을 보겠습니다. "여호와의 말씀에 가련한 자들의 눌림과 궁핍한 자들의 탄식으로 말미암아 내가 이제 일어나 그를 그가

원하는 안전지대에 두리라"(5), 세 마디로 되어있는데,

㉮ 첫째는 "여호와의 말씀에",

㉯ 둘째는 "가련한 자들의 눌림과 궁핍한 자들의 탄식으로 말미암아",

㉰ 셋째는 "내가 이제 일어나 그를 그가 원하는 안전한 지대에 두리라"하신다는 말씀입니다.

그러면 "그를 그가 원하는 안전한 지대에 두리라"(5)한 안전지대(安全地帶)가 무엇을 의미하는가는 분명해집니다.

㉮ 죄악이 관영하던 홍수심판 당시에 안전지대는 오직 방주 안이었습니다.

㉯ 장자를 멸하던 유월절의 밤에 안전지대는 오직 어린 양의 피가 뿌려진 대문 안이었습니다.

㉰ 여리고성이 멸망 당할 당시에 안전지대는 오직 "붉은 줄"을 맨 라합의 집안이었습니다.

㉱ 그렇다면 12편이 말씀하는 안전지대는 어디인가? "순결한 여호와의 말씀", 즉 아브라함과 이삭과 야곱에게 세워주신 메시아 언약이 선포되는 곳이 안전지대인 것입니다.

ㄹ "여호와여 도우소서 경건한 자가 끊어지며 충실한 자들이 인생 중에 없어지나이다"(1)하고 호소하는 문맥에서, "안전지대"란 메시아 언약 안 외에는 달리는 없는 것입니다. 이점이 "여호와여 그들을 지키사, 이 세대로부터 영원까지 보존(保存)하시리이다"(7)한 진술에 분명히 나타납니다. 이는 엘리야가 "나만 남았는데" 했을 때에 "칠천 명을 남기리니 다 바알에게 무릎을 꿇지 아니하고 다 바알에게 입맞추지 아니한 자니라"(왕상 19:18)하신 "남은 자"를 있게 하시리라는 뜻이 되는 것입니다.

⑥ "여호와여 도우소서" 하고 시작한 12편은, "비열함이 인생

중에 높임을 받는 때에 악인들이 곳곳에서 날뛰는도다"(8)하고 마치고 있습니다. "날뛴다"는 말은 "근신하라 깨어라 너희 대적 마귀가 우는 사자같이 두루 다니며 삼킬 자를 찾나니"(벧전 5:8) 한 말씀을 연상하게 합니다. 이점을 주님은 "불법이 성함으로 많은 사람의 사랑이 식어지리라"고 경계하셨는데, 본문에서는 "경건한 자가 끊어지며 충실한 자들이 인생 중에 없어지나이다"(1) 하는 것입니다. "그러나 끝까지 견디는 자는 구원을 얻으리라"(마 24:12-13) 하십니다. "여호와여 그들을 지키사 이 세대로부터 영원까지 보존하실"(7) 남은 자는 있는 것입니다. 이것이 "순결한 여호와의 말씀과 안전지대"입니다.

적용 : 경건한 자와 충실한 자가 없어지고, 악인이 처처에 횡행하는 이 시대에 형제가 섬기는 교회가 도가니에 일곱 번 단련한 은 같은 순결한 복음진리를 보수하는 교회가 되어서, 성도들의 안전지대가 되게 하시기를 기원합니다.

묵상

㉠ 다윗 당시와 오늘의 시대상에 대해서
㉡ 혀로 이기겠다고 말할 수 있는 계층이 누군가에 대해서
㉢ 순결한 말씀과 안전지대에 대해서.

시편 13편 개관도표

주제 : 나를 구원하시고 후대하시는 하나님

호소함	1-2 1 ① 여호와여 어느 때까지니이까 나를 영원히 **잊으시나이까** 주의 얼굴을 나에게서 [어느 때까지] **숨기시겠나이까** 2 ② 나의 영혼이 번민하고 **마음에 근심하기를** [어느 때까지 하오며] ③ **내 원수가 나를 치며** **자랑하기를** [어느 때까지하리이까]
간구함	3-4 3 ④ 여호와 내 하나님이여 **나를 생각하사 응답하시고** ⑤ [**두렵건대**] → [**나의 눈을 밝히소서** 내가 **사망의 잠을 잘까 하오며**] 4 [**두렵건대**] → [나의 **원수가** 이르기를 내가 **그를 이겼다 할까 하오며** 내가 흔들릴 때에 나의 **대적들이 기뻐할까 하나이다**]
신뢰함	5-6 5 ⑥ [**나는 오직 주의 사랑을 의지하였사오니**] ↓ 나의 마음은 [**주의 구원을 기뻐하리이다**] 6 [**내가 여호와를 찬송하리니**] 이는 주께서 [**내게 은덕을 베푸심이로다**]

13편

나를 구원하시고 후대하시는 하나님

[5] 나는 오직 주의 사랑을 의지하였사오니 나의 마음은 주의 구원을 기뻐하리이다.

13편도 "다윗의 시"라는 표제가 있습니다. 다윗이 어떤 상황에서 읊은 시인지는 알 수 없지만, "원수 · 대적"이라는 말이 세 번(2,4,4)이나 등장하면서 "어느 때까지니이까"하는 말을 네 번이나 부르짖고 있는 것을 보면, 오랫동안 사울에게 추격을 당할 때 지은 시로 여겨집니다. 그러나 절망이나 비탄으로 끝나고 있지 아니하고 "나는 오직 주의 사랑을 의지하였사오니 나의 마음은 주의 구원(救援)을 기뻐하리이다"(5)하는 확신과 찬양으로 마칩니

다. 도표를 보시면 "오직 주의 사랑을 의지하였사오니"를 중심으로

① 첫째 단원은 호소인데, "여호와여 나를 영원히 잊으시나이까"
② "내가 마음에 근심하기를 어느 때까지 하오며"
③ "원수가 나를 쳐서 자랑하기를 어느 때까지 하리이까"하고 호소합니다.
④ 둘째 단원은 간구인데, "나의 눈을 밝히소서 두렵건대 내가 사망의 잠을 잘까 하오며"
⑤ "원수가 이겼다 할까" 두렵다고 간구합니다.
⑥ 셋째 단원은 확신인데, "오직 주의 사랑을 의지하였사오니 나의 마음은 주의 구원을 기뻐하리이다, 찬송하리니"하고 마칩니다.

첫째 단원(1-2) **여호와여 언제까지 숨기시겠나이까**
둘째 단원(3-4) **나의 눈을 밝히소서**
셋째 단원(5-6) **주의 구원을 기뻐하고 찬송하리이다**

첫째 단원(1-2) 여호와여 언제까지 숨기시겠나이까

"주의 얼굴을 나에게서 어느 때까지 숨기시겠나이까"(1하)

① 첫째 단원은 환난 중에 있는 자의 호소인데, "여호와여 어느 때까지니이까 나를 영원히 잊으시나이까"(1상) 탄원합니다.

㉠ 계속해서 호소하기를 "주의 얼굴을 나에게서 어느 때까지 숨기시겠나이까"(1하) 합니다. 신앙생활에 있어서 "나를 잊으시고, 얼굴을 숨기신 것"같은 때가 있습니다. 욥도 시련 중에 "내가 어찌하면 하나님을 발견하고 그의 처소에 나아가랴 어찌하면 그 앞에서 내가 호소

하며 변론할 말을 내 입에 채우고 내게 대답하시는 말씀을 내가 알며 내게 이르시는 것을 내가 깨달으리라, 그런데 내가 앞으로 가도 그가 아니 계시고 뒤로 가도 보이지 아니하며 그가 왼쪽에서 일하시나 내가 만날 수 없고 그가 오른쪽으로 돌이키시나 뵈올 수 없구나"(욥 23:3-5,8-9)하고, 버림을 당하고 얼굴을 숨기신 것 같아 탄식합니다.

ⓛ 이런 시련은 바울에게도 있었는데, "형제들아 우리가 아시아에서 당한 환난을 너희가 모르기를 원하지 아니하노니 힘에 겹도록 심한 고난을 당하여 살 소망까지 끊어지고 우리는 우리 자신이 사형선고를 받은 줄 알았으니"(고후 1:8-9) 합니다. 이런 시기는 모든 그리스도인들이 경험하는 바입니다. 그래서 본문이 적실성이 있습니다.

② 이럴 경우 "나의 영혼이 번민하고 종일토록 마음에 근심하기를 어느 때까지 하오며"(2상)라고 호소하게 됩니다.

"나의 영혼이 번민하고"라는 말은 이런저런 생각으로 갈등하는 심적 상태를 가리킵니다. 이점을 77:6-9절에서는 "내가 기억하여 내 심령으로 내가 내 마음으로 간구하기를 주께서 영원히 버리실까? 다시는 은혜를 베풀지 아니하실까? 그의 인자하심은 영원히 끝났는가? 그의 약속하심도 영구히 폐하였는가? 하나님이 그가 베푸실 은혜를 잊으셨는가? 노하심으로 그가 베푸실 긍휼을 그치셨는가?"하고 탄식합니다.

③ 이럴 경우 하나님을 경외하는 자의 가장 큰 고민이 무엇인지 아십니까? "내 원수가 나를 치며 자긍하기를 어느 때까지 하리이까"(2하)하는 문제입니다. 자신이 당하는 어려움은 참고 견딘

다 해도 "그 모든 사상에 하나님이 없다"(10:4)하는 불신자들이 "자긍하는", 즉 "그들의 하나님이 이제 어디 있느냐"(115:2)하고 거들먹거리는 것은 참을 수 없다는 뜻입니다. 그래서 "언제까지, 어느 때까지 하리이까"하고 호소하는 것입니다.

둘째 단원(3-4) 나의 눈을 밝히소서

"나의 눈을 밝히소서"(3중)

④ 둘째 단원은 "여호와 내 하나님이여 나를 생각하사 응답하시고"(3상)하는 간구입니다. 간구는 두 가지로 되어있는데,

㉠ 첫째가 "나의 눈을 밝히소서"(3중) 합니다. 생각해 보면 성도들이 "나의 영혼이 번민하고 종일토록 마음에 근심하기를 어느 때까지 하오며"(2상)하고 번민하게 되는 것은 눈이 어두워 보지 못하기 때문인 경우가 많습니다.

예를 들면 아람군대가 엘리사를 잡으려고 밤중에 "군사와 말과 병거"로 성을 에워쌌을 때입니다. 이를 보고 사환은 "아아, 내 주여 우리가 어찌하리이까"하고 절망합니다. 이때 엘리사 선지자가 한 것이 "그의 눈을 열어서 보게 하옵소서" 하는 간구였습니다. 낙망하던 사환은 "불 말과 불 병거가 산에 가득하여 엘리사를 둘러 있는 것"(왕하 6:14-17)을 보게 된 것입니다.

㉡ 사도 바울은 로마 옥 중에서 밖에 있는 성도들을 위해서 간구합니다. 왜냐하면 자신이 당하는 고난보다는 이로 인하여 성도들이 낙심하게 될까 그것이 염려되었기 때문입니다. 간구한 내용이 "너희 마음의 눈을 밝히사 그의 부르심의 소망이 무엇인지"(엡 1:18) 그것을

보게 해달라는 것입니다.

사도 베드로도 "이런 것이 없는 자는 맹인이라 멀리 보지 못하는"(벧후 1:9) 사람이라 말씀합니다. 맹인은 아니라도 눈앞의 일만을 보게 되는 근시안(近視眼)이라면 근심과 염려를 하게 됩니다.

⑤ 그래서 본문에는 "두렵건대"라는 말이 두 번 등장하는데,

㉠ 첫째 "두렵건대"는 "내가 사망의 잠을 잘까 하오며"(3하)한 두려움인데 이는 "눈을 밝히소서" 한 것과는 반대 상황을 가리킵니다. 영안(靈眼)이 어두워진다는 것은 영적죽음과 같은 것입니다. 그래서 "사망(死亡)의 잠"이라 하는 것입니다. 이사야 선지자는 당시의 지도자들을 가리켜, "이스라엘의 파수꾼들은 맹인이요, 다 무지하며 벙어리 개들이라 짖지 못하며 다 꿈꾸는 자들이요 누워있는 자들이요 잠자기를 좋아하는 자라"(사 56:9) 합니다. 그러다가 예루살렘이 멸망당한 것입니다.

㉡ 두 번째 "두렵건대"는 "나의 원수가 이르기를 내가 그를 이겼다 할까 하는"(4상) 두려움입니다. 2절에서는 "원수가 나를 치며 자랑"한다고 말씀했는데, 4절에서는 더욱 적극적으로 "이겼다" 할까 그것이 두렵다는 것입니다. 왜냐하면 원수가 "그를 이겼다"라고 말하게 한다는 것은 비진리가 승리한 것과 같아서 궁극적으로는 하나님의 이름에 욕을 돌리는 것이 되기 때문입니다.

㉢ 그러면 어떤 경우 대적으로 하여금 "이겼다"라고 말하게 하는 것이 되는가? "내가 흔들릴 때에 나의 대적들이 기뻐할까 하나이다"(4하) 한 흔들리는 경우입니다. "흔들림"이란 어찌할 바를 모르고 두려워 떠는 것을 가리킵니다.

스데반 집사를 예로 생각해 보겠습니다. 돌로 침을 당할 때

만일 두려워서 흔들렸다면 사울이 쾌재(快哉)를 불렀을 것입니다. 그러나 "주여, 이 죄를 그들에게 돌리지 마옵소서"(행 7:60)하고, 기도하는 것을 보게 되었을 때 도리어 사울의 강팍한 마음이 흔들리게 되었던 것입니다. 영안이 밝아진 자만이 흔들리지 않을 수 있는 것입니다.

셋째 단원(5–6) 주의 구원을 기뻐하고 찬송하리이다

"나는 오직 주의 사랑을 의지하였사오니 나의 마음은 주의 구원을 기뻐하리이다"(5)

⑥ 이는 두 마디로 되어있습니다.

㉠ 첫째는 "나는 오직 주의 사랑을 의지하였사오니"하는 말씀인데, 핵심은 하나님의 사랑입니다. 흔들리지 않는 비결은 "주의 사랑", 즉 "우리가 아직 죄인 되었을 때에 그리스도께서 우리를 위하여 죽으심으로 하나님께서 우리에 대한 자기의 사랑을 확증하셨느니라"(롬 5:8)한 하나님의 사랑과 은혜를 의뢰할 때만이 가능하여지는 것입니다. "하나님의 능력을 제한하지 말라"고 말하는데, 더욱 긴요한 것은 무궁하신 "하나님의 사랑"을 제한하지 않고 신뢰하는 일입니다. 말라기서에는 "여호와께서 이르시되 내가 너희를 사랑하였노라 하나 너희는 이르기를 주께서 어떻게 우리를 사랑하셨나이까"(말 1:2)하고 항변하는 것을 보게 됩니다. 하나님의 사랑을 의심하는 것보다 하나님을 슬프시게 하는 것은 달리는 없습니다.

㉡ 둘째는 "나의 마음은 주의 구원을 기뻐하리이다" 하는 말씀인데, 핵심은 "구원"입니다. 하박국 선지자도 "비록 무화과나무가 무성하지

못하며 포도나무에 열매가 없으며 감람나무에 소출이 없으며 밭에 먹을 것이 없으며 우리에 양이 없으며 외양간에 소가 없을지라도" 그러면 그에게 있는 것이 무엇이란 말인가? "나는 여호와로 말미암아 즐거워하며 나의 구원의 하나님으로 말미암아 기뻐하리로다"(합 3:17-18)한 구원과 이를 믿는 "믿음"입니다.

ⓒ "여호와여 어느 때까지니이까"(1)하는 호소로 시작된 13편은, "내가 여호와를 찬송하리니 이는 주께서 내게 은덕을 베푸심이로다"(6) 하는 "찬송"으로 끝맺고 있습니다.
"마음에 근심하기를 어느 때까지 하오며"(2)하던 탄식이 변하여 "기뻐하고, 찬송"을 하게 되다니, 당면한 문제들이 해결이라도 되었단 말인가? 아닙니다. 문제를 바라보았을 때에는 탄식하고 흔들릴 수밖에 없었으나, "주의 사랑하심을 의지"하자 "구원을 기뻐하며 베푸심"을 찬양할 수 있었던 것입니다.

ⓓ 그러면 "주의 구원과 베푸심"이 구속사에서 어떻게 성취되었는가?

㉮ 이점을 사도 바울은 "자기 아들을 아끼지 아니하시고 우리 모든 사람을 위하여 내주신 이가 어찌 그 아들과 함께 모든 것을 우리에게 주시지 아니하겠느냐"(롬 8:32)고 대답합니다. 이를 믿는 자라면 어떤 상황, 형편, 처지에서도 기뻐하며 찬양할 수 있는 것입니다.

㉯ 하나님은 말로만 사랑하신 것이 아닙니다. "곧 우리가 원수 되었을 때에 그의 아들의 죽으심으로 말미암아 하나님과 화목되었은즉 화목 된 자로서는 더욱 그의 살아나심으로 말미암아 구원을 받을 것이니라"(롬 5:10) 합니다. 원수를 위하여 자기 아들을 화목제물로 내어주시면서, "내가 너희를 얼마나 사랑하는지 이제는 믿겠느냐"하신 셈입니다. 우리의 구원은 이렇게 해서 주어진 것이며, 이보다 더한 베푸심이란 없습니다. 이것이 "나를 구원하시고 베푸시는 하나님"입니다.

적용 : 시편들을 상고해 보면 해답(解答), 즉 우리에게 말씀하시려는 중심주제가 대부분 결론부분에 등장한다는 점입니다. 13편도 "나는 오직 주의 사랑을 의지하였사오니 나의 마음은 주의 구원을 기뻐하리이다 내가 여호와를 찬송하리니 이는 주께서 내게 은덕을 베푸심이로다"(5-6)하는 말씀이 중심점입니다.

이런 맥락에서 시편 13편은 환난과 시련을 당하는 모든 시대의 경건한 자들을 위로하고 격려하기 위한 시라고 할 수 있습니다. 평화의 왕이 오시기까지 죄와 전쟁은 계속이 되고 성도들의 시련은 끝나지 않습니다. 시련 중에 최우선으로 신뢰해야 할 일은 자기 아들의 대속을 통하여 구원하여 주신 하나님의 사랑입니다.

묵상

㉠ 1-2절의 호소에 대해서

㉡ 3-4절의 간구하는 제목에 대해서

㉢ 근심하고 흔들리던 자가 기뻐하고 찬양(5-6)하게 된 비결에 대해서.

시편 14편 개관도표

주제 : 구원이 시온에서 나오기를 대망함

의인은 없다

1-3
3 ① **어리석은 자는** 그의 마음에 이르기를 **하나님이 없다 하도다**
그들은 부패하고 그 행실이 가증하니 **선을 행하는 자가 없도다**

2 ② 여호와께서 하늘에서 **인생을 굽어살피사**
지각이 있어 하나님을 찾는 자가 있는가 보려 하신즉
3 다 치우쳤으며 함께 더러운 자가 되고
선을 행하는 자가 없으니 **하나도 없도다**

두부류

4-6
6 ③ **죄악을 행하는 자는 다 무지하냐**
그들이 떡 먹듯이 내 백성을 먹으면서
여호와를 부르지 아니하는도다
5 그러나 거기서 그들을 두려워하고 두려워하였으니
하나님이 의인의 세대에 계심이로다

6 ④ 너희가 **가난한 자**의 계획을 부끄럽게 하나 오직
여호와는 그의 피난처가 되시도다

포로를 돌이키심

7
7 **이스라엘의 구원이 시온에서 나오기를 원하도다**

⑤ **여호와께서 그의 백성의 포로된 곳에서 돌이키실 때에**

⑥ **야곱이 즐거워하고 이스라엘이 기뻐하리로다**

14편

구원이 시온에서 나오기를 대망함

[7] 이스라엘의 구원이 시온에서 나오기를 원하도다 여호와께서 그의 백성을 포로된 곳에서 돌이키실 때에 야곱이 즐거워하고 이스라엘이 기뻐하리로다.

14편도 다윗의 시라는 표제가 있습니다. 14편은 53편과 대동소이한 시(詩)입니다. 두 편의 중심점은 "이스라엘의 구원이 시온에서 나온다"(7)는 점에 있습니다. 사도행전 2:30-31절에 의하면 "그(다윗)는 선지자라 하나님이 이미 맹세하사 그 자손 중에서 한 사람을 그 위에 앉게 하리라 하심을 알고 미리 본 고로" 그리스도에 대하여 증언했다고 말씀합니다. 그러므로 "구원이 시온에서 나오기를" 대망(待望)하는 것은 단순한 희망사항이 아니라 하나님의 언약을 믿는 예언적(豫言的)인 말씀이 되는 것입니다. 다윗은 어찌하여 "구원이 시온에서 나오기를 원하노라"하고 증언하는가? 1-3절 안에는 "없도다" 하는 말이 세 번이나 강조되어 있는데 이를 신약성경에서는 "기록된바 의인은 없나니 하나도 없도다"(롬 3:10)하고 해설해주고 있습니다. 이처럼 다윗은 자력구원(自力救援)의 불가능성을 인식했기 때문에 "구원이 시온에서 나오기를 원하도다"하는 것입니다. 도표를 보시면 "구원이 시온에서 나오기를 원한다"는 말씀을 중심으로,

① "어리석은 자는 하나님이 없다" 하는데
② 여호와께서 "살펴보신즉, 선을 행하는 자가 하나도 없도다" 합니다.
③ 그들이 "떡 먹듯이 내 백성을 먹는다", 즉 박해하나
④ 그러나 "오직 여호와는 그의 피난처가 되시도다" 하면서 결론적으로
⑤ "여호와께서 그의 백성을 포로된 곳에서 돌이키실 때에, 즉 구원이 시온에서 나오게 될 것을 예언하면서,
⑥ "야곱이 즐거워하고 기뻐하게 되리라" 말씀합니다.

첫째 단원(1–3) **의인은 없나니 하나도 없도다**
둘째 단원(4–6) **의인의 세대에 계신 하나님**
셋째 단원(7) **포로 된 자를 돌이키시는 하나님**

첫째 단원(1–3) 의인은 없나니 하나도 없도다

"다 치우쳐 함께 더러운 자가 되고 선을 행하는 자가 없으니 하나도 없도다"(3)

① 첫째 단원은 "어리석은 자는 그의 마음에 이르기를 하나님

이 없다 하도다"(1상), 즉 전적타락 · 전적부패한 인간의 자력구원의 불가능성을 드러내는 대목입니다. 어찌하여 불신자들을 가리켜 "어리석은 자"라 말씀하는가?

㉠ "창세로부터 그의 보이지 아니하는 것들 곧 그의 영원하신 능력과 신성이 그가 만드신 만물에 분명히 보여 알려졌나니 그러므로 그들이 핑계하지 못할지니라", 그래서 어리석은 자라 하는 것입니다. 더 나아가 "스스로 지혜있다 하나 어리석게 되어 썩어지지 아니하는 하나님의 영광을 썩어질 사람과 새와 짐승과 기어다니는 동물 모양의 우상으로 바꿔치기"(롬 1:22-23)했기 때문에 어리석은 자라 하는 것입니다.
하나님께서 이루시고자 하는 구원계획을 대항한다는 것이 얼마나 어리석은 일인가? 하나님은 사람들에게 "영원을 사모하는 마음"(전 3:11), 즉 신지식(神知識)을 주셨는데도 억지를 쓰듯이 "불의로 진리를 막는 사람들"이기 때문에 어리석은 자들이라 하는 것입니다.

㉡ "그들은 부패하고 그 행실이 가증하니 선을 행하는 자가 없도다"(1하) 합니다. 이는 인간의 전적 부패한 상태를 가리키는데 예레미야 선지자는 "만물보다 거짓되고 심히 부패한 것은 마음이라"(렘 17:9)고 고발합니다.

② 그러므로 "여호와께서 하늘에서 인생을 굽어살피사 지각이 있어 하나님을 찾는 자가 있는가 보려 하신즉"(2),

㉠ "다 치우쳐 함께 더러운 자가 되고 선을 행하는 자가 없으니 하나도 없도다"(3) 합니다. 1-3절이 지적하고 있는 죄는 크게 두 가지입니다.

㉮ 첫째는 "하나님이 없다" 하는 경건(敬虔)하지 아니함이고,

㉯ 둘째는 "선을 행하는 자가 없다"는 불의(不義)입니다. 죄들은

억만 가지가 있다 하여도 크게는 하나님께 대한 "경건하지 아니함"과 이웃에 대한 "불의"(롬 1:18)요, 이 두 가지 위에 하나님의 진노가 임한다고 성경은 말씀합니다.

㉡ 사도 바울은 "없도다, 없으니 하나도 없도다"하는 1-3절을 인용하여 "기록한바 의인은 없나니 하나도 없으며"(롬 3:10)라고 말씀합니다. 그리고 도달하게 된 결론은 "율법의 행위로 그(하나님)의 앞에 의롭다 하심을 얻을 육체가 없다"(롬 3:20)는 자력구원의 불가능성입니다. 그러므로 인류의 소망은 "구원이 시온에서 나오기를 원하는 것" 뿐인 것입니다. 그러면 어찌하여 구원이 "시온"에서 나올 것을 믿고 있는가? 이미 2:6절에서 "내가 나의 왕을 내 거룩한 산 시온에 세웠다 하시리로다"고 말씀하기 때문입니다.

둘째 단원(4-6) 의인의 세대에 계신 하나님

"하나님이 의인의 세대에 계심이로다"(5)

③ 둘째 단원의 중심점은 "모든 사상에 하나님이 없다"(10:4)하는 자들이 득세하듯 하지만 하나님은 의로운 자와 함께 계신다는 데 있습니다.

㉠ 그렇습니다. 그들 자신은 "스스로 지혜 있다"(롬 1:22)하나, 실상은 가장 무지한 자들인 것입니다. 왜냐하면 "그들의 총명이 어두워지고 그들 가운데 있는 무지함과 그들의 마음이 굳어짐으로 말미암아 하나님의 생명에서 떠나 있는"(엡 4:18) 자들이기 때문입니다.

㉡ 그리하여 "그들이 떡 먹듯이 내 백성을 먹으면서 여호와를 부르지 아니 하는도다"(4하) 합니다. 하나님의 백성들을 "떡 먹듯" 한다는데 그들의 오만과 박해가 나타납니다.

ⓒ 그러나 "거기서 그들은 두려워하고 두려워하였으니"하는데 왜냐하면 "하나님이 의인의 세대에 계심이로다"(5) 합니다. "하나님께서 의인의 세대에 계심"을 보고 "두려워하고 두려워하였다"면 "의인들의 길은 여호와께서 인정하시나 악인들의 길은 망하리로다"(1:6)한 종말적인 심판을 염두에 두고 하는 말씀인 것입니다.

"두려워하고, 두려워하였다"는 점을 58:11절에서는 "그 때에 사람의 말이 진실로 의인에게 갚음이 있고 진실로 땅에서 심판하시는 하나님이 계시다 하리로다"고 진술합니다. 그리고 계시록에서는 "땅의 임금들과 왕족들과 장군들과 부자들과 강한 자들이… 산들과 바위에게 말하되 우리 위에 떨어져 보좌에 앉으신 이의 얼굴에서와 그 어린 양의 진노에서 우리를 가리라"(계 6:15-16)고 절규하게 되리라 합니다.

④ "너희가 가난한 자의 계획을 부끄럽게 하나 오직 여호와는 그의 피난처가 되시도다"(6) 합니다. 4절에서는 "내 백성"이라 말씀하고, 5절에서는 "의인의 세대"라 했는데, 6절에서는 "가난한 자"라 하십니다. 왜냐하면 "무릇 그리스도 예수 안에서 경건하게 살고자 하는 자는 박해를 받으리라"(딤후 3:12)한 그런 뜻에서 하는 말씀입니다. 이것이 "의인의 세대에 계신 하나님"이십니다.

셋째 단원(7) 포로 된 자를 돌이키시는 하나님

"이스라엘의 구원이 시온에서 나오기를 원하도다 여호와께서 그의 백성을 포로된 곳에서 돌이키실 때에 야곱이 즐거워하고 이스라엘이

기뻐하리로다"(7)

⑤ 셋째 단원은 한 절에 불과하지만 14편을 통해서 말씀하시려는 중심주제와 해답이 여기에 나타나 있습니다.

㉠ 이는 세 마디로 되어있는데, 첫째로 "여호와께서 그의 백성의 포로된 곳에서 돌이키실 때에"(7중) 합니다. 이를 표면적인 문자만을 본다면 바벨론에서의 포로귀환을 가리키는 것으로 여길 수 있습니다. 그러면 주님께서 "주의 성령이 내게 임하였으니 이는 가난한 자에게 복음을 전하게 하시려고 내게 기름을 부으시고 나를 보내사 포로 된 자에게 자유를··· 이 글이 오늘 너희 귀에 응하였느니라"(눅 4:18-21)하신 말씀도 바벨론 포로귀환을 가리킨단 말인가? 그래서 성경은 "구속사"(救贖史)라는 맥락으로 보아야 하는 것입니다. 주님께서 "내 아버지께서 이제까지 일하시니 나도 일한다"(요 5:17)하신 여호와의 일하심은 "출애굽이나, 출 바벨론"의 해방이 아닙니다.

㉡ 성경은 "그도 또한 같은 모양으로 혈과 육을 함께 지니심은 죽음을 통하여 죽음의 세력을 잡은 자 곧 마귀를 멸하시며 또 죽기를 무서워하므로 한평생 매여 종 노릇하는 모든 자들을 놓아주려 하심이니"(히 2:14-15), 즉 사탄의 포로 된 자들을 돌이키시기 위해서 오신 것입니다.

㉢ 그래서 둘째로 "이스라엘의 구원이 시온에서 나오기를 원하도다"(7상)하는 것입니다. 53:6절에서는 "시온에서 이스라엘을 구원하여 줄 자 누구인가"하고 묻고 있는데, 하나님께서는 "내가 나의 왕을 내 거룩한 산 시온에 세웠다 하시리로다"(2:6)하고 대답하십니다.

⑥ 그러므로 셋째로 불신자들은 "거기서 두려워하고 두려워"하나, 하나님을 경외하는 자들인 "야곱이 즐거워하고 이스라엘이 기뻐하리로다"(7하)하는 결론에 도달하게 됩니다. 이점을 53:6절

에서도 “하나님이 자기 백성의 포로 된 것을 돌이키실 때에 야곱이 즐거워하며 이스라엘이 기뻐하리로다” 합니다.

㉠ “구원이 시온에서 나온다”한 것은 시편에서만이 아니라, 선지서가 공통적으로 예언하고 있는 바입니다.

㉮ 이사야서에서는 “내가 나의 공의를 가깝게 할 것인즉 그것이 멀지 아니하나니 나의 구원이 지체하지 아니할 것이라 내가 나의 영광인 이스라엘을 위하여 구원을 시온에 베풀리라”(사 46:13) 말씀하고,

㉯ 스가랴서에서는 “시온의 딸아 크게 기뻐할지어다 예루살렘의 딸아 즐거이 부를지어다 보라 네 왕이 네게 임하시나니 그는 공의로우시며 구원을 베푸시며 겸손하여서 나귀를 타시나니 나귀의 작은 것 곧 나귀 새끼니라”(슥 9:9) 말씀하고,

㉰ 스바냐서에서는 “시온의 딸아 노래할지어다 이스라엘아 기쁘게 부를지어다 예루살렘 딸아 전심으로 기뻐하며 즐거워할지어다”(습 3:14)하고 말씀합니다. 무슨 기쁜 일이 있다는 것인가? “너의 하나님 여호와가 너의 가운데에 계시니 그는 구원을 베푸실 전능자”(습 3:17)이시기 때문이라는 것입니다.

㉡ 그러므로 “구원이 시온에서 나오기를 원한다”는 예언은, 14편의 필연적인 결론입니다. 왜냐하면 “그들은 부패하고 그 행실이 가증한”(1) 전적부패한 자들이요, “선을 행하는 자가 없으니 하나도 없도다”(3)한 전적타락한 자들로 자력구원의 소망이 전무한 상태이기 때문입니다.

㉢ 이 점에서 부언해야 할 말씀이 남았습니다. 그리스도께서 시온에 오시기만 하면 우리의 “구원”이 자동으로 가능해지는 것이 아니라는 점 때문입니다. 죄 값은 사망입니다. 그러므로 “피 흘림이 없으면 사유함이 없느니라”고 말씀합니다. 주님은 십자가를 앞에 놓고 “이 때를 면하게 하여 주옵소서 그러나 내가 이를 위하여 이 때에 왔나이

다"(요 12:27)고 말씀하셨습니다. 구원은 오직 그리스도의 대속을 통해서만이 가능하여진다는 점에 확고해야 합니다. 그래야만 다음에 나오는 15편을 해석할 때에 곁길로 빠지지 않게 됩니다.

㉣ 이제 또 한 번 "구원이 시온에서 나오기를" 기다리고 있습니다. 이는 주님의 재림을 가리킵니다. 성경은 "또 내가 보니 보라 어린 양이 시온 산에 섰고 그와 함께 십사만사천이 서 있는데"(계 14:1)하고 말씀합니다. 어찌하여 주님의 재림을 기다려야 하는가? 죄악을 행하는 자들이 하나님의 백성들을 "떡 먹듯이 내 백성을 먹으면서", 즉 박해를 하면서 "여호와를 부르지 않고"(4) 있기 때문입니다. 그날에 그들은 "두려워하고 두려워할 것이나" 성도들은 "즐거워하고 기뻐하게" 될 것입니다. 이것이 "구원이 시온에서 나오기를 대망함"입니다.

적용 : "하나님이 의인의 세대에 계심이로다" 하는 말씀은 위로와 격려가 되면서 책임이 따르는 말씀입니다. 왜냐하면 그 마음에 하나님이 없다 하는 자들과 "의인의 세대"에 소속한 자의 삶은 필연적으로 달라야 하기 때문입니다.

묵상

㉠ 1-3절에 나타난 두 방면의 죄가 무엇인가에 대해서

㉡ 의인의 세대와 악인의 세대의 갈등이 어떻게 묘사되어 있는가에 대해서

㉢ "시온의 구원과 포로를 돌이키실 때"란 언제를 지향하는 말씀인가에 대해서.

시편 15편 개관도표

주제 : 주의 장막에 유할 자가 누구인가

누가 서리요

1

1 ① 여호와여 **주의 장막에 머무를 자 누구오며 주의 성산에 사는 자 누구오니이까**

요동치 아니함

2-5

2 ② 정직하게 행하며 공의를 실천하며 그의 마음에 진실을 말하며

3 그의 혀로 남을 허물하지 아니하고 → **그의 이웃에게** 악을 행하지 아니하며 **그의 이웃을 비방하지** 아니하며

4 ③ 그의 눈은 망령된 자를 멸시하며 → **여호와를 두려워하는 자들을 존대하며** 그의 마음에 서원한 것은 해로울지라도 변하지 아니하며

5 이자를 받으려고 돈을 꾸어 주지 아니하며 뇌물을 받고 무죄한 자를 해하지 아니하는 자이니

④ **이런 일을 행하는 자는 영원히 흔들리지 아니하리이다**

15편

주의 장막에 머무를 자가 누구인가

1 여호와여 주의 장막에 머무를 자 누구오며 주의 성산에 사
는 자 누구오니이까.

15편의 중심점은 "주의 장막에 머무를 자가 누구인가"에 있습니다. 그리고 머무를 자의 열한 개 덕목을 거론하고 있습니다. 그런데 이렇게 행하면 "주의 장막에 머물게 된다"고 말하는 것을 조심해야 합니다. 왜냐하면 그렇게 말한다면 행위구원론이 되어 "선을 행하는 자가 없으니 하나도 없도다", 즉 의인은 없나니 하나도 없다한 14:3절과 충돌하게 되기 때문입니다. 다윗은 누구보다도 "주의 눈 앞에는 의로운 인생이 하나도 없다"(143:2)는 점을

뼈저리게 경험한 사람입니다. 오죽했으면 "내가 죄악 중에 출생하였다"(51:5)라고 자복했겠는가? 그렇다면 15편은 무엇을 말씀하고 있는가? 14편의 주제가 "시온에서 나오게 될 구원"(救援)에 초점을 맞춘 구원론이라면, 15편의 주제는 "주의 장막에 머무를 자 누구 오며"(1)한 실천윤리(倫理)에 강조점이 있다 하겠습니다. 그리고 "믿음과 행함", 이 둘은 떼어놓을 수 없는 하나의 짝인 것입니다. 도표를 보시면,

① "주의 장막에 머무를 자 누구오며"를 중심으로
② "정직하게 행하며 공의를 실천하며 그의 마음에 진실을 말하며"
③ "그의 눈은 망령된 자를 멸시하며 여호와를 두려워하는 자들을 존대하며"
④ "이런 일을 행하는 자는 영원히 흔들리지 아니하리이다" 합니다.

그러면 이 말씀이 우리에게 어떻게 적용되는가?

첫째 단원(1) **주 앞에 누가 서리요**
둘째 단원(2-5) **영원히 흔들리지 아니함**

첫째 단원(1) 주 앞에 누가 서리요

"여호와여 주의 장막에 머무를 자 누구오며 주의 성산에 사는 자 누구오니이까"(1)

① 15편은 물음으로 시작됩니다.

㉠ 이는 범죄 함으로 하나님 존전에서 추방을 당한 아담의 후예들에게 있어서는 가장 절박한 물음인 것입니다. 구원계획이란 무엇인가?

"보라 하나님의 장막이 사람들과 함께 있으매 하나님이 그들과 함께 계시리니 그들은 하나님의 백성이 되고 하나님은 친히 그들과 함께 계셔서"(계 21:3)한 하나님과 함께 머물고 함께 거(居)하게 하시려는 것입니다.

㉡ 그러므로 "머무를 자 누구오니이까"하는 주제는 밝히 들어난 복음을 통해서 해답을 구해야 마땅한 것입니다. 계시록 6장에서도 "땅의 임금들과 왕족들과 장군들과 부자들과 강한 자들과 모든 종과 자유인이 굴과 산들의 바위틈에 숨어 산들과 바위에게 말하되 우리 위에 떨어져 보좌에 앉으신 이의 얼굴에서와 그 어린 양의 진노에서 우리를 가리라 그들의 진노의 큰 날이 이르렀으니 누가 능히 서리요"(계 6:15-17), 즉 "누구오니이까"고 같은 질문을 제기하고 있습니다.

그런데 이어지는 계시록 7장에서 "이 일 후에 내가 보니 각 나라와 족속과 백성과 방언에서 아무도 능히 셀 수 없는 큰 무리가 나와 흰 옷을 입고 손에 종려 가지를 들고 보좌 앞과 어린 양 앞에 서" 있는 것을 대하게 됩니다. 그리고 "큰 소리로 외쳐 이르되 구원하심이 보좌에 앉으신 우리 하나님과 어린 양에게 있도다"(계 7:9-10)하고 대답합니다.

㉢ 계시록에는 또 한 장면이 있는데, "또 내가 보니 보라 어린 양이 시온 산에 섰고 그와 함께 십사만사천이 섰는데 그들의 이마에는 어린 양의 이름과 그 아버지의 이름을 쓴 것이 있더라"(계 14:1) 합니다. 그리고 부언 설명하기를 "이 사람들은 여자와 더불어 더럽히지 아니하고 순결한 자라 어린 양이 어디로 인도하든지 따라가는 자며 사람 가운데에서 속량함을 받아 처음 익은 열매로 하나님과 어린 양에게 속한 자들이라"(계 14:4) 합니다. 두 가지로 요약되는데,

㉮ "속량함을 받은" 자들이라는 것과

㉯ "순결한 자라"는 말씀입니다.

레위기의 두 큰 주제도 5대 제사로 예표 된 "대속제물"과 "내가 거

룩하니 너희도 거룩할지어다"하신 "성별"(聖別)입니다. 이런 구속사의 맥락에서 본다면, 14편은 "구원이 시온에서 나오기를 원하도다"(14:7)한 "구원"이 중심주제(主題)고, 15편은 구원 얻은 자가 하나님과 교제를 지속해 나갈 수 있는 성별된 삶을 말씀함이라 할 수 있습니다. "주를 향하여 이 소망을 가진 자마다 그의 깨끗하심과 같이 자기를 깨끗하게 하느니라"(요일 3:3), 이것이 성도의 책임이기 때문입니다.

"주의 장막에 머무를 자 누구인가"에 대해서 좀 더 말씀을 드리는 것이 안전할 것입니다. 사도 베드로는 "그리스도께서도 단번에 죄를 위하여 죽으사 의인으로서 불의한 자를 대신하셨으니 이는 우리를 하나님 앞으로 인도하려 하심이라"(벧전 3:18)고 증언합니다. 그러면 그리스도의 구속이 우리를 어떻게 하나님 앞으로 인도할 수 있는가?

㉣ 복음이 무엇인가? "하나님의 의가 나타났다"(롬 1:17, 3:21)는 기쁜 소식입니다. 하나님이 이루어 주신 것이기에 "하나님의 의"(칭의)입니다. 어찌하여 하나님의 의가 필요하게 되었는가? "모든 사람이 죄를 범하였으매 하나님의 영광(榮光)에 이르지 못하더니"(롬 3:23), 즉 본문의 표현대로 하면 "주의 장막에 머물고, 주의 성산에 거할"(1) 수 없게 되었기 때문입니다. 그러면 하나님의 의를 받는 자에게는 어떤 축복이 주어지는가?

㉤ "우리 주 예수 그리스도로 말미암아 하나님과 화평을 누리자 또한 그로 말미암아 믿음으로 서있는 이 은혜에 들어감을 얻었으며"(롬 5:1-2), 즉 하나님과의 관계가 회복되고 영광에 "들어감"을 얻는 축복입니다. 인간의 행위로는 불가능하기 때문에 하나님께서 자기 아들의 구속으로 말미암아 마련해주신 하나님의 의인 것입니다. 이런 은혜를 입은 자라면 본문에서 열거한 덕목들의 삶을 살기를 열망하게 된다는 것입니다. 이것이 "주의 장막에 머무를 자 누구오며 주의 성

산에 사는 자 누구오니이까"에 대한 신약적인 답변입니다.

둘째 단원(2-5) 영원히 흔들리지 아니함

"이런 일을 행하는 자는 영원히 흔들리지 아니하리이다"(5하)

② "정직하게 행하며 공의를 실천하며 그의 마음에 진실을 말하며"(2), "그의 혀로 남을 허물하지 아니하고 그의 이웃에게 악을 행하지 아니하며 그의 이웃을 비방하지 아니하며"(3) 합니다. 이러한 덕목들은 14편에서 거론한 "하나님이 없다" 하는 어리석은 자들의 소행과는 반대되는, 즉 "여호와를 두려워하는 자"의 거룩한 행실들이지 구원의 조건으로 제시됨이 아니라는 점을 유념해야 합니다.

㉠ "그의 눈은 망령된 자를 멸시하며 여호와를 두려워하는 자들을 존대(尊待)하며 그의 마음에 서원한 것은 해로울지라도 변하지 아니하며 이자로 받으려고 돈을 꾸어 주지 아니하며 뇌물을 받고 무죄한 자를 해하지 아니하는 자이니"(4-5상) 합니다. 한마디로 "이웃 사랑하기를 네 몸과 같이 하는" 자들이라는 말씀입니다.

여기 명심해야 할 점이 있는데, 본문이 거론하고 있는 열한 가지 덕목들이 모두가 "이웃"과의 관계와 결부된 덕목들이라는 점입니다. 왜 그런지 아십니까? 하나님과의 관계성은 마음의 문제요, 밖으로 드러나지 않기 때문에 자신이 죄인이라는 점을 깨닫지도 못하기 때문입니다. 그러나 이웃과의 문제는 실천(實踐)해야 하는 문제들이기 때문에 입술로 "하나님 사랑합니다" 하던 자들이 시야를 이웃에게 돌리는 순간 자신의 거짓됨이 드러나게 되는 것입니다.

㉡ 이점이 "내가 어떻게 하여야 영생을 얻으리이까"하고 묻는 부자 청년에게 하신 주님의 답변에도 나타납니다. 주님은 "하나님을 사랑하라"하신 것이 아니라, "이웃 사랑"에 대한 계명을 말씀하셨습니다. 그러자 그는 "이것은 어려서부터 다 지키었나이다"고 대답합니다. 주님은 "네 있는 것을 팔아 가난한 자들에게 주라, 그리고 와서 나를 따르라"(막 10:17-22)고 정곡을 찌르심으로 그의 거짓을 드러내셨던 것입니다.

㉢ 또 주목해야 할 덕목은 "그의 눈은 망령된 자를 멸시하며 여호와를 두려워하는 자들을 존대하며"(4상)한 덕목입니다. 이 말씀에는 "망령된 자와 여호와를 두려워하는 자"가 대조(對照)되어 있는데,

㉮ "망령된 자"란 "그 모든 사상에 하나님이 없다(10:4), 그 마음에 이르기를 하나님이 없다"(14:1)하는 자를 가리키고,

㉯ "여호와를 두려워하는 자"란 하나님을 경외하는 경건한 자를 가리키는 말씀이기 때문입니다. 여기에 하나님 중심이 나타납니다.

③ "이런 일을 행하는 자는 영원히 흔들리지 아니하리이다"(5하)고 15편은 결론을 맺습니다.

㉠ "흔들리지 아니한다"는 뜻은 "비가 내리고 창수가 나고 바람이 불어 그 집에 부딪치매"(마 7:27) 무너지지 않는다는 종말론적인 뜻이 있습니다. 망령된 자들은 "그의 마음에 이르기를 나는 흔들리지 아니하며 대대로 환난을 당하지 아니하리라"(10:6)하고 큰 소리치지만, "그들이 어찌하여 그리 갑자기 황폐되었는가 놀랄 정도로 그들은 전멸하였나이다"(73:19)하게 되리라는 것입니다.

㉡ 또한 "흔들리지 아니한다"는 말은 담대하다는 뜻인데 본문에 열거한 덕목들을 실천하는 자라면, "사랑이 온전히 이루어진 자요, 심판날에 담대함을 가지게"(요일 4:17) 될 자인 것입니다. 이것이 "영원

히 흔들리지 아니함"이요, "주의 장막에 머무를 자가 누구인가"에 대한 답변입니다.

적용 : 형제는 열거한 열한 가지 덕목 중 특히 어느 점이 걸림돌입니까? 또한 하나님의 백성들이 "흔들하게"되면 두렵건대 사탄은 내가 그를 이기었다 하게 될 것이고, 불신자들은 "기뻐할까 하나이다"(13:4)한 말씀을 명심하십시다.

묵상

㉠ 하나님 존전에서 추방당한 자들의 가장 절박한 문제가 무엇인가에 대해서

㉡ 그에 대한 답변으로 이웃과의 관계성을 제시하는 의도에 대해서

㉢ 14편과 15편에서 강조하고자 하는 중심주제에 대해서.

시편 16편 개관도표

주제 : 주의 거룩한 자로 썩지 않게 하실 것이라

하나님을 신뢰함	1-4 1 ① **하나님이여 나를 지켜 주소서 내가 주께 피하나이다** 2 내가 여호와께 아뢰되 **주는 나의 주님이시오니** 주 밖에는 나의 복이 없다 하였나이다 3 ② **땅에 있는 성도들은 존귀한 자들이니** 나의 모든 즐거움이 그들에게 있도다 4 다른 신에게 예물을 드리는 자는 괴로움이 더할 것이라 나는 그들이 드리는 피의 전제를 드리지 아니하며 내 입술로 그 이름도 부르지 아니하리로다
하나님은 나의 기업	5-7 5 ③ **여호와는 나의 산업과 나의 잔의 소득이시니** 나의 분깃을 지키시나이다 6 내게 줄로 재어 준 구역은 아름다운 곳에 있음이여 나의 기업이 실로 아름답도다 7 ④ **나를 훈계하신** 여호와를 송축할지라 밤마다 내 양심이 나를 교훈하도다
부활 신앙의 소망	8-11 ⑤ **내가 여호와를 항상 내 앞에 모심이여** 그가 나의 오른쪽에 계시므로 내가 **흔들리지 아니하리로다** 9 이러므로 나의 마음이 기쁘고 나의 영도 즐거워하며 내 육체도 안전히 살리니 10 ⑥ **이는 주께서 내 영혼을 스올에 버리지 아니하시며** **주의 거룩한 자로 멸망시키지 않으실 것임이니이다** 11 ⑦ **주께서 생명의 길을 내게 보이시리니** 주의 앞에는 충만한 기쁨이 있고 주의 오른쪽에는 영원한 즐거움이 있나이다

16편

주의 거룩한 자로 썩지 않게 하실 것이라

[10] 이는 주께서 내 영혼을 스올에 버리지 아니하시며 주의 거룩한 자를 멸망시키지 않으실 것임이니이다.

16편도 다윗의 시라는 표제가 있는데 중심점은 "주의 거룩한 자를 멸망시키지 않으실 것임이니이다"한 말씀에 있습니다. 왜냐하면 이는 오순절에 강림하신 성령께서 그리스도의 부활을 증언하는 근거 구절(행 2:27, 13:35)로 제시한 말씀이기 때문입니다. 그러므로 16편은 이 말씀을 중심으로 해석되어야 합니다. "내 영혼을 스올에 버리지 아니하시며"한 "내"가 문자적으로는 다윗 자신을 가리키는 것이 되지만 다윗을 예표로 한 그리스도를 가리키는 것이 듯 "땅에 있는 성도들은 존귀한 자들이니 나의 모든 즐거움이 그들에게 있도다"(3)한 말씀도 다윗이 아닌 주님께서 하시는 말씀으로 받아야 하는 것입니다. 도표를 보시면 "주의 거룩한 자로 썩지 않게 하실 것임이니이다"한 말씀을 중심으로

① 첫째 단원은 "나를 지켜주소서 내가 주께 피하나이다" 하면서,
② "땅에 있는 성도들은 존귀한 자들이니 나의 모든 즐거움이 그들에게 있도다" 합니다.
③ 둘째 단원은 "여호와는 나의 산업과 나의 잔의 소득이라" 말하면서,
④ "나를 훈계하신 여호와를 송축할지라" 합니다.
⑤ 셋째 단원은 "여호와를 항상 내 앞에 모심이여, 내가 흔들리지 아니하리로다" 하면서,
⑥ "주께서 생명의 길을 내게 보이시리니, 영원한 즐거움이 있나이다" 하고 마칩니다.

첫째 단원(1–4) **하나님을 신뢰함**
둘째 단원(5–7) **하나님은 나의 기업**
셋째 단원(8–11) **부활신앙의 소망**

첫째 단원(1–4) **하나님을 신뢰함**

"하나님이여 나를 지켜주소서 내가 주께 피하나이다"(1)

① 16편이 "내가 주께 피하나이다"하고 시작되는 것을 보면, 1차적으로는 다윗의 어떤 위급한 상황에서 읊은 시일 것입니다.

㉠ "다윗이 사울을 피하여 굴에 있던 때"라는 표제가 붙어 있는 57:1

절에서도 "하나님이여 내게 은혜를 베푸소서 내게 은혜를 베푸소서 내 영혼이 주께로 피하되 주의 날개 그늘 아래에서 이 재앙들이 지나기까지 피하리이다"하고 진술하고 있습니다.

ⓛ "내가 여호와께 아뢰되 주는 나의 주님이시오니"(2상)하고 아룁니다. 이 단순한 고백 속에 전적으로 하나님을 신뢰하는 다윗의 신앙고백이 다 들어있다 해도 과언이 아닙니다. 형제는 진심으로 그리스도를 "주는 나의 주(主)님이시라"고 고백하고 있습니까? 입으로 주시라 말하기는 쉽습니다. "주가 나의 주시라면, 나는 주의 종"인 것입니다. 그리하여 "종"(從)의 삶을 사는 것이 어려운 것입니다.

ⓒ 다윗은 "주 밖에는 나의 복이 없다 하였나이다"(2하)라고 말합니다. 신앙고백에 있어서 핵심적인 요소는 내가 붙잡고 있던 "주재권"을 하나님께 돌려드리는 일입니다. 만일 주재권(主宰權)을 하나님께 돌리지 않았다면 그의 고백이 거짓이라는 것이 됩니다. 그래서 사도 바울은 "너희는 너희 자신의 것이 아니라 값으로 산 것이 되었으니"(고전 6:19-20), 즉 너희는 주의 소유라고 말씀하는 것입니다.

② "땅에 있는 성도들은 존귀(尊貴)한 자들이니 나의 모든 즐거움이 그들에게 있도다"(3) 합니다. 이것이 누구의 말인가? 문맥적으로 보면 "다윗"이 하는 말입니다. 그런데 의미 문맥으로 보면 다윗을 예표로 한 그리스도께서 하시는 말씀으로 받아야 합니다. 그렇다면 "땅에 있는 성도들은 존귀(尊貴)한 자들이니 나의 모든 즐거움이 그들에게 있도다"는 16:3절의 신령한 의미는 참으로 깊고도 높다 하겠습니다.

㉠ 3절은 세 마디로 되어있는데,

㉮ 첫째로 "땅에 있는 성도(聖徒)들은" 한 "성도"가 누군가 하는 점입니다. 하나님의 택하심과 그리스도의 구속함을 입은 "주의

종들" 즉 형제인 것입니다. 그런데 이를 주님의 말씀으로 받게 되면 앞 절에서 "주는 나의 주님이시오니 주밖에는 나의 복이 없다 하였나이다"(2)한 고백에 대한 응답이 되는 것입니다.

㉯ 둘째는 "존귀한 자라"고 말씀합니다. 땅에 있는 성도들, 즉 우리들이 어떻게 해서 "존귀한 자들"이라 하시는가? 하나님의 아들 그리스도께서 대신 죽으신 피로 값을 주고 사신 자들이기 때문입니다. 어느 정도 존귀한 자들인가? 이사야서에서는 "너는 또 여호와의 손의 아름다운 관, 네 하나님의 손의 왕관(王冠)이 될 것이라"(사 62:3) 합니다.

그의 신분(身分)은 "하나님의 자녀가 되는 권세"(요 1:12)가 있는 존귀한 자들이요, 그의 지위(地位)는 "왕 같은 제사장들"인 그만큼 존귀한 자들입니다. 자신은 땅에 있는 성도들이 이처럼 "존귀한 자들"임을 인정하고 있는가? 아! 주님께서 자신을 이처럼 존귀하게 여겨주신다는 정체성을 망각하고 있지는 아니한가? 주님의 보물 1호가 무엇인가? 피로 값 주고 사신 "성도" 곧 형제라는 말씀입니다.

㉰ 셋째로 "나의 모든 즐거움이 그들에게 있도다" 합니다. 메시아 예언으로 유명한 이사야 53:11절은 "그가 자기 영혼의 수고한 것을 보고 만족하게 여길 것이라" 말씀합니다. 스바냐 3:17절은 "그가 너로 말미암아 기쁨을 이기지 못하시며 너를 잠잠히 사랑하시며 너로 말미암아 즐거이 부르며 기뻐하시리라"고 말씀합니다. 우리는 이런 사랑을 받고 있는 자들입니다. 그래도 부족합니까?

㉡ "땅에 있는 성도"와는 대조적으로, "다른 신에게 예물을 드리는 자는 괴로움이 더할 것이라"(4상)고 우상을 숭배하는 자의 어리석음을 책망하면서, "나는 그들이 드리는 피의 전제를 드리지 아니하며 내 입술로 그 이름도 부르지 아니하리로다"(4하)라고, 우상의 이름조차

도 부르지 않겠다는데 그의 결의가 나타납니다. 이것이 "하나님을 신뢰한" 다윗의 고백적인 신앙인 것입니다.

둘째 단원(5–7) **하나님은 나의 기업**

"여호와는 나의 산업과 나의 잔의 소득이시니 나의 분깃을 지키시나이다"(5)

③ 5-6절은 "주는 나의 주님이시오니 주밖에는 나의 복이 없다 하였나이다"(2) 한 고백에 대한 상론입니다.

㉠ 그래서 두 절 안에는 소유(所有)를 나타내는 "나의"라는 말이 네 번이나 나타납니다. "종"(從)이란, "상전의 손을 바라보는 종들의 눈 같이, 여주인의 손을 바라보는 여종의 눈 같이 우리의 눈이 여호와 우리 하나님을 바라보며 우리에게 은혜 베풀어주시기를 기다리는"(123:2) 자입니다. 다시 말하면 자기의 소유가 없는 자라는 말씀입니다.

㉡ 그리하여 주(主)되시는 하나님께서 자신에게 공급하여주신 소유를,

㉮ "나의 산업"

㉯ "나의 잔의 소득"

㉰ "나의 분깃"(5)

㉱ "나의 기업"(6)이라고 말합니다.

④ 다윗은 한걸음 더 나아가기를 "나를 훈계하신 여호와를 송축할지라"(7상) 합니다. "나를 훈계하셨다"는 뜻이 무엇인가? 여기서 말하는 훈계는 단순한 교훈이 아니라 깨달음을 주셨다는 계시를 가리킵니다.

시편 40편을 보면 다윗은 "나를 기가 막힐 웅덩이와 수렁에서 끌어올리시고 내 발을 반석 위에 두사 내 걸음을 견고하게 하셨도다"(2), 즉 기가 막힐 웅덩이에서 건짐을 받는 은혜를 입었습니다. 그래서 감사제를 드리려합니다. 그런데 "주께서 내 귀를 통하여 내게 들려주시기를 제사와 예물을 기뻐하지 아니하시며 번제와 속죄제를 요구하지 아니하신다"(40:6)는 것이 아닌가? 이는 당시로는 혁명적인 훈계, 즉 계시하심이었던 것입니다. 이 말씀을 들은 다윗은 하나님이 자신을 원하신다는 점을 깨닫고는 "그 때에 내가 말하기를 내가 왔다이다"(40:7)고 자신을 드리기에 이릅니다. 그런데 히브리서 10:5-7절에서는 이 훈계가 그리스도에 대한 계시, 즉 자기 아들을 속죄 제물로 예비하심이라고 밝혀주고 있습니다. 왜냐하면 다윗은 예표의 인물이었기 때문입니다.

우리에게 있는 "나의 산업, 나의 분깃, 나의 기업"이 무엇인가? "하나님이 세상(우리)을 이처럼 사랑하사 독생자를 주셨으니" 한 이보다 더 귀한 소득(所得)이 무엇이 있단 말인가? 우리를 향하여 "내 피를 마셔라 그래야 영생이 있다"(요 6:54) 하시는 이것이 "나의 잔의 소득"인 것입니다. 그래서 "나를 훈계하신 여호와를 송축할지라"하는 것입니다. 언제 훈계하셨는가? "밤마다" 그리고 "내 양심이 나를 교훈하도다"(7하) 합니다. 119:147-148절에서는 "내가 날이 밝기 전에 부르짖으며 주의 말씀을 바랐사오며 주의 말씀을 조용히 읊조리려고 내가 새벽녘에 눈을 떴나이다" 하는데, 망극하신 은혜를 주야로 묵상을 할 때 깨우침을 더하여 주셨다는 말씀인 것입니다. 이것이 "훈계하신 여호와를 찬양함" 입니다.

셋째 단원(8–11) **부활신앙의 소망**

"주께서 생명의 길을 내게 보이시리니 주의 앞에는 충만한 기쁨이 있고 주의 오른쪽에는 영원한 즐거움이 있나이다"(11)

⑤ 셋째 단원의 중심점은 "주의 거룩한 자로 썩지 않게 하실 것"(개역, 10)이라는 말씀에 있습니다. 이 말씀은 오순절에 강림하신 성령께서 베드로를 통하여 이 예언이 그리스도의 부활로 성취되었음을 증언(행 2:25-28)하게 한 말씀입니다 그러므로 16편은 이 말씀에 의하여 해석되어야 합니다.

㉠ 이 말씀도 1차적으로는 다윗이 한 말이지만 10절을 중심으로 생각할 때는,

㉮ "내 앞에 모심이여" 한 것은 주님께서 "내가 하늘로서 내려온 것은 내 뜻을 행하려 함이 이니요 나를 보내신 이의 뜻을 행하려 함이니라"(요 6:38-39)하신 그런 뜻이 되고,

㉯ "내 오른쪽에 계심으로"라는 말은 "나를 보내신 이가 나와 함께 하시도다 나는 항상 그가 기뻐하시는 일을 행하므로 나를 혼자 두지 아니하셨느니라"(요 8:29)한 뜻으로 여길 수 있는 것입니다.

㉡ 이제는 그리스도의 구속으로 말미암아 "내가 여호와를 항상 내 앞에 모심이여 그가 나의 오른쪽에 계시므로 내가 흔들리지 아니하리로다"한 말씀이 그를 믿는 그리스도인들에게 적용되는 것입니다.

㉮ "여호와를 항상 내 앞에 모셨다"는 신전(神前)신앙과

㉯ "내 오른쪽에서" 나를 도우신다는 확신을 갖게 될 때

㉰ 어떤 상황에서도 "흔들리지 아니하리로다"라고 말할 수 있는 것입니다. 성경은 "무릇 하나님께로부터 난 자마다 세상을 이기느니라 세상을 이기는 승리는 이것이니 우리의 믿음이니라 예수

께서 하나님의 아들이심을 믿는 자가 아니면 세상을 이기는 자가 누구냐"(요일 5:4-5)하고 말씀합니다.

ⓒ "이러므로 나의 마음이 기쁘고 나의 영도 즐거워하며 내 육체도 안전히 살리니"(9) 합니다.

이 진술을 문맥적으로 보면 "나를 지켜주소서, 내가 주께 피하나이다"(1) 하는 절박한 상황으로 시작한 다윗은 "여호와의 훈계와 교훈"(7)을 통해서 하나님의 계시를 깨닫고는 "마음이 기쁘고, 영도 즐거워하며, 육체도 안전히 살리니"(9)라고 고백하기에 이른 것입니다.

⑥ 그리하여 요절인 "이는 주께서 내 영혼을 스올에 버리지 아니하시며 주의 거룩한 자를 멸망시키지 않으실 것임이니이다"(10)하는 놀라운 예언을 하기에 이릅니다. 오순절에 강림하신 성령께서는 베드로의 입을 통하여 "그는 선지자라 하나님이 이미 맹세하사 그 자손 중에서 한 사람을 그 위에 앉게 하리라 하심을 (훈계를 통해서) 알고 미리 본 고로 그리스도의 부활을 말하되 그가 음부에 버림이 되지 않고 육신이 썩음을 당하지 아니하시리라 하더니 이 예수를 하나님이 살리신지라 우리가 다 이 일에 증인이로다"(행 2:30-32)라고 담대히 증언하게 하셨던 것입니다.

㉠ 십자가상에서 "다 이루었다"하신 그리스도께서는 사도행전 1장에서 승천하시고, 2장에서는 이를 증언하기 위해서 성령은 강림하셨습니다.

㉮ "다윗이 그를 가리켜 이르되" 하고 다윗을 통하여 미리 예언하게 하신 본문을 들어서 주님의 부활(행 2:25-28)을 증언하고,

㉯ 110편을 들어서 승천하신 주님께서 하나님 오른쪽(행 2:34-35)에 계심을 증언하셨습니다.

㉡ 그리고 베드로는 변증하기를 "형제들아 내가 조상 다윗에 대하여

> 담대히 말할 수 있노니 다윗이 죽어 장사되어 그 묘가 오늘까지 우리 중에 있도다"(행 2:29) 합니다. 다윗의 묘가 오늘까지 우리 중에 있다면 본문이 다윗 자신에 대한 진술이 아니지 않느냐는 반문입니다.

성령께서는 박해자였던 바울을 통해서도 "시편 둘째 편에 기록한 바와 같이 너는 내 아들이라 오늘 너를 낳았다 하셨고… 또 다른 시편에 일렀으되 주의 거룩한 자로 썩음을 당하지 않게 하시리라 하셨느니라 다윗은 당시에 하나님의 뜻을 따라 섬기다가 잠들어 그 조상들과 함께 묻혀 썩음을 당하였으되 하나님께서 살리신 이는 썩음을 당하지 아니하였나니"(행 13:33-37)하고, 성경을 들어서 그리스도의 부활을 입증하였던 것입니다.

⑦ 그렇다면 필연적으로 도달하게 되는 결론은 "주께서 생명의 길을 내게 보이시리니 주의 앞에는 충만한 기쁨이 있고 주의 오른쪽에는 영원한 즐거움이 있나이다"(11)하는 "생명(生命)의 길"인 것입니다. 이 "생명의 길은, 내가 곧 길이요 진리요 생명이니 나로 말미암지 않고는 아버지께로 올 자가 없느니라"(요 14:6)하신, 그리스도의 죽으시고 다시 사신 구속을 통해서 열리게 된 길인 것입니다.

적용 : "땅에 있는 성도들은 존귀한 자들이니 나의 모든 즐거움이 그들에게 있도다"(3)한 말씀은, 바로 나 자신의 정체성과 사명을 일깨워주는 말씀이기도 합니다. 우리에게 자격이 있어서가 아니라 주께서 피로 사신 성도들이기 때문에 존귀한 자라 하시는 것입니다. 그리고 "주의 거룩한 자를 멸망시키지 않게 하신" 하

나님께서는 우리 낮은 몸도 주님의 부활하신 몸과 같이 영화롭게 하실 것입니다.

묵상

㉠ "주는 나의 주시오니" 한 고백에 대해서
㉡ 10절이 어떤 논리에서 그리스도의 부활에 대한 예언인가에 대해서
㉢ 성도들에게 주어진 "나의" 기업이 무엇인가에 대해서.

시편 17편 개관도표

주제 : 세상 사람과 하나님의 사람

무고히 당하는 박해	1-5 1 ① 여호와여 **의의 호소를 들으소서** 나의 울부짖음에 주의하소서 거짓되지 아니한 입술에서 나오는 나의 기도에 귀를 기울이소서 2 주께서 나를 판단하시며 주의 눈으로 공평함을 살피소서 3 ② 주께서 **내 마음을 시험하시고** 밤에 내게 오시어서 **나를 감찰하셨으나** 흠을 찾지 못하셨사오니 내가 결심하고 입으로 범죄하지 아니하리이다 4 사람의 행사로 논하면 나는 주의 입술의 말씀을 따라 스스로 삼가서 **포악한 자의 길**을 가지 아니하였사오며 5 나의 걸음이 **주의 길**을 굳게 지키고 실족하지 아니하였나이다
지켜주시기를 간구함	6-13 6 ③ 하나님이여 내게 응답하시겠으므로 내가 불렀사오니 내게 귀를 기울여 내 말을 들으소서 7 주께 피하는 자들을 그 일어나 치는 자들에게서 오른손으로 구원하시는 주여 **주의 기이한 인자를 나타내소서** 8 ④ **나를 눈동자 같이 지키시고** 주의 날개 그늘 아래 감추사 9 내 앞에서 **나를 압제하는 악인들과 나의 목숨을 노리는 원수들**에게서 벗어나게 하소서 10 그들의 마음은 기름에 잠겼으며 그들의 입은 교만하게 말하나이다 11 이제 우리가 걸어가는 것을 그들이 에워싸서 노려보고 땅에 넘어뜨리려 하나이다 12 그는 그 움킨 것을 찢으려 하는 사자 같으며 은밀한 곳에 엎드린 젊은 사자 같으니이다 13 여호와여 일어나 그를 대항하여 넘어뜨리시고 주의 칼로 악인에게서 나의 영혼을 구원하소서
내세의 소망	14-15 14 ⑤ 여호와여 이 세상에 살아 있는 동안 그들의 분깃을 받은 **사람들에게서 주의 손으로 나를 구하소서** 그들은 주의 재물로 배를 채우고 자녀로 만족하고 그들의 남은 산업을 그들의 어린 아이들에게 물려주는 자니이다 15 ⑥ **나는 의로운 중에 주의 얼굴을 뵈오리니 깰 때에 주의 형상으로 만족하리이다**

17편

세상 사람과 하나님의 사람

15 나는 의로운 중에 주의 얼굴을 뵈오리니 깰 때에 주의 형
상으로 만족하리이다

17편은 "다윗의 기도"라는 표제가 있습니다. 다윗의 시를 상고해 보면 그 배경(背景)이,

㉮ 사울에게 쫓기던 때와

㉯ 아들 압살롬의 반역 때와

㉰ 대적과의 전쟁 때 등으로 대별됩니다.

본문에서도 "나를 압제하는 악인들과 나의 목숨을 노리는 원수들에게서 벗어나게 하소서"(9)하고 호소하고 있는데, 결론에 이르러서는 이 세상에 소망을 두고 있는 "세상 사람"과 내세에 소망을 두고 있는 "나"라는 하나님의 사람이라는 두 길, 두 부류로 갈

라지는 구조입니다. 도표 왼쪽에 연결된 선을 따라 "세상 사람에게서 나를 구하소서"를 중심으로

① 첫째 단원은 변백(辨白)인데, "여호와여 의의 호소를 들으소서" 하면서
② "주께서 내 마음을 시험하시고 감찰하셨으나, 흠을 찾지 못하셨으니", 즉 무고히 박해를 받고 있다는 뜻입니다.
③ 둘째 단원은 간구인데 "하나님이여, 주의 기이한 사랑을 나타내소서"
④ "나를 압제하는 악인들과 나의 목숨을 노리는 원수들에게서 벗어나게 하소서" 합니다.
⑤ 셋째 단원은 그의 소망을 나타냄인데 "이 세상에서 살아 있는 동안 그들의 분깃을 받은 세상 사람들과 나"를 대조하여
⑥ "나는 의로운 중에 주의 얼굴을 뵈오리니 깰 때에 주의 형상으로 만족하리이다" 하는 내세의 소망으로 마치고 있습니다.

첫째 단원(1–5) **무고히 박해를 당하는 자**

둘째 단원(6–13) **지켜주시기를 간구함**

셋째 단원(14–15) **장래에 주어질 영광을 소망함**

첫째 단원(1–5) **무고히 박해를 당하는 자**

"여호와여 의의 호소를 들으소서 나의 울부짖음에 주의하소서 거짓되지 아니한 입술에서 나오는 나의 기도에 귀를 기울이소서"(1)

① 첫 절 안에는,

㉮ "호소를 들으소서

㉯ 울부짖음에 주의하소서

㉰ 나의 기도에 귀를 기울이소서" 하고 세 번이나 간청합니다.

그러면서 "나를 판단하시며 주의 눈으로 공평함을 살피소서"(2), 즉 "공평한 판단"(判斷)을 내려달라고 호소합니다. 이와 같은 첫째 단원의 진술은 교만한 데서 나오는 말이 아니라, 자신이 당하는 박해가 무고(無故)히 당하는 것임을 나타내는 경건한 자의 호소입니다.

② 이점이 "주께서 내 마음을 시험하시고 밤에 내게 오시어서 나를 감찰하셨으나 흠을 찾지 못하셨사오니"(3상)하는 진술에 나타나는데,

㉠ "내 마음을 시험(試驗)하시고, 나를 감찰(鑑察)하셨다"는 진술을 통해서 다윗이 어느 정도로 경건하게 살고자 했는가 하는 점이 드러납니다. 다윗은 139편에서도 "하나님이여 나를 살피사 내 마음을 아시며 나를 시험하사 내 뜻을 아옵소서 내게 무슨 악한 행위가 있나 보시고 나를 영원한 길로 인도하소서"(139:23-24)하고 간구합니다. 밖으로 드러난 행위(行爲)만이 아니라, 보이지 않는 내면의 "마음과 뜻"에 어떤 불순한 의도가 있는가를 살피시고 시험하셔서 깨닫게 해 달라는 진실한 간구인 것입니다.

㉡ 이런 경건은 저절로 이루어지는 것이 아니라 "경건에 이르도록 네 자신을 연단하라 육체의 연단은 약간의 유익이 있으나 경건은 범사에 유익하니 금생과 내생에 약속이 있느니라"(딤전 4:7-8)한 훈련(訓練)을 통해서 도달하게 되는 것입니다. 이런 훈련을 본문에서는 "내가 결심하고 입으로 범죄하지 아니하리이다 사람의 행사로 논하면 나는 주의 입술의 말씀을 따라 스스로 삼가서 포악한 자의 길에 가지 아니하였사오며 나의 걸음이 주의 길을 굳게 지키고 실족하지 아니하였나이다"(3하-5)라고 표현합니다.

㉮ 4절에는 "포악한 자의 길"이 있고

㉯ 5절에는 "주의 길"이 있다는 점을 주목하게 합니다.

다윗은 "주의 입술의 말씀을 따라" 포악한 자의 길로 행하지 아니하고 주의 길로 행하기를 "결심하고, 삼가고, 굳게 지킴으로, 실족하지 아니하였다"고 진술합니다.

요한일서에서는 "우리 마음이 혹 우리를 책망할 일이 있어도 하나님은 우리 마음보다 크시고 모든 것을 아시는 하나님일까 보냐 사랑하는 자들아 만일 우리 마음이 우리를 책망할 것이 없으면 하나님 앞에서 담대함을 얻고 무엇이든지 구하는 바를 그에게서 받나니 이는 우리가 그의 계명을 지키고 그 앞에서 기뻐하시는 것을 행함이라"(요일 3:20-22)하고 말씀합니다. 다윗은 이와 같은 담대한 기도를 하고 있다 하겠습니다.

㉢ 그러면 과연 다윗은 그리고 우리 중에 하나님께서 "시험하시고, 감찰하셨으나" 흠을 찾지 못할 자가 있단 말인가? 아닙니다. 그런 분은 오직 그리스도 한 분뿐이십니다. 그러므로 다윗의 시편들은 대부분이 다윗을 예표로 하여 직접적이든 간접적이든 아니면 반영하든지 무고히 고난당하실 그리스도를 증언(눅 24:44)하기 위해서 기록되었다는 점을 유념해야 합니다.

주님께서는 "기록된바 그들이 이유 없이 나를 미워하였다 한 말을 응하게 하려 함이라"(요 15:25)고 연고 없이 당한 다윗의 박해를 자신에게 적용시키셨습니다.

둘째 단원(6-13) 지켜주시기를 간구함

"하나님이여 내게 응답하시겠으므로 내가 불렀사오니 내게 귀를 기울여 내 말을 들으소서"(6)

③ 둘째 단원 안에는 다윗을 에워싼 "악인 · 원수"(9)와 다윗을 찢으려는 "사자 · 젊은 사자"(12) 등이 등장합니다.

㉠ "주께 피하는 자들을 그 일어나 치는 자들에게서 오른손으로 구원하시는 주여 주의 기이한 사랑을 나타내소서"(7) 합니다. 시편에는 "인자"(仁慈)가 자주 등장하는데 이는 하나님의 사랑 · 은혜(헤쎄드)를 가리키는 중요한 의미가 있는 낱말입니다. 그런데 인자가 단독적으로 등장하는 것이 아니라 "인자와 구원, 인자와 진리"(25:10, 40:10,11, 57:3,10, 61:7, 69:13)가 결부되어 나타나는 것을 보게 됩니다. 그렇다면 그 의미는 필연적으로 우리로 하여금 그리스도를 바라게 하는 말씀입니다. 왜냐하면 하나님의 구원행사는 "인자와 진리", 즉 "은혜와 진리는 예수 그리스도로 말미암아 온 것이라"(요 1:17)고 말씀하기 때문입니다.

㉡ 다윗은 사울을 피하여 굴에 숨었을 때도 "그가 하늘에서 보내사 나를 삼키려는 자의 비방에서 나를 구원하실지라(셀라) 하나님이 그의 인자(仁慈)와 진리(眞理)를 보내시리로다"(57:3)하는 확신을 나타내고 있습니다. 그러면 하늘에서 보내시는 "인자와 진리"가 누구를 바라게 합니까? 그리스도인 것입니다.

④ "나를 눈동자 같이 지키시고 주의 날개 그늘 아래에 감추사"(8) 합니다.

㉠ 8-13절에 나타난 대적(對敵)에 대한 묘사를 메시아의 고난을 예언하는 22편과 함께 관찰해보시기 바랍니다.

㉮ "나를 압제하는 악인들과 나의 목숨을 노리는 원수들에게서 벗어나게 하소서(9), 이제 우리가 걸어가는 것을 그들이 에워싸서 노려보고 땅에 넘어뜨리려 하나이다"(11)한 말씀은,

㉯ "많은 황소가 나를 에워싸며 바산의 힘센 소들이 나를 둘렀나이다(22:12), 개들이 나를 에워쌌으며 악한 무리가 나를 둘러

내 수족을 찔렀나이다"(22:16)한 묘사와 상통하고,

㉰ "그는 그 움킨 것을 찢으려 하는 사자 같으며 은밀한 곳에 엎드린 젊은 사자 같으니이다"(12)한 표현은,

㉱ "내게 그 입을 벌림이 찢으며 부르짖는 사자 같으니이다"(22:13)한 표현과 상통합니다.

㉲ "그들의 마음은 기름에 잠겼으며 그들의 입은 교만하게 말하나이다"(10)한 진술은,

㉳ "나를 보는 자는 다 비웃으며 입술을 비쭉거리고 머리를 흔들며 말하되"(22:7)한 장면과 상통하고,

㉴ "여호와여 일어나 그를 대항하여 넘어뜨리시고 주의 칼로 악인에게서 나의 영혼을 구원하소서"(13)한 호소는,

㉵ "내 생명을 칼에서 건지시며 내 유일한 것을 개의 세력에서 구하소서 나를 사자의 입에서 구하소서 주께서 내게 응답하시고 들소의 뿔에서 구원하셨나이다"(22:20-21)한 말씀과 대응합니다.

㉡ 그러므로 많은 시편들이

㉮ 1차적으로 다윗이 당한 어떤 경험을 예표로 하여

㉯ 궁극적으로 그리스도께서 당하실 고난을 예언하고 있으며

㉰ 이 경험이 주의 자취를 따르는 성도들에게 적용되어 위로와 격려되고 있는 것입니다.

셋째 단원(14–15) 장래에 주어질 영광을 소망함

"나는 의로운 중에 주의 얼굴을 뵈오리니 깰 때에 주의 형상으로 만족하리이다"(15)

⑤ 셋째 단원은 결론이라 할 수 있는데, 암울한 현실 너머로 미래에 주어질 영광을 바라보고 있다는 점에서 그 구조가 16편과 상통합니다. 16편도 "주께서 생명의 길을 내게 보이시리니 주의 앞에는 충만한 기쁨이 있고 주의 오른쪽에는 영원한 즐거움이 있나이다"(16:11)하고 마쳤는데, 17편도 라는 진술로 마치고 있습니다. "여호와여 이 세상에 살아 있는 동안 그들의 분깃을 받은 세상 사람들에게서 주의 손으로 나를 구하소서 그들은 주의 재물로 배를 채우고 자녀로 만족하고 그들의 남은 산업을 그들의 어린아이들에게 물려주는 자니이다"(14) 합니다. 14절은 이 세상에 살아 있는 동안 소망을 두고 있는 "세상 사람들"에 대한 묘사인데,

㉮ "이 세상에서 분깃을 받아"
㉯ "재물로 배를 채우심을 입고"
㉰ "자녀로 만족하고"
㉱ "그들의 남은 산업을 그들의 어린아이들에게 물려주는 자"라고 말씀합니다.

⑥ 이와 대조적으로 15절은 경건한 하나님의 사람에 대한 묘사인데, "나는 의로운 중에 주의 얼굴을 뵈오리니 깰 때에 주의 형상으로 만족하리이다"(15) 합니다.

㉠ 앞에서 언급한 대로 "이는 주께서 내 영혼을 스올에 버리지 아니하시며 주의 거룩한 자를 멸망시키지 않으실 것임이니이다"한 16:10절이 다윗 자신에 대한 언급이 아니듯이 "나는 의로운 중에 주의 얼굴을 뵈오리니 깰 때에 주의 형상으로 만족하리이다"한 고백도 다윗 개인에 국한된 소망이 아닌 것입니다. 왜냐하면 "깰 때"란 주님의 재림 때에 있을 부활 소망을 가리키는 것이기 때문입니다.

㉮ 1차적으로는 "그리스도께서 죽은 자 가운데서 다시 살아나사 잠자는 자들의 첫 열매가 되심"(고전 15:20)으로 성취되었고,

㉯ 그 이후에는 "주께서 호령과 천사장의 소리와 하나님의 나팔 소리로 친히 하늘로부터 강림하시리니 그리스도 안에서 죽은 자들"(살전 4:16)이 잠자다가 깨어나듯 부활하게 될 것입니다.

ⓛ 그러므로 주목해야 할 중요한 요점은 "나는 의로운 중에 주의 얼굴을 뵈오리니"(15상)한 "의로운 중"이란 표현입니다. 이는 7절의 "기이한 사랑"과 결부되는 것으로 자기(自己) 의(義)가 아니라, 그리스도의 구속으로 말미암아 의롭다고 여겨주심을 받게 되는 칭의(稱義)로 보아야 합니다.

ⓒ 대적은 "움킨 것을 찢으려 하는 사자"(12)와 같으나 17편 안에는,

㉮ 성도들을 살피시는 "주의 눈"(2)이 있습니다.

㉯ 성도들을 품으시는 "주의 날개"(8)가 있고,

㉰ 성도들을 붙들어주시는 "주의 손"(14)이 있습니다.

㉱ 자비(慈悲)히 바라보시는 "주의 얼굴"(15)이 있고,

㉲ 그런가 하면 대적을 물리쳐주시는 "주의 칼"(13)도 있습니다.

이러한 하나님께서 "나를 눈동자같이 지켜"(8)주신다고 말씀합니다. 이것이 "세상 사람과 하나님의 사람"의 다른 점입니다.

적용 : 14-15절은 "세상에 살아 있는 동안"(今生)과 깰 때"라 한 내생(來生)이 대조되어 있고, 금생에서 누리는 "그들의 분깃과 주의 형상으로 만족(滿足)하리이다"한 내세의 영광이 대조되어 있습니다. 이 소망으로 만족하는 자는 "항상 기뻐하고 범사에 감사"할 수 있지 않겠습니까?

묵상

㉠ 본문에 나타난 다윗의 경건을 통한 자신의 경건성에 대해서
㉡ 성도들을 보호해주실 "주의" 각 지체들에 대한 묘사에 대해서
㉢ 무고히 당하는 다윗의 고난을 예표로 한 그리스도의 고난에 대해서.

시편 18:1-28절 개관도표

주제 : 구원하시는 하나님을 찬양함

고백과 찬양 1-3

1 ① 나의 힘이 되신 여호와여 내가 **주를 사랑하나이다**
2 ② 여호와는 나의 **반석**이시요 나의 **요새**시요 나를 **건지시는 이**시요 나의 **하나님**이
시요 내가 그 안에 **피할 나의 바위**시요 나의 **방패**시요 나의 **구원의 뿔**이시요
나의 **산성**이시로다
3 내가 **찬송 받으실 여호와**께 아뢰리니 내 **원수들**에게서 **구원을 얻으리로다**

사망의 줄 4-6

4 ③ **사망의 줄이 나를 얽고** 불의의 창수가 나를 두렵게 하였으며
5 **스올의 줄이 나를 두르고 사망의 올무가 내게 이르렀도다**
6, 내가 환난중에서 여호와께 아뢰며
④ 나의 하나님께 **부르짖었더니** 그가 그의 성전에서 내 소리를 들으심이여
그의 앞에서 나의 **부르짖음이 그의 귀에 들렸도다**

넓은 곳으로 인도해내심 7-19

7 ⑤ **이에 땅이 진동하고 산의 터도 요동하였으니** 그의 진노로 말미암음이로다
8 그의 코에서 연기가 오르고 입에서 불이 나와 사름이여 그 불에 숯이 피었도다
9 **그가 또 하늘을 드리우시고 강림하시니** 그의 발아래는 어두캄캄 하도다
10 **구름을 타고 다니심이여** 바람 날개로 높이 솟아오르셨도다
11 그가 흑암을 그의 숨는 곳으로 삼으사 장막 같이 자기를 두르게 하심이여
곧 물의 흑암과 공중의 빽빽한 구름으로 그리하시도다
12 **그 앞에 광채로 말미암아** 빽빽한 구름이 지나며 우박과 숯불이 내리도다
13 여호와께서 하늘에서 우렛소리를 내시고 지존하신 이가 음성을 내시며
우박과 숯불이 내리시도다
14 **그의 화살을 날려 그들을 흩으심이여 많은 번개로 그들을 깨뜨리셨도다**
15 이럴 때에 여호와의 꾸지람과 콧김을 말미암아 물밑이 드러나고 세상의
터가 나타났도다
16 ⑥ **그가 높은 곳에서 손을 펴사 나를 붙잡아 주심이여 많은 물에서 나를
건져 내셨도다**
17 나를 **강한 원수**와 미워하는 자에게서 **건지셨음이여** 그들은 나보다 힘이
세기 때문이로다
18 그들이 나의 재앙의 날에 내게 이르렀으나 여호와께서 나의 의지가 되셨도다
19 ⑦ **나를 넓은 곳으로 인도하시고 나를 기뻐하심으로 나를 구원하셨도다**

주의 자비와 심판 20-28

20 ⑧ 여호와께서 내 의를 따라 **상 주시며** 내 손의 깨끗함을 따라 내게 **갚으셨으니**
21 이는 내가 **여호와의 도를 지키고** 악하게 내 하나님을 **떠나지 아니하였으며**
22 그의 모든 규례가 내 앞에 있고 내게서 그의 율례를 **버리지 아니하였음이로다**
23 또한 나는 그의 앞에 완전하여 나의 **죄악에서 스스로 자신을 지켰나니**
24 그러므로 여호와께서 내 의를 따라 **갚으시되** 그의 목전에 내 손의 깨끗한 만큼
내게 **갚으셨도다**
25 ⑨ **자비로운 자에게는 주의 자비로우심을**나타내시며 **완전한 자에게는**
주의 완전하심을 보이시며
26 **깨끗한 자에게는 주의 깨끗하심을** 보이시며 **사악한 자에게는**
주의 거스리심을 보이시리니
27 주께서 **곤고한 백성은 구원하시고** 교만한 눈은 낮추시리이다
28 주께서 나의 등불을 켜심이여 여호와 내 하나님이 내 흑암을 밝히시리이다

18:1-28

구원하시는 하나님을 찬양함

[19] 나를 넓은 곳으로 인도하시고 나를 기뻐하시므로 나를 구원하셨도다

18편은 "여호와께서 다윗을 그 모든 원수와 사울의 손에서 구원하신 날에 다윗이 이 노래의 말로 여호와께 아뢰어 이르되"한 표제가 있습니다. 이 시는 다윗이 달려갈 길을 마치려는 사무엘하 22장에도 수록되어 있는데, 이런 맥락에서 18편의 내용은 다윗의 생애를 총결산(總決算)하는 시편이라 해도 과언이 아닙니다. 그래서 "믿음을 지켰다"는 그런 내용이 자주 등장합니다.

다시 강조하는 바는 다윗의 시편들을 대할 때에 다윗을 예표로 하여 그리스도를 만날 수 있어야 한다는 점입니다. 하나님께

서는 에스겔 선지자를 통해서 “내 종 다윗이 그들의 왕이 되리니 그들 모두에게 한 목자가 있을 것이라”(겔 37:24)고 분명하게 말씀하셨습니다. 죽은 지 수백 년이나 된 다윗이 “왕과 목자”가 되리라는 약속은 다윗이 그리스도의 예표의 인물임을 나타냅니다.

그러므로 시편에서 다윗만을 본다면 그림자만 볼뿐 실체(實體)는 보지 못하는 것이 되는 것입니다. 18편의 핵심은 “여호와께서 그 왕에게 큰 구원을 주시며 기름 부음을 받은 자에게 인자를 베푸심이여 영원토록 다윗과 그 후손에게로다”(50)한 말씀에 있습니다. “다윗과 그 후손”이란 궁극적으로는 그리스도와 그를 따르는 자들을 가리키는 것입니다. 그러므로 다윗의 시에는 다윗 자신의 경험과 그리스도에게서 성취될 예언적인 말씀이 겹쳐져 있다는 점을 유념해야 합니다.

첫째 단원(1–3) **신앙고백과 찬양**
둘째 단원(4–6) **사망의 줄과 사망의 올무로부터의 구원**
셋째 단원(7–19) **넓은 곳으로 인도하여 내신 하나님**
넷째 단원(20–28) **주의 자비와 주의 심판**
다섯째 단원(29–42) **방패와 반석이 되시는 하나님**
여섯째 단원(43–45) **만방에 복음이 전파됨**
일곱째 단원(46–50) **반석과 구원의 하나님**

첫째 단원(1–3) 신앙고백과 찬양

나의 힘이신 여호와여 내가 주를 사랑하나이다”(1)

18편은 분량상 두 문단(1-28, 29-50)으로 나누어 상고하게 되는데, 본 문단에서는 첫째로부터 넷째 단원을 상고할 것입니다. 18편은 "모든 원수와 사울의 손에서 구원하신 날에"란 표제가 말해주듯이 "구원의 노래"입니다. 그래서 "구원, 건지심" 등(2,3,16, 17,19,27,35,43,46,48,48,50)이 강조되어 있습니다.

① 18편은 첫마디가 고백으로 시작됩니다. "나의 나 된 것"은 "나의 힘이신 여호와"께 있고, 이에 대한 응답은 오직 "내가 주를 사랑하나이다" 하는 말 외에 무슨 말이 더 필요하겠습니까?

② 그래서 "여호와는 나의 반석이시요 나의 요새시요 나를 건지시는 이시요 나의 하나님이시요 내가 그 안에 피할 나의 바위시요 나의 방패시요 나의 구원의 뿔이시요 나의 산성이시로다"(2) 합니다.

㉠ 이는 다윗의 생애 중에 경험했던 하나님의 다양한 구원방도에 대한 묘사인데 때로는 "피할 바위가 되어주시고, 때로는 원수의 화살을 막아주시는 방패"가 되어주셨던 구원의 일면에 대한 묘사들입니다. 그런데 여기서 멈춰서는 안 되고, 구속사라는 맥락에서 바라보게 되면 우리의 "반석, 요새, 건지시는 자, 피할 바위, 방패, 구원의 뿔이 되시는, 나의 하나님"은 임마누엘 하신 그리스도이심을 깨닫게 되는 것입니다.

㉡ 132편에 의하면 "여호와께서 다윗에게 성실히 맹세하셨으니 변하지 아니하실지라" 하면서, "내가 거기서 다윗에게 뿔이 나게 할 것이라"(132:11,17)고 말씀합니다. 세례 요한의 아버지인 제사장 사가랴는 이를 인용해서 "우리를 위하여 구원의 뿔을 그 종 다윗의 집에 일으키셨으니 이것은 주께서 예로부터 거룩한 선지자의 입으로 말씀하신 바와 같이 우리 원수에게서와 우리를 미워하는 모든 자의

손에서 구원하시는 일이라"(눅 1:69-71)고 찬양합니다. 18편도 궁극적으로는 이 구원을 찬양하고 있는 것입니다.

㉢ 이 점에서 주목하게 되는 것은 "나의 반석, 나의 요새, 나를 건지시는 자, 나의 하나님, 나의 피할 바위, 나의 방패, 나의 구원의 뿔, 나의 산성"하면서, 전체를 "나의"로 고백하고 있다는 점입니다. "나의"란 자신의 소유(所有)를 나타내는 말인데, 이것이 "믿음"인 것입니다. 하나님께서 "반석"이 되어주셔도 이를 받아 "나의 반석"으로 삼지 않으면 유익이 되지 못하는 것입니다.

㉣ 그러면 누구로부터 구원하여 주셨는가? "원수들에게서"(3)라고 말합니다. 이 "원수"가 1차적으로는 표제가 말하는 대로 "모든 원수와 사울"일 수 있습니다만 성경이 말씀하는 궁극적인 원수는 사탄인 것입니다. 사울이 다윗을 대적한 것도 자신의 본심이 아니라, "악령이 왕을 번뇌하게"(삼상 16:14)했기 때문입니다. 그러면 어떤 처지와 형편에서 구원하여 주셨고, 대적 원수의 음모는 무엇인가?

둘째 단원(4–6) 사망의 줄과 사망의 올무로부터의 구원

"사망(死亡)의 줄이 나를 얽고 불의의 창수가 나를 두렵게 하였으며"(4)

③ 둘째 단원은 어떤 처지에서 구원하여주셨는가 하는 상황을 진술하는 내용인데,

㉠ "스올의 줄이 나를 두르고 사망의 올무가 내게 이르렀도다"(5)하는데, 다윗이 문자적으로 이런 경우를 당했단 말인가? 이 처지가 다윗에게는 "다윗이 그일라에 온 것을 어떤 사람이 사울에게 알리매 사울이 이르되, 그가 문과 문빗장이 있는 성읍에 들어갔으니 갇혔도

다"(삼상 23:7)한 상황을 가리키는 것일 겁니다.

ⓛ 그런데 "스올의 줄이 나를 두르고 사망의 올무가 내게 이르렀다"는 묘사는 다름 아닌 주님께서 죽임을 당하셔서 사망에게 매어 사흘 동안 무덤에 갇혀있던 상황이요, 죄 값에 팔린 원죄하에 있는 자들의 상태인 것입니다. 이점을 베드로는 "그가 하나님께서 정하신 뜻과 미리 아신 대로 내준 바 되었거늘 너희가 법 없는 자들의 손을 빌려 못 박아 죽였으나 하나님께서 그를 사망의 고통에서 풀어 살리셨으니 이는 그가 사망에 매여 있을 수 없었음이라"(행 2:23-24)고 증언했던 것입니다.

ⓒ 그렇다면 하나님의 아들 그리스도께서 어찌하여 "스홀"의 상황까지 들어가셨는가?

㉮ 첫째는 "그도 또한 같은 모양으로 혈과 육을 함께 지니심은 죽음을 통하여 죽음의 세력을 잡은 자 곧 마귀를 멸하시며", 즉 호랑이를 잡기 위해서 호랑이 굴에 들어가는 것처럼, 사망의 세력을 잡은 자 마귀를 멸하기 위해서요,

㉯ 둘째는 "또 죽기를 무서워하므로 한평생 매여 종노릇하는 모든 자들을 놓아주려 하심이라"(히 2:14-15), 즉 그곳에 사망에게 매여 있는 우리들이 있었기 때문에 이런 우리를 구출하기 위해서라고 말씀합니다.

이런 맥락에서 4-5절을 통해서 다윗이 처했던 상황, 그리스도에게서 성취될 예언, 그리고 성도들에게 적용되는 세 방면을 볼 수 있어야 하는 것입니다.

④ "내가 환난 중에서 여호와께 아뢰며 나의 하나님께 부르짖었더니 그가 그의 성전에서 내 소리를 들으심이여 그의 앞에서 나의 부르짖음이 그의 귀에 들렸도다"(6) 합니다.

㉠ 어떠한 "환난"인가? "사망의 줄이 나를 얽고(4), 스올의 줄이 나를 두르고"(5)한 환난을 가리킵니다. 구속사에 있어서 이러한 환난에서 구원하여 주신 여호와의 대사(大事)가 크게 세 번 나타나는데,

㉮ 첫 번은 출애굽 행사입니다. "이스라엘 자손은 고된 노동으로 말미암아 탄식하며 부르짖으니 그 고된 노동으로 말미암아 부르짖는 소리가 하나님께 상달된지라"(출 2:23), 이런 상태에 있는 그들을 하나님께서는 유월절 어린 양의 피로 구속하여 내셨던 것입니다.

㉯ 두 번째는 바벨론 포로에서 귀환인데, "주여 들으소서 주여 용서하소서 주여 귀를 기울이시고 행하소서 지체하지 마옵소서 나의 하나님이여 주 자신을 위하여 하시옵소서"(단 9:19)라고 부르짖는 자들을 말씀하신 대로 돌아오게 하셨던 것입니다.

㉰ 그렇다면 세 번째가 언제인지 아시겠습니까? "이는 주께서 내 영혼을 스올에 버리지 아니하시며 주의 거룩한 자를 멸망시키지 않으실 것임이니이다"(16:10)한 그리스도의 부활 사건입니다.
그리고 주님께서 사망권세를 이기시고 부활하셨다는 것은 "출애굽, 출 바벨론"에 비할 수 없는 전무후무할 경이로운 사건이었던 것입니다. 왜냐하면 "그리스도께서 죽은 자 가운데서 다시 살아나사 잠자는 자들의 첫 열매가 되심"(고전 15:20)으로 사망에 매여 있던 자들에게 구원의 문이 열렸기 때문입니다.

㉱ 그렇다면 형제는 주님의 부활 사건이 우리들에게 어떻게 적용되었는지 말해줄 수 있습니까? "그의 힘의 위력으로 역사하심을 따라 믿는 우리에게 베푸신 능력의 지극히 크심"(엡 1:19)이라고 말씀합니다. 다시 말하면 "허물과 죄로 죽었던" 우리를 살리실 때 역사하신 능력이 주님을 죽은 자 가운데서 다시 살리신 능력과 동일한 능력(엡 1:20)이었다는 말씀합니다.

다윗이 "사망의 줄이 나를 얽고, 스올의 줄이 나를 두르고"

한 상태에서 구원하여 주신 하나님의 행사를 어떻게 증언하고 있는가를 다음 단원에서 보게 될 것입니다.

셋째 단원(7–19) 넓은 곳으로 인도하여 내신 하나님

"이에 땅이 진동하고 산들의 터도 요동하였으니 그의 진노로 말미암이로다"(7)

⑤ 셋째 단원의 중심점은 "나를 넓은 곳으로 인도하여, 구원하셨다"는데 있습니다. 이는 "사망의 줄이 나를 얽고, 스올의 줄이 나를 두르고"(4,5), 즉 결박을 당하여 음부에 갇혀있는 상태에서 자유하게 행해주셨음을 의미합니다. "스올의 줄과 사망의 올무"(5)에 매여 부르짖는 자들을 구원하시기 위해서 출동(出動)하시는 하나님의 행사를 시적으로 묘사하는 내용입니다.

"그가 또 하늘을 드리우시고 강림(降臨)하시니 그의 발아래는 어두캄캄하도다 구름을 타고 다니심이여 바람 날개를 타고 높이 솟아오르셨도다"(9-10), 또한 화포(火砲)를 쏘듯이 "여호와께서 하늘에서 우렛소리를 내시고 지존하신 이가 음성을 내시며 우박과 숯불을 내리시도다 그의 화살을 날려 그들을 흩으심이여 많은 번개로 그들을 깨뜨리셨도다"(13-14)고 시적으로 증언합니다.

⑥ 드디어 "그가 높은 곳에서 손을 펴사 나를 붙잡아 주심이여 많은 물에서 나를 건져내셨도다"(16)하고, 구출작전(救出作戰)이 성공을 거두게 됩니다.

㉠ "그가 높은 곳에서 손을 펴사 나를 붙잡아 주심이여"한 진술을 "사울을 피하여 굴에 있을 때" 지은 57:3절에서는 "그가 하늘에서 보내사 나를 삼키려는 자의 비방에서 나를 구원하실지라 하나님이 그의 인자와 진리를 보내시리로다" 합니다.

이처럼 "높은 곳에서 손을 펴사 나를 붙잡아 주심과, 하늘에서 보내사 나를 구원하실지라", 즉 강림(降臨)하심은 두 번에 걸쳐서 이루어질 것인데 모두가 우리의 "구원"과 관련이 있습니다. 첫 번은 잃어버린 자를 찾으러 오신 초림이요, 두 번째는 우리를 영접하러 오시는 재림의 날입니다. 그리고 두 번째 보내시는 날은 "이에 땅이 진동하고 산들의 터도 요동하였으니 그의 진노로 말미암음이로다"(7) 한 진노의 날이 될 것입니다.

㉡ "나를 강한 원수와 미워하는 자에게서 건지셨음이여 그들은 나보다 힘이 세기 때문이로다 그들이 나의 재앙의 날에 내게 이르렀으나 여호와께서 나의 의지가 되셨도다"(17-18)라고 노래합니다.

⑦ 18편을 해석하는 결정적인 진술이 19절에 등장하는데, "나를 넓은 곳으로 인도하시고 나를 기뻐하시므로 나를 구원하셨도다"(19)라는 예언적인 진술입니다.

㉠ 다윗은 31:8절에서도 "나를 원수의 수중에 가두지 아니하셨고 내 발을 넓은 곳에 세우셨음이니이다"라고 진술합니다. "넓은 곳으로 인도하셨다"는 표현은 그가 사망의 줄에 매여 지하 감방에 갇혀 있었음을 나타냅니다. 요나는 큰 물고기의 뱃속에서 부르짖기를 "내가 산의 뿌리까지 내려갔사오며 땅이 그 빗장으로 나를 오래도록 막았사오나 나의 하나님 여호와여 주께서 내 생명을 구덩이에서 건지셨나이다"(욘 2:6)고 예시적으로 진술했는데 주님은 "요나의 표적밖에는 보여줄 표적이 없느니라"(마 16:4)고 자신에게 적용시키셨습니다.

ⓛ 하나님은 다윗을 아둘람 굴속에서 넓은 곳으로 구원하여 내셨고, 우리 주님을 무덤 속 골방으로부터 "넓은 곳" 곧 다시 살아나게 하셨던 것입니다. 형제여, 무덤에서 탈출하시는 주님의 품에는 바로 형제가 안기어 있었다는 점을 잊어서는 안 됩니다.

㉮ 이점을 시편 107:14-16절에서는 "흑암과 사망의 그늘에서 인도하여 내시고 그들의 얽어 맨 줄을 끊으셨도다 여호와의 인자하심과 인생에게 행하신 기적으로 말미암아 그를 찬송할지로다 그가 놋문을 깨뜨리시며 쇠빗장을 꺾으셨음이로다"고 사실적으로 묘사합니다.

㉯ 사도 바울은 "허물로 죽은 우리를 그리스도와 함께 살리셨고 (너희는 은혜로 구원을 받은 것이라) 또 함께 일으키사 그리스도 예수 안에서 함께 하늘에 앉히시니"(엡 2:5-6)라고 증언합니다.

이상의 진술을 구속사라는 지평으로 보게 되면 이는 다윗 한 사람을 구원하시기 위한 여호와의 행사가 아니라, "내가 너로 여자와 원수가 되게 하고 너의 후손도 여자의 후손과 원수가 되게 하리니 여자의 후손은 네 머리를 상하게 할 것이요"(창 3:15) 하신 인류를 구원하시기 위한 구출작전인 것입니다.

ⓒ 구속사에서 "이에 땅이 진동하고 산들의 터도 요동하였으니"(7)한 사건이 언제 있었는가? 첫 번은 여호와께서 시내 산에 강림하셨을 때에 이런 일이 일어났고(출 19:16), 두 번째는 십자가 사건 때에 "이에 성소 휘장이 위로부터 아래까지 찢어져 둘이 되고 땅이 진동하며 바위가 터지고"(마 27:51)한 일입니다.

"이제는 약속하여 이르시되 내가 또 한 번 땅만 아니라 하늘도 진동하리라"(히 12:26) 하십니다. 그리스도께서 "그가 또 하늘을 드리우시고 강림"(9)하시는 날, 진동하지 아니하는 것을 영존하게 하기 위해서 하늘도 진동하는 일이 일어날 것입니다.

이런 맥락에서 "여호와께서 다윗의 모든 원수와 사울의 손에서 구원하신 날에"라는 표제는, 영적 다윗 되시는 그리스도께서 사탄을 발등상 시키실 최후심판의 때를 전망(展望)하는 말씀임을 깨닫게 됩니다. 이것이 "나를 넓은 곳으로 인도하여 내심", 즉 자유하게 하심입니다.

넷째 단원(20-28) **주의 자비하심과 주의 심판**

> "주께서 곤고한 백성은 구원하시고 교만한 눈은 낮추시리이다 주께서 나의 등불을 켜심이여 여호와 내 하나님이 내 흑암을 밝히시리이다"(27-28)

⑧ 넷째 단원은 종말론적(終末論的)인 말씀인데 이점이 "상 주시며(20), 갚으셨도다"(20,24,24) 한 진술에 나타납니다. 그러면 "이는 우리가 다 반드시 그리스도의 심판대 앞에 나타나게 되어 각각 선악 간에 그 몸으로 행한 것을 따라 받으려 함이라"(고후 5:10)한 종말로 인도해줍니다. 이를 믿는 사람은 어떠한 삶을 살게 되는가? 21-24절을 요약하면,

㉮ "이는 내가 여호와의 도를 지키고
㉯ 내 하나님을 떠나지 아니하였으며(21)
㉰ 그의 모든 규례가 내 앞에 있고
㉱ 내게서 그의 율례를 버리지 아니하였음이로다(22),
㉲ 또한 나는 그의 앞에 완전하여 나의 죄악에서 스스로 자신을 지켰나니 그러므로 여호와께서 내 의를 따라 갚으시되 그의 목전에서 내 손의 깨끗한 만큼 내게 갚으셨도다"(21-24) 합니다.

⑨ 그러면 “자비로운 자에게는 주의 자비로우심을 나타내시며 완전한 자에게는 주의 완전하심을 보이시며 깨끗한 자에게는 주의 깨끗하심을 보이시며 사악한 자에게는 주의 거스르심을 보이시리니”(25-26)한 말씀은 어떤 의미인가?

㉠ 이는 “하나님께서 각 사람에게 그 행한 대로 보응하신다”(롬 2:6)는 뜻입니다. 이점을 야고보서에서는 “긍휼을 행하지 아니하는 자에게는 긍휼 없는 심판이 있으리라”(약 2:13)고 말씀합니다.

㉡ 그래서 “주께서 곤고한 백성은 구원하시고 교만한 눈은 낮추시리이다 주께서 나의 등불을 켜심이여 여호와 내 하나님이 내 흑암을 밝히시리이다”(27-28)하는 것입니다. 이것이 “구원하시는 하나님을 찬양함”입니다.

적용 : 그리스도의 구속으로 말미암아 형제도 사망의 줄에서 풀려나 자유하게 되었습니다. 구원에 대한 형제의 감사는 무엇입니까? 본문에는 “자비한 자 · 완전한 자 · 깨끗한 자”가 있는가 하면, “사특한 자”가 있습니다. 우리는 어떠한 자가 되어야 마땅합니까?

묵상

㉠ 2절에 7번 등장하는 “나의”와 형제의 “나의”에 대해서

㉡ 사망의 줄과 넓은 곳으로 인도하여 내신 하나님에 대해서

㉢ 자비하심과 거스르심이라는 두 방면의 내타내심에 대해서.

시편 18:29-50절 개관도표

주제 : 나의 반석이 되신 여호와가 나로 승리케 하심

방패와 반석이 되시는 하나님

29-42

29 ① **내가 주를 의뢰하고** 적군을 향해달리며 **내 하나님을 의지하고** 담을뛰어넘나이다

30 **하나님의 도는 완전하고 여호와의 말씀은 순수하니**

그는 자기에게 피하는 모든 자의 방패시로다

31 **여호와 외에 누가 하나님이며 우리 하나님 외에 누가 반석이냐**

32 ② **이 하나님이 힘으로 내게 띠 띠우시며** 내 길을 완전하게 하시며

33 **나의 발**로 암사슴 발 같게 하시며 나를 나의 높은 곳에 세우시며

34 **내 손**을 가르쳐 싸우게 하시니 **내 팔**이 놋 활을 당기도다

35 ③ 또 **주께서** 또 주의 **구원하는 방패**를 내게 주시며 **주의 오른손이 나를 붙들고**

주의 온유함이 나를 크게 하셨나이다

36 **내 걸음**을 넓게 하셨고 나로 실족하지 않게 하셨나이다

37 ④ 내가 **내 원수를 뒤쫓아가리니 그들이** 망하기 전에는 돌이서지 아니하리이다

38 내가 그들을 쳐서 능히 일어나지 못하게 하리니 그들이 **내 발 아래 엎드러지리이다**

39 ⑤ **주께서 나로 전쟁하게 하려고** 능력으로 내게 띠 띠우사

일어나 나를 치는 자들이 내게 굴복하게 하셨나이다

40 또 **주께서** 또 **내 원수들에게** 등을 내게로 향하게 하시고

나를 미워하는 자들을 끊어 버리게 하셨나이다

41 ⑥ 그들이 부르짖으나 구원할 자가 없었고 여호와께 부르짖어도그들에게

대답하지 아니하셨나이다

42 **내가 그들을 바람 앞에 티끌 같이 부숴뜨리고** 거리의 진흙 같이 쏟아 버렸나이다

소문이 퍼짐

43-45

43 ⑦ **주께서** 나를 백성의 다툼에서 건지시고 **여러 민족의 으뜸으로 삼으셨으니**

내가 알지 못하는 백성이 나를 섬기리이다

44 ⑧ 그들이 **내 소문을 들은 즉시로** 내게 청종함이여 **이방인들이 내게 복종하리로다**

45 **이방 자손들이** 쇠잔하여 그 견고한 곳에서 떨며 나오리로다

반석과 구원의 하나님

46-50

46 ⑨ **여호와는 살아계시니 나의 반석을 찬송하며 내 구원의 하나님을 높일지로다**

47 **이 하나님이 나를** 위하여 보복해 주시고 민족들이 내게 복종하게 해 주시도다

48 **주께서 나를 내 원수들에게서** 구조하시니 **주께서 나를 대적하는 자들**의 위에 나를 높이 드시고 **나를 포**악한 자에게서 건지시나이다

49 ⑩ **여호와여 이러므로 내가 이방나라들 중에서 주께 감사하며**

주의 이름을 찬송하리이다

50 ⑪ **여호와께서 그 왕에게 큰 구원을 주시며 기름 부음 받은 자에게**

인자를 베푸심이여 영원토록 다윗과 그 후손에게로다

18:29-50

나의 반석이 되신 여호와가 나로 승리하게 하심

31 여호와 외에 누가 하나님이며 우리 하나님 외에 누가 반석
이냐

이제 18편의 둘째 문단을 상고하게 되었습니다. 첫째 문단(1-28)이 구원(救援)에 대한 감사라면, 둘째 문단(29-50)은 승리(勝利)에 대한 감사입니다. 우리를 구원하신 목적은 선한 싸움을 싸워 승리하기를 기대하시기 때문입니다. "주께서 나를 전쟁하게 하려고 능력으로 내게 띠 띄우사 일어나 나를 치는 자들이 내게 굴복하게 하셨나이다"(39)하고 말씀합니다. 그런데 놓치지 말아야 할 점은 궁극적인 굴복하게 하심과 승리는 "여자의 후손은 네

머리를 상하게 할 것이요"(창 3:15)한 그리스도로 말미암은 승리라는 점입니다. 도표를 보시면 "주 · 여호와 하나님 · 나"라는 "내"가 강조되어 있는데, 본문의 구조(構造)는 "하나님께서 나에게… 행해주심으로, 내가 승리하게 되었다"는 구조(構造)임을 보게 됩니다. 그러면 어떤 하나님이 우리로 승리하게 행해주셨는가?

㉠ "여호와 외에 누가 하나님이며 우리 하나님 외에 누가 반석이냐

㉡ 여호와는 살아 계시니 나의 반석을 찬송하며 내 구원의 하나님을 높일지로다"(46) 한 "반석"되시는 하나님입니다. 그러면 구속사의 맥락에서 우리의 "반석"이 누구를 가리키는가? 둘째 문단에서는 다섯째 단원으로부터 일곱째 단원까지를 상고하게 됩니다.

첫째 단원(1–3) **신앙고백과 찬양**

둘째 단원(4–6) **사망의 줄과 사망의 올무로부터의 구원**

셋째 단원(7–19) **넓은 곳으로 인도하여 내신 하나님**

넷째 단원(20–28) **주의 자비와 주의 심판**

다섯째 단원(29–42) **방패와 반석이 되시는 하나님**

여섯째 단원(43–45) **만방에 복음이 전파됨**

일곱째 단원(46–50) **반석과 구원의 하나님**

다섯째 단원(29–42) **방패와 반석이 되시는 하나님**

"이 하나님이 힘으로 내게 띠 띄우시며 내 길을 완전하게 하시며"(32)

① 다섯째 단원의 중심점을 이해하기 위해서 하나님께서 다윗

에게 행해주신 일과 이를 힘입어 다윗이 승리하게 되었다는 두 주제에 초점을 맞추어 살펴보도록 하겠습니다.

하나님의 전신 갑주

먼저 하나님이 행해주신 일인데, 하나님께서 다윗에게 띠 띄우시며 완전하게 하셨다는 뜻이 무엇인가?

㉠ "나의 발을 암사슴 발 같게 하시며"
㉡ "나를 나의 높은 곳에 세우시며"(33)
㉢ "내 손을 가르쳐 싸우게 하시니"
㉣ "내 팔이 놋 활을 당기도다"(34) 합니다. 이상의 진술에는 하나님께서 힘 있게 행해주신 "나의 발, 내 손, 내 팔"이 있습니다. 그래도 형제는 나는 약하다 할 것입니까?

② "또 주께서 주의 구원하는 방패를 내게 주시며"(35상)

㉠ "주의 오른손이 나를 붙들고"
㉡ "주의 온유함이 나를 크게 하셨나이다"(35하)
㉢ "내 걸음을 넓게 하셨고 나로 실족하지 않게 하셨나이다"(36) 합니다. 이상의 묘사는 시편에 등장하는 "하나님의 전신 갑주"라 할 것입니다.

③ "주께서 나를 전쟁하게 하려고 능력으로 내게 띠 띠우사"(39상)

㉠ "일어나 나를 치는 자들이 내게 굴복하게 하셨나이다"(39하)
㉡ "또 주께서 내 원수들에게 등을 내게로 향하게 하시고 나를 미워하는 자들을 끊어버리게 하셨나이다"(40) 합니다.

다섯째 단원에는 "주께서"라는 말이 일곱 번이나 강조되어 있는데 그러니까 "나의 나 된 것은 하나님의 은혜로 된 것이라"는 뜻입니다. 이것이 반석이신 하나님께서 다윗으로 하여금 전쟁에 승리하도록 강하게 행해주신 일들입니다. 이런 힘을 얻어 다윗이 어떻게 승리할 수 있었는가?

다윗의 승리

④ "내가 주를 의뢰하고 적군을 향해 달리며",
"내 하나님을 의지하고 담을 뛰어넘나이다"(29) 합니다.

⑤ "내가 내 원수를 뒤쫓아 가리니 그들이 망하기 전에는 돌아서지 아니하리이다"(37), "내가 그들을 쳐서 능히 일어나지 못하게 하리니 그들이 내 발 아래에 엎드러지리이다"(38) 합니다. 이는 발등상이 되게 한다는 뜻이요,

⑥ "그들이 부르짖으나 구원할 자가 없었고 여호와께 부르짖어도 그들에게 대답하지 아니하셨나이다"(41),

㉠ "내가 그들을 바람 앞에 티끌같이 부숴 뜨리고 거리의 진흙같이 쏟아 버렸나이다"(42) 합니다. 이 진술들이 1차적으로는 다윗이 여러 전쟁에서 승리한 것을 가리키지만, 이 묘사를 메시아 예언으로 유명한 2:8-9절과 결부시켜 보시기 바랍니다.

"내가 그들을 바람 앞에 티끌같이 부숴뜨리고 거리의 진흙같이 쏟아 버렸나이다" 한 말씀은 궁극적으로, "내게 구하라 이방 나라를 네 유업으로 주리니 네 소유가 땅끝까지 이르리로다 네가 철장으로 그

들을 깨뜨림이여 질그릇같이 부수리라"(2:8-9) 하신 그리스도에게서 성취될 것을 전망하는 말씀인 것입니다.

㉡ 그래서 "여호와 외에 누가 하나님이며 우리 하나님 외에 누가 반석이냐"(31)라고 담대히 선언하는 것입니다. "이 하나님" 곧 반석이신 하나님께서 "이 하나님이 힘으로 내게 띠 띄우시며 내 길을 완전하게 하시며 나의 발을 암사슴 발 같게 하시며 나를 나의 높은 곳에 세우시며 내 손을 가르쳐 싸우게 하시니 내 팔이 놋 활을 당기도다"(32-34) 승리하게 하셨다는 것입니다. 이것이 "방패와 반석이 되시는 하나님"입니다.

㉢ 그런데 하나님께서 행해주신 일을 진술하는 중에 "하나님의 도는 완전하고 여호와의 말씀은 순수하니 그는 자기에게 피하는 모든 자의 방패시로다"(30)하는 "여호와의 도, 여호와의 말씀"을 언급하는 의도가 무엇인가?

㉮ 이는 다윗이 하나님의 언약(言約) 곧 다윗에게 세워주신 메시아언약을 붙잡고 싸웠다는 증거가 됩니다. 그래서 "자기에게 피하는 모든 자의 방패시로다"하는 것입니다.

㉯ 또 한 가지 "주의 온유함이 나를 크게 하셨다"(35하) 함은 무슨 뜻인가? 이 묘사가 다윗에게는 어떤 의미이든지 간에 우리에게는 "자기를 낮추시고 죽기까지 복종하신"(빌 2:8) 그리스도의 온유(비하)함으로 말미암아 우리가 강하게 되었다는 것으로 적용이 된다 하겠습니다. 이점을 다음 단원에서 보게 될 것입니다.

여섯째 단원(43-45) **만방에 복음이 전파됨**

"주께서 나를 백성의 다툼에서 건지시고 여러 민족의 으뜸으로 삼으셨으니 내가 알지 못하는 백성이 나를 섬기리이다"(43)

⑦ 이는 두 마디로 되어있습니다.

㉠ 첫째로 "백성의 다툼"이란 반항하고 대적하는 것을 가리키는데, 다윗도 이런 경우를 당한 것입니다. 그런데 "자기 땅에 오매 자기 백성이 영접하지 아니하였으나"(요 1:11), 거기서 멈춘 것이 아니라 "십자가에 못 박게 하소서 십자가에 못 박게 하소서"한 것보다 더 큰 "백성의 다툼" 곧 대적이 무엇이 있겠는가?

㉡ 둘째로 "여러 민족의 으뜸으로 삼으셨으니 내가 알지 못하는 백성이 나를 섬기리이다"(43하)한 말씀인데, 천하 만민을 가리키는 "여러 민족의 으뜸"과 이방인들을 가리키는 "내가 알지 못하는 백성"이라는 묘사에서 18편이 궁극적으로는 그리스도를 증언하고 있다는 점이 선명하게 드러납니다.

㉮ 이점을 이사야 49장에서는 "네가 나의 종이 되어 야곱의 지파들을 일으키며 이스라엘 중에 보전된 자를 돌아오게 할 것은 매우 쉬운 일이라 내가 또 너를 이방의 빛으로 삼아 나의 구원을 베풀어서 땅 끝까지 이르게 하리라"(사 49:6) 하십니다.

㉯ 118:22-23절에서는 "건축자가 버린 돌이 집 모퉁이의 머릿돌이 되었나니 이는 여호와께서 행하신 것이요 우리 눈에 기이한 바로다" 합니다.

㉰ 주님께서는 "하나님의 나라를 너희는 빼앗기고 그 나라의 열매 맺는 백성이 받으리라"(마 21:43) 하십니다. 이것이 "여러 민족의 으뜸으로 삼으셨으니 내가 알지 못하는 백성이 나를 섬기리이다"는 뜻입니다.

⑧ 이어서 "그들이 내 소문을 들은 즉시로 내게 청종함이여 이방인들이 내게 복종하리로다"(44) 합니다.

㉠ "소문"(風聲)이란 뜻은 복음이 "큰 기쁨의 좋은 소식"으로 만방으로 퍼지게 될 것을 나타냅니다.

㉮ 이점을 19:4절에서는 "그의 소리가 온 땅에 통하고 그의 말씀이 세계 끝까지 이르도다"고 말씀하는데, 이방인의 사도 바울은 이를 인용하여, "그러나 내가 말하노니 그들이 (복음을) 듣지 아니하였느냐 그렇지 아니하니 그 소리가 온 땅에 퍼졌고 그 말씀이 땅끝까지 이르렀도다 하였느니라"(롬 10:18)고 진술합니다.

㉯ 22:27절에서는 "땅의 모든 끝이 여호와를 기억하고 돌아오며 모든 나라의 모든 족속이 주의 앞에 예배하리니"하는데, 이것이 "내가 알지 못하는 백성이 나를 섬기리이다(43) 라는 뜻입니다.

ⓛ "이방 자손들이 쇠잔하여 그 견고한 곳에서 떨며 나오리로다"(45) 하는데, 이점을 이사야서에서는 "나라들은 네 빛으로, 열왕들은 비치는 네 광명으로 나아오리라 네 눈을 들어 사방을 보라 무리가 다 모여 네게로 오느니라"(사 60:3-4)고 예언합니다. 이것이 "만방에 복음이 전파됨"입니다.

일곱째 단원(46-50) **반석과 구원의 하나님**

"여호와는 살아 계시니 나의 반석을 찬송하며 내 구원의 하나님을 높일지로다"(46)

⑨ 일곱째 단원은 18편의 총 결론인데 송영이라 할 수 있습니다. "이 하나님이 나를 위하여 보복해 주시고"(47상) 하는데, 어떤 하나님이 그렇게 행해주셨다는 것인가?

ⓖ "여호와는 살아 계시니 나의 반석을 찬송하며 내 구원의 하나님을 높일지로다"(46)고, 18:2절에서 "여호와는 나의 반석이시요 나의 요새시요 나를 건지시는 이시요 나의 하나님이시요 내가 그 안에 피할 나의 바위시요 나의 방패시요 나의 구원의 뿔이시요 나의 산성이시

로다"한 고백으로 돌아옵니다. 주목할 점은 "반석과 구원"을 결부시키고 있다는 점입니다. 19편에서도 "나의 반석이시요 나의 구속자이신 여호와여"(19:14) 합니다. 그렇다면 우리를 구원하여 주실 "반석"은 누구에 대한 모형인가는 분명해진다고 하겠습니다.

"반석"이라는 호칭을 구속사의 맥락에서 추적해보면 그 의미가 깊고도 높은 것을 깨닫게 됩니다. 모세는 유언과 같은 신명기에서, "그러한데 여수룬이 기름지매 발로 찼도다, 너를 낳은 반석을 네가 상관하지 아니하고 너를 내신 하나님을 네가 잊었도다"(신 32:15,18)라고 말씀합니다. 이 "반석"은 분명 그들을 애굽에서 구원하신 하나님을 가리키는데, 배신하게 될 예언적인 경계입니다.

그런데 이 예표를 신약성경에서는 "다 같은 신령한 음료를 마셨으니 이는 그들을 따르는 신령한 반석으로부터 마셨으매 그 반석은 곧 그리스도시라"(고전 10:4)고 해설해주고 있습니다.

ⓛ "이 하나님이 나를 위하여 보복해 주시고 민족들이 내게 복종하게 해 주시도다(47), 주께서 나를 내 원수들에게서 구조하시니 주께서 나를 대적하는 자들의 위에 나를 높이 드시고 나를 포악한 자에게서 건지시나이다"(48)라고 진술한다면 어떤 뜻이 되는가?

"민족들이 내게 복종하게, 나를 대적하는 자들의 위에 드시고" 하는 묘사는, 낮아지셔서(온유) 죽기까지 복종하신 그리스도를 "모든 이름 위에 뛰어난 이름을 주사, 모든 무릎을 예수의 이름에 꿇게"(빌 2:9, 10)하실 때 온전히 성취될 말씀인 것입니다.

⑩ 이점이 이어지는 "여호와여 이러므로 내가 이방 나라들 중에서 주께 감사하며 주의 이름을 찬송하리이다"(49)라는 언급에 분명히 나타납니다. 사도 바울은 이를 인용(引用)하여 "이방인들도 그 긍휼하심으로 말미암아 하나님께 영광을 돌리게 하려 하심

이라 기록(記錄)된바 그러므로 내가 열방 중에서 주께 감사하고 주의 이름을 찬송하리로다 함과 같으니라"(롬 15:9)고 증언합니다. 이는 본문을 그리스도의 구속으로 말미암아 복음이 이방인에게까지 전파될 예언적인 말씀으로 해석해주고 있는 것입니다.

⑪ 18편은 "여호와께서 그 왕에게 큰 구원을 주시며 기름 부음 받은 자에게 인자를 베푸심이여 영원토록 다윗과 그 후손에게로다"(50)라는 말씀으로 마치고 있는데, 마지막 결구(結句)는 18편을 해석하는 열쇠와 같은 말씀입니다.

㉠ "왕, 큰 구원, 기름부음 받은 자, 다윗과 그 후손"이란 표현은 모두가 다윗의 자손으로 오실 그리스도에게서 성취될 말씀들이기 때문입니다. 하나님께서는 다윗에게 "내가 네 몸에서 날 네 씨를 네 뒤에 세워 그의 나라를 견고하게 하리라"(삼하 7:12)고 메시아언약을 세워주셨습니다.

주님께서 "그리스도가 누구의 자손이냐"고 물으셨을 때 다윗의 자손이니이다 하는 그들에게 "그러면 다윗이 성령에 감동하여 어찌 그리스도를 주라 칭하였는냐"(마 22:43)고 반문하셨습니다. 이처럼 다윗이 성령의 감동에 의하여 18편을 기록하였다면 총 결론으로, "여호와께서 그 왕에게 큰 구원을 주시며 기름 부음 받은 자에게 인자를 베푸심이여 영원토록 다윗과 그 후손에게로다"(50)한 증언은 너무나 합당한 결론인 것입니다.

㉡ 이처럼 18편은 "여호와께서 다윗을 그 모든 원수와 사울의 손에서 구원하신 날에" 읊은 승리를 주신 하나님께 드리는 찬양 시인데, 이를 예표로 하여 영적 다윗이신 그리스도를 통한 "구원과 승리"를 전망(展望)하고 있는 것입니다. 이것이 "나의 반석이 되신 여호와가 나로 승리하게 하심"입니다.

적용 : 계시록에서는 주님께서 오른손에 일곱별을 붙잡고 일곱 금 촛대 사이에 다니시는 분으로 나타나셔서, "이기는 자와 끝까지 내 일을 지키는 그에게 만국을 다스리는 권세를 주리니 그가 철장을 가지고 그들을 다스려 질그릇 깨뜨리는 것과 같이 하리라 나도 내 아버지께 받은 것이 그러하니라"(계 2:26-27)고 말씀하십니다. 주님은 받으신 권세를 가지고 승천하신 것이 아니라 교회, 즉 성도들에게 주고 가셨습니다. 이런 맥락에서 "나의 힘이신 여호와여 내가 주를 사랑하나이다"(1)는 형제의 고백이 되고, "나의 반석이시요 나의 요새시요 나를 건지시는 이시요 나의 하나님이시요 내가 그 안에 피할 나의 바위시요 나의 방패시요 나의 구원의 뿔이시요 나의 산성이시로다"(2)는 형제의 승리의 개가가 되는 것입니다.

묵상

㉠ 먼저 하나님께서 행해주신 일이 무엇인가에 대해서
㉡ 그 힘을 얻어 다윗이 어떻게 싸워 승리했는가에 대해서
㉢ 18편에 나타난 그리스도에게서 성취될 예표들에 대해서.

시편 19편 개관도표

주제 : 나의 반석 나의 구속자이신 여호와

자연계시의 주인공	1-6	
	1	① **하늘이 하나님의** **영광을 선포하고** 궁창이 그의 손으로 **하신 일을 나타내는도다**
	2	날은 날에게 **말하고** 밤은 밤에게 지식을 **전하니**
	3	언어도 없고 말씀도 없으며 들리는 소리도 없으나
	4	② 그의 소리가 **온 땅에 통하고** 그의 말씀이 **세계 끝까지 이르도다** **하나님이 해를 위하여 하늘에 장막을 베푸셨도다**
	5	③ **해는 그의 신방에서 나오는 신랑과 같고** 그의 길을 달리기 기뻐하는 **장사 같아서**
	6	하늘 이 끝에서 나와서 하늘 저 끝까지 운행함이여 **그의 열기에서 피할 자가 없도다**
특별계시의 주인공	7-11	
	7	④ **여호와의 율법은** 완전하여 영혼을 소성시키며
		여호와의 증거는 확실하여 우둔한 자를 지혜롭게 하며
	8	**여호와의 교훈은** 정직하여 마음을 기쁘게 하고
		여호와의 계명은 순결하여 눈을 밝게 하시도다
	9	**여호와를 경외하는 도는** 정결하여 영원까지 이르고
		여호와의 법도 진실하여 다 의로우니
	10	⑤ 금 곧 많은 순금보다 **더 사모할 것이며** 꿀과 송이꿀보다 **더 달도다**
	11	또 주의 종이 **이것으로 경고를 받고** 이것을 **지킴으로 상이 크니이다**
허물을 깨달을 자	12-14	
	12	⑥ **자기 허물을 능히 깨달을 자 누구리요**
		⑦ 나를 **숨은 허물에서 벗어나게 하소서**
	13	또 주의 종에게 **고의로 죄를 짓지 말게 하사**
		그 죄가 나를 주장하지 못하게 하소서
		그리하면 내가 정직하여 큰 죄과에서 벗어나겠나이다
	14	⑧ **나의 반석이시요 나의 구속자이신 여호와여** **내 입의 말과 마음의 묵상이 주의 앞에 열납되기를 원하나이다**

19편

나의 반석 나의 구속자이신 여호와

[14] 나의 반석이시요 나의 구속자이신 여호와여 내 입의 말과 마음의 묵상이 주의 앞에 열납되기를 원하나이다.

19편은 "하늘이 하나님의 영광을 선포하고"(1)한 자연 계시와 "여호와의 율법은 완전하여 영혼을 소성시키며"(7)한 특별계시를 통해서, "자기 허물을 능히 깨달을 자 누구리요"(12)한 죄인임을 깨닫게 하는 구조(構造)로 되어있습니다. 그리고 결론에 이르러 "나의 반석, 나의 구속자"라 고백함으로 죄인이 오직 "나의 반석, 나의 구속자"를 통해서만이 구원에 이를 수 있음을 증언하고 있는 것입니다. 이처럼 자연계시를 통해서 하나님의 "보이지 아니하는 것들 곧 그의 영원하신 능력과 신성이 그가 만드신 만물에 분명히 보여 알려졌나니"(롬 1:20)한 창조주 하나님을 만나고, 더욱 “완전하고, 확실하고, 정직”(7-8)한 특별계시를 통해서 “구속자”를 만나게 되는데, 어찌하여 “구속 주”되시는 그리스도를 모르고 영접하지 않는단 말인가? 그것은 분명합니다. “자기 허물을 능히 깨달을 자 누구리요”(12)한 자신이 죄인임을 깨닫지를 못하기 때문입니다. 본문은 이처럼 세 단원으로 나누어져 있습니다.

첫째 단원(1-6) **자연계시의 주인공**
둘째 단원(7-11) **특별계시의 주인공**
셋째 단원(12-14) **허물을 깨달을 자**

첫째 단원(1-6) 자연계시의 주인공

“하나님이 해를 위하여 하늘에 장막을 베푸셨도다”(4)

첫째 단원에서 증언하고 있는 자연계시의 주인공(主人公)은 도표에 표시한 대로 단연 “해”입니다. 그런데 유념해야 할 점은 성령께서 이를 기록하게 하심은 해에 대한 찬가(讚歌)를 부르게 하려는 것이 아니라, “자연계시의 주인공”인 해를 상징으로 하여, 둘째 단원에서 말씀하게 될 특별계시의 주인공이신 그리스도에게로 인도하려는데 있다는 점입니다.

① “하늘이 하나님의 영광을 선포하고 궁창이 그의 손으로 하신 일을 나타내는도다”(1) 합니다.

㉠ 첫 절은 계시(자연계시와 특별계시)의 목적(目的)을 밝혀주고 있는

데 "하나님의 영광을 선포"(宣布)하기 위해서, 그리고 하나님의 하신 일, 즉 행사(行事)를 나타내기 위해서라는 것입니다.

이점을 8편에서는 "여호와 우리 주여 주의 이름이 온 땅에 어찌 그리 아름다운지요 주의 영광이 하늘을 덮었나이다"(8:1)고 말씀합니다. 이점을 신약성경에서는 "창세로부터 그의 보이지 아니하는 것들 곧 그의 영원하신 능력과 신성이 그가 만드신 만물에 분명히 보여 알려졌나니 그러므로 그들이 핑계하지 못할지니라"(롬 1:20)합니다.

㉡ 하늘 궁창에 있는 해와 달과 별들 같은 피조물들도 하나님의 영광을 "선포하고, 나타낸다"는 언급은 "속량함을 받은 우리, 하나님의 친 백성"(딛 2:14)이 된 우리 특히 말씀을 맡은 설교자들에게 큰 도전으로 다가옵니다.

㉮ 왜냐하면 첫째로 설교자들에게 "너의 설교는 하나님의 영광을 선포하고 있으며, 자기 아들의 대속을 통해서 우리를 구원하여 주신 구원행사(行事)를 나타내고 있느냐"고 묻고 있기 때문입니다.

㉯ 둘째는 우리의 삶이 하나님의 영광을 선포하고 나타내고 있는가? 아니면 도리어 "이방인 중에서 모독을 받으시게"(롬 2:24) 하고 있지는 아니한가 자문하게 합니다.

하나니의 구원계획을 "하나님 속에 감추어졌던 비밀의 경륜"(엡 3:9)이라고 정의한 바울은, "이제는 우리 구주 그리스도 예수의 나타나심으로 말미암아 나타났으니 그는 사망을 폐하시고 복음으로써 생명과 썩지 아니할 것을 드러내신지라" 합니다. "해"를 통해서가 아니라 자기 아들을 통해서 친히 하나님의 영광을 나타내신 것입니다. 그래서 자신의 사명을 "이 복음을 위하여 선포자와 사도와 교사로 세우셨다"(딤후 1:10-11)고 말씀합니다. 주목하게 되는 점은 바울은 "사도"라는 직분보다도 "선포자" 즉 전도자라는 직분을 앞세우고 있다는 점입니다. 이는 하나님의 영광을 선포(宣布)한다는 것이 얼마나 중요한 사명인가를 나타내고 있는데 이점이 계속되는 말씀 중에 더욱 분명히 나타나고 있습니다.

ⓒ "낮은 날에게 말하고 밤은 밤에게 지식을 전하니(2), 언어도 없고 말씀도 없으며 들리는 소리도 없으나"(3), 하늘의 해 · 달 · 별들에는 "언어"(言語)가 없습니다. 말씀"도 없습니다. "들리는 소리"도 없습니다. 그런데도 "하나님의 영광을 선포하고 나타내고" 있다는 것입니다. 인간에게는 "언어"가 주어졌습니다. 그런데 그 언어를 가지고 "하나님의 영광"을 선포하고 나타내는 것이 아니라 "그들의 목구멍은 열린 무덤이요 그 혀로는 속임을 일삼으며 그 입술에는 독사의 독이 있고 그 입에는 저주와 악독이 가득하다"(롬 3:13-14)고 말씀합니다. 더욱이 설교자들에게는 성령의 감동하심으로 기록한 특별계시인 "말씀"이 주어졌습니다. 이는 "하나님의 영광을 선포하고, 나타내고, 전하라"고 주어진 것입니다. 그리고 "소리", 즉 음성이 주어졌습니다. 이는 오직 "하나님의 영광을 선포하고 그의 손으로 하신 일을 나타내라"고 주어진 것입니다. 그러므로 말씀을 맡은 자는 하나님께서 예레미야 선지자에게 "네가 만일 헛된 것을 버리고 귀한 것을 말한다면 너는 나의 입이 될 것이라"(렘 15:19)하신 말씀을 명심해야 할 것입니다.

② 그러면 얼마나 넓게 나타내고 어디까지 선포해야 하는가? "그의 소리가 온 땅에 통하고 그의 말씀이 세상 끝까지 이르도다"(4상) 합니다.

㉠ "하나님의 복음을 위하여 택정함을 입은"(롬 1:1) 바울 사도가 이 말씀을 외면할 수 있단 말인가? 4절을 인용하여 "그러나 내가 말하노니 그들이 듣지 아니하였느냐 그렇지 아니하니 그 소리가 온 땅에 퍼졌고 그 말씀이 땅 끝까지 이르렀도다 하였느니라"(롬 10:18)고 진술합니다.

㉡ "하나님이 해를 위하여 하늘에 장막을 베푸셨도다"(4하) 합니다. 이처럼 말씀하는 의도는 자연계시의 주인공인 "해"라는 모형을 통해서 우리를 특별계시의 주인공이신 그리스도에게로 인도하기 위해서인 것입니다.

이 점에서 요셉의 꿈에 "해와 달과 열 한 별이 내게 절하더이다"(창 37:9)한 의미를 생각하게 합니다. 한 가족인 "아버지와 어머니와 자녀들"을 해와 달과 별들로 상징한 것을 통해서, 하나님의 가족들인 그리스도와 교회와 성도들의 모습을 보게 되기 때문입니다.

③ 본문은 한걸음 더 나아가 "해는 그의 신방에서 나오는 신랑과 같고 그의 길을 달리기 기뻐하는 장사같다"(5)고 묘사합니다.

㉠ 해를 바라보면서 그 방에서 나오는 "신랑"(新郎)을 연상하고, 전장(戰場)을 누비는 "장사"(將士)를 생각한다는 것은 다윗에게 "지혜와 계시의 영"(엡 1:17)을 주셨기 때문에 가능한 통찰력입니다. 그렇다면 의미는 더욱 분명해지고 그리스도의 모습은 더욱 선명해지는 것입니다.

㉡ 왜냐하면 계시록 19장에서는 "어린 양의 혼인 기약이 이르렀고 그의 아내가 준비하였다"(7)고, 주님을 "신랑"(新郎)으로 말씀합니다. 또한 "백마와 그것을 탄 자가 있으니 그 이름은 충신과 진실이라, 그의 입에서 예리한 검이 나오니 그것으로 만국을 치겠고 친히 그들을 철장으로 다스리며"(계 19:11,15)라고, "그 길을 달리기 기뻐하는 장사"로 묘사되어 있기 때문입니다. 그러므로 그를 따르는 성도들도 어린 양의 신부(新婦)이면서 동시에 "하늘에 있는 군대들이 희고 깨끗한 세마포 옷을 입고 백마를 타고 그를 따르더라"(계 19:14)한 군사(軍士)들이라는 점을 명심해야 할 것입니다.

㉢ "하늘 이 끝에서 나와서 하늘 저 끝까지 운행함이여 그의 열기에서 피할 자가 없도다"(6) 합니다. 지구상에 있는 모든 생물들이 "해"의 빛과 그 열기 없이 살아남을 생명체는 하나도 없습니다. 이를 통해서 말씀하려는 바는 "내 이름을 경외하는 너희에게는 공의로운 해가 떠올라서 치료하는 광선(光線)을 비추리니"(말 4:2)한 구원이 오직 그리스도를 통해서만 가능하여진다는 점입니다. 그렇습니다. 그리스도는 "참 빛 곧 세상에 와서 각 사람에게 비추는 빛"(요 1:9)이신 것입니다.

㉣ 그리하여 그의 통치 영역은 "하늘 이 끝에서 나와서 하늘 저 끝까지"입니다. 이것이 "하늘과 땅의 모든 권세를 내게 주셨으니 그러므로 너희는 가서 모든 민족을 제자로 삼으라"(마 28:18-19)하신 우리들의 교구(敎區)이기도 합니다. 그리하여 "이제부터 영원까지, 해 돋는 데서부터 해지는 데까지 여호와의 이름이 찬양을 받으시게"(시 113:2-3)해야 할 사명이 우리에게 있는 것입니다.

둘째 단원(7-11) 특별계시의 주인공

"여호와의 율법은 완전하여 영혼을 소성시키며 여호와의 증거는 확실하여 우둔한 자를 지혜롭게 하며"(7)

④ 첫째 단원(1-6)에서 자연계(自然界)를 들어 노래하다가 갑자기 "여호와의 율법(律法)은"(7) 하니까 앞뒤가 조화되지 않는다고 말하면서 후대의 삽입이라고 말하는 학자들이 있는데 아닙니다. 그렇게 여기는 것은 첫째 단원의 주인공인 "해"를 단순한 자연계시로만 보고 그리스도의 모형이라는 점을 망각했기 때문입니

다. 다시 말하면 성경을 교훈적(教訓的)으로 보고 성경신학, 즉 구속사(救贖史)라는 맥락에서 보지 못하기 때문에 오는 한계입니다.

시편을 상고하면서 놓치지 말아야 할 점은 다윗이 언약 당사라는 것과 선지자라는 점입니다. 그런 다윗은 자연계를 찬미하고 있는 것이 아니라, 자연계시를 통해서 "하나님의 영광과 메시아 그리스도"를 증언하고 있다는 점을 간과하지 말아야 합니다. 그리고 구속사라는 맥락에서 여호와의 영광을, 들어내고, 영광을 돌리신 분은, "아버지께서 내게 하라고 주신 일을 내가 이루어 아버지를 이 세상에서 영화롭게 하였사오니"(요 17:4)하신 예수 그리스도인 것입니다. 그러므로 첫째와 둘째 단원은 오히려 감탄할 정도로 조화를 이루고 있는 것을 보게 됩니다.

㉠ "여호와의 교훈은 정직하여 마음을 기쁘게 하고 여호와의 계명은 순결하여 눈을 밝게 하시도다"(8) 합니다. 7-9절에서 반복적으로 강조하고 있는, "여호와의 율법, 여호와의 증거(7), 여호와의 교훈, 여호와의 계명(8), 여호와를 경외하는 도, 여호와의 법"(9)이라는 표현들은 모두가 특별계시인 "하나님의 말씀"인 성경을 가리키는 표현입니다. 이를 도표로 정리를 하면 아래와 같습니다.

여호와의 율법은	완전하여	영혼을 소성시키며
여호와의 증거는	확실하여	우둔한 자를 지혜롭게 하며
여호와의 교훈은	정직하여	마음을 기쁘게 하고
여호와의 계명은	순결하여	눈을 밝게 하시도다
여호와를 경외하는 도는	정결하여	영원까지 이르고
여호와의 법도	진실하여	다 의로우니

㉡ 그러면 하나님께서 특별계시를 주신 목적이 무엇인가? 자연계시가 하나님의 "능력과 신성"(롬 1:20)을 드러내고 있다면, 특별계시인 성경은 첫째는 "이 성경이 곧 내게 대하여 증언하는 것이니라"(요

5:39)한 그리스도를 증언하고, 둘째는 "율법으로는 죄를 깨달음이니라"(롬 3:20)한 죄를 깨닫게 하기 위해서입니다. 이점을 셋째 단원에서 밝히 깨닫게 될 것입니다. 그러므로 주목할 점은 창조와 결부한 자연계시를 진술한 첫째 단원의 호칭(呼稱)이 "하나님"(1,4)으로 되어있으나, 구원과 결부한 둘째 단원의 호칭은 "나의 반석이시요 나의 구속자이신 여호와여"(14)하고, 일곱 번이나 "여호와"로 부르고 있는 것입니다.

ⓒ 둘째 단원의 첫 말씀이 "여호와의 율법은 완전하여 영혼을 소성(蘇醒)시키며"(7상) 합니다. 이는 허물과 죄로 죽었던 심령을 다시 소생케 한다는 뜻인데 23:3절에서도 "내 영혼을 소생시키시고 자기 이름을 위하여 의의 길로 인도하신다"고 말씀합니다. 그러면 어떻게 여호와의 말씀이 "영혼을 소성시키고, 지혜롭게 하며, 기쁘게 하고, 눈을 밝게 하고, 영원까지 이르고, 다 의로우니" 하는 것을 가능하게 하는가?

ⓓ 이에 대한 답변은 특별계시의 주인공(主人公), 다시 말하면 성경이 누구를 증언하고 있는가를 아는 사람이라면 대답할 수 있는 것입니다. 주님은 "너희가 성경에서 영생을 얻는 줄 생각하고 성경을 연구하거니와 이 성경이 곧 내게 대하여 증언하는 것이니라"(요 5:39)하십니다. 성경이 영생을 주는 것이 아닙니다. 영생은 성경이 증언하는 그리스도 안에 있기 때문에 가능한 것입니다.

ⓔ 4절에서는 "하나님이 해를 위하여 하늘에 장막을 베푸셨도다"고 말씀했는데, 하나님은 우리를 구원하시기 위하여 "말씀이 육신이 되어 우리 가운데" 장막을 베풀게 하셨던 것입니다. 이처럼 "언약 · 모형 · 예표 · 예언"하신 대로 성취하여 구원을 완성하여주시는 말씀이기에 "완전하고, 확실하고, 정직하고, 순결하고, 정결하고, 확실하다"라고, 말씀하는 것입니다.

⑤ 그러므로 "금 곧 많은 순금보다 더 사모할 것이며 꿀과 송이꿀보다 더 달도다"(10) 합니다.

㉠ 앞으로 상고하게 될 119편은 다름 아닌 19편 둘째 단원에 대한 상론(詳論)이라 할 수 있는데, 176절이나 되는 전체가 하나님의 말씀 곧 특별계시인 성경을 예찬하는 시로 되어있습니다.

㉮ "주의 말씀의 맛이 내게 어찌 그리 단지요 내 입에 꿀보다 더 다니이다, 그러므로 내가 주의 계명들을 금 곧 순금보다 더 사랑하나이다"(119:103,127)라고 진술하는데,

㉯ 19:10절은 "금 곧 많은 순금보다 더 사모할 것이며 꿀과 송이꿀보다 더 달도다"합니다. 119편에서는 "내 소유는 이것이니 곧 주의 법도들을 지킨 것이니이다"(119:56)한 것을 19:11절에서는 "또 주의 종이 이것으로 경고를 받고 이것을 지킴으로 상이 크니이다"(11)고 진술합니다.

㉡ 첫째 단원의 주인공인 "해"라는 모형이 초등교사 역할을 하여 우리를 둘째 단원의 주인공인, "참 빛 곧 세상에 와서 각 사람에게 비추는 빛이 있었나니"(요 1:9)한 그리스도에게로 인도하여 주고, 해의 열기는 "치료하는 광선을 발하는", 복음의 빛으로 인류에게 비추고 있는 것입니다.

셋째 단원(12–14) 자기 허물을 깨달을 자 누구리요

"자기 허물을 능히 깨달을 자 누구리요"(12상)

⑥ 셋째 단원은 적용부분이라 할 수 있습니다. 죄를 깨닫는 일이 얼마나 어려운 일인지!

㉠ 성경을 상고해 보면 등장하는 인물들이 분명 잘못하고 있는데도 이

를 깨닫지를 못하고 있다는 것입니다. 어찌하여 예루살렘이 바벨론에 의하여 멸망 당해야만 했는가? 죄를 깨닫지 못해서입니다. 그래서 예레미야 선지자는 "길르앗에는 유향이 있지 아니한가? 그곳에는 의사(醫師)가 있지 아니한가? 딸 내 백성이 치료를 받지 못함은 어찌 됨인고"(렘 8:22)하고, 죄를 깨닫지 못하여 멸망을 자초하고 있는 점을 탄식했던 것입니다.

ⓛ 어찌하여 많은 영혼들이 멸망 당하게 되는가? 죄인임을 깨닫지 못하기 때문입니다. 신년 "해맞이, 정월 대보름 달"은 보려고 하면서 세상의 빛으로 오신 그리스도는 찾지를 않고 있습니다. 그래서 주님은 "건강한 자에게는 의사가 쓸데없고 병든 자에게라야 쓸데 있느니라, 나는 의인을 부르러 온 것이 아니요 죄인을 부르러 왔노라"(마 9:12,13)하신 것입니다.

⑦ 이를 알았기에 다윗은 "나를 숨은 허물에서 벗어나게 하소서 또 주의 종에게 고의로 죄를 짓지 말게"(12하-13상) 해달라고 간구하는 것입니다.

㉠ 죄의 유형에는 두 가지가 있는데, 첫째는 "숨은 허물"입니다. 이는 부지중(不知中)에 범하는 죄를 가리키는데 이를 "숨은 허물"이라고 말하는 것은 죄를 범하면서도 죄인 줄 모르고 있기 때문입니다. 그래서 다윗은 "하나님이여 나를 살피사 내 마음을 아시며 나를 시험하사 내 뜻을 아옵소서"(139:23)하고, 하나님 앞에 종합검진을 받게 해달라고 간구했던 것입니다.

ⓛ 그러면 이 "숨은 허물"을 어떻게 깨달을 수 있는가? "전에 율법을 깨닫지 못했을 때에는 내가 살았더니 계명이 이르매 죄는 살아나고 나는 죽었도다"(롬 7:9)한 계명을 통해서입니다. "계명이 이르렀다"는 뜻은 마치 바울이 다메섹 도상에서 해보다 더 밝은 빛에 비춤을 받은 것과 같은 성령의 조명(照明)을 의미합니다.

그 이전에는 "율법의 의로는 흠이 없는 자라"(빌 3:6)고 자부하던 즉 "산 줄"로 알았던 그가 "숨은 허물"이 백일하에 드러나자 "죄는 살아나고 나는 죽었도다" 한 것입니다. 이점을 "죄가 기회를 타서 계명으로 말미암아 나를 속이고 그것으로 나를 죽였는지라"(롬 7:11), 즉 자신도 죄에게 "속았다"고 말합니다.

㉢ 둘째는 "고범죄"(故犯罪)인데, 이는 알면서도 고의로 범하는 죄입니다. 다시 말하면 습관적으로 죄를 범하는 것을 가리킵니다. "그 죄가 나를 주장하지 못하게 하소서 그리하면 내가 정직하여 큰 죄과에서 벗어나겠나이다"(13하) 합니다.

여기 언급하는 "주장(主張)한다"는 뜻과 "벗어난다"는 의미를 생각하게 합니다. 죄가 주장하게 되면 "죄의 종"이 되고 맙니다. 구원을 얻었다는 것은 "죄의 주장"에서 "벗어나" 자유하게 된 것을 가리킵니다. 이점을 사도 바울은 "하나님께 감사하리로다 너희가 본래 죄의 종이더니 너희에게 전하여준바 교훈의 본을 마음으로 순종하여 죄로부터 해방되어 의에게 종이 되었느니라"(롬 6:17-18) 합니다.

⑧ 그러므로 19편이 도달하게 되는 결론은 "나의 반석이시요 나의 구속자이신 여호와여 내 입의 말과 마음의 묵상이 주님 앞에 열납되기를 원하나이다"(14)는 간구입니다.

㉠ 결론은 두 마디로 되어있는데, 첫째는 "나의 구속자"(救贖者)라는 고백입니다. 나의 구속자가 1차적으로는 "여호와"를 가리키는 것이라고 말할 것입니다. 그런데 이를 구속사라는 "맥락"(脈絡)으로 보게 되면 구약성경에서 "왕 · 목자 · 피난처 · 구원의 반석" 등의 모형이 말씀이 육신이 되어 이 땅에 임마누엘하심으로 "예수 그리스도"로 나타나고, 대속물이 되심으로 "나의 구속자"(救贖者)가 되신 것입니다.

㉡ 둘째는 "내 입의 말과 마음의 묵상이 주님 앞에 열납되기를 원하나

이다"(14)한 하나님께서 열납하실 "마음의 묵상"이 무엇이겠습니까? 하늘의 해를 바라보면서 의로운 해가 떠올라서 치료하는 광선을 발하실 구속자 되시는 그리스도를 멀리서 바라본 묵상이 아니겠습니까? 이것이 "나의 반석 나의 구속자이신 여호와"입니다.

적용 : 자연계시인 하늘이 하나님의 영광을 선포하고 있다면, 특별계시인 성경은 더욱 하나님의 영광을 선포해야 마땅합니다. 그러므로 성경을 들어서 하나님의 영광을 선포해야 할 사명은 설교자의 책임입니다. 또한 궁창이 그 손으로 하신 일을 나타낸다면, 구속함을 얻은 성도들은 더더욱 하나님의 영광을 나타내는 삶을 살아야 마땅하지 않겠습니까?

묵상

㉠ 자연계시의 주인공인 해를 통한 게시에 대해서
㉡ 특별계시의 주인공인 그리스도에 대해서
㉢ 첫째와 둘째를 통해서 깨달아야 할 죄와 구원에 대해서.

시편 20편 개관도표

주제 : 여호와의 싸움을 위하여 출진하는 왕

왕을 위한 백성의 기도

1-5

1 **환난 날에** → ① 여호와께서 **네게** **응답하시고**

야곱의 하나님의 이름이 **너를** **높이 드시며**

2 성소에서 **너를** **도와주시고**

시온에서 **너를** **붙드시며**

3 **네** **모든 소제를 기억하시며**

네 **번제를 받아 주시기를 원하노라**

(셀 라)

4 ② **네** **마음의 소원대로 허락하시고**

네 **모든 도모를 이루시기를원하노라**

5 ③ 우리가 **너의** **승리로 말미암아** 개가를부르며

우리 하나님의 이름으로 우리 깃발을 세우리니

여호와께서 **네** **모든 기도를 이루어 주시기를 원하노라**

왕의 화답

6

6 ④ 여호와께서 자기에게

기름부음 받은 자를 구원하시는 줄 이제 **내가** **아노니**

그의 오른손의 구원하는 힘으로

그의 거룩한 하늘에서 그에게 응락하시리로다

합창

7-9

7 ⑤ **어떤 사람은 병거, 어떤 사람은 말을 의지하나**

우리는 **여호와**

우리 **하나님의이름을 자랑하리로다**

8 ⑥ 그들은 비틀거리며 엎드러지고 **우리는** **일어나 바로 서도다**

9 여호와여 왕을 구원하소서

우리에게 응답하소서 **우리가** 부를 때에

20편

여호와의 싸움을 위하여 출진하는 왕

[7] 어떤 사람은 병거, 어떤 사람은 말을 의지하나 우리는 여호와 우리 하나님의 이름을 자랑하리로다.

20편은 "환난 날에"(1상), 이렇게 시작됩니다. 20편의 환난이 내용으로 미루어볼 때 어떤 대적의 침략으로 보입니다. 이런 맥락에서 본문의 구조는 국가적인 위기에 봉착하여 다윗 왕이 출전(出戰)하기에 앞서 번제를 드리려고 성소에 갔다가 나라와 왕을 위해 기도하는 백성들과 만나 서로 격려하며 화답(和答)하는 구조로 되어있습니다. 도표를 보시면 "환난 날에"를 중심으로 첫째 단원은 백성들이 출전하는 왕을 위해 간구하는 내용인데, 인칭대명사(人稱代名詞)가 모두 "너"로 되어있습니다.

① "여호와께서 네게 응답하시고"
② "네 마음의 소원대로 허락하시고"
③ "너의 승리로 말미암아 개가(凱歌)를 부르며 우리 하나님의 이름으로 우리의 깃발을 세우리니" 합니다. 둘째 단원은 왕의 화답인데, 인칭대명사가 "나"로 되어있습니다.
④ "여호와께서 자기에게 기름 부음 받은 자를 구원하시는 줄 이제 내가 아노니", 즉 확신(確信)한다고 화답하고, 셋째 단원은 왕과 백성의 합창(合唱)이라 할 수 있는데, 그러므로 인칭이 "우리"로 되어있습니다.
⑤ "어떤 사람은 병거, 어떤 사람은 말을 의지하나 우리는 여호와 우리 하나님의 이름을 자랑하리로다"
⑥ "그들은 비틀거리며 엎드러지고 우리는 일어나 바로 서도다" 합니다.

이러한 20편이 신약의 성도들에게는 어떤 의미가 있는가? 지금은 "우리가 만물이 아직 그에게 복종하고 있는 것을 보지 못하고"(히 2:8)한 영적 싸움의 날이요, 발등상이 되기까지, 즉 주 재림의 날까지 선한 싸움을 싸워야 하는 "환난의 날"로 적용된다 할 것입니다.

첫째 단원(1–5) **출전하는 왕을 위한 백성의 기도**
둘째 단원(6) **백성의 기도에 대한 왕의 화답**
셋째 단원(7–9) **왕과 백성의 합창**

첫째 단원(1–5) 출전하는 왕을 위한 백성의 기도

① 20편은 "환난 날에" 하고 시작되는데, "환난 날에" 어떤 반응을 할 것인가 하는 것이 믿음의 시금석(試金石)이 됩니다. 어떤 분은 낙심하고, 어떤 분은 원망하는가 하면 어떤 분은 "그를 붙좇았더라"(룻 1:14)한 룻처럼 더욱 하나님을 의지합니다.

㉠ "환난 날에 여호와께서 네게 응답하시고"

㉮ "야곱의 하나님의 이름이 너를 높이 드시며"(1)

㉯ "성소에서 너를 도와주시고"

㉰ "시온에서 너를 붙드시며"(2)

㉱ "네 모든 소제를 기억하시며"

㉲ "네 번제를 받아 주시기를 원하노라(셀라)"(3) 합니다.

㉡ 백성들은 다윗이라는 왕을 의지하고 있는 것이 아니라, 하나님을 믿고 의지하고 있습니다. 그리하여 1-3절의 내용은 우선적으로 하나님께서 왕과 함께 하시기를 간구하는 내용입니다. 이점이 "네 모든 소제를 기억하시며 네 번제를 받아주시기를 원하노라"(3)는 표현에 나타납니다. 이점이 중요합니다.

㉢ "환난"을 당하게 되면 우선적으로 하나님과의 관계를 점검해보아야 합니다. 성경은 "아벨과 그의 제물은 받으셨으나 가인과 그의 제물은 받지 아니하신지라"(창 4:4-5)고, 제물보다 드리는 사람을 먼저 언급합니다. 그러므로 환난 자체만을 해결하려 할 것이 아니라 우선적으로 하나님과의 관계가 바른 관계인가? 하나님이 기쁘게 받으시느냐가 문제인 것입니다.

㉣ 그래서 "네 번제를 받아주시기를 원한다" 하는 것입니다. 이 번제는 왕이 출전하기에 앞서서 하나님께 헌신을 다짐하는 번제를 가리킬 것입니다. 사무엘도 블레셋과의 전쟁에 앞서서 "어린 양 하나를 가져다가 온전한 번제를 여호와께 드리고 이스라엘을 위하여 여호와께 부르짖으매 여호와께서 응답하셨더라"(삼상 7:9) 합니다. 이 점에서 망각하지 말아야 할 점은 신구약 시대를 막론하고 "번제"는 그리

스도께서 단번에 드려주실 대속으로 말미암아 가능하여진다는 점입니다.

② "번제를 받아주시기를 원한다", 즉 하나님과의 바른 관계이기를 구한 후에 "네 마음의 소원(所願)대로 허락하시고 네 모든 계획을 이루어 주시기를 원하노라"(4)고 왕의 소원이 성취되기를 기원하는 것이 바른 순서인 것입니다.

③ 그런 후에 "우리가 너의 승리로 말미암아 개가를 부르며"(5상)한 승리가 따르게 되는 것입니다.

㉠ 왕이 승리했다는 소식을 듣게 될 때 할렐루야(개가)를 부르며, "우리 하나님의 이름으로 우리의 깃발을 세우리니"(5중) 합니다. "깃발을 세우리니"하는데, 60:4절에서도 "주를 경외하는 자에게 깃발을 주시고 진리를 위하여 달게 하셨나이다(셀라)" 합니다. 이 "깃발"을 구속사라는 맥락에서 보면,

㉮ 위로는 모세가 아말렉과의 전쟁에서 승리한 후에 "제단을 쌓고 그 이름을 여호와 닛시라"(출 17:15), 즉 여호와는 나의 깃발이라고 한 것으로 이어지고,

㉯ 아래로는 이사야 선지자가 "그 날에 이새의 뿌리에서 한 싹이 나서 만민의 기치로 설 것이요 열방이 그에게로 돌아오리니 그가 거한 곳이 영화로우리라"(사 11:10)한 메시아 예언으로 이어지는 "깃발"(旗幟)인 것입니다.

㉰ "만민의 기치로 설 것이라" 한 말은, "이리로 모이라", 즉 이리로 와야 구원을 얻게 된다는 표지(標識)라는 뜻입니다. 예를 들면 교회 건물 옥상에 십자가는 "이리로 와야 구원을 얻는다"는 "기치"인 셈입니다. 그런가 하면 대적도 "주의 대적이 주의

회중 가운데에서 떠들며 자기들의 깃발을 세워 표적으로 삼았다"(74:4)고 말씀합니다.

㉡ 그리고 "여호와 닛시"의 승리는 "또 우리 형제들이 어린 양의 피(복음)와 자기들이 증언하는 말씀으로써 그를 이겼으니 그들은 죽기까지 자기들의 생명을 아끼지 아니하였도다"(계 12:11)한 복음전도를 통해서 승리(勝利)의 깃발을 세우는 것으로 이어지고 있는 것입니다.

㉢ "여호와께서 네 모든 기도를 이루어 주시기를 원하노라"(5하)한 이런 간구는 신약의 성도들에게도 중요합니다. 바울은 교회에 보낸 서신마다 자신을 위하여 기도해 줄 것을 당부하고 있습니다. "또 나를 위하여 구할 것은 내게 말씀(성령의 검)을 주사 나로 입을 열어 복음의 비밀을 담대히 알리게 하옵소서 할 것이니"(엡 6:19) 합니다. 또한 "너희도 우리를 위하여 간구함으로 도우라 이는 우리가 많은 사람의 기도로 얻은 은사로 말미암아 많은 사람이 우리를 위하여 감사하게 하려 함이라"(고후 1:11)고 부탁합니다. 이것이 출전하는 왕을 위한 백성들의 기도입니다.

둘째 단원(6) **백성의 기도에 대한 왕의 화답**

"여호와께서 자기에게 기름 부음 받은 자를 구원하시는 줄 이제 내가 아노니"(6상)

④ 둘째 단원은 한 절에 불과하지만, 첫째 단원과 셋째 단원을 연결해주는 의미 문맥의 역할을 합니다.

㉠ "기름 부음을 받은 자"를 언급합니다. 여기서 기름 부음을 받은 자가 1차적으로는 다윗 왕을 가리키지만 궁극적으로는 2:2절에서 말

씀한 그리스도를 가리킵니다. 우리는 우리의 왕 그리스도(기름 부음을 받은 자)께서 승리해 놓으신 싸움을 싸우고 있는 것입니다.

㉡ 다음은 "자기에게 속한 자"라는 언급인데 부모가 없는 사람이 존재할 수 없듯이 소속(所屬)이 없는 자란 한 사람도 없습니다. 그리고 이 지구상에는 많은 나라, 많은 민족이 있다 하여도 영적 논리로 하면 그리스도께 속한 자와 사탄에게 속한 자 두 소속과 두 진영(陣營)만이 있을 뿐입니다.

주님은 대제사장적인 기도에서 "세상 중에서 내게 주신 사람들에게 내가 아버지의 이름을 나타내었나이다 그들은 아버지의 것이었는데 내게 주셨으며 그들은 아버지의 말씀을 지키었나이다"(요 17:6) 하십니다. 이점을 사도 요한은 "그들이 우리에게서 나갔으나 우리에게 속하지 아니하였나니 만일 우리에게 속하였더라면 우리와 함께 거하였으려니와 그들이 나간 것은 다 우리에게 속하지 아니함을 나타내려 함이니라"(요일 2:19) 합니다.

㉢ "그의 오른손의 구원하는 힘으로 그의 거룩한 하늘에서 그에게 응답하시리로다"(6하) 합니다. "오른손의 구원"이라 말씀하는데, 모세는 자신들을 애굽에서 구원하신 것을 "주의 오른손"(출 15:5)이 구원하셨다고 진술합니다.

㉣ 그리고 "이제 내가 아노니"(6중)하는 말은 확신한다는 뜻인데 이것이 백성의 기도에 대한 왕의 화답입니다.

셋째 단원(7–9) **왕과 백성의 합창**

"어떤 사람은 병거, 어떤 사람은 말을 의지하나 우리는 여호와 우리 하나님의 이름을 자랑하리로다"(7)

⑤ 셋째 단원은 결론부분으로 왕과 백성의 합창이라 할 수 있습니다. 그래서 인칭이 "우리"로 되어있습니다.

㉠ 33:16-17절에서도 "많은 군대로 구원 얻은 왕이 없으며 용사가 힘이 세어도 스스로 구원하지 못하는도다 구원하는 데에 군마는 헛되며 군대가 많다 하여도 능히 구하지 못하는도다" 합니다. 이는 신앙고백과 같은 말씀인데 이점이 "여호와 우리 하나님"이라고 부르는 호칭에서도 나타납니다. "여호와"는 언약하신 바를 이루어주시는 구원과 결부되는 칭호이기 때문입니다. 짧은 시인데도 여호와의 이름이 (1,5,6,7,9) 다섯 번이나 언급하고 있습니다.

㉡ "우리는 여호와 우리 하나님의 이름을 자랑하리로다"(7하)하는 선언은 20편에 있어서 절정(絶頂)이라 할 만큼 중요한 선언인 것입니다.

㉮ "자랑하리로다" 한 뜻은 여호와 하나님의 이름으로 승리하리라는 뜻만이 아니라, 승리의 목적이 여호와 하나님의 이름에 영광을 돌리기 위해서라는 뜻이기 때문입니다. 우리가 하는 크고 작은 일을 통해서 하나님의 이름이 영광을 받으시게 되기도 하고, 도리어 모독하게 된다는 점을 명심해야 합니다.

㉯ 다윗은 골리앗을 향하여 "너는 칼과 창과 단창으로 내게 나아오거니와 나는 만군의 여호와의 이름 곧 네가 모욕하는 이스라엘 군대의 하나님의 이름으로 네게 나아가노라, 여호와의 구원하심이 칼과 창에 있지 아니함을 이 무리에게 알게 하리라"(삼상 17:45,47)고 선언했습니다. 이렇게 할 때 하나님은 자기의 거룩하신 이름을 위하여 싸우시지 않을 수 없으신 것입니다.

⑥ 그리고 "그들은 비틀거리며 엎드러지고 우리는 일어나 바로 서도다"(8) 한대로, 거인 골리앗은 굽어 엎드러졌고 다윗은 일어나 바로 섰습니다.

㉠ "환난 날에" 하고 시작된 20편은, "여호와여 왕을 구원하소서 우리가 부를 때에 우리에게 응답하소서"(9)하고 마치고 있습니다. 20편은 다윗 왕이 기록한 시입니다. 그런데 다윗은 자신을 왕이라고 내세우지도 않고 자신이 구원하리라고 말하고 있지도 않습니다. "우리가 부를 때에 왕(王)은 응답하소서"하고, 구원하여 주실 왕이 따로 있음을 고백합니다.

㉡ 성령께서는 "왕이요, 기름 부음을 받은 자"(6)인 다윗 왕이 적을 정복하러 출전하는 이 사건을 통해서 우리로 하여금 사탄을 정복하실 그리스도를 만나도록 인도해주고 있는 것입니다. 그러므로 8절에서 "그들은 비틀거리며 엎드러지고 우리는 일어나 바로 서도다" 한 말씀은 종말적(終末的)인 언급인 것입니다. 메시아 예언으로 유명한 110편은 "여호와께서 내 주에게 말씀하시기를 내가 네 원수들로 네 발판이 되게 하기까지 너는 내 오른쪽에 앉아 있으라 하셨도다"(1) 하십니다.

㉢ 이런 맥락에서 20편에 나타난 백성들의 염원과 기도는 "하늘에 계신 우리 아버지여 아버지의 이름이 거룩히 여김을 받으시오며 아버지의 나라가 임하옵시며 아버지의 뜻이 하늘에서 이룬 것 같이 땅에서도 이루어지이다"한 주 기도와 맥을 같이 한다 하겠습니다. 하나님께서는 "나 여호와가 말하였으니 이루리라 나 주 여호와께서 이같이 말씀하셨느니라 그래도 이스라엘 족속이 이같이 자기들에게 이루어주기를 내게 구하여야 할지라"(겔 36:36-37) 하십니다. 이것이 "여호와의 싸움을 위하여 출진하는 왕"입니다.

적용 : 20편에는 사사로운 간구는 한마디도 없습니다. 그리고 다윗 왕은 개인이 아닌 백성의 대표자로 출진하고 있는 것입니다. 우리가 명심해야 할 점은, 우리는 대표자이신 주님께서 승리해 놓으신 싸움을 싸우고 있다는 점과 "너희는 먼저 그의 나라와

그의 의를 구하라"하신 말씀입니다.

궁극적으로는 "우리는 여호와 우리 하나님의 이름을 자랑"하는 사람들입니다. 자신에게 주의 거룩하신 이름이 주어졌다는 것과 매사를 통해서 여호와 하나님의 이름을 자랑하는 자가 되어야 하겠습니다.

묵상

㉠ 백성들의 간구하는 기도 제목에 대해서
㉡ 왕이 화답하는 확신에 대해서
㉢ 왕과 백성의 합심 기도에 대해서.

시편 21편 개관도표

주제 : 승전하고 면류관을 쓰신 왕

승리케 하신 하나님	1-6	
	1	① **여호와여** **왕이** **주의** **힘으로 말미암아** 기뻐하며
		주의 **구원을으로 말미암아** 크게 즐거워하리이다
	2	그의 마음의 소원을 주셨으며
		그의 입술의 요구를 거절하지 아니하셨나이다(셀라)
	3	② **주의** **아름다운 복으로** 그를 영접하시고
		순금 관을 그의 머리에 씌우셨나이다
	4	그가 생명을 구하매 주께서 주셨으니 곧 영원한 장수로소이다
	5	**주의** **구원이** 그의 영광을 크게 하시고
		존귀와 위엄을 그에게 입히시나이다
	6	그가 영원토록 지극한 복을 받게 하시며
		주 **앞에서** 기쁘고 즐겁게 하시나이다
최후승리를 위한 기원	7-12	
	7	③ **왕이 여호와를** **의지하오니** 지존하신 이의 인자함으로 흔들리지 아니 하리이다
	8	**왕의** **손이**
		왕의 **모든 원수들을** 찾아냄이여
		왕의 **오른손이** 왕을 미워하는 자들을 찾아내리로다
	9	④ **왕이** **노할 때에** 그들을 풀무불 같게 할 것이라
		여호와께서 **진노하사** 그들을 삼키시리니 불이 그들을 소멸하리로다
	10	**왕이** **그들의 후손을** 땅에서 멸함이여 그들의 자손을 사람 중에서 끊으리로다
	11	⑤ 비록 그들이
		왕을 **해하려 하여** 음모를 꾸몄으나 **이루지 못하도다**
	12	**왕이** **그들로 돌아서게** 함이여 그들의 얼굴을 향하여 활시위를 당기리로다
송영	13	
	13	⑥ **여호와여** **주의 능력으로 높임을 받으소서**
		우리가 주의 권능을 노래하고 찬송하게 하소서

21편

승전하고 면류관을 쓰신 왕

[3] 주의 아름다운 복으로 그를 영접하시고 순금 관을 그의 머리에 씌우셨나이다

21편은 20편과 짝을 이루는 쌍가락지와 같은 시입니다. 20편이 대적과 싸우러 나갈 때 읊은 시라면, 21편은 승리하고 개선(凱旋)한 후에 지은 시입니다. 20편에서는 백성들이 출진하는 왕을 위하여 기도를 드렸는데(1-5), 21편에서는 “순금 관을 그의 머리에 씌우셨나이다”(3)하고 승리하게 하심을 감사하며 기뻐하고 있습니다. 승리의 원동력이 어디에 있는가?

도표를 보시면 첫째 단원에는 “주의 힘으로 말미암아, 주의 구원으로 말미암아”하고 “주의 힘, 주의 구원”이 강조되어 있고, 둘째 단원은 이를 받아 “네 손, 네 모든 원수”하고 “너”가 강조되

어 있습니다. 승리의 원동력은 "여호와"께로부터 나오고, 하나님께서는 "너"를 들어서 역사하시는 것입니다. 그런데 주목하게 되는 것은 둘째 단원의 시제(時制)가 모두 "하리로다"한 미래(未來) 시제로 되어있다는 점입니다. 이는 전쟁이 아직 끝나지 않았다는 것과 온전한 승리가 아직 남아 있음을 나타냅니다. 그리하여 셋째 단원에서는 인칭이 "우리가 주의 권능을 노래하고 찬송하게 하소서"하고 "우리"로 되어있습니다.

성령께서는 다윗 왕이 승리한 역사적인 경험을 예표로 그리스도께서 사탄을 정복하고 승리하실 것과 성도들이 주의 권능에 의지하여 승리의 삶을 살아가게 될 것을 말씀하고 있는 것입니다.

첫째 단원(1–6) **승리하게 하신 하나님**
둘째 단원(7–12) **최후승리를 위한 기원**
셋째 단원(13) **주의 능력과 권능에 대한 송영**

첫째 단원(1–6) 승리하게 하신 하나님

"여호와여 왕이 주의 힘으로 말미암아 기뻐하며 주의 구원으로 말미암아 크게 즐거워하리이다"(1)

① 첫째 단원은 왕에게 승리를 주시고 높여주심을 감사하는 내용입니다. 놓치지 말아야 할 점은 "말미암아"라는 접속사인데, 모든 은총과 능력은 이 "말미암아"를 통해서 공급되는 것입니다. 왕이 "주의 힘으로 말미암아 기뻐하며, 주의 구원으로 말미암아

크게 즐거워 하리이다"(1) 합니다.

㉠ 20:4절에서는 "네 마음의 소원대로 허락하시고 네 모든 계획을 이루어 주시기를 원하노라"하고 기원했는데,

㉡ 21:2절에서는 "그의 마음의 소원을 들어주셨으며 그의 입술의 요구를 거절하지 아니하셨나이다"(2), 즉 응답해주셨다고 진술합니다.

② "주의 아름다운 복으로 그를 영접하시고 순금 관을 그의 머리에 씌우셨나이다"(3) 합니다.

㉠ "순금 관을 그의 머리에 씌우셨다"는 묘사는 그가 개선장군임을 말씀해줍니다. 그런데 이 면류관이 복음이 밝히 드러난 신약성경에서는, "죽음의 고난 받으심으로 말미암아 영광과 존귀로 관을 쓰신 예수를 보니"(히 2:9)하고, 이 승리가 사망권세를 이기시고 부활 승천하셔서 하나님께 영광을 받으시는 그리스도로 성취될 말씀으로 인도해주고 있는 것입니다.

㉮ "그가 생명을 구하매 주께서 그에게 주셨으니 곧 영원한 장수로소이다"(4)

㉯ "주의 구원이 그의 영광을 크게 하시고",

㉰ "존귀(尊貴)와 위엄(威嚴)을 그에게 입히시나이다"(5) 합니다.

㉡ 이상의 묘사는 "이러므로 하나님이 그를 지극히 높여 모든 이름 위에 뛰어난 이름을 주사 하늘에 있는 자들과 땅에 있는 자들과 땅 아래 있는 자들로 모든 무릎을 예수의 이름에 꿇게 하실"(빌 2:9-10) 것에서 성취될 말씀인 것입니다.

㉢ 그러므로 첫째 단원은 "그가 영원토록 지극한 복을 받게 하시며 주 앞에서 기쁘고 즐겁게 하시나이다"(6)하고 마치고 있습니다. 이것이 "승리하게 하신 하나님"입니다.

둘째 단원(7–12) 최후승리를 위한 기원

"왕이 여호와를 의지하오니 지존하신 이의 인자함으로 흔들리지 아니하리이다"(7)

③ 둘째 단원은 최후승리를 기원하는 내용인데 다윗의 승리는 예표일 뿐 "여자의 후손은 네 머리를 상하게 할 것이요"(창 3;15) 하신 영적인 전쟁은 아직 끝난 것이 아니기 때문입니다. 그리하여 둘째 단원은 매 절마다 "하리로다"하는 미래시제(未來時制)로 되어있다는 점을 주목해야 합니다. 1차적으로는 "왕"이 다윗을 가리킨다 하여도 이는 그리스도에 대한 예표로 등장합니다. 그렇다고 그리스도께서 죽으시고 부활 승천하신 것으로 하나님의 나라가 온전히 회복되는 것은 아닙니다. 그래서 "왕의 손이 왕의 모든 원수들을 찾아냄이여 왕의 오른손이 왕을 미워하는 자들을 찾아내리로다"(8)하고, 주님 재림의 날까지 선한 싸움은 계속될 것임을 말씀합니다.

④ 이점이 "왕이 노하실 때에 그들을 풀무불 같게 할 것이라 여호와께서 진노하사 그들을 삼키시리니 불이 그들을 소멸하리로다"(9)한 말씀에 나타납니다.

㉠ 이 점에서 주목할 점은 "너의 진노와 여호와의 진노"를 함께 말씀하고 있다는 점입니다. 메시아 예언으로 유명한 110편에서도 "여호와께서 내 주에게 말씀하시기를 내가 네 원수들로 네 발판이 되게 하기까지 너는 내 오른쪽에 앉아 있으라 하셨도다, 주의 오른쪽에 계신 주께서 그의 노하시는 날에 왕들을 쳐서 깨뜨리실 것이라"(110:1,5)고 말씀합니다. 이는 심판 주로 오실 때에 성취될 말씀

입니다.

㉡ "왕이 그들의 후손을 땅에서 멸함이여 그들의 자손을 사람 중에서 끊으리로다"(10)한 예언은, "네 후손도 여자의 후손과 원수가 되게 하리니 여자의 후손은 네 머리를 상하게 할 것이요"(창 3:15)한 원복음과 상응하는 것으로, 그 완전한 성취는 최후심판 때에 이루어질 것입니다.

⑤ "비록 그들이 왕을 해하려 하여 음모를 꾸몄으나 이루지 못하도다"(11) 합니다.

㉠ "음모를 품었으나 이루지 못하리라"는 진술을 유념하시기 바랍니다. 성경역사는 "여자의 후손"이 태어나지 못하게 해(害)하려는 사탄의 음모의 연속인 것입니다. 그러나 이사야 선지자로 말씀하시기를 "너희는 함께 계획하라 그러나 끝내 이루지 못하리라 말을 해 보아라 끝내 시행되지 못하리라 이는 하나님이 우리와 함께 계심이니라"(사 8:10) 합니다. 반면 "만군의 여호와께서 맹세하여 이르시되 내가 생각한 것이 반드시 되며 내가 경영한 것을 반드시 이루리라"(사 14:24) 하십니다.

㉡ "왕이 그들로 돌아서게 함이여 그들의 얼굴을 향하여 활시위를 당기리로다"(12)고, 둘째 단원은 결정적인 승리가 주어질 것으로 마치고 있습니다. 이것이 "최후승리를 위한 기원"입니다.

셋째 단원(13) 주의 능력과 권능에 대한 송영

"여호와여 주의 능력으로 높임을 받으소서 우리가 주의 권능을 노래하고 찬송하게 하소서"(13)

⑥ 셋째 단원은 비록 한 절에 불과하지만 중요한 의미를 내포한 결론이기에 따로 구분한 것입니다.

㉠ 결론은 "높임을 받으소서"하는 하나님께 영광과 "노래하고 찬송하게 하소서"한 "찬양"을 돌리는 일입니다.

㉮ 20편은 "여호와여 왕을 구원하소서 우리가 부를 때에 우리에게 응답하소서"(20:9)하고 마쳤는데,

㉯ 21편은 이 간구가 응답이 되어서 "여호와여 주의 능력으로 높임을 받으소서 우리가 주의 권능을 노래하고 찬송하게 하소서"(13)하는 송영으로 마치고 있습니다.

㉡ 이처럼 한 쌍을 이루고 있는 20편과 21편은 신약의 성도들에게도 중요한 의미가 있습니다. 왜냐하면 우리는 그리스도께서 승리해 놓으신 싸움을 싸우고 있기 때문입니다. 주님은 말씀하십니다. "세상에서는 너희가 환난을 당하나 담대하라 내가 세상을 이기었노라"(요 16:33) 하십니다.

㉢ 그리하여 "순금 관을 그 머리에 씌우셨나이다"(3)한 말씀도, "내가 선한 싸움을 싸우고 나의 달려갈 길을 마치고 믿음을 지켰으니 이제 후로는 나를 위하여 의의 면류관이 예비되었으므로 주 곧 의로우신 재판장이 그 날에 내게 주실 것이며 내게만 아니라 주의 나타나심을 사모하는 모든 자에게도니라"(딤후 4:7-8)고, 선한 싸움을 싸운 모든 전사들에게 주어지게 될 것입니다. 이것이 "승전하고 순금 관을 쓰신 왕"입니다.

적용 : 주님 부활 내 부활, 주님 승천 내 승천, 주님 영광 내 영광, 주님 승리 내 승리를 믿으십니까? 이를 믿는 자는 담대할 수 있습니다. 그리고 "주의 힘으로 말미암아, 주의 구원으로 말미암아"(1), 우리도 승리할 수 있는 것입니다.

묵상

㉠ 첫째 단원은 무엇에 대한 감사인가에 대해서

㉡ 둘째 단원의 시제와 그 의미에 대해서

㉢ 13절에 나타난 결론적인 영광과 찬양에 대해서.

시편 22편 개관도표

주제 : 우리가 선포하고 찬양해야할 일

내 수족을 찔렀나이다	1-21 1 ① **내 하나님이여 내 하나님이여 어찌 나를 버리셨나이까** 어찌 나를 멀리하여 돕지 아니하시오며 내 신음소리를 듣지 아니 하시나이까 2 내 하나님이여 내가 낮에도 부르짖고 밤에도 잠잠하지 아니하오나 **응답하지 아니하시나이다** 3 ② 이스라엘의 찬송 중에 계시는 주여 **주는 거룩하시니이다** 4 **우리 조상들이 주께 의뢰하고** 의뢰하였으므로 그들을 건지셨나이다 5 그들이 주께 부르짖어 구원을 얻고 주께 의뢰하여 수치를 당하지 아니하였나이다 6 ③ **나는 벌레요 사람이 아니라** 사람의 비방거리요 백성의 조롱거리니이다 7 나를 보는 자는 다 나를 비웃으며 입술을 비쭉거리고 머리를 흔들며 말하되 8 그가 여호와께 의탁하니 구원하실걸, 그를 기뻐하시니 건지실걸 하나이다 9 오직 주께서 나를 **모태에서** 나오게 하시고 내 어머니의 젖을 먹을때 의지하게 하셨나이다 10 내가 날 때부터 주께 맡긴바 되었고 **모태에서** 나올 때부터 주는 나의 하나님이 되셨나이다 11 나를 멀리하지 마옵소서 환난이 가까우나 도울 자 없나이다 12 **많은 황소가 나를 에워싸며** 바산의 힘센 소들이 나를 둘러쌌으며 13 내게 그 입을 벌림이 찢으며 부르짖는 사자 같으니이다 14 나는 물 같이 쏟아졌으며 내 모든 뼈는 어그러졌으며 내 마음은 밀랍 같아서 내 속에서 녹았으며 15 내 힘이 말라 질그릇 조각 같고 내 혀가 입천장에 붙었나이다 주께서 또 나를 죽음의 진토 속에 두셨나이다 16 ④ **개들이 나를 에워쌌으며** 악한 무리가 나를 둘러 **내 수족을 찔렀나이다** 17 내가 내 모든 뼈를 셀 수 있나이다 그들이 나를 주목하여 보고 18 **내 겉옷을 나누며 속옷을 제비 뽑나이다** 19 여호와여 멀리하지 마옵소서 나의 힘이시여 속히 나를 도우소서 20 내 생명을 칼에서 건지시며 내 유일한 것을 개의 세력에서 구하소서 21상 나를 사자 입에서 구하소서
부활 승리	22-26 21하 ⑤ **주께서 내게 응답하시고 들소 뿔에서 구원하셨나이다** 22 **내가 주의 이름을 형제에게 선포하고 회중 가운데에서 주를 찬송하리이다** 23 ⑥ 여호와를 두려워하는 너희여 **그를 찬송할지어다** 야곱의 모든 자손이여 **그에게 영광을 돌릴지어다** 너희 이스라엘 모든 자손이여 **그를 경외할지어다** 24 ⑦ 그는 곤고한 자의 곤고를 멸시하거나 싫어하지 아니하시며 그의 얼굴을 그에게서 숨기지 아니하시고 그가 부르짖을 때에 들으셨도다 25 큰 회중 가운데에서 나의 찬송은 주께로서 온 것이니 주를 경외하는 자 앞에서 나의 서원을 갚으리이다 26 **겸손한 자는 먹고 배부를 것이며 여호와를 찾는 자는 그를 찬송할 것이라** 너희 마음은 영원히 살지어다
이방인 구원	27-31 27 ⑧ **땅의 모든 끝이 여호와를 기억하고 돌아오며** **모든 나라의 모든 족속이 주의 앞에 예배하리니** 28 나라는 여호와의 것이요 여호와는 모든 나라의 주재심이로다 29 세상의 모든 풍성한 자가 먹고 경배할 것이요 진토 속으로 내려가는 자 곧 자기 영혼을 살리지 못할 자도 다 그 앞에 절하리로다 30 ⑨ **후손이 그를 섬길 것이요** 대대에 주를 전할 것이며 31 와서 그의 공의를 태어날 백성에게 전함이여 주께서 이를 행하셨다 할 것이로다

22편

우리가 선포하고 찬양해야 할 일

[22] 내가 주의 이름을 형제에게 선포하고 회중 가운데에서 주를 찬송하리이다.

22편은 이사야 53장과 함께 구약에 나타난 갈보리의 장면입니다. 하나님께서는 다윗을 선지자로 사용하셔서 그리스도께서 당하실 수난(1-21)과 부활 승리(22-26)를 증언하게 하셨습니다. 그리고 그리스도로 말미암아 "땅의 모든 끝, 열방"도 구원을 얻게 될 것을 예언하게 하신 것입니다.

그리스도의 십자가의 죽으심과 다시 살아나심이 극적인 대조이듯이, 22편도 앞부분과 뒷부분이 극적으로 대조되어 있는데, 이점이 22편을 통해서 계시하시려는 중심점이라 할 것입니다. 앞부분이 어둠이 지배하는 밤이라면, 뒷부분은 광명한 아침 해가 떠오르는 낮시간입니다. 중심점은 "내가 주의 이름을 형제에게 선포하고 회중 가운데에서 주를 찬송하리이다"한 "선포와 찬양"에 있습니다. 선포해야 할 내용이 무엇이고 찬양해야 할 이유가 무엇인가?

첫째 단원(1–21) **내 수족을 찔렀나이다**
둘째 단원(22–26) **죽은 자 가운데서 다시 살아나심**
셋째 단원(27–31) **이방인에게까지 미칠 풍성한 은혜**

첫째 단원(1–21) 내 수족을 찔렀나이다

"내 하나님이여 내 하나님이여 어찌 나를 버리셨나이까 어찌 나를 멀리하여 돕지 아니하시오며 내 신음소리를 듣지 아니하시나이까"(1)

첫째 단원에는 한 사람이 하나님께 버림을 당하여 십자가에 못 박히는 장면이 생생하게 묘사되어 있습니다. 이 점에서 주님께서 말씀하신바 시편의 기록목적(記錄目的)을 말씀드려야 하겠습니다. 부활하신 주님은 의심하는 제자들에게 "모세의 율법과 선지자의 글과 시편(詩篇)에 나를 가리켜 기록된 모든 것이 이루어져야 하리라 한 말이 이것이라"(눅 24:44) 하시고 성경을 깨닫게 하셨습니다. 그렇다면 시편도 그리스도를 증언하고 있는 것이 분명한데, 이 점에서 확고해야 할 점은 시편에도 그리스도에 대한 증언이 더러 있다는 정도로 여겨서는 안 된다는 점입니다.

다시 말하면 쌀밥에 콩이 섞여 있는 양 여겨서는 안 된다는 말씀입니다. 만일 그렇게 여긴다면 주님을 성경의 주인공(主人公)이 아닌 엑스트라로 만드는 것이 되기 때문입니다. 주님은 시편만이 아니라 “이 성경이 내게 대하여 증언한 것이라”(요 5:39)고, 구약성경 전체의 중심주제(中心主題)가 그리스도를 증언하는 것임을 분명히 하셨습니다.

시편의 주요 저자는 다윗인데, 신약성경은 그를 가리켜 “그는 선지자(先知者)라 하나님이 이미 맹세하사 그 자손 중에서 한 사람을 그 위에 앉게 하리라 하심을 알고 미리 본 고로”(행 2:30) 그리스도에 대하여 증언하였다고 말씀합니다. 성령께서 다윗의 수난을 예표로 하여 다윗의 자손으로 오실 그리스도께서 당하실 수난을 예시해주고 있는 것이 시편인 것입니다. 다만 그 증언이 직접적이냐, 간접적이냐, 암시적이냐 하는 점은 시편을 연구하는 자들이 탐색해야 할 몫일 뿐, 중심주제는 그리스도라는 점에 확고해야 합니다. 신명기 31:19절은 “너희는 이 노래를 써서 이스라엘 자손들에게 가르쳐 그들의 입으로 부르게 하여 이 노래로 나를 위하여 이스라엘 자손들에게 증거가 되게 하라” 하십니다. 시편의 형식이 “노래”로 되어있는 것도 동일한 의도에서 일 것입니다. 오직 다만 내용은 선지서와 동일한 그리스도를 증언하고 있다는 점입니다.

① 첫째 단원의 장면은 한 사람이 무고히 나무 형틀에 달려 사형을 당하는 장면인데 “내 하나님이여 내 하나님이여 어찌 나를 버리셨나이까”(1상)하고 호소합니다. 이 예언은 “제 구시쯤에 예수께서 크게 소리 질러 이르시되 엘리 엘리 라마 사박다니 하시니 이는 곧 나의 하나님, 나의 하나님, 어찌하여 나를 버리셨나이

까 하는 뜻이라"(마 27:46)에서 응하여진 것입니다. "내 하나님이여 내가 낮에도 부르짖고 밤에도 잠잠하지 아니하오나 응답하지 아니하시나이다"(2)하고 거듭 호소합니다.

② 그런데 이어서 "이스라엘의 찬송 중에 계시는 주여 주는 거룩하시니이다"(3)하는 고백이 나옵니다.

㉠ 이런 상황에서도 "주는 거룩하시니이다"하는 것은 어떤 의미인가? 이는 마지막 절의 "공의"와 결부되는 것으로 자신이 당하는 고난의 의미는 하나님의 "거룩하심, 의로우심"을 나타내시기 위함이라는 놀라운 뜻인 것입니다.

㉮ 주님께서는 십자가를 앞에 놓고, "아버지여 아버지의 이름을 영광스럽게 하옵소서"(요 12:28) 하셨고

㉯ 로마서 3:26절에서는 "곧 이 때에 자기의 의로우심을 나타내사 자기도 의로우시며"라고 증언합니다.

㉰ 22편과 함께 메시아 예언으로 쌍벽을 이루고 있는 이사야 53장에서는, "여호와께서 그에게 상함을 받게 하시기를 원(願)하사 질고를 당하게 하셨은즉 그의 영혼을 속건제물로 드리기에 이르면 그가 씨를 보게 되며 그의 날은 길 것이요 또 그의 손으로 여호와께서 기뻐하시는 뜻을 성취하리로다"(사 53:10)고 말씀하는데 이것이 "주는 거룩하시니이다"하는 뜻입니다.

㉡ 그런데 이어지는 말씀은 "우리 조상들이 주께 의뢰하고 의뢰하였으므로 그들을 건지셨나이다 그들이 주께 부르짖어 구원을 얻고 주께 의뢰하여 수치를 당하지 아니하였나이다"(4-5)고, "의뢰함과 건지심"이 강조되어 있는데 이는 1-2절에 대한 응답이라 할 수 있습니다. 왜냐하면 1-2절에서는 "듣지 아니하시나이다(1), 응답하지 아니하시나이다"(2)고 탄원을 했는데, 4-5절에서는 "그들을 건지셨나이다 그들이 주께 부르짖어 구원을 얻고 주께 의뢰하여 수치를 당하지

아니하였나이다"라고 진술하고 있다는 것은 고난의 의미를 깨달은 자의 진술이기 때문입니다. 그렇습니다. 메시아의 수난은 힘이 모자라서가 아니라 "하나님께서 정하신 뜻과 미리 아신 대로 내어준 바 된"(행 2:23) 구속 사역이었던 것입니다.

③ 이어지는 6-18절의 증언은 마치 주님께서 당하신 십자가 사건을 목격한 사람의 기록인 양 그 진술이 너무나 생생합니다. "나는 벌레요 사람이 아니라 사람의 비방 거리요 백성의 조롱 거리니이다"(6)한 "벌레" 취급을 하듯이 멸시와 천대를 받으실 것이 예언되어 있습니다.

㉠ "나를 보는 자는 다 나를 비웃으며 입술을 비쭉거리고 머리를 흔들며 말하되 그가 여호와께 의탁하니 구원하실 걸, 그를 기뻐하시니 건지실 걸 하나이다"(7-8)하고, "지나가는 자들은 자기 머리를 흔들며 예수를 모욕하여 이르되 성전을 헐고 사흘에 짓는 자여 네가 만일 하나님의 아들이어든 자기를 구원하고 십자가에서 내려오라"(마 27:39-40)하고, 조롱하는 자들의 모습도 보입니다.

㉡ "오직 주께서 나를 모태에서 나오게 하시고 내 어머니의 젖을 먹을 때에 의지하게 하셨나이다 내가 날 때부터 주께 맡긴 바 되었고 모태에서 나올 때부터 주는 나의 하나님이 되셨나이다 나를 멀리하지 마옵소서 환난이 가까우나 도울 자 없나이다"(9-11) 합니다.

누군가 지적을 했듯이 본문에는 "모친"(母親)에 대한 언급만이 있을 뿐 부친에 대한 언급은 없습니다. 그리스도는 "여자의 후손"으로 오신 분이기 때문일 것입니다. 그렇습니다. 우리는 "내가 죄악 중에 출생"(시 51:5)한 자들이나, 주님은 "모태에서 나올 때부터" 하나님의 아들이셨습니다.

㉢ "많은 황소가 나를 에워싸며 바산의 힘센 소들이 나를 둘러쌌으며

내게 그 입을 벌림이 찢으며 부르짖는 사자 같으니이다"(12-13)하고, 주위에는 "개들 · 많은 황소 · 부르짖는 사자" 등으로 표현된 대적들이 에워싸고 있습니다.

㉣ 그런가 하면 "나는 물 같이 쏟아졌으며 내 모든 뼈는 어그러졌으며 내 마음은 밀랍 같아서 내 속에서 녹았으며 내 힘이 말라 질그릇 조각 같고 내 혀가 입천장에 붙었나이다"(14-15상)하고, 십자가에 달려 물과 피를 흘리신 주님의 처절한 모습도 생생합니다. 그리고 "주께서 또 나를 죽음의 진토 속에 두셨나이다"(15하)한 것은 죽어 무덤에 내려가게 될 것을 나타낸다 하겠습니다.

④ 드디어 "개들이 나를 에워쌌으며 악한 무리가 나를 둘러 내 수족을 찔렀나이다"(16) 합니다.

㉠ "내가 내 모든 뼈를 셀 수 있나이다 그들이 나를 주목하여 보고 내 겉옷을 나누며 속옷을 제비 뽑나이다"(17-18)하고, 주님을 십자가에 못 박은 "군인들이 서로 말하되 이것을 찢지 말고 누가 얻나 제비 뽑자"(요 19:24)하는 모습도 보입니다.

㉡ "여호와여 멀리하지 마옵소서 나의 힘이시여 속히 나를 도우소서 내 생명을 칼에서 건지시며 내 유일한 것을 개의 세력에서 구하소서 나를 사자의 입에서 구하소서 주께서 내게 응답하시고 들소의 뿔에서 구원하셨나이다"(19-21상) 합니다. "내 유일한 것"이 무엇인가? 그것은 "영혼"(靈魂)입니다.

㉢ 영혼이란 펑크 난 타이어를 갈아 끼우듯 하는 스페어(spare)가 있는 것이 아니라 유일한 것입니다. 그러므로 온 천하를 얻는다고 하여도 영혼을 잃는다면 무슨 소용이 있겠는가? 주님은 십자가상에서 "아버지 내 영혼을 아버지 손에 부탁하나이다"(눅 23:46)하고 운명하셨습니다. 첫째 단원을 구속사라는 맥락으로 보면 "너(사탄)는 그의 발꿈치를 상하게 할 것이니라"(창 3:15)하신 말씀의 성취라 할

수 있습니다.

둘째 단원(21하–26) 죽은 자 가운데서 다시 살아나심

"내가 주의 이름을 형제에게 선포하고 회중 가운데에서 주를 찬송하리이다"(22)

둘째 단원은 암담했던 첫째 단원이 극적으로 반전(反轉)되어 부르짖는 비탄의 소리 대신에, "찬송할지어다(22,23,25,26), 영광을 돌릴지어다"(23)하고 찬송과 영광이 울려 퍼지고 있습니다.

⑤ 첫째 단원에서는 "어찌 나를 버리셨나이까, 듣지 아니하시나이까"(1)하고 부르짖었는데, 둘째 단원에서는 "주께서 내게 응답하시고 들소의 뿔에서 구원하셨나이다"(21하) 합니다. 그리하여 주를 찬송합니다. 저는 22절을 22편의 요절로 삼았는데, 이 말씀에 함축되어 있는 의미가 중요하기 때문입니다. 신약성경에서도 "이르시되 내가 주의 이름을 내 형제들에게 선포하고 내가 주를 교회 중에서 찬송하리라"(히 2:12)하고 이를 인용하여 증언하고 있습니다. 그렇다면 "선포"해야 할 내용은 무엇이고, "찬송하리라"한 찬양할 이유는 무엇인지 확고해야 하겠습니다.

⑥ "여호와를 두려워하는 너희여 그를 찬송할지어다 야곱의 모든 자손이여 그에게 영광을 돌릴지어다 너희 이스라엘 모든 자손이여 그를 경외할지어다"(23)하고 "찬송"이 울려 퍼지고, 하나님께 "영광을 돌릴지어다" 합니다.

㉠ 어떻게 이렇게 앞부분과 뒷부분이 반전(反轉)이 가능해졌는가? 이는 앞부분에서 "개들이 나를 에워쌌으며 악한 무리가 나를 둘러 내 수족을 찔렀나이다"(16)한 십자가에 못 박히시고 죽어 장사지낸 바 되었던 수난의 종이 다시 살아나셨기 때문에 가능하여지는 것입니다.

㉮ "온 백성에게 미칠 큰 기쁨의 좋은 소식"(눅 2:10)이란 그리스도의 성탄, 십자가가 전부가 아닙니다. "선포하고 찬양"해야 할 제목은 주의 "죽으심과 다시 사심"인 것입니다.

㉯ 22절을 인용하고 있는 히브리서 2장에서도 "오직 우리가 천사들보다 잠시 동안 못하게 하심을 입은 자 곧 죽음의 고난 받으심으로 말미암아 영광과 존귀로 관(冠)을 쓰신 예수를 보니"(히 2:9)하고 십자가의 고난에서 멈추고 있는 것이 아니라, 영광과 존귀로 관을 쓰신 부활 승귀(昇貴)까지 나아가고 있는 것입니다.

㉰ 그런 후에 "내가 주의 이름을 내 형제들에게 선포하고 내가 주를 교회 중에서 찬송하리라"(히 2:12), 즉 죽으실 뿐 아니라 다시 살아나신 것을 선포(宣布)하고 찬송(讚頌)하겠다고 흥분해 하는 것입니다.

㉡ 어찌하여 하나님의 아들이 사람의 몸을 입고 오셔야만 했는가? "죽음을 통하여 죽음의 세력을 잡은 자 곧 마귀를 멸하시며 또 죽기를 무서워하므로 한평생 매여 종노릇하는 모든 자들을 놓아주려 하심이니"(히 2:14-15), 이점을 선포하고 찬양하라는 것입니다.

㉮ 만일 하나님의 아들 그리스도께서 죽으시고 장사지낸 바 된 것이 끝이라면 이는 사망의 세력을 잡은 자에게 매여 있는 상태요, 그러므로 이처럼 선포하고, 찬양하고, 영광을 돌리라 하지 않았을 것입니다.

㉯ 이점을 부활 장이라 말하는 고린도전서 15장에서는 "그리스도께서 만일 다시 살아나지 못하셨으면 우리가 전파하는 것도

헛것이요 또 너희 믿음도 헛것이며, 그리스도께서 다시 살아나신 일이 없으면 너희의 믿음도 헛되고 너희가 여전히 죄 가운데 있을 것이요 또한 그리스도 안에서 잠자는 자도 망하였으리니" (고전 15:14,17-18)라고 말씀합니다.

㉰ 그러므로 로마서에서는 "성결의 영으로는 죽은 자들 가운데서 부활하사 능력으로 하나님의 아들로 선포되셨으니 곧 우리 주 예수 그리스도시니라"(롬 1:4) 합니다. 이것이 "찬송하리라" 한 이유입니다. "예수는 우리가 범죄한 것 때문에 내줌이 되고 또한 우리를 의롭다 하시기 위하여 살아나셨느니라"(롬 4:25) 합니다.

㉢ 사도행전에서 사도들이 증언한 그리스도는 교훈하시고 기사이적을 행하시는 그리스도를 전한 것이 아닙니다. "유대인은 표적을 구하고 헬라인은 지혜를 찾으나 우리는 십자가(十字架)에 못 박힌 그리스도를 전하니 유대인에게는 거리끼는 것이요 이방인에게는 미련한 것이로되 오직 부르심을 입은 자들에게는, 그리스도는 하나님의 능력이요 하나님의 지혜니라"(고전 1:22-24)하고, "십자가(十字架)에 못 박힌 그리스도"를 전파했던 것입니다. 왜냐하면 인류의 구원이 기사와 이적, 교훈 등으로 주어진 것이 아니라, 오직 그리스도의 대속적인 죽으심으로 말미암아 가능하여졌기 때문입니다.

㉮ 바울이 이점을 얼마나 강조하고 있는가를 보십시오. "말의 지혜로 하지 아니함은 그리스도의 십자가가 헛되지 않게 하려 함이라"(고전 1:17)

㉯ "십자가의 도가 멸망하는 자들에게는 미련한 것이요 구원을 받는 우리에게는 하나님의 능력이라"(고전 1:18)

㉰ "그러나 내게는 우리 주 예수 그리스도의 십자가 외에 결코 자랑할 것이 없으니"(갈 6:14) 합니다.

오늘날은 시민운동가 예수, 병 고치는 예수, 축복을 주는 예수를 전하는 사람은 많으나 "예수는 우리가 범죄한 것 때문에 내줌이 되고 또한 우리를 의롭다 하시기 위하여 살아나셨느니라"(롬 4:25)한 그리스도를 전파하는 복음 전도자는 많지 않습니다.

㉣ 이제 우리가 선포해야 할 복음(福音)과 찬송해야 할 제목(題目)이 무엇인가가 분명해진 것입니다.

㉮ 다윗은 "너희는 시온에 계신 여호와를 찬송하며 그의 행사(行事)를 백성 중에 선포할지어다"(9:11) 합니다.

㉯ "내 입술을 열어주소서 내 입이 주를 찬송(讚頌)하여 전파(傳播)하리이다"(51:15) 합니다.

㉰ 40:9절에서는 "내가 많은 회중 가운데에서 의의 기쁜 소식을 전하였나이다 여호와여 내가 내 입술을 닫지 아니할 줄을 주께서 아시나이다" 합니다. 입이 만개가 있어도 전파하고 찬양해야 할 일은 구속의 은총입니다.

⑦ "그는 곤고한 자의 곤고를 멸시하거나 싫어하지 아니하시며 그의 얼굴을 그에게서 숨기지 아니하시고 그가 울부짖을 때에 들으셨도다"(24) 합니다.

㉠ 이는 그리스도의 죽으시고 다시 사심으로 말미암은 구속의 은혜가 성도들에게 적용되는 것을 가리키는데 이점을 신약성경 히브리서에서는 "그가 시험을 받아 고난을 당하였은즉 시험받는 자들을 능히 도우시느니라"(히 2:18) 합니다. 30:5절에서는 "저녁에는 울음이 깃들일지라도 아침에는 기쁨이 오리로다"(30:5)하고 말씀합니다.

㉡ "큰 회중 가운데에서 나의 찬송은 주께로부터 온 것이니 주를 경외하는 자 앞에서 나의 서원을 갚으리이다"(25) 합니다. "나의 찬송은 주께로부터 온 것이니"한 고백이 중요합니다. 구원행사는 "모든 것이 하나님께로 났나니"(고후 5:18)한대로 전적인 하나님의 은혜로 주어진 것입니다. 바울은 "누가 주께 먼저 드려서 갚으심을 받겠느냐"(롬

11:35), 즉 내가 이렇게 이렇게 했으니 하나님도 이렇게 이렇게 해 주셔야 한다고 말할 자가 있느냐고 묻고 있습니다.

ⓒ 그래서 "겸손한 자는 먹고 배부를 것이며 여호와를 찾는 자는 그를 찬송할 것이라 너희 마음은 영원히 살지어다"(26)하는 것입니다. "겸손한 자, 여호와를 찾는 자"란 여호와를 경외하는 자를 가리킵니다.

이점을 산상수훈에서는 "심령이 가난한 자, 애통하는 자, 온유한 자, 의에 주리고 목마른 자"(마 5:3-6)라 하십니다. 이런 자들이 "먹고 배부를 것이며" 즉 풍족한 은혜로 만족하며 "찬송하며, 영원한 생명을 얻게 되리라" 하십니다. 이것이 "죽은 자 가운데서 다시 살아나심"으로 가능하여지는 은혜입니다.

셋째 단원(27–31) 이방인에게까지 미칠 풍성한 은혜

"땅의 모든 끝이 여호와를 기억하고 돌아오며 모든 나라의 모든 족속이 주의 앞에 예배하리니"(27)

⑧ "땅의 모든 끝, 모든 나라의 모든 족속"이란 그리스도의 은혜가 이방인에게까지 미치게 될 것을 가리키는데 호세아 선지자는 "너희는 내 백성이 아니라 한 그곳에서 그들에게 이르기를 너희는 살아계신 하나님의 아들들이라 할 것이라"(호 1:10) 말씀하고, 말라기 선지자로 말씀하시기를 "만군의 여호와가 이르노라 해 뜨는 곳에서부터 해지는 곳까지의 이방 민족 중에서 내 이름이 크게 될 것이라"(말 1:11) 하셨습니다. 그래서 "땅의 모든 끝이 돌아오며, 예배하리니"(27)하는 것입니다.

"나라는 여호와의 것이요 여호와는 모든 나라의 주재심이로다 세상의 모든 풍성한 자가 먹고 경배할 것이요 진토 속으로 내려가는 자 곧 자기 영혼을 살리지 못할 자도 다 그 앞에 절하리로다"(28-29) 합니다. 여기 "풍성한 자와 진토에 내려가는 자"가 망라되어 있는데, 이는 빈부귀천의 분별없이 은혜 입게 될 것을 나타낸다 하겠습니다.

⑨ "후손이 그를 섬길 것이요 대대에 주를 전할 것이며"(30) 한 것은, 주님의 재림 날까지 복음이 계승되어 나갈 것과 자손대대로 주를 섬기게 될 것을 의미합니다.

㉠ 이점을 78:5-7절에서는 "우리 조상들에게 명령하사 그들의 자손에게 알리라 하셨으니 이는 그들로 후대 곧 태어날 자손에게 이를 알게 하고 그들은 일어나 그들의 자손에게 일러서 그들로 그들의 소망을 하나님께 두며 하나님께서 행하신 일을 잊지 아니하게" 하려함이라 하십니다.

㉡ 그래서 "와서 그의 공의를 태어날 백성에게 전함이여 주께서 이를 행하셨다 할 것이로다"(31)하는 것입니다. 여기 "공의"라는 말이 등장하는데 하나님에게는 "공의와 칭의"가 따로 있는 것이 아닙니다. 하나님은 언제나 의로우심입니다.

이 의로우심이 우리를 위하여 대신 정죄 당하신 그리스도에게는 공의(公義)로 임하였고, 대속을 통해서 우리에게 임하게 될 때는 칭의(稱義)가 되어 받아주심을 가능하게 하는 것입니다. 다시 말하면 우리 대신 자기 아들을 심판하심으로, 우리를 의롭다고 여겨주시고 구원하심이 가능하게 된다는 말씀입니다.

㉢ 22편은 "하나님이여 어찌 나를 버리셨나이까"(1)하고 시작되었으나 "그의 공의를 태어날 백성에게 전함이여 주께서 이를 행하셨다 할

것이로다"(31)하고, "전하라"는 말씀으로 마치고 있습니다.

첫째 단원은 그리스도의 수난을, 둘째 단원은 그리스도의 다시 사심을 증언하여, 셋째 단원에서는 열방이 복을 받게 될 것을 말씀합니다. 얼마나 명백한 계시인가! 이것이 "이방인에게까지 미칠 풍성한 은혜"요, "우리가 선포하고 찬양해야 할" 하나님께서 자기 아들을 통해서 이루어주신 행사인 것입니다.

적용 : 22편을 통한 각성이 무엇인가? 첫째는 이렇게까지 미리 보여주신 후에 성취해주신 복음을 "태어날 백성에게 전함이여 주께서 이를 행하셨다 할 것이로다"(31)한 증언하는 일이요, 둘째는 "여호와를 두려워하는 너희여 그를 찬송할지어다 야곱의 모든 자손이여 그에게 영광을 돌릴지어다"(23)한 찬양하며 영광을 돌리는 일입니다.

묵상

㉠ 첫째 단원에 나타난 그리스도의 수난에 대해서
㉡ 둘째 단원의 영광을 돌리며 찬양할 역전에 대해서
㉢ 셋째 단원의 복음이 "땅 끝과 열방"에까지 전파될 것에 대해서

시편 23편 개관도표

주제 : 영원한 집으로 인도하시는 선하신 목자

구분	본문	
푸른 초장	1-3	
	1 **여호와는 나의 목자시니** → **내게**	**부족함이 없으리로다**
	2 ① **그가 나를 푸른 풀밭에 누이시며** 쉴만한 물 가로	**인도하시는도다**
	3 ②내 영혼을 소생시키시고 **자기 이름을 위하여** 의의 길로	**인도하시는도다**
사망의 골짜기	4-5	
	4 ③ **내가 사망의 음침한 골짜기로 다닐지라도** 해를 두려워하지 않을 것은 **주께서 나와 함께 하심이라** 주의 지팡이와 막대기가 나를	**안위하시나이다**
	5 ④ 주께서 내 **원수의 목전에서 내게 상을 차려주시고 기름을 내 머리에 부으셨으니**	**내 잔이 넘치나이다**
영원	6	
	6 ⑤ **내 평생에 선하심과 인자하심이** 반드시 나를 따르리니 **내가 여호와의 집에**	**영원히살리로다**

23편

영원한 집으로 인도하시는 선하신 목자

[1] 여호와는 나의 목자시니 내가 부족함이 없으리로다.

23편은 하나님과 성도와의 관계를 "목자와 양"의 관계에 비유하여 읊은 시입니다. 여기서 "목자"는 1차적으로 여호와 하나님이십니다. 그런데 여기서 멈춰서는 안 됩니다. 왜냐하면 하나님께서 임마누엘 하셔서 "선한 목자"가 되어주셨기 때문입니다.

이 점을 선지자를 통해서 여러 번 말씀하셨는데 "내가 한 목자(牧者)를 그들 위에 세워 먹이게 하리니 그는 내 종 다윗이라 그가 그들을 먹이고 그들의 목자가 될지라"(겔 34:23)하고 예언하게 하시고, 주님은 "나는 선한목자라 선한목자는 양들을 위하여 목숨을 버리거니와"(요 10:11)하심으로 성취되었던 것입니다.

그러니까 23편에서는 그리스도가 "선한 목자"로, 22편에서는 양을 위하여 "목숨을 버리는" 고난의 종으로 계시되어 있는 것입니다. 그러므로 23편을 관찰해보면 도표에 표시된 대로 전부가 목자(牧者)가 양을 위해서 행해주신 일뿐입니다. 그리하여 우리를 "영원한 집으로 인도하시는 선한 목자"이십니다. 목자는 양의 "인도자가 되시고, 공급자가 되시고 보호자"가 되어주십니다.

첫째 단원(1-3) **푸른 초장 쉴만한 물가**
둘째 단원(4-5) **사망의 골짜기와 주의 지팡이**
셋째 단원(6) **영원히 거할 여호와의 집**

첫째 단원(1-3) 푸른 초장 쉴만한 물가

"여호와는 나의 목자시니 내게 부족함이 없으리로다"(1)

① 이는 23편을 한마디로 요약한 명제(命題)라 할 수 있습니다.

㉠ "목자"는 양에게 있어서는 "인도자요, 공급자요, 보호자"가 되기 때문에 부족함이 없는 것입니다. 본문의 예언적인 진술이 참 목자이신 예수 그리스도로 성취된 것입니다. "부족함이 없다"는 의미는 육적인 풍족함이 아니라 영적인 뜻으로 전적인 신뢰를 나타냅니다. "근심하는 자 같으나 항상 기뻐하고 가난한 자 같으나 많은 사람을 부요하게 하고 아무 것도 없는 자 같으나 모든 것을 가진 자로다"(고후 6:10)하는 것이 부족함이 없는 삶입니다.

㉡ "그가 나를 푸른 풀밭에 누이시며 쉴 만한 물가로 인도하시는도다"(2) 합니다. 이는 "꼴과 생수"를 먹여주시는 공급자임을 나타냅니

다. 이점을 36:8절에서는 "그들이 주의 집의 있는 살진 것으로 풍족할 것이라 주께서 주의 복락의 강물을 마시게 하시리이다" 합니다. 그러므로 주님께서는 "내가 문이니 누구든지 나로 말미암아 들어가면 구원을 받고 또는 들어가며 나오며 꼴을 얻으리라"(요 10:9)하시는 것입니다.

"꼴과 생수, 살진 것과 복락의 강물"이 신약에 이르러서는, "내가 진실로 진실로 너희에게 이르노니 인자의 살을 먹지 아니하고 인자의 피를 마시지 아니하면 너희 속에 생명이 없느니라 내 살을 먹고 내 피를 마시는 자는 영생을 가졌고 마지막 날에 내가 그를 다시 살리리니 내 살은 참된 양식이요 내 피는 참된 음료로다"(요 6:53-55) 한 주님의 "살과 피"로 주어진 것입니다.

② 이점이 "내 영혼(靈魂)을 소생시키시고 자기 이름을 위하여 의의 길로 인도하시는도다"(3)한 진술에 나타납니다.

㉠ "내 영혼을 소생시키시고"한 표현에서 23편이 "살리는 것은 영이니 육은 무익하니라 내가 너희에게 이른 말이 영이요 생명이라"(요 6:63)함이 드러납니다. "허물과 죄로 죽었던" 영혼을 소생(蘇生)시키는 것이 최우선입니다. 이는 거듭남을 가리키는데 쌍가락지와 같은 22편의 구속을 통해서만이 가능해지는 것입니다. 영혼이 소생되어야 "푸른 초장, 쉴만한 물가, 의의 길로 인도"할 수 있기 때문입니다.

㉡ 그런데 "자기 이름을 위하여"라고 말씀한다는 점입니다. 이는 구원계획에는 하나님의 거룩하신 이름과 영예가 걸려있다는 점입니다. 그렇습니다. 하나님은 첫 창조를 마치시면서 "하나님이 지으신 그 모든 것을 보시니 보시기에 심히 좋았더라"(창 1:31) 하셨습니다.

그러나 창세기 3장에서 이것이 파괴당한 것입니다. 이때 하나님의 거룩하신 이름이 모독을 받으신 것입니다. 하나님의 구원계획, 즉 하나님의 나라건설에는 하나님의 거룩하신 이름과 영예가 걸려있다는 점을 명심한다는 점은 중요한 요점입니다. 왜냐하면 이를 인식하는 자만이 "먼저 그의 나라와 그의 의"를 구하는 하나님 중심이 되기 때문입니다. 이것이 "푸른 풀밭, 쉴만한 물가" 입니다.

둘째 단원(4–5) 사망의 골짜기와 주의 지팡이

> "내가 사망의 음침한 골짜기로 다닐지라도 해를 두려워하지 않을 것은 주께서 나와 함께 하심이라 주의 지팡이와 막대기가 나를 안위하시나이다"(4)

③ 첫째 단원이 "푸른 풀밭, 쉴만한 물가"라면, 둘째 단원은 전쟁(戰爭) 마당을 보여주고 있습니다. 이런 맥락에서 23편을 평화로운 전원(田園) 교향곡과 같은 것으로 여겨서는 큰일 납니다. 왜냐하면 "사망의 음침한 골짜기"를 만나게 되고, "원수"가 등장하기 때문입니다. 그러나 주의 인도함을 받는 사람은 안전할 수 있습니다.

㉠ 신앙생활이란 "푸른 풀밭, 쉴만한 물가"만 있는 것은 아닙니다. 때로는 "사망의 음침한 골짜기"도 통과해야 하고, 대적하는 "원수"도 만나게 되는 것입니다. 그러나 "두려워하지 않을 것은 주(목자 또는 대장)께서 나와 함께" 계시기 때문이라는 것입니다.

㉡ 이점을 84편에서는 "그들이 눈물 골짜기로 지나갈 때에 그곳에 많은 샘이 있을 것이며 이른 비가 복을 채워 주나이다"라고 진술하면서, "그들은 힘을 얻고 더 얻어 나아가 시온에서 하나님 앞에 각기 나타나리이다"(84:6-7)고 확신을 나타냅니다.

④ "주께서 내 원수의 목전에서 내게 상을 차려주시고 기름을 내 머리에 부으셨으니 내 잔이 넘치나이다"(5) 합니다.

㉠ "상(床)을 차려주시고" 한 것은 잔치상을 가리킵니다. 이는 대적과 싸워 승리를 거둔 후에야 주어지는 것입니다. 창세기 14장에 보면 아브라함이 대적을 물리치고 사로잡혀갔던 자들을 찾아오자 멜기세덱이 "떡과 포도주"를 가지고 맞이하면, "천지의 주재이시요 지극히 높으신 하나님이여 아브라함에게 복을 주옵소서 너의 대적을 네 손에 붙이신 지극히 높으신 하나님을 찬송할지로다"(창 14:19-20)하는 것을 보게 됩니다. 이것이 "상을 베푸심"입니다.

㉡ "기름으로 내 머리에 부으셨으니"하는 것은 잔치 날에 귀빈에게 베푸는 최고의 예우인데 그래서 "내 잔이 넘치나이다" 하는 것입니다. 이점을 사도 바울은 "이제 후로는 나를 위하여 의의 면류관이 예비되었으므로 주 곧 의로우신 재판장이 그 날에 내게 주실 것이며 내게만 아니라 주의 나타나심을 사모하는 모든 자에게도니라"(딤후 4:8)고 진술하는데, 이는 표현만 다를 뿐 같은 뜻을 나타냅니다. 형제는 그 날에 주님이 베푸신 잔치상에 앉아서 넘치는 잔을 받으시게 될 하나님의 자녀요, 병사인 것입니다.

셋째 단원(6) 영원히 거할 여호와의 집

"내 평생에 선하심과 인자하심이 반드시 나를 따르리니 내가 여호와의 집에 영원히 살리로다"(6)

⑤ 23편은 "여호와의 집"으로 마치고 있습니다. 이는 한 절에 불과하지만 23편의 결론이 되는 중요한 의미가 있습니다.

㉠ 이는 성도들이 지향하는 궁극적인 목적지(目的地)가 어디인가를 나

타냅니다. 그것은 푸른 풀밭도 쉴만한 물가도 아닙니다. 사망의 음침한 골짜기를 만난다 해도 낙심하지 말 것은 이는 통과(通過)해야 할 과정(過程)에 불과하기 때문입니다.

ⓛ 23편을 구속사의 지평으로 바라보면 한 성도가 여호와의 집에 이르기까지의 여정(旅程)을 압축해놓은 "천로역정"(天路歷程)이라 할 수 있습니다.

㉮ 영혼이 소생(거듭남)됨으로 시작된 그의 신앙 여정은

㉯ 어린아이와 같을 때는 "푸른 풀밭, 쉴만한 물가"에 누워있는 어린 양과 같이 젖으로 양육함을 받게 됩니다.

㉰ 그러나 20세 이상으로 싸움에 나갈 만큼(민 1:3) 성장하고 훈련이 되면 "사망의 음침한 골짜기"와 같은 전쟁터로 출정하여 지옥으로 끌려가는 다른 영혼을 구원하기 위하여 "원수" 마귀와 선한 싸움을 싸우지 않으면 안 됩니다.

㉱ 이런 고난을 통과한 후에 "원수의 목전(目前)에서 상을 차려주시고 기름을 내 머리에 부으셨으니"한 위로와 후대하심이 있게 되어

㉲ 드디어 "내가 여호와의 집에 영원히 살리로다"한 영원한 영광에 참여하게 되는 것입니다.

ⓒ "내 평생에 선(善)하심과 인자(仁慈)하심"으로 대해주시지 않는다면 이를 감당할 자가 누구이겠는가? 또한 "주께서 나와 함께 하시기" 때문에 승리하게 되는 것입니다. 이점을 계시록에서는 "그들이 어린 양과 더불어 싸우려니와 어린 양은 만주의 주시요 만왕의 왕이시므로 그들을 이기실 터이요 또 그와 함께 있는 자들 곧 부르심을 받고 택하심을 받은 진실한 자들도 이기리로다"(계 17:14) 합니다.

ⓔ 23편을 마치기 전에 마지막으로 명심할 점은 구원계획에는 "자기 이름을 위하여"(3)라 한 여호와의 이름과 명예가 걸려있다는 점입니다. 이를 통해서 두 가지 주제를 깨닫게 되는데,

㉮ 첫째는 "내가 그들에게 영생을 주노니 영원히 멸망하지 아니할 것이요 또 그들을 내 손에서 빼앗을 자가 없느니라"(요 10:28)하신 구원의 확실성입니다. 왜냐하면 만일 중도에 빼앗긴다든가 미완성에 그친다면 "자기 이름" 곧 여호와의 명예에 손상을 가져오기 때문에 그런 일은 절대로 없을 것입니다.

㉯ 둘째는 그리스도인들에게는 "하나님의 이름, 그리스도의 이름"이 걸려있다는 정체성(identity)입니다. 이점을 사도 바울은 "우리 중에 누구든지 자기를 위하여 사는 자가 없고 자기를 위하여 죽는 자도 없도다 우리가 살아도 주를 위하여 살고 죽어도 주를 위하여 죽나니 그러므로 사나 죽으나 우리가 주의 것이로다"(롬 14:7-8)고 말씀합니다. 이것이 "영원한 집으로 인도하시는 선하신 목자"입니다.

적용 : 23편은 한 영혼이 여호와의 집에 이르기까지의 여정을 말해줍니다. 그리고 여기에는 "자기 이름" 곧 여호와의 이름과 명예가 걸려있습니다. 형제는 푸른 풀밭 쉴만한 물가에 안주하기를 바라고 있지 않습니까? 사망의 음침한 골짜기에 죽어가는 영혼들이 있다는 점을 잊지 맙시다. 선한 싸움을 싸운 후에야 주께서 베풀어주시는 "상"에 참여할 수 있는 것입니다.

묵상

㉠ 구약의 목자가 신약에는 누구로 오셨는가에 대해서

㉡ 양에게 있어서 목자가 어떤 의미가 있는가에 대해서

㉢ 목자와 "원수"가 등장하고 있다는 것은 무엇을 말해주고 있는가에 대해서.

시편 24편 개관도표

주제 : 영광의 왕이 들어가시리로다

영광의 왕 앞에 설 자

1-6

1 ① 땅과 거기에 충만한 것과 세계와 그 가운데에 사는 자들은
다 여호와의 것이로다

2 여호와께서 그 터를 바다 위에 세우심이여 강들 위에 **건설하셨도다**

3 ② **여호와의 산에 오를 자 누구며**
그의 거룩한 곳에 설 자가 누구인가

4 곧 손이 깨끗하며 마음이 청결하며 뜻을
허탄한데에 두지 아니하며
거짓 맹세하지 아니하는 자로다

5 ③ **그는 여호와께 복을 받고 구원의 하나님께 의를 얻으리니**

6 이는 여호와를 찾는 족속이요 야곱의
하나님의 얼굴을 구하는 자로다(셀라)

영광의 왕이 누구시냐

7-10

7 ④ **문들아 너희 머리를 들지어다** 영원한 문들아 들릴지어다
영광의 왕이 들어가시리로다

8 **영광의 왕이 누구시냐** 강하고 능한 여호와시요
전쟁에 능한 여호와시로다

9 ⑤ 문들아 너희 머리를 들지어다 영원한 문들아 들릴지어다
영광의 왕이 들어 가시리로다

10 **영광의 왕이 누구시냐 만군의 여호와께서**
곧 영광의 왕이시로다(셀라)

24편

영광의 왕이 들어가시리로다

[7] 문들아 너희 머리를 들지어다 영원한 문들아 들릴지어다
영광의 왕이 들어가시리로다.

24편은 오벧에돔의 집에 오랫동안 방치되어 있던 법궤를 다윗이 시온 산으로 옮겨올 때(삼하 6:12-17)에 지은 시로 인정되고 있습니다. 여호와께서는 법궤 위 두 그룹 사이 속죄소에서 "너와 만나고 네게 명령할 모든 일을 이르리라"(출 25:22) 하셨는데 그렇다면 법궤가 예루살렘으로 옮겨온다는 것은 다름 아닌 여호와께서 입성(入城)하심과 같았던 것입니다. 그래서 "문들아 너희 머리를 들라 영광의 왕이 들어가시리로다"(7)라고 말하는 것입니다.

그런데 본문은 두 가지 질문을 하고 있다는 점입니다.

㉮ "영광이 왕이 누구시냐"(8)하는 것과

㉯ "그의 거룩한 곳에 설 자가 누구인가"(3)하는 문제입니다.

이 두 질문은 불가분의 연관이 있는데, 왜냐하면 인류의 시조는 죄를 범함으로 의로우신 하나님 앞에서 추방당했기 때문입니다. 그러므로 구원계획에 있어서 가장 큰 난제(難題)는 추방을 당한 자들이 어떻게 하나님 앞으로 돌아갈 수 있는가 하는 문제인 것입니다. 본문은 이에 대한 해답을 제시해주고 있는데, "그는 여호와께 복을 받고 구원의 하나님께 의를 얻으리니"(5), 즉 의롭다 함을 얻는 것이 해답(解答)인 것입니다. 이것이 누구의 무엇으로 가능해지는가?

첫째 단원(1–6) **영광의 왕 앞에 설 자가 누구인가**
둘째 단원(7–10) **영광의 왕이 누구시냐**

첫째 단원(1–6) **영광의 왕 앞에 설 자가 누구인가**

"땅과 거기에 충만한 것과 세계와 그 가운데에 사는 자들은 다 여호와의 것이로다"(1),

① 다윗은 어떤 의도에서 천지만물이 여호와의 것이라고 선언하는가?

㉠ 지금 시온성에 입성(入城)하시는 "영광의 왕"이 창조주 하나님이시라는 점을 드러내기 위해서입니다. 그래서 "땅과 거기에 충만한 것과 세계와 그 가운데에 사는 자들은 다 여호와의 것", 즉 만물의 주인(主人)이 입성하신다고 진술하는 것입니다.

㉡ 이점이 "여호와께서 그 터를 바다 위에 세우심이여 강들 위에 건설

하셨도다"(2)라는 언급에 나타납니다.

그런데 이 언급을 문맥적으로 보면 이처럼 위대하신 영광의 왕이 들어가시니, "문들아 너희 머리를 들지어다"(7)하고, 7절로 연결(連結)되어야 자연스러운 것입니다.

② 그런데 주목할 점은 그 사이에 "여호와의 산에 오를 자가 누구며 그의 거룩한 곳에 설 자가 누구인가"(3)라고 묻는 말이 끼어 있다는 점입니다. 어떤 의도인가?

㉠ 다윗의 의중에는 하나님의 궤를 새 수레에 싣고 아비나답의 집을 나올 때 소들이 뛰므로 웃사가 궤를 붙들었다가 직사(直死)한 일(삼하 6:7)을 상기했을 것입니다. 다윗은 아론의 두 아들 나답과 아비후가 여호와께서 명하시지 않은 다른 불로 분향하다가 죽임을 당한 일도(레 10:2) 생각했을 것입니다.

㉡ 이런 맥락에서 구원계획에 있어서 풀어야 할 숙제(宿題)는 "내가 벗었으므로 두려워하여 숨었나이다"(창 3:10)한 원죄하에 있는 자들이 어떻게 하나님 앞에 설 수 있는가 하는 문제인 것입니다. 이점을 본문에서는 "여호와의 산에 오를 자가 누구며 그의 거룩한 곳에 설 자가 누구인가"(3)고 묻고 있는 것입니다. 이점을 신약성경에서는 "사람이 의롭게 되는 것이"(갈 2:16) 어떻게 가능한가고 묻고 있는 것입니다. 이 문제만 해결되면 의로우신 하나님 앞으로 나아가 하나님과 화목할 수 있고, 하나님과 함께 거하는 것도 가능하여지기 때문입니다. 이에 대해 베드로 사도는 "그리스도께서도 단번에 죄를 위하여 죽으사 의인으로서 불의한 자를 대신하셨으니 이는 우리를 하나님 앞으로 인도하려 하심이라"(벧전 3:18)하고, 그리스도께서 대속제물이 되어주신 목적(目的)이 우리를 하나님 앞으로 인도하려 하심이라고 말씀합니다.

ⓒ 이런 맥락에서 "곧 손이 깨끗하며 마음이 청결하며 뜻을 허탄한데에 두지 아니하며 거짓 맹세하지 아니하는 자로다"(4)한 말씀을 행위 구원을 말하는 양 여겨서는 안 됩니다. "손이 깨끗하며"가 옳은 행실(行實)을 나타낸다면, "마음이 청결하다"는 것은 심령(心靈)상태를 가리키는 말인데, 이는 율법의 행위로는 불가능한 것입니다. 하나님은 "만물보다 거짓되고 심히 부패한 것은 마음이라 누가 능히 이를 알리요 마는 나 여호와는 심장을 살피며 폐부를 시험하고 각각 그의 행위와 그의 행실대로 보응하나니"(렘 17:9-10)하십니다. 자기 행위로 그 앞에 설 자가 있단 말인가?

③ 그러므로 이어지는 말씀은 "그는 여호와께 복을 받고 구원의 하나님께 의를 얻으리니"(5)하고 "하나님의 의"라는 언급입니다.

㉠ "의를 얻으리니" 한 "의"는 자기(自己) 의가 아니라, 하나님께서 자기 아들의 대속을 통해서 이루어주신 "하나님의 의"(롬 1:17, 3:21)입니다. 이점이 "구원의 하나님께 의를 얻으리니"한 "구원(救援)과 하나님의 의"가 결부되어 있는 점에 분명히 나타나는데 사도 바울도 "내가 가진 의는 율법에서 난 것이 아니요 오직 그리스도를 믿음으로 말미암은 것이니 곧 믿음으로 하나님께로부터 난 의라"(빌 3:9)고 진술합니다.

㉡ 자기 의가 아닌 "하나님의 의"이기에 "이는 여호와를 찾는 족속이요 야곱의 하나님의 얼굴을 구하는 자로다(셀라)"(6)하는 것입니다. "하나님의 얼굴을 구하는 자"라는 구속사적 의미가 무엇인가? "여호와는 그의 얼굴을 네게 비추사 은혜 베푸시기를 원하며"(민 6:25)한 비춤을 구하는 것을 의미합니다. 그리고 이 비추심이 "어두운 데에 빛이 비치라 말씀하셨던 그 하나님께서 예수 그리스도의 얼굴에 있는 하나님의 영광을 아는 빛을 우리 마음에 비추셨느니라"(고후

4:6)하고, 복음의 빛을 비쳐주심으로 성취된 것입니다.

㉢ "여호와의 산에 오를 자, 그 거룩한 곳에 설 자"란, "하나님께 의를 얻는 자" 뿐입니다. 이처럼 하나님께 의롭다함을 얻은 자는 "곧 손이 깨끗하며 마음이 청결하며 뜻을 허탄한 데에 두지 아니하며 거짓 맹세하지 아니하는"(4) 삶을 살기를 열망하는 자인 것입니다.

계시록 14:1절에서는 "어린 양이 시온 산에 섰고 그와 함께 십사만 사천이 서 있는데"라고 언급하면서 이들은 "사람 가운데에서 속량함을 받아 처음 익은 열매로 하나님과 어린 양에게 속한 자들"(계 14:4)이라 합니다. 다시 강조합니다만 "여호와의 산에 오를 자 누구며 그의 거룩한 곳에 설 자가 누구인가"(3), 그들은 땅에서 구속함을 받아 하나님의 의를 얻은 자(5)들뿐입니다.

둘째 단원(7-10) 영광이 왕이 누구시냐

"문들아 너희 머리를 들지어다 영원한 문들아 들릴지어다 영광의 왕이 들어가시리로다"(7)

④ 그런 후에 여기 주목하게 되는 것은, 첫 번은 "문들아" 했다가 다음 연에서는 "영원한 문들아"고 "영원한 문"이라고 말씀한다는 점입니다. 그러면 "영원한 문"이 있다는 말인가?

㉠ 세상 나라에는 "영원도, 영원한 문들"이란 없는 것입니다. 이는 하나님께서 다윗에게 "네 집과 네 나라가 내 앞에서 영원(永遠)히 보전되고 네 위가 영원(永遠)히 견고하리라"(삼하 7:16)하신 메시아언약과 결부되는 표현입니다.

㉡ "영광의 왕이 누구시냐 강하고 능한 여호와시요 전쟁에 능한 여호

와시로다"(8) 합니다. "영광의 왕이 누구시냐"고 묻고 있는데, 형제는 "영광의 왕"이 누군지 알고 있습니까? "강하고 능한 여호와시요 전쟁에 능한 여호와시로다"한 그 분이 누구로 오셨는지 말해줄 수 있습니까? "전쟁에 능한 여호와"라는 묘사를 구속사의 맥락으로 보면 "뱀의 머리를 상하게 하고" 우리를 구원하여 주실 "여자의 후손"을 가리키는 것이 됩니다.

ⓒ 이점을 이사야 선지자는 "한 아기가 우리에게 났고" 하면서, "그의 이름은 기묘자라 모사라 전능하신 하나님이라 영존하시는 아버지라 평강의 왕이라 할 것임이라"(사 9:6) 합니다. 본문은 이를 알게 하기 위해서, "영광의 왕이 누구시냐"라고 묻고 있는 것입니다. 본문의 "성소"와 예루살렘으로 입성하는 "법궤"는 그리스도에 대한 명백한 모형인 것입니다. 그러므로 학자들은 이 시(詩)가,

> 하나님께서 즐거운 함성 중에 올라가심이여
> 여호와께서 나팔소리 중에 올라가시도다
> 찬송하라 하나님을 찬송하라
> 찬송하라 우리 왕을 찬송하라(47:5-6)

한 47편과 맥을 같이 하는 것으로 보고 있습니다. 즉 "죽음의 세력을 잡은 자 곧 마귀를 멸하시며 또 죽기를 무서워하므로 한평생 매여 종 노릇하는 모든 자들을 놓아주시고"(히 2:14-15), 부활 승천하시는 그리스도에 대한 예표로 보고 있는 것입니다.

⑤ 24편은 "문들아 너희 머리를 들지어다 영원한 문들아 들릴지어다 영광의 왕이 들어가시리로다 영광의 왕이 누구시냐 만군의 여호와께서 곧 영광의 왕이시로다(9-10)고 자문자답하듯 마치고 있습니다.

24편을 통해서 "시온의 딸아 크게 기뻐할지어다 예루살렘의 딸아 즐거이 부를지어다 보라 네 왕이 네게 임하시나니 그는 공의로우시며 구원을 베푸시며 겸손하여서 나귀를 타시나니 나귀의 작은 것 곧 나귀 새끼니라"(슥 9:9)한 예루살렘에 입성하시는 우리의 왕 그리스도를 바라본다는 것은 너무나 합당한 것입니다. 이것이 "영광의 왕이 들어가시리로다"입니다.

적용 : 주님은 "볼지어다 내가 문 밖에 서서 두드리노니"(계 3:20) 하십니다. 형제의 마음 문은 영광의 왕을 모셔드리기 위하여 활짝 열려 있습니까? 그리고 영광의 왕을 맞이하여 거룩한 곳에 서도록 "하나님의 의"를 받아 입었다는 복음진리에 확고하게 서 있습니까?

묵상

㉠ 구속사의 맥락에서 영광의 왕이 누군가에 대해서

㉡ 거룩한 곳에 설 자가 어떠한 자인가에 대해서

㉢ 이 시편의 궁극적인 성취가 언제 이루어질 것인가에 대해서.

시편 25편 개관도표

주제 : 여호와를 경외하는 자 누구냐

주를 우러러보는 자	1-7	
	1	① **여호와여 나의 영혼이 주를 우러러보나이다**
	2	나의 하나님이여 내가 주께 **의지하였사오니** 나로 **부끄럽지 않게** 하시고 **나의 원수들이** 나를 이겨 개가를 부르지 못하게 하소서
	3	**주를 바라는 자들은 수치를 당하지 아니하려니와** 까닭없이 속이는 자들은 **수치를 당하리이다**
	4	② **여호와여 주의 도를 내게 보이시고 주의 길을 내게 가르치소서**
	5	**주의 진리로 나를 지도하시고** 교훈하소서 주는 **내 구원의 하나님이시니** 내가 종일 **주를 기다리나이다**
	6	③ **여호와여 주의 긍휼하심과 인자하심이** 영원부터 있었사오니 주여 이것들을 기억하옵소서
	7	**여호와여 내 젊은 시절의 죄와 허물을** 기억하지 마시고 **주의 인자**하심을 따라 주께서 나를 기억하시되 **주의 선하심으로** 하옵소서
언약과 증거를 지키는 자	8-15	
	8	④ **여호와는 선하시고 정직하시니** 그러므로 그의 도로 죄인들을 **교훈하시리로다**
	9	온유한 자를 정의로 지도하심이여 온유한 자에게 **그의 도를 가르치시리로다**
	10	⑤ **여호와의 모든 길은 그의 언약과 증거를 지키는 자에게 인자와 진리로다**
	11	**여호와여 나의 죄악이 크오니** 주의 이름으로 말미암아 사하소서
	12	**[여호와를 경외하는 자 누구냐]** 그가 택할 길을 그에게 **가르치시리로다**
	13	그의 영혼은 평안히 살고 그의 자손은 땅을 상속하리로다
	14	⑥ **여호와의 친밀하심이 그를 경외하는 자들에게 있음이여** 그의 **언약을 그들에게 보이시리로다**
	15	내 눈이 **항상 여호와를 바라봄은** 내 발을 그물에서 벗어나게 하실 것임이로다
속량을 바라는 자	16-22	
	16	⑦ 주여 나는 **외롭고 괴로우니** 내게 돌이키사 나에게 **은혜를 베푸소서**
	17	내 마음의 근심이 많사오니 나를 고난에서 **끌어내소서**
	18	나의 곤고와 환난을 보시고 내 모든 **죄를 사하소서**
	19	⑧ **내 원수를 보소서 그들의 수가** 많고 나를 심히 미워함이니이다
	20	내 영혼을 지켜 나를 구원하소서 내가 주께 피하오니 수치를 당하지 않게 하소서
	21	내가 주를 바라오니 성실과 정직으로 나를 **보호하소서**
	22	⑨ **[하나님이여 이스라엘을 그 모든 환난에서 속량하소서]**

25편

여호와를 경외하는 자 누구냐

[12] 여호와를 경외하는 자 누구냐 그가 택한 길을 그에게 가르치시리로다.

25편은 각 절의 머리글자를 히브리어의 알파벳 순서로 시작한, 말하자면 가나다 순서의 시(詩)입니다. 내용은 동일하게 가나다 시로 되어있는 119편의 축소판이라 할 수 있습니다. 그러므로 어떤 줄거리가 있는 시편이 아니라 평생을 경건에 이르기를 훈련한 나이 많은(7) 다윗의 경건성의 일면을 보여주고 있다 하겠습니다.

중심점은 "여호와를 경외하는 자 누구냐"(12)에 있고, 핵심은 "이스라엘을 그 모든 환난에서 속량하소서"(22)한 "속량"에 있습니다. 도표에 표시된 대로 "여호와"라는 말이 열 번이나 등장하는데, "여호와 경외하는 자 누구냐"를 중심으로 여호와를 경외하는 자란, "주를 우러러 보는 자"(첫째 단원)요, "언약과 증거를 지키는 자"(둘째 단원)요, "속량을 바라는 자"(셋째 단원)라고 말씀합니다. 25편의 구조(構造)는 하나님의 성품을 진술하는 둘째 단원을 중심으로, 첫째와 셋째 단원이 간구하는 기도로 되어있다는 점을 유념하시기 바랍니다.

첫째 단원(1–7) **주를 우러러 보는 자**
둘째 단원(8–15) **언약과 증거를 지키는 자**
셋째 단원(16–22) **이스라엘의 속량을 바라는 자**

첫째 단원(1–7) **주를 우러러 보는 자**

"여호와여 나의 영혼이 주를 우러러보나이다"(1)

① 25편은 기도로 시작됩니다.

㉠ "여호와를 경외하는 자"는 주를 우러러보는 자입니다. 123편에서도,

하늘에 계시는 주여
내가 눈을 들어 주께 향하나이다
여주인의 손을 바라보는
여종의 눈 같이 우리의 눈이
여호와 우리 하나님을 바라며
우리에게 은혜 베풀어 주시기를 기다리나이다(123:1–2).

㉡ 또한 여호와를 경외하는 자는 "나의 하나님이여 내가 주께 의지하였사오니 나를 부끄럽지 않게 하시고 나의 원수들이 나를 이겨 개가

를 부르지 못하게 하소서"(2)하는 자입니다.

㉮ 3절에서도 "주를 바라는 자들은 수치를 당하지 아니하려니와 까닭 없이 속이는 자들은 수치를 당하리이다" 말씀하고

㉯ 20절에서도 "내 영혼을 지켜 나를 구원하소서 내가 주께 피하오니 수치를 당하지 않게 하소서" 하고 "부끄러움, 수치"라는 말이 강조되어 있는데, "부끄러움, 수치"를 모욕 정도로 여겨서는 아니 됩니다. 다니엘서에서는 "땅의 티끌 가운데에서 자는 자 중에서 많이 사람이 깨어나 영생을 받는 자도 있겠고 수치를 당하여서 영원히 부끄러움을 당할 자도 있을 것이며"(단 12:2)라고 영생을 얻는 자가 있는가 하면 이와는 대조적으로 영원히 부끄러움을 당할 자, 즉 멸망 당할 자도 있을 것이라 말씀합니다.

ⓒ 이 점에서 다윗의 시편에는 "원수"가 자주 등장한다는 점입니다. 이미 살펴본, 3:7, 5:8, 6:10, 7:5, 8:2, 9:3,6, 13:2,4, 17:9, 18:3,17,37,40,48, 21:8, 23:5, 25:2,19절 등에 등장합니다. "경건"이 주제인 본문에도 두 번(2,19) 등장합니다. 이 "원수"는 다윗의 사적인 원수가 아니라 "하나님의 원수가 곧 나의 원수"(139:20,22)라고 말합니다. 그러므로 시편의 배경들도 바울이 고백한 대로 선한 싸움을 싸우면서 기록한 전쟁(戰爭) 마당임을 말해줍니다.

ⓓ 그런데 "내 원수를 보소서 그들의 수가 많고 나를 심히 미워하나이다"(19) 합니다. 그러므로 다윗이 가장 고심한 문제는 "나의 원수들이 나를 이겨 개가를 부르지 못하게 하소서"(2하)하는 점입니다. 13편에서도 "원수가 나를 치며 자랑하기를 어느 때까지 하리이까(2), 두렵건대 나의 원수가 이르기를 내가 그를 이겼다 할까 하오며"(4)하고, 이점을 가장 두려워하였던 것입니다. 왜냐하면 자신의 고통이나 명예 때문이 아니라, 자신에게 주어진 여호와 하나님의 거룩하신 이름이 모독을 받으시게 되기 때문인 것입니다. 이것이 여호와를 경외하는 자의 특성입니다.

② 또한 여호와를 경외하는 자는 "여호와여 주의 도를 내게 보이시고 주의 길을 내게 가르치소서"(4)하는 자입니다.

㉠ "주의 진리로 나를 지도(指導)하시고 교훈(敎訓)하소서 주는 내 구원의 하나님이시니 내가 종일 주를 기다리나이다"(5)하는 자입니다. 이 점에서 주목할 점은 "주의 진리와 구원의 하나님"이 결부되어 있다는 점입니다. 그렇다면 다윗이 알기를 사모한 "주의 도(道), 주의 길, 주의 진리"(眞理)란 "내가 곧 길이요 진리요 생명이니 나로 말미암지 않고는 아버지께로 올 자가 없느니라"(요 14:6)하신 그리스도를 바라는 것이 됩니다.

㉡ "내게 보이시고, 가르치소서(4), 지도하시고, 교훈하소서"(5) 합니다. 이것이 "여호와를 경외하는 자"입니다.

③ 이런 맥락에서 여호와를 경외하는 자란 "여호와여 주의 긍휼(矜恤)하심과 인자(仁慈)하심이 영원부터 있었사오니 주여 이것들을 기억하옵소서"(6)하고 "주의 긍휼과 인자"를 기대하는 자입니다.

㉠ 그래서 "여호와여 내 젊은 시절의 죄와 허물을 기억하지 마시고"(7상)하고, 여호와를 경외하는 자는 하나님 앞에 자신이 죄인(罪人)임을 항상 고백하는 자입니다. 노년이 된 다윗의 가슴에 한이 맺히도록 후회스런 그런 "젊은 시절의 죄와 허물"이 무엇이겠는가? 첫째로 생각하게 되는 것이 밧세바를 범하고, 충신 우리아를 죽음에 몰아넣은 일일 것입니다.

그렇다면 "기억하지 말아 달라"는 뜻이 무엇인가? "허물의 사함을 받고 자신의 죄가 가려진 자는 복이 있도다 마음에 간사함이 없고 여호와께 정죄를 당하지 아니하는 자는 복이 있도다"(32:1-2)한 "가려지고, 정죄를 당하지 않는" 자라는 뜻이 됩니다.

ⓛ 이것이 어떻게 가능하여지는가? 결론에 이르러서 "속량하소서"(22) 한 속량을 통해서만이 가능하여지는데 구약시대는 그림자로 신약시대는 실체로 속량하여주셨던 것입니다. 이점이 "주의 인자(仁慈)하심을 따라 주께서 나를 기억하시되 주의 선(善)하심으로 하옵소서"(하 7)한 말씀에 분명히 나타납니다.

다윗은 7절 한 절 안에서 "기억하지 마시고, 기억하옵소서"라고, 상반(相反)된 호소를 하고 있는데, "죄와 허물"은 기억하지 마시고, 나를 "인자하심을 따라", 즉 "의롭다"고 기억해달라는 뜻입니다.

ⓒ 이점을 로마서는 해설하기를 "불법이 사함을 받고 죄가 가리어짐을 받는 자는 사람들은 복이 있고 주께서 그 죄를 인정하지 아니하실 사람은 복이 있도다"(롬 4:7-8) 합니다. 성경은 말씀합니다. "또 그들의 죄와 그들의 불법을 내가 다시 기억하지 아니하리라 이것들을 사하셨은즉 다시 죄를 위하여 제사드릴 것이 없느니라"(히 10:17-18). 이것이 "주를 우러러 보는 자"입니다.

둘째 단원(8–15) 언약과 증거를 지키는 자

"여호와는 선하시고 정직하시니 그러므로 그의 도로 죄인들을 교훈하시리로다"(8)

둘째 단원 안에는 "언약"(言約)이란 말이 두 번(10,14) 등장하는데,

㉠ 하나님께서는 "언약을 그들에게 보이시리로다"(14), 즉 언약을 세워주시고

ⓛ 여호와를 경외하는 자는 "언약과 증거를 지키는 자"(10)라고 말씀합니다. 여기에 25편의 핵심이 있습니다.

④ 왜냐하면 "언약"을 세워주심이 없다면 하나님과의 관계도 믿음도 성립되지 않기 때문입니다. 그러므로 여호와를 경외하는 자란 언약(言約)하신 바를 반드시 지켜주실 것을 진심으로 믿는 자입니다. "언약"을 믿기에 "증거"(10)를 지킬 수 있는 것입니다.

㉠ 하나님은 언약을 세워주시는 것으로 그치는 것이 아니라 그 도(道)로 교훈하시고, "온유한 자를 정의로 지도(指導)하심이여 온유한 자에게 그의 도를 가르치시리로다"(9)하고 "교훈하시고, 가르쳐주시는" 하나님이시라고 말씀합니다.

㉡ 4절과 5절에서도 "가르치소서, 지도하시고, 교훈하소서" 했습니다. 그러므로 여호와를 경외하는 자는 주의 도를 배우기를 사모하는 자입니다. 바울은 디모데에게 "네가 네 자신과 가르침을 살펴 이 일을 계속하라 이것을 행함으로 네 자신과 네게 듣는 자를 구원하리라"(딤전 4:16)한 것입니다. 다윗은 "교훈 · 지도 · 가르침" 받기를 얼마나 열망하고 있는지요.

㉢ 그래서 "여호와를 경외하는 자 누구냐 그가 택할 길을 그에게 가르치시리로다"(12)하는 것입니다. 성경에는 "아담아 네가 어디 있느냐"(창 3:9)하는 것으로부터 시작하여 질문(質問)하는 말씀이 자주 등장하는데 이는 하나님께서 모르셔서 묻는 것이 아니라 자신을 돌아보게 하기 위해서입니다.

⑤ "여호와의 모든 길은 그의 언약과 증거를 지키는 자에게 인자와 진리로다"(10) 합니다.

㉠ 10절 안에는 핵심적인 주제들이 들어있는데, 그것은 "언약 · 증거 · 인자와 진리"라는 주제입니다.

㉮ 첫째로 여호와를 경외하는 자란 "언약(言約)과 증거(證據)를 지키는 자"라는 것입니다. 하나님과의 관계는 언약의 관계요, 언약

을 믿는 믿음의 관계입니다. 그리고 그의 믿음이 산 믿음인가? 죽은 믿음인가 하는 것은 "증거"를 지키는 여부로 나타나는 것입니다.

㉯ 둘째로 하나님은 그에게 "인자와 진리"로 대해주신다는 것입니다. 하나님은 우리를 "인자"(仁慈) 즉 사랑만으로 구원하여 주신 것이 아니라, "진리"(眞理) 곧 의로우심으로 구원해주신 것입니다. 주님의 십자가에는 하나님의 사랑과 하나님의 의로우심이 동시에 나타난 것입니다.

㉡ 14절에서도 "언약"을 언급하는데, "여호와의 친밀하심이 그를 경외하는 자들에게 있음이여 그의 언약을 그들에게 보이시리로다 내 눈이 항상 여호와를 바라봄은 내 발을 그물에서 벗어나게 하실 것임이로다"(14-15) 합니다. 10절에는 "언약을 지키는 자"가 있고, 14절에서는 "언약을 보이시리로다"하는데 신앙생활에 있어서 "언약을 보이시는 것" 보다 더 귀한 축복이 있겠습니까. 왜 낙심을 하게 됩니까?

우리의 표적은 보이지 아니하며
선지자도 더 이상 없으며
이런 일이 얼마나 오랠는지
우리 중에 아는 자도 없나이다(74:9),

그래서 좌절하게 되는 것입니다. 어떠한 상황에서라도 "언약을 보여주시기만" 한다면 극복할 수 있는 것입니다. 아니 "우리가 환난 중에도 즐거워하나니 이는 환난은 인내를, 인내는 연단을, 연단은 소망을 이루는 줄 앎이로다"(롬 5:3-4)하고, 즐거워한다고 말씀합니다. 왜냐하면 보여주시는 언약에 대한 소망이 있기 때문입니다.

㉮ 14절에서 하나님은 자기를 경외하는 자에게 "친밀(親密)함"을 나타내시고,

㉯ 15절의 여호와를 경외하는 자는 "항상 여호와를 바라본"다고 말씀합니다. "친밀함과 바라봄", 여기에 만남이 이루어지는 것입니다. 이것이 "언약과 증거를 지키는 자"입니다.

ⓒ 이런 문맥에서 다윗은 "여호와여 나의 죄악이 크오니 주의 이름으로 말미암아 사하소서"(11) 합니다.

㉮ 7절에서 이미 "내 젊은 시절의 죄와 허물을 기억하지 마시고" 했습니다.

㉯ 18절에서 또다시 "내 모든 죄를 사하소서" 합니다.

㉰ 그런데 자신을 위해서가 아니라 자신이 더럽힌 "주의 이름으로 말미암아 사해 달라"(11하), 주의 인자하심을 따라"(7중) 사해달라고 아룁니다. 이것이 여호와를 경외하는 자의 간구입니다.

⑥ "그의 영혼은 평안히 살고 그의 자손은 땅을 상속하리로다"(13) 합니다. 먼저 "그의 영혼은 평안히 살고"라는 말씀인데, "육신의 생각은 사망이요 영의 생각은 생명과 평안이니라"(롬 8:6) 합니다. 그리고 "땅을 상속하리로다"한 것이 구약의 성도들에게는 약속의 땅 가나안을 주심같이 물리적으로 주어졌다면, 신약의 성도들에게는 "하늘에 속한 모든 신령한 복"(엡 1:3)으로 주어진다 하겠습니다.

셋째 단원(16-22) **이스라엘의 속량을 바라는 자**

"하나님이여 이스라엘을 그 모든 환난에서 속량하소서"(22)

25편의 구조는 기도로 시작하여 기도로 마치는 구조인데,

내용은 "나의 영혼"(1)의 문제에서, "그의 자손"(13)의 문제로 그리고 "나"로 시작하여 "이스라엘을 그 모든 환난에서 속량하소서"(22)한 나라 즉 교회로 확장이 되는 구조라는 점을 놓치지 마시기 바랍니다.

⑦ "주여 나는 외롭고 괴로우니 내게 돌이키사 나에게 은혜를 베푸소서"(16) 합니다. 여호와를 경외하는 자는 나그네 세상에서는 "외롭고 괴로운" 사람일 수 있습니다. 그래서 "내 마음의 근심이 많사오니 나를 곤난에서 끌어내소서 나의 곤고와 환난을 보시고 내 모든 죄를 사하소서"(17-18)하는 것입니다.

⑧ 그러므로 이어지는 말씀은 필연적으로, "내 원수를 보소서 그들의 수가 많고 나를 심히 미워하나이다"(19)한 "원수"입니다.

25편도 "여호와를 경외하는 자"와 이를 대적하는 "원수"의 두 부류, 두 진영이 대치하는 구도를 대하게 됩니다. "그들이 많고 나를 심히 미워한다"라고 진술합니다. 그리하여 첫째 단원에서 간구(2)한 "내 영혼을 지켜 나를 구원하소서 내가 주께 피하오니 수치를 당하지 않게 하소서 내가 주를 바라오니 성실과 정직으로 나를 보호하소서"(20-21)하고 재차 간구합니다.

⑨ 그런데 25편은 여기서 그치는 것이 아니라, 결론을 "하나님이여 이스라엘을 그 모든 환난에서 속량하소서"(22)하고 "이스라엘과 속량"이라는 주제로 마치고 있다는 점입니다.

㉠ "이스라엘"이란 구약교회를 가리키는 말인데, 시편에 등장하는 다윗은 사인(私人)이 아니라 이스라엘을 대표하는 자로서 "여호와의 싸움

을 싸우는"(삼상 25:28) 전사(戰士)인 것입니다. 그래서 "그의 나라와 그의 의를 구하고"있는 것입니다.

㉡ "이스라엘을 속량하소서" 하고 "속량"을 말씀하고 있는데, 신약성경에서는 "우리는 이 사람이 이스라엘을 속량할 자라고 바랐노라"(눅 24:21)하는 말을 듣게 됩니다. 주님은 그들이 바라고 기다린 대로 "구속자"로 오셨습니다. 다만 그들은 "이스라엘 나라를 회복하심이 이 때니이까"(행 1:6)하고 민족적이고 정치적인 속량을 바라고 있었으나, 주님은 "내 나라는 이 세상에 속한 것이 아니라, 내가 이를 위하여 태어났으며 이를 위하여 세상에 왔나니 곧 진리에 대하여 증언하려 함이로다"(요 18:37)하신 이것이 다른 것입니다.

㉢ 25편을 마치기 전에 놓치지를 말아야 할 점은 "주의 선하심으로 말미암아(7), 주의 이름으로 말미암아"(11)한 "말미암아"입니다. 모든 은혜는 이 "말미암아"에 연결되어 있는 것입니다.

㉮ 우리를 구원하여주심도 "주의 선하심으로 말미암아", 즉 "주의 구속으로 말미암은" 것입니다.

㉯ 또한 구원계획에는 "주의 이름으로 말미암아"(11)라고 한 주의 이름, 주의 영예가 결부되어 있다는 점을 명심해야 하겠습니다. 그러므로 시작하신 이가 이루실 것을 확신하게 되는 것입니다.

㉰ 신약성경은 "그리스도 예수 안에 있는 속량으로 말미암아 하나님의 은혜로 값없이 의롭다 하심을 얻은 자 되었느니라"(롬 3:24)

㉱ "우리 주 예수 그리스도로 말미암아 하나님과 화평을 누리자"(롬 5:1)하고 "말미암아"를 놓치지 않고 있습니다.

㉲ 이 "말미암아"(인하여)를 놓치게 되면, "너희는 그리스도에게서 끊어지고 은혜에서 떨어진 자로다"(갈 5:4)가 되기 때문입니다. 시편을 상고하는 내내 이 "말미암아"를 굳게 붙잡으시기 바

랍니다.

㉣ 25편이 "하나님이여 이스라엘을 그 모든 환난에서 속량하소서"하고 끝맺고 있다면, 신약의 성도들도 먼저 그의 나라와 그의 의를 구하여야 마땅하지 않겠습니까? 자신의 유익이나 명예를 위해서가 아니라 주의 이름, 주의 선하심으로 말미암아 그 분의 영광을 위하여, 원수로 나를 이기었다 개가를 부르게 해서는 안 되겠습니다. 이것이 "여호와를 경외하는 자"입니다.

적용 : 본문은 "여호와를 경외하는 자 누구냐"(12)하고 묻고 있습니다. 그림자로 주어진 가축을 드리던 구약시대 성도들보다 하나님의 아들로 성취하여 주신 이후를 살아가는 신약의 성도들의 경건은 더욱 높은 단계에 있어야 마땅하지 않겠습니까? 여호와를 경외하는 자의 덕목 중에 형제에게 가장 취약한 부분이 어떤 점이라 여겨집니까?

묵상

㉠ 여호와를 경외하는 자는 어떤 자인지에 대해서

㉡ "언약과 증거, 인자와 진리"에 함의되어 있는 구속사적 의미에 대해서

㉢ 25편이 "이스라엘의 속량"으로 마치고 있다는 구속사적 의미에 대해서.

시편 26편 개관도표

주제 : 완전함에 행하는 자의 기도

살피시고 시험하사

1-5

1 **내가 나의 완전함에 행하였사오며**

① **흔들리지 아니하고** 여호와를 의지하였사오니 여호와여 **나를 판단하소서**

2 여호와여 나를 **살피시고 시험하사** 내 뜻과 **내 양심을 단련하소서**

3 ② **주의 인자하심이** 내 목전에 있나이다 내가 주의 **진리 중에 행하여**

4 허망한 사람과 같이 **앉지 아니하였사오니**

간사한 자와 **동행하지도 아니하리이다**

5 내가 행악자의 집회를 **미워하오니**

악한 자와 같이 **앉지 아니하리이다**

구속과 긍휼히 여기소서

6-12

6 ③ **여호와여 내가 무죄하므로** 손을 씻고

주의 제단에 두루 다니며

7 감사의 소리를 들려 주고 **주의 기이한 모든 일**을 이르리이다

8 여호와여 내가 **주의 계신 집과**

주의 영광이 머무는 곳을 사랑하오니

9 ④ **내 영혼을 죄인과 함께,** 내 생명을 살인자와 함께 거두지 마소서

10 그들의 손에 사악함이 있고 그들의 오른손에 뇌물이 가득하오나

11 **나는 나의 완전함에 행하오리** **나를 속량하시고 내게 은혜를 베푸소서**

12 내 발이 평탄한데 섰사오니 **무리 가운데에서 여호와를 송축하리이다**

26편

완전함에 행하는 자의 기도

2 여호와여 나를 살피시고 시험하사 내 뜻과 내 양심을 단련
하소서.

26편은 다윗이 자신을 죽이려고 추격하는 사울을 피할 때에 지은 시로 여겨집니다. 사울을 죽일 수 있는 결정적인 기회가 몇 번 주어졌으나 "옷자락"만을 베었을 뿐 "내가 손을 들어 여호와의 기름 부음 받은 자를 치는 것을 여호와께서 금하시나니"(삼상 26:11)하고 해하지를 않았습니다. 이점을 다윗은 "내가 나의 완전함에 행하였다"(1)라고 말하고 있는 것입니다.

그럼에도 불구하고 악령에 지배를 받는 사울은 다윗을 죽이려고 악랄하게 추격했습니다. 이럴 경우 "나의 완전함에 행하오리니 나를 속량하시고 내게 은혜를 베푸소서"(11)하고 하나님께 호

소하는 길 외에 다른 방법이 없었을 것입니다.

첫째 단원(1–5) **나를 살피시고 시험하소서**
둘째 단원(6–12) **속량하시고 은혜를 베푸소서**

첫째 단원(1–5) 나를 살피시고 시험하소서

"여호와여 나를 판단하소서 여호와여 나를 살피시고 시험하사 내 뜻과 내 양심을 단련하소서"(1하–2)

① 26편의 구조는 "내가 나의 완전함에 행하였사오며"(1상), 즉 "완전함에 행하였다"는 과거시제로 시작하여, "완전함에 행하오리니"(11)하는 미래시제로 마치는 구조(構造)입니다.

㉠ 그러니까 전에도 완전함에 행하도록 힘을 썼고, 앞으로도 완전함에 행하도록 노력하겠다는 것입니다. 성도들은 이런 기도 드리기를 사모해야 마땅합니다. 그런데 "완전하다" 함이 하나님 앞에 흠이 없다는 뜻이 결코 아닌 것입니다. 다윗도 이를 알았기에 하나님 앞에서는 "나를 속량하시고 은혜를 베푸소서"(11) 할 것밖에 없는 죄인임을 인식하고 있습니다. "완전함에 행했다"는 말이 무엇과 결부되어 있는가를 보십시오. "흔들리지 아니하고 여호와를 의지하였다"(1중)는 말과 결부되어 있습니다. 그러므로 이는 환난 중에서도 인간적인 수단 방법으로 행하려 하지 않고 전적으로 하나님만을 의지하고 심판을 하나님께 맡겼다는 뜻입니다.

㉡ 다윗은 사울에게 말하기를 "여호와께서는 나와 왕 사이를 판단(判斷)하사 여호와께서 나를 위하여 왕에게 보복하시려니와 내 손으로는 왕을 해하지 않겠나이다"(삼상 24:12)라고 말했습니다. 그래서

다윗은 "여호와여 나를 판단하소서 여호와여 나를 살피시고 시험하사 내 뜻과 내 양심을 단련하소서"(1하-2)하는 것입니다. 이를 현대인의 성경은 "여호와여 내가 흠 없이 살고 흔들림이 없이 주를 의지하였습니다 여호와여 나를 살피시고 시험하셔서 내 마음과 생각과 동기를 알아보소서"라고 번역하고 있습니다.

그러므로 경건하게 살기를 갈망하는 자는 "나를 살피시고, 시험하소서"하는 간구는 자주 드려야 할 기도입니다. 다윗은 139:23-24절에서도 "하나님이여 나를 살피사 내 마음을 아시며 나를 시험하사 내 뜻을 아옵소서 내게 무슨 악한 행위가 있나 보시고 나를 영원한 길로 인도하소서" 합니다. 이는 영적인 건강검진을 위하여 자신을 하나님 앞에 내어놓는 것을 뜻합니다.

② 다윗은 자신이 행하지 않기로 결단했던 일들(3-5)과 행하기를 사모했던 일들(6-8)을 진술하는데 먼저 행하지 않기로 결단한 일들입니다.

㉠ "주의 인자하심이 내 목전에 있나이다 내가 주의 진리 중에 행하여"(3)

㉮ "허망(虛妄)한 사람과 같이 앉지 아니하였사오니"

㉯ "간사한 자와 동행(同行)하지도 아니하리이다"(4)

㉰ "내가 행악자의 집회(集會)를 미워하오니"

㉱ "악한 자와 같이 앉지 아니하리이다"(5) 합니다.

㉡ 이는 1:1절의 "복 있는 사람은 악인들의 꾀를 따르지 아니하며 죄인들의 길에 서지 아니하며 오만한 자들의 자리에 앉지 아니하고" 한 말씀과 상통합니다. 한마디로 불의와 타협하지 않았다는 말인데 중심점은,

㉮ "주의 인자하심이 내 목전에 있고"

㉯ "내가 주의 진리(眞理) 중에 행했다"는데 있습니다.

ⓒ 우리는 주의 인자(仁慈)가 멀리 있는 양 느끼며 살아가고 있는데 다윗은 "내 목전(目前)에 있다"라고 말합니다. 문제는 "주의 인자"가 멀리 있기 때문이 아니라, 나 자신이 "진리 중에 행하지" 않기 때문인 것입니다. 그러므로 경건한 자는 "내가 나의 완전함에 행하였사오며, 나를 판단하소서(1), 나를 살피시고 시험하사 내 뜻과 내 양심을 단련하소서"(2)하고, 자주자주 자신을 성찰하는 사람인 것입니다.

둘째 단원(6-12) 속량하시고 은혜를 베푸소서

나는 나의 완전함에 행하오리니 나를 속량하시고 내게 은혜를 베푸소서"(11)

③ "여호와여 내가 무죄하므로 손을 씻고"(6상), 도표에 표시된 대로 먼저 행하지 않기로 결단을 한 일들을 말씀한 다윗은 6-8절에서 행하기를 사모한 점들을 진술합니다.

㉠ "손을 씻는다"는 것은 죄와 무관함을 나타내는 행위인데 이렇게 진술하는 다윗은 제사장들이 성소에 들어가기 전에 물두멍에서 손을 씻는 것을 생각했을 것입니다. 이점이 이어지는 말씀에 나타나는데,

㉮ "주의 제단에 두루 다니며"(6하)

㉯ "감사의 소리를 들려 주고"

㉰ "주의 기이한 모든 일을 말하리이다"(7)

㉱ "여호와여 내가 주께서 계신 집과"

㉲ "주의 영광이 머무는 곳을 사랑하오니"(8) 합니다. 이것이 다윗이 행하기를 사모한 일들입니다.

㉡ 다윗은 지금 주의 계신 집, 즉 성막과는 멀리 떨어져 이리저리 도

피하는 중에 있습니다. 다윗은 하루속히 주의 제단 앞에 나아가 주께서 자신에게 행하여주신 기이(奇異)한 일들을 진술하면서, 감사의 찬송을 부르기를 사모한다는 것입니다. 이것이 "주의 영광이 머무는 곳을 사랑하오니"(8)의 뜻입니다. 이러한 다윗의 소청이 무엇인가?

④ "내 영혼을 죄인과 함께, 내 생명을 살인자와 함께 거두지 마소서"(9)고 호소합니다.

㉠ 사울의 손에 죽지 않게 해달라는 것입니다. 그런데 9절 안에는 "함께"라는 말이 두 번 강조되어 있는데 다윗은 그들의 종말이 멸망임을 알기 때문입니다. 사울 왕의 종말을 말해주는 사무엘상 31장은 "죽으니라, 죽었더라"(삼상 31:5,6) 하고 모두가 죽는 것으로 끝나고 있습니다. 다윗은 자신을 그들과 "함께" 망하지 않게 해달라고 간구합니다. 이어지는 10-11절에는 "그들의 손에 사악함이 있고 그들의 오른손에 뇌물이 가득하다"(10)한 "그들"과 "나는 나의 완전함에 행하오리니"(11)한 "나"가 대조되어 있습니다. 이런 "구별(區別), 성별"(聖別)의 삶은 26편 전반에 나타나고 있습니다.

㉡ 26편에도 중심점은 결론부분에 나타나는데, "나는 나의 완전함에 행하오리니 나를 속량하시고 내게 은혜를 베푸소서"(11)라는 말씀입니다. "속량", 여기에 26편의 핵심이 있습니다.

㉮ 다윗은 결코 자신의 "완전함"(1,11)을 의지하거나 내세우고 있는 것이 아니라,

㉯ "속량하시고, 은혜를 베풀어"주시기만을 간구하고 있는 것입니다.

㉢ "흔들리지 아니하고"(1)하고 시작한 26편은 "내 발이 평탄한데 에 섰사오니"라는 언급으로 마치고 있는데, 이는 실족할 염려가 없는 안전지대에 있다는 뜻입니다. 다윗의 경우로는 사울의 포위망을 벗어났음을 뜻하는 것이겠으나, 그 발이 "평탄한데 설 수 있는 자"는

"속량과 은혜"를 베풀어주심을 받은 자 뿐입니다. 이것이 "완전함에 행하는 자의 간구"입니다.

적용 : 여호와를 경외하는 자는 "나를 살피시고 시험하사 내 뜻과 내 양심을 단련하소서"(2)하는 기도를 드리면서, "완전함에 행하기를" 사모하는 자입니다.

묵상

㉠ 다윗이 하지 않기로 결단한 일들이 무엇인지에 대해서
㉡ 행하기를 사모한 일들에 대해서
㉢ 26편의 구조와 핵심적인 말씀이 무엇인가에 대해서.

시편 27편 개관도표

주제 : 은혜 볼 것을 믿는 자의 기도

여호와 신뢰에서 오는 확신	1-6	
	1	① **여호와는 나의 빛이요 나의 구원이시니 내가 누구를 두려워 하리요** **여호와는 내 생명의 능력이시니 내가 누구를 무서워 하리요**
	2	② **악인들이 내 살을 먹으려고 내게로 왔으나** **나의 대적들, 나의 원수들인 그들은** 실족하여 넘어졌도다
	3	**군대가 나를 대적하여** 진 칠 지라도 **내 마음이 두렵지 아니하며** **전쟁이 일어나 나를 치려 할지라도 나는 여전히 태연하리로다**
	4	③ **내가 여호와께 바라는 한가지 일** 그것을 구하리니 곧 내가 내 평생에 **여호와의 집에 살면서** 여호와의 아름다움을 바라보며 그의 성전에서 사모하는 그것이라
	5	**여호와께서 환난 날에 나를** 그의 초막 속에 비밀히 **지키시고** 그의 장막 은밀한 곳에 나를 **숨기시며** 높은 바위 위에 **두시리로다**
	6	④ **이제 내 머리가 나를 둘러싼 내 원수 위에 들리리니** 내가 그의 장막에서 즐거운 제사를 드리겠고 노래하며 **여호와를 찬송하리로다**
주의 얼굴을 찾으라	7	⑤ **여호와여 내가 소리 내어 부르짖을 때에** **들으시고** 또한 나를 긍휼히 여기사 **응답하소서**
	8	**너희는 내 얼굴을 찾으라 하실 때에** 내가 마음으로 주께 말하되 **여호와여 내가 주의 얼굴을 찾으리이다** 하였나이다
	9	⑥ **주의 얼굴을 내게서 숨기지 마시고** 주의 종을 노하여 버리지 마소서 주는 나의 도움이 되셨나이다 나의 구원의 하나님이시여 나를 버리지 말고 떠나지 마옵소서
	10	내 부모는 나를 버렸으나 **여호와는 나를 영접하시리이다**
	11	여호와여 주의 도를 내게 **가르치시고** 내 원수를 생각하셔서 평탄한 길로 나를 **인도하소서**
	12	내 생명을 내 대적에게 맡기지 마소서 위증자와 악을 토하는 자가 일어나 나를 치려 함이니이다
은혜	13-14	
	13	⑦ **내가 산자들의 땅에서 여호와의 선하심을 보게 될줄 확실히 믿었도다**
	14	너는 **여호와를 기다릴지어다** 강하고 담대하며 **여호와를 기다릴지어다**

27편

은혜 볼 것을 믿는 자의 기도

1 여호와는 나의 빛이요 나의 구원이시니 내가 누구를 두려워하리요 여호와는 내 생명의 능력이시니 내가 누구를 무서워하리요.

27편도 다윗의 시인데 "여호와께서 환난 날에 나를 그의 초막 속에 비밀히 지키시고"(5)한 것을 보면, 어떤 "환난 날"에 지은 것으로 여겨집니다. 도표를 보시면 첫째 단원에서 "여호와는 나의 빛, 나의 구원, 내 생명의 능력"이라고 고백하면서 내가 누구를 무서워 하리요 합니다. 둘째 단원에서는 "내 얼굴을 찾으라" 하시니 "내가 주의 얼굴을 찾으리이다"하고 응답하면서, 셋째 단원에서는 "여호와의 선하심을 보게 될 줄 확실히 믿었도다"하고 확신을 나타냅니다.

구속사라는 맥락에서 "내 얼굴을 찾으라"는 주제는 중요한 의미가 있는 것입니다. 왜냐하면 원죄하에 있는 자들은 하나님 존전에서 추방을 당한 상태에 있고, 구약시대란 죄로 말미암아 얼굴을 가리셨던 시대이기 때문입니다. 이런 맥락에서 "내 얼굴을 찾으라"하심은 "구하라, 찾으라, 문을 두드리라"(마 7:7)하신 말씀과 결부되는 주제인 것입니다. 하나님께서는 가로막힌 휘장을 예수 그리스도의 대속을 통해서 열어서 복음의 빛으로 비춰주셨는데 이것이 "얼굴을 찾으라" 하신 구속사적 해답입니다. 그래서 다윗은 "선하심을 보게 될 줄 확실히 믿었도다"(13) 하면서, "너는 여호와를 기다릴지어다 강하고 담대하며 여호와를 기다릴지어다"(14)하는 소망과 확신으로 마치고 있는 것입니다.

첫째 단원(1–6) **여호와 신뢰에서 오는 확신**
둘째 단원(7–12) **너희는 내 얼굴을 찾으라**
셋째 단원(13–14) **선하심을 보게 될 것을 믿음**

첫째 단원(1–6) 여호와 신뢰에서 오는 확신

"여호와는 나의 빛이요 나의 구원이시니 내가 누구를 두려워하리요 여호와는 내 생명의 능력이시니 내가 누구를 무서워하리요"(1)

① 첫째 단원은 환난 중에서도 하나님을 신뢰하는 데서 오는 확신을 나타내는 내용입니다.

하나님을 "나의 빛 · 나의 구원 · 나의 생명"으로 고백하고 있는 것은 놀라운 통찰력입니다. 왜냐하면 이를 "여호와는 나의 반석이시요 나의 요새시요 나를 건지시는 자시요 나의 하나님이시요 나의 피할 바위시요 나의 방패시요 나의 구원의 뿔이시요 나의 산성이시로다"(18:2)한 고백과 대조해보십시오. 18편의 고백이 의문에 속한 구약적인 표현이라면 27편의 "나의 빛 · 구원 · 생명"이라 한 고백은 새 언약, 즉 복음적인 고백이기 때문입니다. 그러면 다윗이 증언한 하나님의 "빛 · 구원 · 생명의 능력"이 신약의 성도들에게는 어떤 방도로 임하게 되는가? "내가 세상의 빛이라(요 8:12), 내가 곧 생명의 떡이라"(요 6:35)하신 임마누엘로 임하게 되는 것입니다.

이 점에서 다시 상기시키면서 강조합니다만 시편들을 평면적(平面的)으로 취급하여 문자만을 본다면 신령한 것을 놓치게 되고, 시편은 한낱 교훈집으로 전락하게 된다는 점입니다. 시편을 기록한 다윗은 아브라함과 함께 하나님께로부터 메시아언약을 세움 받은 언약 당사자요 "선지자(창 20:7, 행 2:30)라고 말씀합니다. 그러므로 시편은 일반적인 예상과는 달리 영광스러움과 신령한 말씀이 농축되어있는 "밭에 감추인 보화"와 같은 것입니다.

② 27편에도 "악인들이 내 살을 먹으려고 내게로 왔으나 나의 대적들, 나의 원수들인 그들은 실족하여 넘어졌도다"(2)하고 "대적 · 원수"가 등장합니다.

㉠ "군대가 나를 대적하여 진 칠지라도 내 마음이 두렵지 아니하며 전쟁이 일어나 나를 치려 할지라도 나는 여전히 태연하리로다"(3) 합니다. 1-3절의 구도(構圖)는 "나"를 중심으로 한편에는 "나의 빛 · 구원 · 생명"이 되시는 여호와가 계시고, 반대편에는 "나의 대적, 원

수 된 행악자, 대적하는 군대, 해치려는 전쟁"등이 있는 구도입니다.

㉡ 그런데 다윗은 "내가 누구를 두려워하리요, 누구를 무서워하리요"(1) 합니다. 이는 소극적인 표현이고, 적극적으로는 "나는 여전히 태연하리로다"(3) 합니다. 다윗은 압살롬의 반역 때에도 "내가 누워 자고 깨었으니 여호와께서 나를 붙드심이로다 천만인이 나를 에워싸 진 친다하여도 나는 두려워하지 아니하리이다"(3:5-6)라고 말했습니다.

③ 이렇게 진술하면서 다윗은 "내가 여호와께 바라는 한 가지 일 그것을 구하리니"(4상) 하고, 한 가지 소원이 있다고 말하는데 그것이 무엇인가?

㉠ "곧 내가 내 평생에 여호와의 집에 살면서 여호와의 아름다움을 바라보며 그의 성전에서 사모하는 그것이라"(4하) 합니다. 이로 보건대 다윗은 지금 하나님의 전(殿)에서 멀리 떠나 있는 것으로 여겨집니다. 다윗은 압살롬의 반역 때에 언약궤를 메고 쫓아온 사독에게 "하나님의 궤를 성읍으로 도로 메어 가라 만일 내가 여호와 앞에서 은혜를 입으면 도로 나를 인도하사 내게 그 궤와 그 계신 데를 보이시리라"(삼하 15:25)고 말했습니다.

그러므로 다윗이 사모하는 중요한 요점은 "언약궤 · 성막"이 아니라 그곳에 임재하시는 하나님 자신인 것입니다. 그러므로 앙망하겠다는 "여호와의 아름다움"은 건물이 아니라, 하나님의 말씀 곧 하나님과의 아름다운 교제를 가리키는 것이 됩니다.

㉡ 이점이 "여호와께서 환난 날에 나를 그의 초막 속에 비밀히 지키시고 그의 장막 은밀한 곳에 나를 숨기시며 높은 바위 위에 두시리로다"(5)한 말씀에 나타납니다. 형제는 "그의 장막 은밀한 곳에 나를 숨기시며" 한 구체적인 의미가 무엇인지 알고 있습니까?

㉮ 하나님의 "언약 안에" 거하는 것을 의미합니다. 이것이 신약

의 성도들에게는 "예수 그리스도 안"이 "그 장막 은밀한 곳"인 것입니다.

㈏ 그리고 "비밀히 지키시고, 숨기시며" 한 표현들은 모두가 하나님과의 은밀한 교제를 나타내는 말인데, 특히 "장막 은밀한 곳"이란 누구도 감히 근접하지 못하는 지성소(至聖所)를 염두에 두고 한 말입니다.

지존자의 은밀한 곳에 거주하며
전능자의 그늘 아래에 사는 자여
나는 여호와를 향하여 말하기를 그는 나의 피난처요
나의 요새요 내가 의뢰하는 하나님이라 하리니
이는 그가 너를 새 사냥꾼의 올무에서와
심한 전염병에서 건지실 것임이로다
그가 너를 그의 깃으로 덮으시리니
네가 그의 날개 아래에 피하리로다 (시 91:1-4).

이 은밀한 교제가 신약의 성도들에게는 "네 골방에 들어가 문을 닫고 은밀한 중에 계신 네 아버지께 기도하라 은밀한 중에 보시는 네 아버지께서 갚으시리라"(마 6:6)하신 기도로 적용됩니다.

④ 그러므로 지금은 환난 중에 있으나, 그러나 "이제 내 머리가 나를 둘러싼 내 원수 위에 들리리니"(6상)하고 회복시켜주실 것이라는 확신을 나타냅니다. "머리를 들게 하신다"는 묘사는 승리(勝利)를 나타냅니다. 그러므로 3:3절에서는 "여호와여 주는 나의 방패시요 나의 영광이시요 나의 머리를 드시는 자이니이다" 합니다. 그러므로 "내가 그의 장막에서 즐거운 제사를 드리겠고

노래하며 여호와를 찬송하리로다"(6하) 즉, 그렇게 될 것을 믿는다는 소망을 말합니다.

둘째 단원(7-12) 너희는 내 얼굴을 찾으라

"내가 마음으로 주께 말하되 여호와여 내가 주의 얼굴을 찾으리이다"(8)

⑤ 둘째 단원은 하나님께 기도하는 내용인데, 다윗은 "여호와여 내가 소리 내어 부르짖을 때에 들으시고 또한 나를 긍휼히 여기사 응답하소서"(7)하며, 첫째 단원에서 신앙을 고백한 후에 기도를 드리고 있는 것입니다.

㉠ 그런데 하나님께서 응답하시기를 "너희는 내 얼굴을 찾으라" 하셨다는 것입니다. 그래서 "내가 마음으로 주께 말하되 여호와여 내가 주의 얼굴을 찾으리이다"(8)하고 화답하는 것입니다. 다시 강조합니다만

㉮ 하나님은 다윗에게 "내 얼굴을 찾으라" 말씀하시고

㉯ 다윗은 이에 화답하여 "내가 주의 얼굴을 찾으리이다"한다는 점입니다.

기도(祈禱)의 최우선순위는 청구서를 제시하듯 무엇을 요구하기 이전에 하나님의 얼굴을 구하는 것입니다. "거기서 내가 너와 만나고, 네게 명할 모든 일을 네게 이르리라"(출 25:22)하신 만남이 먼저입니다.

㉡ 이 점에서 "내 얼굴을 찾으라"(8)하신 말씀을 개인적인 기도로만 국한시킬 것이 아니라 구속사라는 지평으로 바라보아야 합니다. 왜냐

하면 엄밀한 의미에서 구약시대란 하나님께서 얼굴을 가리신 때이기 때문입니다. 그 점을 지성소를 가로막은 성막이 말해줍니다. 이사야 59:2절을 보십시오. "오직 너희 죄악이 너희와 너희 하나님 사이를 갈라놓았고 너희 죄가 그의 얼굴을 가리어서 너희에게서 듣지 않으시게 함이니" 합니다.

ⓒ 이런 맥락에서 "내 얼굴을 찾으라" 하심은 성막 휘장을 열어주시기를 구하라는 뜻이 함의되어 있는 것입니다. 이것이 본질적인 간구요 해결책인 것입니다. 이런 맥락에서 "내 얼굴을 찾으라" 하심은 "선하심을 보게 될 줄 확실히 믿었도다"(13)한 셋째 단원과 결부되는 것입니다. 그러므로 다윗이 "여호와께 바라는 한 가지 일"(4)이란 성막 또는 성전이라는 건물 보기를 사모한 것이 아니라, "하나님의 얼굴", 즉 하나님 자신을 만나기를 갈망한 것임을 깨닫게 됩니다.

⑥ 그러므로 두려워해야 할 것은 "나의 대적, 나의 원수"(2)가 아니라, "주의 얼굴을 내게서 숨기지 마시고 주의 종을 노하여 버리지 마소서 주는 나의 도움이 되셨나이다 나의 구원의 하나님이시여 나를 버리지 마시고 떠나지 마소서(9)한 하나님과의 관계(關係)성입니다. 다시 말하면 가장 두려워해야 할 것은 "죄"란 말입니다.

㉠ 그러면 구속사에 있어서 "주의 종을 노하여 버리시고, 얼굴을 가리신" 때가 언제인지 형제는 말해줄 수 있습니까? 하나님의 아들 그리스도께서 우리 죄를 위하여 우리 대신 십자가에 달리신 때입니다.

㉮ "제 육시로부터 온 땅에 어두움이 임하여 제 구시까지 계속되더니"(마 27:45), 이는 얼굴을 가리심이요,

㉯ "엘리 엘리 라마 사박다니, 나의 하나님, 나의 하나님, 어찌하여 나를 버리셨나이까"(마 27:46), 이는 버리심입니다. 어찌하

여 하나님의 아들이 이런 일을 당해야 했습니까? 우리 죄로 말미암아, 우리를 대신해서 입니다.

㉡ 그런 후에 "내 부모는 나를 버렸으나 여호와는 나를 영접하시리이다"(10)라고 진술하는데 무슨 뜻인가? 이새가 아들 다윗을 버렸단 말인가? 아닙니다. "내 부모는 나를 버렸으나" 할 정도로 우리 주님은 하나님 아버지로부터, 자기 백성, 따르던 제자들로부터 철저히 버림을 당하셨던 것입니다.

㉢ 이점이 "여호와여 주의 도를 내게 가르치시고 내 원수를 생각하셔서 평탄한 길로 나를 인도하소서 내 생명을 내 대적에게 맡기지 마소서 위증자와 악을 토하는 자가 일어나 나를 치려 함이니이다"(11-12)한 진술에도 나타납니다.

셋째 단원(13–14) 선하심을 보게 될 것을 믿음

"내가 산 자들의 땅에서 여호와의 선하심을 보게 될 줄 확실히 믿었도다"(13)

⑦ 셋째 단원은 결론인데 절망이 아니라 소망으로 끝나고 있습니다. 여기서 다윗이 여호와께 바랐던 "한 가지 일"이 무엇인가가 더욱 분명하게 드러납니다.

㉠ 다윗이 산 자의 땅, 즉 생존 세계에서 보기를 원하는 "은혜"가 무엇인가? "이스라엘의 구원이 시온에서 나오기를 원하도다"(14:7)한 "구원"을 바라고 있는 것입니다. 신약성경은 다윗을 가리켜서 "그는 선지자라 하나님이 이미 맹세하사 그 자손 중에서 한 사람을 그 위에 앉게 하리라 하심을 알고 미리 본 고로"(행 2:30-31) 그리스도를 증언했다고 기록하고 있습니다. 그러므로 "내가 산 자들의 땅에

서 여호와의 선하심을 보게 될 줄 확실히 믿었도다"한 말씀은, 자신의 살아 생전에 그리스도를 보기 원한다는 갈망인 것입니다.

ⓛ 욥도 "내가 알기에는 나의 대속자가 살아 계시니 마침내 그가 땅 위에 서실 것이라 내 가죽이 벗김을 당한 뒤에도 내가 육체 밖에서 하나님을 보리라"(욥 19:25-26)하는 소망을 가지고 있었던 것입니다. 주님께서는 이점을 "그러나 너희 눈은 봄으로, 너희 귀는 들음으로 복이 있도다 내가 진실로 너희에게 이르노니 많은 선지자와 의인이 너희가 보는 것들을 보고자 하여도 보지 못하였다"(마 13:16-17)고 말씀하십니다.

ⓒ 27편을 마치기 전에 이를 요약하면, 27편은 한 사람을 죽이려고 총 공세를 펴고 있는 구조로 되어있는데 "나의 대적·나의 원수 된 행악 자가 내 살을 먹으려고 내게로 왔다"(2), "군대가 나를 대적하여 진 칠 지라도"(3), "위증 자와 악을 토하는 자가 일어나 나를 치려 한다"(12)고 말합니다. 심지어 "내 부모는 나를 버렸으나"(10)라고 말합니다. 이는 그리스도께서 당하실 배척과 배신에 대한 예표인 것입니다.

ⓡ 그러나 버림을 당한 것이 끝이 아니라 "여호와의 선하심을 보게 될 줄 확실히 믿었도다"(13)는 확신을 나타냅니다. 이런 맥락에서 다윗이 사모했던,

㉮ "여호와의 집·초막·장막" 등은 궁극적으로 "말씀이 육신이 되어 우리 가운데 거하실"(요 1:14) 임마누엘로 성취되고

㉯ "나의 빛, 나의 구원, 내 생명의 능력"(1)은 그리스도를 통해서 나타났고

㉰ "너희는 내 얼굴을 찾으라"하심도, "예수 그리스도의 얼굴에 있는 하나님의 영광을 아는 빛을 우리 마음에 비취셨느니라"(고후 4:6)에서 성취된 것입니다.

이러한 소망이 있기에 마지막 말씀은 "너는 여호와를 기다릴지어다 강하고 담대하며 여호와를 기다릴지어다"(14)하는 격려로 마치고 있는 것입니다. 믿음으로 담대할지어다, 소망 중에 담대할지어다 하는 것입니다. 31:23-24절에서도 "너희 모든 성도들아 여호와를 사랑하라" 하면서, "강하고 담대하라 여호와를 바라는 너희들아" 합니다. 여기서 말하는 "너희"가 누구인가? 본문을 상고하는 모든 자, 바로 형제에게 하시는 격려인 것입니다. 이것이 "선하심을 보게 될 줄 확실히 믿는 자의 기도"입니다.

적용 : 크고 작은 환난을 당하지 않는 사람은 없습니다. 신자와 불신자가 어떻게 다른가? 환난을 당하느냐? 당하지 않느냐에 있는 것이 아니라, 환난을 당할 때에 어떻게 반응하는가에 있는 것입니다. 환난은 믿음을 연단하는 시금석이 됩니다. 장막 은밀한 곳에 들어가 여호와의 얼굴을 찾으시기 바랍니다.

묵상

㉠ 다윗의 확고한 신앙고백(1-3)에 대해서
㉡ 다윗이 여호와께 바랐던 한 가지 일(4)에 대해서
㉢ 다윗이 여호와의 선하심을 보게 될 것을 믿은 은혜는 누구를 가리키는가에 대해서.

시편 28편 개관도표

주제 : 백성을 구원하는 왕, 양을 인도하시는 목자

행사를 생각지 않는 자

1-5

1 ① **여호와여 내가 주께 부르짖으오니 나의 반석이여**

내게 귀를 막지 마소서

주께서 내게 잠잠하시면 내가 무덤에 내려가는 자와 같을까 하나이다

2 내가 주의 지성소를 향하여 나의 손을 들고

주께 부르짖을 때에 나의 간구하는 소리를 들으소서

3 ② **악인과 악을 행하는 자들과 함께 나를 끌어내지 마옵소서**

그들은 그 이웃에게 화평을 말하나 그들의 마음에는 악독이 있나이다

4 그들이 하는 일과 그들의 행위가 악한대로 갚으시며

그들의 손의 지은 대로 그들에게 갚아

그 마땅히 받을 것으로 그들에게 갚으소서

5 ③ **그들은 여호와께서 행하신 일과 손으로 지으신 것을**

생각하지 아니하므로

여호와께서 그들을 파괴하고 건설하지 아니하시리로다

구원자와 목자

6-9

6 ④ **여호와를 찬송함이여 내 간구하는 소리를 들으심이로다**

7 여호와는 **나의 힘과 나의 방패이시니** 내 마음이 그를 의지하여

도움을 얻었도다

그러므로 내 마음이 크게 기뻐하며 내 노래로 그를 **찬송하리로다**

8 여호와는 **그들의 힘이시오**

그의 기름 부음 받은 자의 구원의 요새이시로다

9 ⑤ **주의 백성을 구원하시며 주의 산업에 복을 주시고**

또 그들의 목자가 되시어 영원토록 그들을 인도하소서

28편

백성을 구원하는 왕
양을 인도하시는 목자

[9] 주의 백성을 구원하시며 주의 산업에 복을 주시고 또 그들의 목자가 되시어 영원토록 그들을 인도하소서

다윗이 직면한 상황은 매우 다급해 보입니다. 1-2절에서 두 번이나 "주께 부르짖는다"라고 말하면서, "잠잠하시면 내가 무덤에 내려가는 자와 같을까 하나이다"고 호소하고 있기 때문입니다. 그런데 "여호와를 찬송함이여 내 간구하는 소리를 들으심이로다"(6) 하면서 결론에 이르러서는 "주의 백성을 구원하시는" 왕(王), 양 무리를 이끄시는 "목자"(牧者)가 되사 영원토록 인도하소서 하고 마칩니다.

도표에 표시된 대로 28편의 중심점은, "부르짖으오니(1)… 들으심이로다(6)… 목자가 되시어 영원토록 그들을 인도하소서"(9) 하는 데 있습니다. 그렇다면 무덤에 내려가는 자와 같이 될 절박한 처지에 있는 "자기 백성을 구원할 "왕과 목자"가 누구란 말인가?

첫째 단원(1–5) **여호와의 행사를 생각지 않는 자**
둘째 단원(6–9) **구원자와 목자를 대망함**

첫째 단원(1–5) 여호와의 행사를 생각지 않는 자

"그들은 여호와께서 행하신 일과 손으로 지으신 것을 생각하지 아니하기"(5상)

첫째 단원에는 "나"가 여덟 번, "그들"이 다섯 번 등장하는데, "나"는 다윗 자신을 가리키지만 "그들"은 다윗을 죽이려는 "악인과 행악하는 자"(3)를 가리킵니다.

① 1-2절은 "나"의 간구인데, "여호와여 내가 주께 부르짖으오니 나의 반석이여 내게 귀를 막지 마소서"(1상) 합니다. "주께서 내게 잠잠하시면 내가 무덤에 내려가는 자와 같을까 하나이다"(1하) 합니다. 그래서 "내가 주의 성소를 향하여 나의 손을 들고 주께 부르짖을 때에 나의 간구하는 소리를 들으소서"(2)하는 것입니다.

② 3-5절은 다윗을 죽이려는 행악하는 자에 대한 진술인데, "악인과 악을 행하는 자들과 함께 나를 끌어내지 마옵소서"(3상), 즉 그들과 함께 스올로 내려가지 않게 해달라는 것입니다. "그들은 그 이웃에게 화평을 말하나 그들의 마음에는 악독이 있나이다"(3하) 합니다. 그래서 "그들이 하는 일과 그들의 행위가 악한 대로 갚으시며 그들의 손이 지은 대로 그들에게 갚아 그 마땅히 받을 것으로 그들에게 갚으소서"(4)하는 것입니다. 그러면 어찌하여 그들이 보응을 받아 마땅한가? 1차적으로는 다윗을 대적하기 때문이지만 본질적으로는,

③ "그들은 여호와께서 행하신 일과 손으로 지으신 것을 생각하지 아니하기"(5상) 때문이라는 것입니다.

㉠ 생각지 않는 것이 두 방면으로 나타나고 있는데,

㉮ 첫째로 "손으로 지으신" 행사가 창조사역을 가리키는 것이라면

㉯ 둘째로 8-9절에서 두 번 언급하는 "여호와께서 행하신 일"이란 "구원사역"을 가리키는 것이 됩니다.

㉡ 창조사역이 "하나님"이 말씀으로 행해주셨다면 구원사역은 "여호와"가 자기 아들을 통해서 행해주신 사역인 것입니다. 창조사역의 기사는 창세기 1-2장 뿐이고 구원사역은 창세기 3장-계시록 22장까지입니다. 천지와 만물은 여호와의 "손으로" 지으신 것이지만, 구원행사는 여호와 하나님께서 "자기 아들"의 죽으심을 통해서 이루어주신 행사인 것입니다. 그래서 본문에서도 "여호와께서 행하신 일"을 먼저 언급하고 있는 것입니다.

㉢ 이스라엘 민족이 첫손에 꼽는 "여호와께서 행하신 일"은 출애굽의 행사인데 이 구원행사가 신약의 성도들에게는 영적 출애굽으로 적용

되는 것입니다. 이런 맥락에서 "부르짖으오니 귀를 막지 마소서, 부르짖을 때에 나의 간구하는 소리를 들으소서"(1,2)한 경건한 자가 부르짖어도 귀를 막은 듯이 듣지 아니하신 기도는 주님의 십자가상에서의 간구뿐입니다.

㉣ 어찌하여 "여호와께서 그들을 파괴하고 건설하지 아니"(5하)하신다 하는가? 신구약을 막론하고 "건설하게 되느냐? 파괴를 당하게 되느냐", 즉 구원과 멸망은 여호와께서 자기 아들을 통하여 이루어주신 "여호와의 행하신 일"을 믿느냐? 믿지 않느냐에 달려있는 것입니다.

이점을 본문은 "생각지 아니하므로"(5)라고 말씀합니다. 예수 그리스도를 믿는다고만 말하지 마십시다. 잊지 않도록 자주자주 묵상해야 합니다. 성도들이란 자신이 당면한 문제가 제아무리 다급한 상황이라 하더라도 문제만을 생각하는 사람들이 아닙니다. "여호와께서 행하신 일", 즉 "자기 아들을 아끼지 아니하시고 우리 모든 사람을 위하여 내주신 이가 어찌 그 아들과 함께 모든 것을 우리에게 주시지 아니하겠느냐"(롬 8:32)를 먼저 생각하고, 의뢰하고 의탁하는 사람들입니다. 하나님께서 우리를 구원하시기 위하여 행해주신 "여호와께서 행하신 일"(5)이 얼마나 크고도 경이로운 행사인지 형제는 말해줄 수 있습니까? "여호와 나의 하나님이여 주께서 행하신 기적이 많고 우리를 향하신 주의 생각도 많아 누구도 주와 견줄 수가 없나이다 내가 널리 알려 말하고자 하나 너무 많아 그 수를 셀 수도 없나이다"(40:5) 합니다. 이점을 둘째 단원에서 더욱 분명히 깨닫게 될 것입니다.

둘째 단원(6–9) **구원자와 목자를 기다림**

"크게 기뻐하며 내 노래로 그를 찬송하리로다"(7)

둘째 단원은 "부르짖는" 첫째 단원과는 상반된 분위기를 보여 주고 있습니다. 이런 구조(構造)는 메시아 예언이 선명하게 나타난 22편에서도 볼 수 있는데, 전반부는 캄캄한 밤중이지만 후반부에서는 "내가 주의 이름을 형제에게 선포하고 회중 가운데에서 주를 찬송하리이다"하고 손바닥을 뒤집듯이 완전히 반전(反轉)됩니다. 전반부는 그리스도가 십자가에 달려 죽으시고 장사 지낸바 되는 장면이고, 후반부는 사망권세를 이기시고 부활 승리하시는 장면이기 때문입니다. 28편도 같은 구조로 되어있습니다.

④ "여호와를 찬송함이여 내 간구하는 소리를 들으심이로다"(6) 합니다. 둘째 단원 안에는 첫째 단원과는 달리 "들으심, 찬송, 크게 기뻐함, 내 노래로 그를 찬송함" 등이 있습니다.

㉠ 또한 "여호와는 나의 힘과 나의 방패이시니 내 마음이 그를 의지하여 도움을 얻었도다" 합니다. "그러므로 내 마음이 크게 기뻐하며 내 노래로 그를 찬송하리로다"(7) 합니다. 바로 이것입니다. 여호와 하나님의 구원행사는 패하고, 망하고, 전멸되는 것 같으나, 도리어 승리하는 역전의 드라마입니다. 그 정점(頂點)이 십자가 사건입니다. 그들은 그리스도를 죽이면 승리하는 줄로 여겼으나, 이 사건이 도리어 사탄의 머리를 상하게 하는 비밀 병기였던 것입니다. 그래서 바울은 "오직 은밀한 가운데 있는 하나님의 지혜를 말하는 것으로서 곧 감추어졌던 것인데 하나님이 우리의 영광을 위하여 만세 전에 미리 정하신 것이라"(고전 2:7)한 것입니다.

㉡ 그러므로 그리스도인들이란 어떤 절망적인 상황에서도 "그러나"를 외칠 수 있는 사람들입니다. 하나님께서 이루어 오신 구속사란, "그

러나 죄가 더한 곳에 은혜가 더욱 넘쳤나니"(롬 5:20)한 역사입니다.

㉮ 사탄은 "보시기에 심히 좋았더라" 한 하나님의 나라를 파괴하려 하였으나 "그러나" 하나님은 "여자의 후손은 네 머리를 상하게 할 것이요"(창 3:15)하고 선언하십니다.

㉯ 죄악의 물결은 온 세상을 삼키려는 듯이 관영하였으나, "그러나 노아는 여호와께 은혜를 입었더라"(창 6:8) 합니다.

㉰ "당신들은 나를 해하려 하였으나" 그러나 "하나님은 그것을 선으로 바꾸사 오늘과 같이 많은 백성의 생명을 구원하게 하셨다"(창 50:20)라고 요셉은 고백합니다.

⑤ 8-9절은 결론부분인데 28편의 핵심이 여기에 있습니다. "여호와는 그들의 힘이시요 그의 기름 부음 받은 자의 구원의 요새이시로다"(8)라고 선언하기에 이릅니다.

㉠ 그런데 주목하게 되는 것은 결론에 이르러서 인칭대명사가 "나"에서 "여호와는 그들의 힘이시요"하고, "그들"로 바뀌고 있다는 점입니다. "그들"이 누구인가? 하나님의 백성 곧 구약교회를 가리킵니다. 다윗은 자신이 왕이었으나 결코 "나의 백성"이라 말하고 있지 아니하고 "주의 백성"이라고 고백합니다.

㉡ 그러므로 "내가 주께 부르짖으오니" 하고 "나"로 시작한 28편은, "주의 백성을 구원하시며"(9상)한 "주의 백성"(百姓)으로 확대되고 있는 것입니다. 그리하여 "주의 백성을 구원하시며 주의 산업에 복을 주시고 또 그들의 목자가 되시어 영원토록 그들을 인도하소서"(9)하고, "주의 백성"을 다스리는 "왕과 목자"(牧者)로 끝맺고 있습니다. 그러면 "주의 백성의 왕이자 목자"가 누구인가?
하나님께서는 에스겔 선지자로 예언하시기를 "내 종 다윗이 그들의 왕(王)이 되리니 그들 모두에게 한 목자(牧者)가 있을 것이라, 나는

그들의 하나님이 되고 그들은 내 백성이 되리라"(겔 37:24,27) 하셨습니다. 이는 명백한 메시아 예언입니다. 다윗이 어찌하여 이런 박해를 당해야 했는가? "내가 내 종 다윗을 찾아내어 나의 거룩한 기름을 그에게 부었도다"(89:20)한 "기름 부음을 받은 자"이기 때문입니다. 그리고 다윗이 당한 박해는 기름 부음을 받은 자의 원형(原型) 되시는 그리스도에 대한 예표인 것입니다.

ⓒ 다윗의 시편들의 결론에는 공통점이 있는데, 그것은 메시아에 대한 소망으로 끝나고 있다는 점입니다.

㉮ 22편은 메시아의 고난과 부활을 예언하면서, "와서 그의 공의를 태어날 백성에게 전함이여 주께서 이를 행하셨다 할 것이로다"(31)하고 끝맺고 있습니다.

㉯ 23편은 "여호와는 나의 목자로 시작하여, 여호와의 집에 영원히 살리로다"(6) 끝맺습니다.

㉰ 24편은 "영광의 왕이 누구시냐 만군의 여호와께서 곧 영광의 왕이시로다"(10) 합니다.

㉱ 25편은 "이스라엘을 그 모든 환난에서 속량하소서"(22)하고, "속량"으로 마치고 있습니다.

㉲ 26편에서도 "나를 속량하시고 내게 은혜를 베푸소서"(11) 합니다.

㉳ 27편은 "산 자들의 땅에서 여호와의 선하심을 볼 것을 믿었도다" 하면서 "여호와를 기다릴지어다"(13-14) 합니다.

㉴ 그리고 28편은 "구원자와 목자가 되시어 영원토록 그들을 인도하소서"(9) 하고 마치고 있습니다. 이처럼 우리를 구원하시고 인도하실 목자는 오직 그리스도 예수이십니다. 이것이 "백성을 구원하는 왕, 양을 인도하시는 목자"입니다.

적용 : 구약성경은 그리고 시편도 "내게 대하여 증언하는 것이

라" 하신 그리스도를 증언하기 위해서 기록된 것입니다. 왜냐하면 그리스도 만이 문제에 대한 해답이기 때문입니다. 그리고 그리스도는 "주의 백성을 구원하시며 주의 산업에 복을 주시고 또 그들의 목자가 되시어 영원토록 그들을 인도하소서"(9), 즉 형제를 영원토록 보살피시는 목자이심을 믿으시기 바랍니다.

묵상

㉠ 다윗이 당면한 상황이 어떠한 처지인가에 대해서

㉡ 신자와 불신자의 다른 점이 무엇인가에 대해서

㉢ 결론에 이르러 기도의 내용과 인칭이 바뀌고 있는 의도에 대해서.

시편 29편 개관도표

주제 : 폭풍우 속에서 말씀하시는 하나님

권능 있는 자	1-2	
	1	① **너희 권능 있는 자들아** 영광과 능력을 여호와께 돌리고 돌릴지어다
	2	→ ② **여호와께 그의 이름에 합당한 영광을 돌리며 거룩한 옷을 입고 여호와께 예배할지어다**
여호와의 소리의 위엄	3-9	
	3	→ ③ **여호와의 소리가 물 위에 있도다 영광의 하나님이 우렛소리를 내시니** 여호와는 많은 물위에 계시도다
	4	**여호와의 소리가 힘 있음이여** **여호와의 소리가 위엄차도다**
	5	**여호와의 소리가 백향목을 꺾으심이여** 여호와께서 레바논 백향목을 꺾어 부수시도다
	6	그 나무를 송아지 같이 뛰게 하심이여 레바논과 시룐으로 들송아지 같이 뛰게 하시도다
	7	→ ④ **여호와의 소리가 화염을 가르시도다**
	8	**여호와의 소리가 광야를 진동하심이여** 여호와께서 가데스 광야를 진동시키시도다
	9	**여호와의 소리가** 암사슴으로 낙태하게 하시고 삼림을 말갛게 벗기시니 → ⑤ **그의 성전에서 모든 것들이 말하기를 영광이라 하도다**
영원한 왕	10-11	
	10	→ ⑥ **여호와께서 홍수 때에 좌정하셨음이여** **여호와께서 영원토록 왕으로 좌정하시도다**
	11	⑦ **여호와께서 자기 백성에게 힘을 주심이여** **여호와께서 자기 백성에게 평강의 복을 주시리로다**

29편

폭풍우 속에서 말씀하시는 하나님

10 여호와께서 홍수 때에 좌정하셨음이여 여호와께서 영원하
도록 왕으로 좌정하시도다.

29편은 자연계시에 나타난 여호와 하나님의 위엄을 노래한 시입니다. 지금 다윗은 가데스 광야를 지나 레바논과 시룐을 휩쓸고 있는 폭풍우와 천지를 진동시키는 뇌성벽력을 바라보면서, 영감을 받아 겸비한 자세로 하나님의 위엄을 증언하고 있습니다.

본문에는 "여호와"라는 말이 열일곱 번, "여호와의 소리"라는 말도 도표에 표시된 대로 일곱 번이나 강조되어 있습니다. 불신자들은 이를 자연현상으로 여길 뿐이지만, 천지 만물을 창조하신 창조주 하나님을 믿는 성도들은 이를 통해서도 "여호와의 소리가 힘 있음이여 여호와의 소리가 위엄차도다"(4)한 "여호와의 소리"

즉 하나님의 말씀하심으로 여기고 있는 것입니다. 이는 폭풍우만이 아니라 빈발하고 있는 전염병 · 재난 등을 통해서도 회개를 촉구하시는 하나님의 음성을 들을 수 있어야 하겠습니다.

첫째 단원(1–2) **너희 권능 있는 자들아**
둘째 단원(3–9) **여호와의 소리의 위엄**
셋째 단원(10–11) **영원한 왕이신 하나님**

첫째 단원(1–2) 너희 권능 있는 자들아

"너희 권능 있는 자들아 영광과 능력을 여호와께 돌리고 돌릴지어다"(1)

① 그러면 "권능 있는 자들"이란 누구를 가리키는가?

㉠ 천사들로 보는 견해가 있으나 "여호와의 소리", 즉 호령(號令)하시는 하나님의 엄위를 증언하고 있는 의미문맥으로 볼 때 세상에서 권세와 능력을 누리면서 하나님 두려운 줄을 모르는 자들에 대한 총칭으로 보아야 할 것입니다.

㉡ 교만하고 자고하는 권세 있는 자들을 향해서, "영광과 능력을 여호와께 돌리고 돌릴지어다" 합니다. 그런 자들은 "영광과 능력"을 자기(自己)에게 돌리고 있는 자들이기 때문입니다. "돌리고 돌릴지어다" 하고 반복적으로 강조하고 있는 것은, 여간해서 그렇게 할 자들이 아님을 알기 때문일 것입니다.

② 한 걸음 더 나아가 "여호와께 그의 이름에 합당한 영광을

돌리며 거룩한 옷을 입고 여호와께 경배할지어다"(2)하고 촉구합니다.

㉠ 이는 두 마디로 되어있는데,

㉮ 첫째는 "여호와께 그의 이름에 합당한 영광을 돌리라" 합니다. 세상적으로도 이름과 신분에 합당한 예우(禮遇)라는 것이 있습니다. 궁중 음악인 아악(雅樂)과 농악(農樂)은 울리는 때와 장소가 다른 것입니다. 하물며 하나님께 드리는 예배이겠는가? 그래서 "합당한 영광"이라 말씀하는 것입니다. 이는 형식적으로 굴복하는 채하지 말고 진심으로 복종하라는 뜻입니다.

㉯ 둘째는 "거룩한 옷을 입고 여호와께 예배할지어다"합니다. "거룩한 옷"이란 제사장의 옷을 염두에 두고 하는 말인데, 시중의 복장과 여호와 앞의 복장은 다른 법입니다. 그래서 "거룩한 옷을 입고" 여호와께 경배할 지어다 하는 것입니다. 이상의 언급을 달리 표현한 것이 2:10-12절이라 할 것입니다.

그런즉 너희 군왕들아 너희는 지혜를 얻으며
세상의 재판관들아 너희는 교훈을 받을지어다
여호와를 경외함으로 섬기고 떨며 즐거워할지어다
그의 아들에게 입맞추라 그렇지 아니하면 진노하심으로
너희가 길에서 망하리니 그의 진노가 급하심이라
여호와께 피하는 모든 사람은 다 복이 있도다

㉡ 태풍과 홍수와 뇌성벽력이 치는 밤에는 죄인의 간담이 콩알만 해진다고 말합니다. 첫째 단원은 죄인들을 하나님의 엄위 앞에 세우고 있는 것입니다. 불가항력적(不可抗力的)인 위엄 앞에서 잘난 채 하던 인간의 왜소함과 무기력함을 느끼게 하는 시편입니다. 그리고 둘째 단원(3-9)에서 경고적인 언급을 합니다.

둘째 단원(3-9) 여호와의 소리의 위엄

"여호와의 소리가 물 위에 있도다 영광의 하나님이 우렛소리를 내시니 여호와는 많은 물 위에 계시도다"(3)

③ 둘째 단원에는 "여호와의 소리"라는 말이 일곱 번이나 나옵니다. 그런데 본문을 관찰해보면 "여호와의 소리"가 마치 회개(悔改)를 촉구하는 하나님의 호령(號令)처럼 발하여지고 있다는 점입니다.

㉠ 이 묘사를 통해서 하늘이 뚫린 양 쏟아붓는 폭우와 범람하는 홍수를 연상하게 됩니다. 그런데 시편 기자는 "영광의 하나님이 우렛소리를 내시니"(3하)라고, "우렛소리"를 "권능 있는 자들"(1)에게 회개를 촉구하는 호령으로 듣고 있는 것입니다.

여호와의 소리가 힘 있음이여 여호와의 소리가 위엄차도다
여호와의 소리가 백향목을 꺾으심이여
여호와께서 레바논 백향목을 꺾어 부수시도다
그 나무를 송아지 같이 뛰게 하심이여
레바논과 시룐으로 들송아지 같이 뛰게 하시도다 (4-6).

㉡ 이상의 묘사에서는 모든 것을 휩쓸고 지나가는 무서운 태풍을 연상하게 합니다. 이를 통해서 시편 기자는 "너희도 만일 회개하지 아니하면 다 이와 같이 망하리라"(눅 13:3,5)는 회개를 촉구하시는 여호와의 호령소리로 듣고 있는 것입니다.

④ 그리고 "여호와의 소리가 화염을 가르시도다 여호와의 소리가 광야를 진동하심이여 여호와께서 가데스 광야를 진동시키시도

다"(7-8)하는 묘사는 우렛소리를 동반한 태풍을 연상하게 합니다. 태풍과 폭우와 우렛소리 앞에 나약한 인간의 모습이 어떠한가? "여호와의 소리가 암사슴을 낙태하게 하시고 삼림을 말갛게 벗기시니"(9상) 합니다. 50편에는 하나님께서 심판주로 강림하시는 장면이 나오는데, "우리 하나님이 오사 잠잠하지 아니하시니 그 앞에는 삼키는 불이 있고 그 사방에는 광풍이 불리로다"(50:3) 합니다. 이점을 신약성경에서는 "주께서 호령과 천사장의 소리와 하나님의 나팔소리로 친히 하늘로부터 강림하시리니"(살전 4:16) 합니다. 그날에 죄인이 어디에 설 수 있단 말인가?

⑤ 그러므로 도달하게 되는 결론은 "그의 성전에서 그의 모든 것들이 말하기를 영광이라 하도다"(9하)한 결론은 "하나님의 영광"입니다. 어찌하여 이런 결론에 도달하게 되는가? 3-9절을 통해서 하나님의 위대하심과 엄위하심을 보았기 때문입니다. 본문에는 "여호와"라는 말이 열일곱 번, "영광"이라는 말이 네 번 등장하는데, 항거할 수 없는 자연계시를 들어서 "너희는 떨며 범죄하지 말지어다 자리에 누워 심중에 말하고 잠잠할지어다"(4:4)하는 셈입니다.

셋째 단원(10–11) 영원한 왕이신 하나님

"여호와께서 영원하도록 왕으로 좌정하시도다"(10하)

⑥ 다윗은 한걸음 더 나아가 "여호와께서 홍수 때에 좌정(坐定)

하셨음이여"(10상)하고, 이를 통해서 홍수심판을 상기시킵니다. 29편을 통해서 말씀하시려는 중심점이 여기에 있다 하겠습니다. 이를 문맥적으로 보면 둘째 단원을 통해서 하나님의 엄위(嚴威)를 보여주고는, 셋째 단원에서는 최후심판이 있음을 망각하지 말라고 일깨워주고 있는 것입니다. 이런 맥락에서 도달하게 되는 것은 "여호와께서 영원하도록 왕으로 좌정하시도다"(10하)한 "여호와께서 영원하도록 왕"이시라는 결론입니다.

㉮ 홍수심판 때에 좌정하신 하나님은
㉯ 다윗 당시의 폭풍우 속에서도 좌정하시고
㉰ 지금도 역사 속에서 좌정하시고
㉱ 최후심판 때에 좌정하신다는 점을 깨닫기를 원하고 있는 것입니다.

⑦ 그러면 최후심판이 있다는 사실이 성도들에게는 어떻게 작용이 되는가? 영원하도록 왕으로 좌정하시는 "여호와의 보좌"가 항상 중심에 와 있어야 합니다. 성도들의 마음중심에 와 있어야 하고, 가정의 중심에 와 있어야 하고, 교회의 중심에 와 있어야 하는 것입니다.

㉠ "여호와께서 자기 백성에게 힘을 주심이여"(11상) 합니다. 태풍이 지축을 뒤흔들고, 천둥 번개가 치며 벼락이 떨어질 때에 산림의 짐승들도 두려움에 떱니다. 하나님 두려운 줄 모르고 자고하던 권세 있는 자들도 두려움에 떱니다. 이때 성도들도 두려움에 떨게 됩니까? 아닙니다. 세상에서 멸시와 천대와 박해를 당하던 하나님의 백성들은 도리어 가슴을 펴게 되는 것입니다. 이것이 "여호와께서 자기 백성에게 힘을 주심이여"의 뜻입니다. 최후심판이 불신자들에게는 두려움의 절정이지만 성도들에게는 "하나님께서 그들의 눈에서 모든 눈물

을 씻어주실 것임이라"(계 7:17)한 위로의 시간인 것입니다.

㉡ 이점이 "여호와께서 자기 백성에게 평강(平康)의 복을 주시리로다"(11하)한 말씀에 나타납니다. "폭풍우와 성도의 평강"을 절묘(絶妙)하게 대조시키고 있다는 점이 이 시의 압권이요, 절정이라 할 것입니다.

그렇습니다. "잠잠하라, 고요하라 하시니 바람이 그치고 아주 잔잔하게 되었다"(막 4:39)라고 말씀합니다. 이 "평강"은 삶의 현장에서 맛보게 되는 여호와의 선하심입니다. 그래서 "여호와께서 자기 백성에게 힘을 주심이여 여호와께서 자기 백성에게 평강의 복을 주시리로다" 하는 것입니다. 이 말씀이 얼마나 많은 성도에게 용기를 주고 소망을 주었던가!! 형제도 그러합니까? 만일 이 말씀이 무덤덤하게 들린다면 "권능 있는 자들"처럼 너무나 이 세상을 사랑하고 있는 것은 아닌지 자신을 점검해보아야 할 것입니다. 이것이 "폭풍우 속에서 말씀하시는 하나님"입니다.

적용 : 형제의 마음 보좌에 좌정하신 하나님은 "포학자의 기세가 성벽을 치는 폭풍과 같은"(사 25:4) 시련 속에서도 형제에게 힘을 주시고 평강을 주시는 여호와이십니다.

묵상

㉠ 다윗은 무엇을 바라보면서 이 시를 읊고 있습니까?
㉡ 우렛소리를 통해서 무엇을 듣고 있습니까?
㉢ 이 시의 핵심이 무엇이며, 말씀하시려는 의도에 대해서.

시편 30편 개관도표

주제 : 사랑하시는 자를 징계하시는 하나님

징계로부터의 구원	1-5 1① **여호와여 내가 주를 높일 것은** 주께서 나를 **끌어 내사** 내 원수로 하여금 나로 말미암아 기뻐하지 못하게 하심이니이다 2② **여호와 내 하나님이여 내가 주께 부르짖으매** 나를 **고치셨나이다** 3 여호와여 주께서 내 영혼을 스올에서 **끌어내어 나를살리사** 무덤으로 **내려가지 아니하게** **하셨나이다** 4 ③ **주의 성도들아 여호와를** **찬송하며** 그의 거룩함을 기억하며 **감사하라** 5 **그의 노염은 잠깐이요** **그의 은총은 평생이로다** **저녁에는 울음이 깃들일** 지라도 **아침에는 기쁨이 오리로다**
징계를 받은 까닭	6-10 6 ④ **내가 형통할 때에 말하기를 영원히 흔들리지 아니하리라 하였도다** 7 **여호와여 주의 은혜로 나를 산같이 굳게 세우셨더니** ⑤ **주의 얼굴을 가리시매 내가 근심하였나이다** 8 여호와여 내가 주께 부르짖고 여호와께 간구하기를 9 내가 무덤에 **내려갈 때에** 나의 피가 무슨 유익이 있으리요 진토가 어떻게 주를 **찬송하며** 주의 **진리를 선포하리이까** 10 여호와여 들으시고 내게 은혜를 베푸소서 여호와여 나를 돕는 자가 되소서 하였나이다
찬송과 감사	11-12 11 ⑥ **주께서 나의 슬픔이 변하여 내게 춤이 되게 하시며** **나의 베옷을 벗기고 기쁨으로 띠 띠우셨나이다** 12 ⑦ 이는 잠잠하지 아니하고 내 영광으로 **주를 찬송하게 하심이니** 여호와 나의 하나님이여 내가 주께 **영원히 감사하리이다**

30편

사랑하시는 자를 징계하시는 하나님

11 주께서 나의 슬픔이 변하여 내게 춤이 되게 하시며 나의
베옷을 벗기고 기쁨으로 띠 띠우셨나이다.

30편도 다윗의 시인데 "성전 낙성가"라는 표제가 붙어 있습니다. 다윗은 성전을 건축할 소원을 말했으나 허락하심을 받지 못하고 다만 성전 터를 마련하게 하셨습니다. 그렇다면 30편은 인구조사를 명했다가 징벌을 받았을 때 "거기서 여호와를 위하여 제단을 쌓고 번제와 화목제를 드리라"(대상 21:26)하신 그 때에 지은 시로 볼 수 있습니다. 내용이 이와 부합합니다.

어떠하든 30편은 다윗이 징벌을 당했다가 깨우침을 받고 지

은 시임에는 분명합니다. 이점이 "주의 은혜로 나를 산같이 굳게 세우셨더니"(7), 즉 하나님의 은혜로 형통하게 세워주셨는데 다윗은 "말하기를 영원히 흔들리지 아니하리라"(6), 즉 자신의 능력으로 이룩한 양 교만한 마음이 들어 군대를 계수하게 했다는데 나타납니다. 도표에 표시된 대로 첫째 단원은 "징계로부터의 구원"이고, 둘째 단원은 "징벌을 받은 까닭"이고, 셋째 단원은 주의 긍휼에 대한 "감사와 찬송"으로 되어있습니다.

첫째 단원(1–5) **징계로부터의 구원**
둘째 단원(6–10) **징계를 받은 까닭**
셋째 단원(11–12) **슬픔이 변하여 춤이 되게 하심**

첫째 단원(1–5) **징계로부터의 구원**

"여호와여 내가 주를 높일 것은 주께서 나를 끌어내사 내 원수로 하여금 나로 말미암아 기뻐하지 못하게 하심이니이다"(1)

① 첫째 단원은 징계로부터 구원 얻음을 찬송하며 감사는 내용입니다. 도표에 표시된 대로 "끌어내사, 고치셨나이다, 끌어내어 살리사, 내려가지 않게 하셨다"는 말이 강조되어 있는데 이는 다윗이 시험에 빠졌었다가 끌어냄을 받았음을 나타냅니다.

② "여호와 내 하나님이여 내가 주께 부르짖으매 나를 고치셨나이다"(2) 합니다.

㉠ 하나님은 다윗에게 세 가지 징벌 중 하나를 선택하라 하셨습니다. 이때 징벌로 인하여 죽은 자가 7만이었더라 한 위급한 상황이었습니다. 다윗은 말하기를 "내가 곤경(困境)에 빠졌도다 여호와께서는 긍휼이 심히 크시니 내가 그의 손에 빠지고 사람의 손에 빠지지 아니하기를 원하나이다"(대상 21:13)하고, "사흘 동안의 전염병"이라는 징벌을 택했습니다.

㉡ 그러자 여호와의 사자가 오르난의 타작마당을 지정해주면서 여호와를 위하여 제단을 쌓으라 합니다. 다윗이 "거기서 여호와를 위하여 제단을 쌓고 번제와 화목제를 드리니" 전염병이 그쳤다고 말씀합니다. "그 터"에 솔로몬이 성전을 건축했는데, 바로 그곳이 하나님께서 아브라함에게 "내가 네게 지시하는 한 산 거기서 그를 번제로 드리라"(창 22:2)하신 모리아 산이요, 바로 그곳이 예수 그리스도께서 대속제물로 십자가에 달리신 갈보리였던 것입니다.

㉢ 이때의 경험을 가리켜 다윗은 "여호와여 주께서 내 영혼을 스올에서 끌어내어 나를 살리사 무덤으로 내려가지 않게 하셨나이다"(3)고 진술하는 것으로 여겨집니다.

③ 그래서 "주의 성도들아 여호와를 찬송하며 그의 거룩함을 기억하며 감사하라"(4)하는 것입니다.

㉠ 어찌하여 "주의 성도들아, 찬송하며 감사할지어다"고 촉구하는가?

㉮ 자신과 같은 어리석음을 범하지 말라는 뜻이 됩니다.

㉯ 또한 다윗이 당한 징벌은 개인 문제가 아니라 "본질상 진노의 자녀이었던"(엡 2:3) 우리를 긍휼히 여겨주실 것에 대한 예표가 되기 때문에 "성도들아, 찬송하며 감사할지어다" 하는 것입니다.

㉡ 5절은 첫째 단원의 결론이라 할 수 있는데, 다윗은 징벌을 당한 경험을 통해서 "그의 노염은 잠깐이요 그의 은총은 평생이로다 저녁에는 울음이 깃들일지라도 아침에는 기쁨이 오리로다"(5)하는 불변의

원리(原理)를 도출해냅니다. 여기에는 “아침과 저녁, 노염과 은총, 잠깐과 평생, 울음과 기쁨”이 대조(對照)되어 있습니다. 또한 11절에는 “슬픔과 춤, 베옷과 기쁨”이 대조되어 있는데, 믿음의 사람들은 “대조법”을 사용하는 사람들입니다.

㉮ “생각하건대 현재의 고난은 장차 우리에게 나타날 영광과 비교할 수 없도다”(롬 8:18) 합니다.

㉯ “우리의 잠시 받는 환난의 경한 것이 지극히 크고 영원한 영광의 중한 것을 우리에게 이루게 함이니”,

㉰ 우리의 돌아보는 것은 보이는 것이 아니요 보이지 않는 것이니 보이는 것은 잠깐이요 보이지 않는 것은 영원함이니라“(고후 4:17-18) 합니다.

ⓒ 다윗은 지금 29편에서 상고한 바 있는 폭풍을 만난 셈입니다. 그러나 폭풍은 지나가고 “여호와께서 자기 백성에게 평강의 복을”(29:11) 주시는 것입니다. 형제여, 노염은 잠깐이지만 “내 평생에 선하심과 인자하심이 반드시 나를 따르리니”(23:6)한 은총은 평생임을 잊지 마시고 용기를 내시기 바랍니다.

둘째 단원(6-10) 징계를 받은 까닭

“내가 형통할 때에 말하기를 영원히 흔들리지 아니하리라 하였도다”(6)

첫째 단원에서 “징계로부터의 구원”을 말씀하고는, 둘째 단원에서는 “징벌을 당한 까닭”을 진술합니다. 이는 우리의 거울이 되고 유익한 경계가 됩니다.

④ 무슨 뜻인가? 형통한 것이 “여호와여 주의 은혜로 나를 산

같이 굳게 세우셨기"(7상) 때문인데 자신의 능력이나 자력으로 형통한 양 "내가 흔들리지 아니하리라" 하고 자고(自高)했다는 것입니다. 이는 교만이요, 넘어짐의 앞잡이인 것입니다.

⑤ 그래서 "주의 얼굴을 가리시매 내가 근심하였나이다"(7하) 하고 회개하는 것을 보게 됩니다.

㉠ 역대상 21장에 의하면 다윗이 사탄의 격동에 빠져서 군대를 계수하게 되는데, 군대장관 요압이 "어찌하여 이스라엘로 죄가 있게 하시나이까" 하고 만류하나 듣지 아니합니다. 계수하는 것이 왜 죄가 되는가? 하나님을 의지하지 않고 군대가 많음을 자랑하고자 하는 교만 때문입니다. "하나님이 이 일을 악하게 여기사 이스라엘을 치시매 다윗이 하나님께 아뢰되 내가 이 일을 행함으로 큰 죄를 범하였나이다 이제 간구하옵나니 종의 죄를 용서하여 주옵소서 내가 심히 미련하게 행하였나이다"(대상 21:7-8)라고 회개합니다. "내가 심히 미련하게 행하였나이다", 이것이 어찌 다윗만의 미련이겠습니까?

㉡ 본문에서도 "여호와여 내가 주께 부르짖고 여호와께 간구하기를 내가 무덤에 내려갈 때에 나의 피가 무슨 유익이 있으리요 진토가 어떻게 주를 찬송하며 주의 진리를 선포하리이까 여호와여 들으시고 내게 은혜를 베푸소서 여호와여 나를 돕는 자가 되소서 하였나이다"(8-10) 합니다.

㉢ 다윗은 자신의 잘못을 용서해주시기를 두 가지를 들어 간구하는데 여호와의 행사를 "선포하며, 찬송"(9)하기 위해서라 합니다. 그렇습니다. "선포와 찬양"은 은혜를 입은 자들이 행해야 할 두 주제입니다.

㉮ 9:11 너희는 시온에 계신 여호와를 찬송하며 그의 행사를 백성 중에 선포할지어다

㉯ 22:22 내가 주의 이름을 형제에게 선포하고 회중 가운데에서 주를 찬송하리이다

그런데 다윗은 이 영광을 자신에게 돌리려다가 징벌을 당한 것입니다. 하나님은 "그 사랑하시는 자를 징계하시고 그가 받아들이시는 아들마다 채찍질"(히 12:6) 하십니다. 다윗이 회개하자 "여호와여 주께서 내 영혼을 스올에서 끌어내어 나를 살리사 무덤으로 내려가지 아니하게 하셨나이다"(3), 즉 구원하여 주셨던 것입니다. 그래서 다윗은 "여호와여 내가 주를 높일 것은"(1)하고 주만 높이겠다고 다짐합니다.

둘째 단원을 마치기 전에 명심해야 할 점이 있는데, 그것은 "주의 얼굴을 가리시매 내가 근심하였나이다"(7)한 말씀입니다. "너희가 손을 펼 때에 내가 내 눈을 너희에게서 가리고 너희가 많이 기도할지라도 내가 듣지 아니하리니"(사 1:15) 하십니다. 그런데 구속사에 있어서 하나님께서 극도(極度)로 "얼굴을 가리신" 때가 언제인지 형제는 알고 있습니까? 주님께서 십자가상에서 "내 하나님이여 내 하나님이여 어찌 나를 버리셨나이까"(22:1)라고 부르짖으셨을 때입니다. 하나님의 사랑하는 아들이 온 인류의 죄를 짊어지셨을 때 "제 육시로부터 온 땅에 어두움이 임하여 제 구시까지 계속되더니"(마 27:45)한 하나님은 얼굴을 가리셨던 것입니다. 이 대속을 통해서 하나님과 우리 사이를 가로막고 있던 휘장은 열리게 되어 "여호와께서 그 얼굴을 네게 비추사 은혜 베푸심"(민 6:25)이 가능하여졌다는 점을 잊지 말아야 합니다.

셋째 단원(11–12) 슬픔이 변하여 춤이 되게 하심

> "주께서 나의 슬픔이 변하여 내게 춤이 되게 하시며 나의 베옷을 벗기고 기쁨으로 띠 띄우셨나이다"(11)

⑥ 셋째 단원은 결론 부분입니다. 여기에는 "슬픔과 춤, 베옷과 기쁨"이 대조되어 있는데 다시 상기시킵니다만 믿음의 사람들은 대조법을 활용할 줄 아는 사람들입니다. "슬픔을 변하여 춤이 되게 하시고, 베옷을 벗기고 기쁨으로 띠 띄우시려는" 것이 하나님께서 이루시는 회복의 역사인 것입니다. 이사야서에서는 "무릇 시온에서 슬퍼하는 자에게 화관을 주어 그 재를 대신하며 기쁨의 기름으로 그 슬픔을 대신하며 찬송의 옷으로 그 근심을 대신하시고"(사 61:3) 합니다. 그리고 "슬픔은 잠깐이요 기쁨은 영원한" 것이라 하십니다.

⑦ 도달하게 되는 결론은 "이는 잠잠하지 아니하고 내 영광으로 주를 찬송하게 하심이니 여호와 나의 하나님이여 내가 주께 영원히 감사하리이다"(12)하는 감격으로 30편은 마치고 있습니다. 형제도 "찬송하고, 감사하고" 싶은 마음이 우러나와 잠잠하지 않게 되었습니까? 이것이 "사랑하시는 자를 징계하시는 하나님"입니다.

적용 : 형제에게도 "주의 얼굴을 가리신" 때가 있으셨겠지요? 그때 어떻게 하셨습니까? 그리고 형제의 지금 시간은 울음이 기숙한 저녁입니까? 아니면 기쁨의 아침입니까? 부르짖을 때입니까? 찬송하고 선포할 때입니까?

묵상

㉠ 다윗이 어찌하여 징벌을 당하게 되었는가에 대해서

㉡ 믿음의 사람이 활용해야 할 대조법에 대해서

㉢ 우리가 행해야 할 "찬송과 선포와 감사"의 내용에 대해서.

시편 31편 개관도표

주제 : 쌓아두신 은혜, 베푸신 은혜

나의 영을 부탁하나이다	1-8 1 ① 여호와여 내가 **주께 피하오니** 나를 영원히 부끄럽게 하지 마시고 **주의 공의로 나를 건지소서** 2 내게 귀를 기울여 **속히 건지시고** 내게 견고한 바위와 **구원하는 산성이 되소서** 3 **주는 나의 반석과 산성**이시니 그러므로 **주의 이름을 생각하셔서 나를 인도하시고 지도하소서** 4 그들이 나를 위하여 비밀히 친 그물에서 빼내소서 **주는 나의 산성이시니이다** 5 ② **내가 나의 영을 주의 손에 부탁하나이다** 진리의 하나님 여호와여 나를 속량하셨나이다 6 내가 허탄한 거짓을 숭상하는 자들을 미워하고 **여호와를 의지하나이다** 7 내가 **주의 인자하심을** 기뻐하며 즐거워할 것은 주께서 나의 고난을 보시고 환난 중에 있는 내 영혼을 아셨으며 8 ③ **나를 원수의 수중에 가두지 아니하셨고 내 발을 넓은 곳에 세우셨음이니이다**
생명을 빼앗기로 꾀함	9-18 9 ④ 여호와여 내가 고통 중에 있사오니 내게 은혜를 베푸소서 내가 근심 때문에 눈과 영혼과 몸이 쇠하였나이다 10 내 일생을 **슬픔으로 보내며** 나의 연수를 **탄식으로 보냄이여** 내 기력이 나의 죄악 때문에 약하여지며 나의 뼈가 쇠하도소이다 11 ⑤ 내가 **모든 대적들 때문에** 욕을 당하고 내 **이웃에게서는** 심히 당하니 **내 친구가** 놀라고 **길에서 보는 자가** 나를 피하였나이다 12 내가 잊어버린 바 됨이 죽은 자를 마음에 두지 아니함 같고 **깨진 그릇과 같으니이다** 13 내가 **무리의 비방**을 들었으므로 사방이 두려움으로 감싸였나이다 ⑥ **그들이 나를 치려고 함께 의논할 때에 내 생명을 빼앗기로 꾀하였나이다** 14 여호와여 그러하여도 나는 **주께 의지하고** 말하기를 **주는 내 하나님이시라 하였나이다** 15 **나의 앞날이 주의 손에 있사오니** 내 원수들과 나를 핍박하는 자들의 손에서 **나를 건져주소서** 16 ⑦ **주의 얼굴을 주의 종에게 비추시고 주의 사랑하심으로 나를 구원하소서** 17 여호와여 내가 주를 불렀사오니 나로 **부끄럽게** 하지 마시고 악인들을 **부끄럽게** 하사 스올에서 잠잠하게 하소서 18 교만하고 완악한 말로 무례히 의인을 치는 거짓 입술이 말 못하는 자 되게 하소서
베푸신 은혜	19-24 19 ⑧ **주를 두려워하는 자를 위하여 쌓아 두신 은혜** 곧 **주께 피하는 자를 위하여** 인생 앞에 **베푸신 은혜가** 어찌 그리 큰지요 20 주께서 그들을 **주의 은밀한 곳에 숨기사** 사람의 꾀에서 벗어나게 하시고 **비밀히 장막에 감추사** 말 다툼에서 면하게 하시리이다 21 ⑨ **여호와를 찬송할지어다** 견고한 성에서 **그의 놀라운 사랑을** 내게 보이셨음이로다 22 내가 놀라서 말하기를 **주의 목전에서 끊어졌다** 하였사오나 내가 주께 부르짖을 때에 **주께서 나의 간구하는 소리를 들으셨나이다** 23 ⑩ **너희 모든 성도들아 여호와를 사랑하라** **여호와께서 진실한 자를 보호하시고** 교만하게 행하는 자에게 엄중히 갚으시느니라 24 **여호와를 바라는 너희들아** **강하고 담대하라**

31편

쌓아두신 은혜, 베푸신 은혜

5 내가 나의 영을 주의 손에 부탁하나이다 진리의 하나님
여호와여 나를 속량하셨나이다.

30편도 다윗의 시인데 환난의 한 가운데서 부르짖는 내용입니다. 이 점에서 다윗의 시편들이 점하고 있는 구속사(救贖史)적 의미를 상기할 필요가 있습니다. 구속사에 있어서 다윗은 아브라함과 함께 언약의 당사자요, 두 큰 봉우리(마 1:1)입니다. 그런데 우리는 아브라함이 전해준 기록들은 갖고 있지 못하고, 다윗을 들어서 기록하게 하신 시편들을 갖고 있을 뿐입니다.

그러면 다윗을 들어서 기록하게 하신 시편들을 통해서 말씀하려는 바가 무엇인가? 여기에는 세 방면의 의미가 있습니다. 첫째는 다윗이 경험한 일입니다. 둘째는 이를 예표로 하여 그리스도

께서 당하실 수난을 예언하고 있다는 점입니다. 이는 마치 "출애굽"의 역사적 사건을 통해서 영적 출애굽을 계시함과 같은 맥락인 것입니다. 그런데 여기서 그치는 것이 아니라, 셋째는 다윗의 경험과 그리스도의 수난이 성도들에게 적용(適用)된다는 점입니다. 다윗의 시편들을 대할 때에 이 세 방면을 염두에 두어야 합니다. 본문은 세 단원으로 나누어지는데 각 단원에는 각각 핵심적인 요점이 있습니다. 첫째 단원의 핵심은 "내가 나의 영을 주의 손에 부탁하나이다"(5)하는 말이고, 둘째 단원은 "내 생명을 빼앗기로 꾀하였나이다"(13)하는 말이고, 셋째 단원은 "주를 두려워하는 자를 위하여 쌓아두신 은혜"(19)입니다. 이에 대한 구속사적인 의미가 무엇인가?

첫째 단원(1–8) **나의 영을 주의 손에 부탁하나이다**
둘째 단원(9–18) **내 생명을 빼앗기로 꾀하였나이다**
셋째 단원(19–24) **쌓아두신 은혜, 베푸신 은혜**

첫째 단원(1–8) 나의 영을 주의 손에 부탁하나이다

"나의 영을 주의 손에 부탁하나이다"(5)

첫째 단원에서 사울은, 다윗이 그일라에 왔다는 말을 듣고는 "그가 문과 문빗장이 있는 성읍에 들어갔으니 갇혔도다"(삼상 23:7), 즉 '독 안에 든 쥐'라고 말했던 것입니다. 이때 다윗은 "나의 영을 주의 손에 부탁하나이다"(5)라고 말했을 것입니다. 그런데 이 예언적인 말씀이 "내 영혼을 아버지 손에 부탁하나이다" (눅 23:46)한 그리스도에게서 성취되었고, 스데반 집사가 순교를 당하면서 "주 예수여 내 영혼을 받으시옵소서"(행 7:59)하고 그 자취를 따르는 것으로 적용되었기 때문입니다.

① "여호와여 내가 주께 피하오니 나를 영원히 부끄럽게 하지 마시고 주의 공의로 나를 건지소서"(1).

㉠ "내게 귀를 기울여 속히 건지시고 내게 견고한 바위와 구원하는 산성이 되소서 주는 나의 반석과 산성이시니 그러므로 주의 이름을 생각하셔서 나를 인도하시고 지도하소서"(2-3) 합니다. 여기 두 가지 요점이 있는데,

㉮ 첫째는 "주의 공의로 나를 건지소서"(1)한 "주의 공의"입니다. 이 "공의"가 대적에게는 심판으로 나타나게 되고, 성도들에게는 받아주심, 즉 의롭다 하심으로 임하게 되기 때문에 "주의 공의로 나를 건지소서"라고 간구하는 것입니다.

㉯ 둘째는 "주의 이름을 생각하셔서"라는 언급인데 다윗을 구원하는 일에 어찌하여 "주의 이름"이 걸려있단 말인가? 하나님께서 그를 택하시고 거룩하신 이름으로 그에게 "언약"을 세워주셨기 때문 곧 메시아언약이 걸려있기 때문입니다.

㉡ 성경은 "내가 나의 거룩함으로 한 번 맹세하였은즉 다윗에게 거짓을 하지 아니할 것이라"(89:35)고 말씀합니다. 이점이 "그들이 나를 위하여 비밀히 친 그물에서 빼내소서 주는 나의 산성이시니이다"(4)한 호소에 나타납니다.

② 그리고는 "내가 나의 영을 주의 손에 부탁하나이다"(5상) 합니다.

㉠ 메시아 예언이 명백히 드러난 22편에서도 "내 생명을 칼에서 건지

시며 내 유일한 것을 개의 세력에서 구하소서"(22:20)하고 의탁을 합니다. 영혼은 "유일"(唯一)한 것입니다. 그런데 이 기도가 무슨 말씀과 결부되어 있는가 하면 "진리(眞理)의 하나님 여호와여 나를 속량하셨나이다"(5하)한 "속량"과 결부되어 있는 것입니다. 그러므로 속량을 받은 성도들은 환난 중에 또는 임종 머리에서 심지어 순교를 당할 때도 "나의 영을 주의 손에 부탁하나이다"(5상)하게 되는 것입니다.

㉡ "내가 허탄한 거짓을 숭상하는 자들을 미워하고 여호와를 의지하나이다 내가 주의 인자하심을 기뻐하며 즐거워할 것은 주께서 나의 고난을 보시고 환난 중에 있는 내 영혼을 아셨으며"(6-7) 합니다. "여호와를 의지(依支)한다"는 구체적인 의미가 무엇인가?

㉮ "내가 주의 인자(仁慈)하심을 기뻐하며"(7)

㉯ "주의 사랑하심으로 나를 구원하소서"(16)한 "주의 인자, 주의 사랑"을 의지하는 것입니다. 이를 의지하는 자는 "여호와를 찬송할 것은, 그의 놀라운 사랑을 내게 보이셨음이로다"(21)라고 고백하게 되는 것입니다.

③ "나를 원수의 수중에 가두지 아니하셨고 내 발을 넓은 곳에 세우셨음이니이다"(8)고 증언합니다. "나를 원수의 수중에 가둔다"는 것은 속박이나, "내 발을 넓은 곳에 세우셨다"는 것은 풀어 자유(自由)하게 하심을 나타냅니다. 18:19절에서도 "나를 넓은 곳으로 인도하시고, 구원하셨도다" 합니다.

㉠ "넓은 곳"이라 한 묘사가 1차적으로는 사울의 포위망으로부터 다윗을 구원하여 주심을 가리키나,

㉡ 궁극적으로는 그리스도를 "이는 주께서 내 영혼을 스올에 버리지 아니하시고"(16:10), 즉 무덤에 가두지 아니하고 사망의 결박을 풀

어 부활하게 하실 것에 대한 예표라 할 것입니다. 이점을 베드로는 증언하기를 "하나님께서 그를 사망의 고통에서 풀어 살리셨으니 이는 그가 사망에 매여 있을 수 없었음이라"(행 2:24) 합니다.

㉢ 그리고 이 "넓은 곳"이 성도들에게는 "이는 그리스도 예수 안에 있는 생명의 성령의 법이 죄와 사망의 법에서 너를 해방하였음이라"(롬 8:2)한 말씀으로 적용되는 것입니다.

이점을 107편에서는 "흑암과 사망의 그늘에서 인도하여 내시고 그들의 얽어맨 줄을 끊으셨도다 여호와의 인자하심과 인생에게 행하신 기적으로 말미암아 그를 찬송할지로다 그가 놋문을 깨뜨리시며 쇠빗장을 꺾으셨음이로다"(107:14-16) 합니다. 이를 믿기에 "내가 나의 영을 주의 손에 부탁하나이다"(5)하는 것입니다.

둘째 단원(9–18) 내 생명을 빼앗기로 꾀하였나이다

"내 생명을 빼앗기로 꾀하였나이다"(13)

이 말씀이 1차적으로는 다윗을 죽이려는 음모지만 궁극적으로는 "대제사장들과 서기관들이 예수를 무슨 방도로 죽일까 궁리"(눅 22:2)하는 음모에서 성취될 말씀이기 때문입니다.

④ "여호와여 내가 고통 중에 있사오니 내게 은혜를 베푸소서 내가 근심 때문에 눈과 영혼과 몸이 쇠하였나이다"(9) 합니다. "눈과 영혼과 몸"이 쇠하였다 한 것은 시편 기자의 고통이 영육간의 고통임을 나타냅니다. 그리하여 "내 일생을 슬픔으로 보내며 나의 연수를 탄식으로 보냄이여 내 기력이 나의 죄악 때문에 약하여지며 나의 뼈가 쇠하도소이다"(10) 합니다.

⑤ "내가 모든 대적들 때문에 욕을 당하고 내 이웃에게서는 심히 당하니 내 친구가 놀라고 길에서 보는 자가 나를 피하였나이다"(11) 합니다.

㉠ 이처럼 9-13절에는 극도의 고독과 배척당함이 나타나 있는데,

㉮ "대적과 이웃"으로부터도 욕을 당하고

㉯ 친구도 자신으로 인해 해를 당할까 피해간다고 말합니다.

다윗이 어찌하여 이런 박해와 버림을 당해야 했는가? 오직 하나님의 택하심을 받아 기름 부음을 받았기 때문입니다. 그러므로 이 고난이 1차적으로는 다윗이 당한 수난이지만 성령께서 이를 기록하게 하심은, 이를 통해서 그리스도의 수난을 예시하기 위해서인 것입니다.

㉡ 그리하여 "내가 잊어버린 바 됨이 죽은 자를 마음에 두지 아니함 같고 깨진 그릇과 같으니이다 내가 무리의 비방을 들었으므로 사방이 두려움으로 감싸였나이다"(12-13상) 합니다. "깨진 그릇"과 같다고 말하는데, 22편의 예언에서는 "나는 벌레요 사람이 아니라 사람의 비방거리요 백성의 조롱거리니이다"(6)하고, 이사야 53장의 예언에서는 "그는 멸시를 받아 사람들에게 버림받았으며 간고를 많이 겪었으며 질고를 아는 자라 마치 사람들이 그에게서 얼굴을 가리는 것 같이 멸시를 당하였다"(3)라고 말씀합니다. 역사상 이와 같은 대접을 받은 분은 하나님의 아들 그리스도이십니다.

⑥ 급기야 "그들이 나를 치려고 함께 의논할 때에 내 생명을 빼앗기로 꾀하였나이다"(13하) 합니다.

㉠ "여호와여 그러하여도", 즉 대적과 이웃에게 배척을 당하고 버림을 당한 것 같은 상황에서도 "나는 주께 의지하고 말하기를 주는 내 하나님이시라 하였나이다"(14) 합니다.

㉡ "나의 앞날이 주의 손에 있사오니 내 원수들과 나를 핍박하는 자들의 손에서 나를 건져주소서"(15) 합니다. "나의 앞날이 주의 손에 있다"는 진술은 자신의 일평생(一平生)이 주의 장중에 있다는 하나님의 주권을 인정하는 말입니다. 그래서 15절 안에는 "주의 손과 핍박하는 자들의 손"이 있습니다.

㉢ 주님은 십자가를 앞에 놓고 "내가 이를 위하여 이 때에 왔나이다"(요 12:27) 하셨습니다. 이것이 "나의 앞날이 주의 손에 있사오니"(15상)의 뜻입니다. 주님은 "참새 두 마리가 한 앗사리온에 팔리지 않느냐 그러나 너희 아버지께서 허락하지 아니하시면 그 하나도 땅에 떨어지지 아니하리라"(마 10:29) 하셨습니다. 형제의 시대(時代)가 주의 장중에 있음을 믿으시기 바랍니다.

⑦ "주의 얼굴을 주의 종에게 비추시고 주의 사랑하심으로 나를 구원하소서"(16) 합니다. "구원"이란 무엇인가? "주의 얼굴을 종에게 비추시고" 한 "예수 그리스도의 얼굴에 있는 하나님의 영광을 아는 빛을 우리 마음에 비추심"(고후 4:6)을 의미합니다. 이를 위하여 주께서 십자가상에서 "다 이루었다" 선언하셨을 때에 죄로 말미암아 막혔던 휘장이 열리었던 것입니다.

㉠ "여호와여 내가 주를 불렀사오니 나를 부끄럽게 하지 마시고 악인들을 부끄럽게 하사 스올에서 잠잠하게 하소서"(17) 합니다.

㉮ 17절 안에는 "부끄럽게 하지 마시고"와

㉯ 부끄럽게 하사"가 대조(對照)되어 있습니다.

주님께서 십자가에 달리셨을 때 주님과 그의 제자들은 말로는 표현할 길이 없는 부끄러움을 당하는 것 같았을 것입니다. 그러나 종말에는 "우상을 만드는 자는 부끄러움을 당하며 욕을 받아 다 함께 수욕(羞辱) 중에 들어갈 것이로되 이스라엘은 여호와께 구원을 받아 영원한 구원을 얻으리니 너희가 영원히 부끄러움을 당하거나 욕을 받지 아니하리로다"(사 45:16-17) 합니다.

㉡ 그러므로 "교만하고 완악한 말로 무례히 의인을 치는 거짓 입술이 말 못하는 자 되게 하소서"(18)하는 것입니다.

둘째 단원을 마치기 전에 잊지 말아야 할 점은 "주의 얼굴을 주의 종에게 비추시고"(16)한 언급인데, 우리에게 주의 얼굴을 비춰주시기 위해서 "엘리 엘리 사마 사박다니"하고 부르짖는 자기 아들에게는 "제 육시로부터 온 땅에 어두움이 임하여 제 구시까지 계속하더니"(마 27:45)한 얼굴을 가리셨다는 점입니다. 왜 얼굴을 가리셔야 했는가? 우리 대신 정죄(定罪)를 받으시는 "죄" 때문입니다. 이 망극하신 은혜를 셋째 단원에서 더욱 확인하게 될 것입니다.

셋째 단원(19-24) 쌓아두신 은혜, 베푸신 은혜

"주를 두려워하는 자를 위하여 쌓아두신 은혜, 주께 피하는 자를 위하여 베푸신 은혜"(19)

1-18절이 다윗을 예표로 한 그리스도의 수난을 예시하고 있다면, 19-24절은 그리스도께서 고난을 당하심으로 말미암아 주어지게 될 은혜라 할 수 있습니다.

⑧ "주를 두려워하는 자를 위하여 쌓아두신 은혜 곧 주께 피하는 자를 위하여 인생 앞에 베푸신 은혜가 어찌 그리 큰지요"(19) 합니다.

㉠ 19절 안에는 "은혜"가 두 번 등장하는데, "쌓아두신 은혜"만이 아니라 "베푸신 은혜"라고 말씀합니다. 그러면 주를 경외하는 자들을

위하여 베푸시려고 "쌓아두신 은혜" 즉 예비하신 은혜가 무엇인가?

㉮ "오직 은밀한 가운데 있는 하나님의 지혜를 말하는 것으로서 곧 감추어졌던 것인데 하나님이 우리의 영광을 위하여 만세 전에 미리 정하신 것이라"(고전 2:7)한 은혜인 것입니다.

㉯ 어디에 들어있는가? "하나님의 비밀인 그리스도를 깨닫게 하려 함이니 그 안에는 지혜와 지식의 모든 보화가 감추어져 있느니라"(골 2:2-3)한 "그리스도 안에" 들어있는 은혜인 것입니다.

이점을 문맥적으로 보게 되면 "쌓아두신 은혜"가 "내 생명을 빼앗기로 꾀하였나이다(13), 나의 영을 주의 손에 부탁하나이다"(5)한 그리스도의 수난을 통해서 주어짐을 깨닫게 됩니다. 다윗은 앞에서 "내 일생을 슬픔으로 보내며 나의 연수를 탄식으로 보낸다"(10)라고 말했습니다. 그런데 다윗은 이런 고난 후에 왕위에 오르는 영광을 얻을 수 있었던 것입니다. 그리하여 하나님께서 자기를 경외하는 자를 위하여 "쌓아두신 은혜, 베푸신 은혜"가 큼을 깨닫고는 이를 찬양하는 것입니다.

ⓛ "주께서 그들을 주의 은밀한 곳에 숨기사 사람의 꾀에서 벗어나게 하시고 비밀히 장막에 감추사 말다툼에서 면하게 하시리이다"(20) 합니다. 베푸시기 위해서 은혜만을 "쌓아두신" 것이 아니라, 피로 값을 주고 사신 "그들"을, "주께서 그들을 주의 은밀한 곳에 숨기시고, 비밀히 장막에 감추어" 두신다고 말씀합니다. "주의 은밀한 곳"이란 누구도 접근할 수 없는 지성소를 염두에 두고 하는 말씀입니다. 얼마나 안전합니까?

⑨ 그래서 "여호와를 찬송할지어다 견고한 성에서 그의 놀라운 사랑을 내게 보이셨음이로다"(21)라고 진술하는 것입니다.

㉠ 하나님께서 예비하신 은혜는 "놀라운 사랑"입니다. 다시 강조합니다만 이런 은혜가 어떻게 해서 우리에게 주어지는 것이 가능하게 되었

는가를 놓치지 말아야 합니다. 이점을 사도 바울은 "기록된바 하나님이 자기를 사랑하는 자들을 위하여 예비하신 모든 것은 눈으로 보지 못하고 귀로 듣지 못하고 사람의 마음으로 생각하지도 못하였다 함과 같으니라"(고전 2:9)고 증언합니다. 그래서 "놀라운 사랑"(21)이라 하는 것입니다.

㉡ 그럼에도 불구하고 우리는 환난을 당하게 되면 "내가 놀라서 말하기를 주의 목전에서 끊어졌다"(22상)고 탄식하는 것이 아닌가? 그러다가도 뒤늦게 "내가 주께 부르짖을 때에 주께서 나의 간구하는 소리를 들으셨나이다"(22하)하고 깨닫게 되는 것입니다.

⑩ 그래서 "너희 모든 성도들아 여호와를 사랑하라"(23상)하고, "나"로 시작된 31편은 "모든 성도들"로 확장되고 있습니다. 그리고 "여호와께서 진실한 자를 보호하시고 교만하게 행하는 자에게 엄중히 갚으시느니라"(23하)하는 것입니다.

그리하여 "주께 피하오니"(1)하고 시작된 31편이, "여호와를 바라는 너희들아 강하고 담대하라"(24)하는 격려로 마치고 있다는 것은 너무나 합당한 결론이라 하겠습니다. 주님께서 잡히시던 날 밤에 제자들에게 행하신 다락방 강화의 결론도, "세상에서는 너희가 환난을 당하나 담대하라 내가 세상을 이기었노라"(요 16:33)하신 말씀입니다. 이것이 "쌓아두신 은혜, 베푸신 은혜"입니다.

적용 : "성도"(23)란 "주를 두려워하는 자, 주께 피하는 자(19), 주를 사랑하는 자(23), 여호와를 바라는 자"(24)입니다. 성도들도 때로는 환난을 당합니다. 그러나 "여호와여 그러하여도 나는 주

께 의지하고 말하기를 주는 내 하나님이시라"(14)고 고백하는 사람들입니다. 형제여, "강하고 담대하십시다" 우리는 여호와를 바라는 자들입니다.

묵상

㉠ 31편의 어떤 점이 그리스도의 예표인가에 대해서
㉡ 성도들에게 주시려고 예비하신 은혜가 어떻게 묘사되어 있는가?
㉢ 우리는 놀라서 겁을 내는 중에 무엇이라 외칠 수 있는가?

시편 32편 개관도표

주제 : 죄의 가리움을 받은 자의 복

정죄 없음	1-2 1 ① **허물의 사함을 얻고 자신의 죄가 가려진 자는** → **복이 있도다** 2 ② 마음에 간사함이 없고 여호와께 **정죄를 당하지 아니하는 자는** **복이 있도다**
허물을 자복하리라	3-7 3 ③ **내가 입을 열지 아니할 때에** 종일 신음하므로 내 뼈가 쇠하였도다 4 주의 손이 주야로 나를 누르시오니 내 진액이 빠져서 여름 가물에 마름같이 되었나이다(셀라) ④ **내가 이르기를 내 허물을 여호와께 자복하리라** 하고 주께 **내 죄를 아뢰고** **내 죄악을 숨기지 아니하였더니** 곧 주께서 **내 죄의 악을 사하셨나이다**(셀라) 6 ⑤ **이로 말미암아 모든 경건한 자는 주를 만날 기회를 얻어서 주께 기도할지라** 진실로 홍수가 범람할지라도 그에게 미치지 못하리이다 7 주는 나의 은신처이오니 환난에서 나를 보호하시고 구원의 노래로 나를 두르시리이다(셀라)
길을 가리침	8-11 8 ⑥ **내가 네 갈 길을 가르쳐 보이고** 너를 주목하여 훈계하리로다 9 너희는 무지한 말이나 노새 같이 되지 말지어다 그것들은 재갈과 굴레로 단속하지 아니하면 너희에게 가까이 오지 아니 하리로다 10 악인에게는 많은 슬픔이 있으나 여호와를 신뢰하는 자에게는 인자하심이 두르리로다 11 ⑦ **너희 의인들아** 여호와를 기뻐하며 **즐거워할지어다** 마음이 정직한 너희들아 다 **즐거이 외칠지어다**

32편

죄의 가리움을 받은 자의 복

1 허물의 사함을 받고 자신의 죄가 가려진 자는 복이 있도다.

32편은 "다윗이 밧세바와 동침한 후 선지자 나단이 그에게 온 때"라는 표제가 있는, 51편과 같은 배경에서 지은 시(詩)일 것입니다. 그런데 32편에서 주목할 점은 "죄와 허물"(1)로 시작하여 "너희 의인들아"(11)하고 마치는 구조라는 점입니다. 왜냐하면 여기에 32편을 통해서 말씀하려는 핵심이 있기 때문입니다.

죄로 말미암아 하나님 앞에서 추방당한 죄인이 어떻게 의롭다 함을 얻을 수 있는가 하는 문제는 구원계획에 있어서 해결해야 할 가장 큰 난제(難題)인 것입니다. 이 문제에 해답을 얻어 의롭다 함을 얻은 자는 하나님께로 돌아가 하나님과 화목할 수 있고,

"함께 거하고, 함께 사는"(계 21:3) 것이 가능하여지기 때문입니다. 이 해답을 깨달았기에 다윗은 "내가 네 갈 길을 가르쳐 보이겠다"(8), 즉 전도(傳道)하겠다고 말하는 것입니다.

첫째 단원(1–2) **정죄를 당하지 않는 자의 복**
둘째 단원(3–7) **내 허물을 자복하리라**
셋째 단원(8–11) **네 갈 길을 가르치리라**

첫째 단원(1–2) 정죄를 당하지 않는 자의 복

"허물의 사함을 받고 자신의 죄가 가려진 자는 복이 있도다"(1)

① 첫째 단원은 명제(命題)와 같은 말씀입니다. 나머지는 이에 대한 해설이라 해도 과언이 아닙니다. 그러므로 이에 확고해야 합니다.

㉠ "허물의 사함을 받는" 문제는 다윗에게만 국한된 문제가 아닙니다. 다윗은 51편에서 어쩌다가 죄를 범한 양 말하고 있는 것이 아니라, "내가 죄악 중에서 출생하였음이여 어머니가 죄 중에서 나를 잉태하였나이다"(51:5)하고 원죄(原罪) 하에 태어났음을 고백하고 있습니다. 그러니까 "모든 사람이 죄를 범하였으매 하나님의 영광에 이르지 못하더니"(롬 3:23)한 "모든 사람", 즉 나 자신의 문제(問題)인 것입니다. 첫 절은 두 마디로 되어있는데,

㉮ 첫째는 "허물의 사함을 받았다"고 말씀합니다. 이것이 어떻게 가능하여지는가? 이 진술 속에는 그리스도를 통한 대속교리가 함의(含意)되어 있는 것입니다. 왜냐하면 죄 값은 사망이요, 그

래서 "피 흘림이 없은즉 사함이 없느니라"(히 9:22)고 말씀하고, 그리고 "황소와 염소의 피가 능히 죄를 없이하지 못한다"(히 10:4)라고 말씀하기 때문입니다. 그런데 복음이란 "허물의 사함"만을 받는 것이 아닙니다.

㉯ 그러므로 둘째는 "죄의 가리움을 받았다"라고 말씀합니다. "가리움"이라는 주제는 즉각적으로 아담이 죄를 범한 후에, "내가 벗었음으로 두려워하여 숨었나이다" 한 창세기 3:10절로 인도해줍니다. 그들을 위해서 하나님께서는 "가죽옷을 지어 입히시니라"(창 3:21) 합니다. "가죽옷"이라는 특정적(特定的)인 표현 속에 "피 흘림"이라는 구속교리가 함의되어 있고, "그 죄의 가림을 받은 자"라는 "의롭다 하심", 즉 칭의 교리가 들어있다니 참으로 경이로운 말씀입니다.

㉡ "허물과 죄"는 인간이 범한 행위입니다. 그런데 이 죄와 허물을 "사하시고, 덮어" 주시는 것은 하나님이 행해주신 일입니다. 그러므로 "허물을 사하시고, 죄를 가려주시는 것"이 어떻게 가능하여지는가 하는 문제가 구원계획에 있어서 최대의 난제(難題)인 것입니다. 그러므로 본문을 '수박 겉핥기' 식으로 볼 것이 아니라, 밝히 드러난 신약의 빛을 받아서 보아야 하는 것입니다.

② 이어서 "마음에 간사함이 없고 여호와께 정죄를 당하지 아니하는 자는 복이 있도다"(2) 합니다.

㉠ "마음에 간사가 없다"는 말은 주님께서 나다나엘을 가리켜 "보라 이는 참으로 이스라엘 사람이라 그 속에 간사한 것이 없도다"(요 1:47)하신 진실성을 가리킵니다. 어떤 사람이 하나님 앞에 진실한 자인가? 자신이 죄인임을 깨닫고 "불쌍히 여기소서 나는 죄인이로소이다"(눅 18:13)라고 자백하는 자입니다.

㉡ 이처럼 자백하기만 하면 "여호와께 정죄(定罪)를 당하지 않게"(2)

된다는 것입니다. 왜냐하면 대신 정죄를 받아 피 흘림, 즉 죽어주신 분이 계시기 때문에 가능해지는 것입니다.

바울은 로마서 4:6-8절에서 본문 1-2절을 인용하여 해설하기를 "일한 것이 없이 하나님께 의로 여기심을 받는 사람의 행복에 대하여 다윗이 말한바 불법이 사함을 받고 죄가 가리어짐을 받는 사람들은 복이 있고 주께서 그 죄를 인정하지 아니하실 사람은 복이 있도다 함과 같으니라"고 증언합니다. 그러니까 죄는 인정(認定)하지 아니하시고, 의롭다고 인정을 해주신다니 이보다 더 놀라운 은혜가 있단 말인가!!

ⓒ 이것이 어떻게 해서 가능하여지는가? "그리스도 예수 안에 있는 속량으로 말미암아 하나님의 은혜로 값없이 의롭다 하심을 얻은 자 되었느니라"(롬 3:24) 합니다. 이렇게 하시고 의롭다고 인정을 해주신 자들을 "누가 능히 하나님께서 택하신 자들을 고발하리요 의롭다 하신 이는 하나님이시니 누가 정죄하리요"(롬 8:33-34), 누가 정죄할 수가 있단 말이냐고 도전적으로 묻고 있습니다.

이는 신약성경만이 아니라 이사야 선지자를 통해서도 "나를 의롭다 하시는 이가 가까이 계시니 나와 다툴 자가 누구냐 나와 함께 설지어다 나의 대적이 누구냐 내게 가까이 나아올지어다 보라 주 여호와께서 나를 도우시리니 나를 정죄할 자 누구냐 보라 그들은 다 옷과 같이 해어지며 좀이 그들을 먹으리라"(사 50:8-9) 하고 선언하고 있습니다. 만일 다윗이 "허물의 사함을 받고 자신의 죄가 가려진 자는 복이 있도다다"(1)한 진술을 다른 뜻인 양 여기는 사람이 있다면 그는 "그리스도께서 헛된 죽음"(갈 2:21)을 죽으신 것으로 만드는 자인 것입니다. 이처럼 "허물의 사함을 받고 자신의 죄가 가리움"을 받기 위해서 우리가 행해야 할 일은 무엇인가?

둘째 단원(3–7) 내 허물을 자복하리라

"내가 이르기를 내 허물을 여호와께 자복하리라 하고 주께 내 죄를 아뢰고 내 죄악을 숨기지 아니하였더니"(5상)

③ "내가 입을 열지 아니할 때에 종일 신음하므로 내 뼈가 쇠하였도다"(3), 회개(悔改)란 잘못 먹어 체했을 때 토해내는 것과 같은 것입니다. 다윗은 밧세바와의 사건을 1년간이나 숨기고 입을 열지 아니하였던(삼하 12:14) 것입니다. 하나님께서는 어서 토해내라고 1년 동안 "주의 손이 주야로 나를 누르시오니 내 진액이 빠져서 여름 가뭄에 마름 같이 되었나이다(셀라)"(4) 합니다. "여름 가물에 마름 같다"는 말은 영적인 고갈(枯渴)상태를 나타냅니다.

④ 다윗은 견디다 못하여 "내가 이르기를 내 허물을 여호와께 자복하리라 하고 주께 내 죄를 아뢰고 내 죄악을 숨기지 아니하였더니"(5상) 합니다.

㉠ 이 점에서 진정한 회개가 어떠한 것인가를 생각하게 합니다.

㉮ 죄를 인정하는 것입니다.

㉯ 애통해하는 것입니다.

㉰ 끊어버리는 결단이 있어야 합니다.

이점을 다윗은 "하나님께서 구하시는 제사는 상한 심령이라 하나님이여 상하고 통회하는 마음을 주께서 멸시하지 아니하시리이다"(51:17)라고 진술합니다. 회개가 철저해야만 개가 토하였던 것을 다시 먹듯 하지 않을 수 있는 것입니다. 자백이 간절하면 사죄도 신속한 것입니다.

㉡ 그래서 "곧 주께서 내 죄악을 사하셨나이다(셀라)"(5하)고 "곧"이라 하는 것입니다. 여호와께서 나단 선지자를 다윗에게 보내셔서 "당신이 그 사람이라"고 말하자 어떻게 반응을 했는가? 역대하 16장을 보면 선지자 하나님이 아사의 잘못을 지적하자 "아사가 노하여 선견자를 옥에 가두었으니 이는 그의 말에 크게 노하였음이며"(대하 16:10)하는 반응을 보입니다. 그러나 다윗은 "내가 여호와께 범죄하였노라"고 자백하자, "여호와께서도 당신의 죄를 사하셨나이다"(삼하 12:13)하고 즉각적으로 사하셨던 것입니다. 요점은 우리는 이로써 사건이 완결(完決)된 줄 알고 있다는 점입니다.

㉢ 그런데 하나님은 다윗이 토해낸 죄 짐을 들고서 "길이 참으셨습니다, 곧 이 때에"(롬 3:25,26), 즉 자기 아들을 화목제물로 십자가에 내어주셨을 때 그에게 담당시키셨다고 신약성경은 증언하고 있습니다. 히브리서 9:15절을 보십시오. 예수 그리스도는 새 언약 때에 범한 죄만이 아니라 "첫 언약 때(구약시대)에 범한 죄에서 속량하려고 죽으셨다"라고 말씀합니다. 왜냐하면 속죄제로 드려진 "황소와 염소의 피가 능히 죄를 없이 하지 못하기"(히 10:4) 때문입니다.

㉣ 구약시대 "속죄제"란 그리스도께서 대속제물이 되어주실 것에 대한 예표로써 죄를 보류해 두시는 장치에 불과했던 것입니다. 그러니까 구약시대에 범한 모든 죄는 속죄제를 드림으로 완결(完決)된 것이 아니라 마치 저수지에 물이 고이듯이 쌓여 가기만 했던 것입니다.

이를 달리 표현하기를 구약시대는 하나님의 의로우심(공의)을 나타내지 못한 시대였다는 것입니다. 그래서 성경은 "곧 이 때에 자기의 의로우심을 나타내사 자기도 의로우시며 또한 예수 믿는 자를 의롭다 하려 하심이라"(롬 3:26)하고 말씀합니다. 그러니까 다윗이 "허물의 사함을 받고 자신의 죄가 가려진 자는 복이 있도다"(1)라고 고백했다는 것은 놀랍게도 칭의교리를 알고 있었다는 것이 됩니다.

⑤ "이로 말미암아 모든 경건한 자는 주를 만날 기회를 얻어서 주께 기도할지라"(6상),

㉠ "진실로 홍수가 범람할지라도 그에게 미치지 못하리이다"(6하)하고 선언할 수 있었던 것입니다. "홍수"란 우리를 삼키려는 죄에 대한 상징인데 어떻게 "그에게 미치지 못하리라"하는가? 죄악은 마치 "홍수가 범람함"과 같이 온 세상을 휩쓸고 있습니다. 이를 인간의 자력으로 막아내기에는 역부족입니다. 성경은 "그러나 죄(罪)가 더한 곳에 은혜(恩惠)가 더욱 넘쳤나니"(롬 5:20)하고, 하나님께서 은혜로 막아주셨다고 말씀합니다. 이 "은혜"로 말미암아 "홍수가 범람할지라도 그에게 미치지 못하리이다" 하는 것이 가능해지는 것입니다.

㉡ 이 은혜를 아는 자는 "주는 나의 은신처이오니 환난에서 나를 보호하시고 구원의 노래로 나를 두르시리이다(셀라)"(7)고 찬양하게 되는 것입니다.

셋째 단원(8-11) **너희에게 갈 길을 가르치리라**

"내가 네 갈 길을 가르쳐 보이고 너를 주목하여 훈계하리로다"(8)

셋째 단원은 "허물의 사함을 받고 자신의 죄가 가려진 자", 즉 구속교리와 칭의교리를 깨달은 자가 이 기쁜 소식을 전파하겠다는 내용입니다. 다윗은 51편에서도 "주여 내 입술을 열어주소서 내 입이 주를 찬송하여 전파하리이다"(51:15) 합니다.

⑥ "내가 네 갈 길을 가르쳐 보이고 너를 주목하여 훈계하리로

다"(8)하는데 참으로 회개한 자는 전도자가 된다는 말씀입니다. 다윗은 자신이 깨닫고 받은 은혜를 전해주겠다는 것입니다.

㉠ "너희는 무지한 말이나 노새같이 되지 말지어다 그것들은 재갈과 굴레로 단속하지 아니하면 너희에게 가까이 가지 아니하리로다"(9) 합니다. 나 자신도 그러했던 자라는 뜻이 있습니다. 쇠고집이라는 말이 있는데, "다만 네 고집과 회개하지 아니한 마음을 따라 진노의 날 곧 하나님의 의로우신 심판이 나타나는 그 날에 임할 진노를 네게 쌓지 말라"(롬 2:5), 즉 복음을 거절하지 말라, 발로 차버리지 말라는 호소입니다.

㉡ 이점이 "악인에게는 많은 슬픔이 있으나 여호와를 신뢰하는 자에게는 인자하심이 두르리로다"(10)한 말씀에도 나타납니다. "악인과 여호와를 신뢰하는 자"가 대조되어 있는데, 여호와를 신뢰하는 자란 하나님을 믿는 자요, 악인은 이를 배척하는 자입니다.

⑦ 그리하여 "허물의 사함을 받고"(1)로 시작이 된 32편은, "너희 의인들아 여호와를 기뻐하며 즐거워할지어다"(11상)한 "의인"으로 마치고 있는 구조(構造)입니다. 그래도 놀라거나 감격이 없단 말인가? 그러면 "허물과 죄"(1)로 시작한 것이 누구의 무엇으로 말미암아 "너희 의인들아"(11)하는 것이 가능하게 되었는지 형제는 말해줄 수 있습니까?

㉠ 10절에서 "여호와를 신뢰하는 자"라 한 것을 결론에서는 "의인들아" 하고 부르고 있습니다. 이는 인간의 행위로는 불가능합니다. 오직 "한 사람이 순종하지 아니함으로 많은 사람이 죄인 된 것같이 한 사람의 순종하심으로 많은 사람이 의인이 되리라"(롬 5:19)한 그리스도의 대속을 통해서만이 가능하여질 수 있는 것입니다.

㉡ 그래서 "마음이 정직한 너희들아 다 즐거이 외칠지어다"(11하)하는

것입니다.

㉮ "기뻐하며 즐거워할지어다"하는 것은 "허물의 사함을 받고 자신의 죄가 가려진 자" 자신이 먼저 기뻐하라는 말씀이요,

㉯ "즐거히 외칠지어다"한 것은 이 기쁜 소식을 자랑하라, 전파(傳播)하라는 뜻입니다.

자신 속에 기쁨이 있는 자는 다른 사람들에게도 자랑하게 되는 것입니다. 다윗은 51편에서도 "주의 구원의 즐거움을 내게 회복시켜주시고 자원하는 심령을 주사 나를 붙드소서 그리하면 내가 범죄자에게 주의 도를 가르치리니 죄인들이 주께 돌아오리이다"(51:12-13)라고 진술합니다. 이것이 "허물 사함을 받고 자신의 죄가 가려진 자"의 복입니다.

적용 : 먼저 나 자신의 허물이 어떻게 해서 사함을 얻고, 나의 죄가 어떻게 해서 가림을 받게 되었는가에 확고해야 합니다. 이처럼 칭의의 복을 확신하는 자라면, 1편에서 말씀한 "복 있는 사람은 악인들의 꾀를 따르지 아니하며 죄인들의 길에 서지 아니하며 오만한 자들의 자리에 앉지 아니한다"(1:1) 한 성화도 이루기를 사모하는 자입니다. 그리고 "내가 네 갈 길을 가르쳐 보이리라"(8)한 구원의 길을 전파하는 전도자가 되는 것입니다.

묵상

㉠ 진정한 회개가 무엇인가에 대해서

㉡ 두 번 강조되어 있는 복 있는 자가 어떤 사람인가에 대해서

㉢ 32편의 구조에 나타난 복음진리에 대해서

㉣ 은혜를 입은 자의 사명과 결단에 대해서.

시편 33편 개관도표

주제 : 하나님의 기업으로 선택된 백성

진실한 여호와의 말씀	1-9 1 ① **너희 의인들아** 여호와를 즐거워하라 **찬송은 정직한 자들의 마땅히 할 바로다** 2 수금으로 여호와께 **감사하고** 열 줄 비파로 **찬송할지어다** 3 **새 노래로** 그를 노래하며 즐거운 소리로 아름답게 **연주할지어다** 4 ② **여호와의 말씀은 정직하며 그가 행하시는 일은 다 진실하시도다** 5 그는 **공의와 정의**를 사랑하심이여 세상에는 여호와의 **인자하심**이 충만하도다 6 여호와의 **말씀으로** 하늘이 지음이 되었으며 그 만상을 그의 입 기운으로 **이루었도다** 7 그가 바닷물을 모아 무더기 같이 쌓으시며 깊은 물을 곳간에 두시도다 8 온 땅은 여호와를 두려워하며 세상의 모든 거민들은 그를 경외할지어다 9 **그가 말씀하시매 이루었으며 명령하시매 견고히 섰도다**
열방과 여호와의 도모	10-19 10 ③ 여호와께서 **나라들의 계획을 폐하시며** 민족들의 사상을 무효하게 하시도다 11 **여호와의 계획은 영원히 서고** 그의 생각은 대대에 이르리로다 12 ④ **여호와로 자기 하나님으로 삼은 나라 곧 하나님의 기업으로 선택된 백성은 복이 있도다** 13 여호와께서 하늘에서 **굽어보사 모든 인생을 살피심이여** 14 곧 그가 거하시는 곳에서 세상의 **모든 거민들을 굽어살피시는도다** 15 그는 그들 모두의 마음을 지으시며 **그들이 하는 일을 굽어살피시는이로다** 16 ⑤ 많은 군대로 **구원 얻은 왕이 없으며** 용사가 힘이 세어도 **스스로 구원하지 못하는도다** 17 **구원하는 데에 군마는 헛되며** **군대가 많다 하여도 능히 구하지 못하는도다** 18 ⑥ 여호와는 **그를 경외하는 자 곧 그의 인자하심을 바라는 자를 살피사** 19 **그들의 영혼을 사망에서 건지시며 그들이 굶주릴 때에 그들을 살리시는도다**
의지하고 바람	20-22 20 ⑦ **우리 영혼이 여호와를 바람이여 그**는 우리의 도움과 방패시로다 21 우리 마음이 그를 즐거워함이여 우리가 **그의 성호를 의지하였기 때문이로다** 22 **여호와여 우리가 주께 바라는 대로 주의 인자하심을 우리에게 베푸소서**

33편

하나님의 기업으로 선택된 백성

> [12] 여호와로 자기 하나님으로 삼은 나라 곧 하나님의 기업으로 선택된 백성은 복이 있도다.

33편은 찬양(讚揚) 시(詩)인데 "너희 의인들아 여호와를 즐거워하라 찬송은 정직한 자들이 마땅히 할 바로다"(1)하고 시작됩니다. 이 첫 절을 "너희 의인들아 여호와를 기뻐하며 즐거워할지어다 마음이 정직한 너희들아 다 즐거이 외칠지어다" 하고 마친 32편 마지막 절과 결부시켜보십시오.

이로 보건대 33편은, 32편에서 "허물 사함을 받고 그 죄의 가리움"을 얻은 후에 기록한 감사와 찬양이라고 말할 수 있습니다. "수금으로 여호와께 감사하고 열 줄 비파로 찬송할지어다 새 노래로 그를 노래하며 즐거운 소리로 아름답게 연주할지어다(2-3)

합니다. 그렇다면 무엇에 대한 감사와 찬양인가?

첫째 단원(1–9) **정직한 여호와의 말씀**
둘째 단원(10–19) **열방의 계획과 여호와의 계획**
셋째 단원(20–22) **여호와를 의지하고 바라는 자**

첫째 단원(1–9) **정직한 여호와의 말씀**

"너희 의인들아 여호와를 즐거워하라 찬송은 정직한 자들이 마땅히 할 바로다"(1)

첫째 단원의 중심점은 도표에 표시된 대로 세 번 등장하는 "여호와의 말씀"과 두 번 등장하는 "이루심"에 있고 핵심은 "너희 의인들아"한 의인에 있다 하겠습니다. 여기 놓치지 말아야 할 요점은 누구를 찬양에 초대하고 있는가를 주목하시라 아무나가 아니라 "너희 의인들아"한 "의인들"입니다. 의인은 없나니 하나도 없도다 하는데 이 "의인들"은 누구인가?

① 먼저 1-3절을 통해서 찬양에의 초대하고 있는데, "마땅하다"는 찬양의 당위성을 말합니다. "수금으로 여호와께 감사하고 열 줄 비파로 찬송할지어다 새 노래로 그를 노래하며 즐거운 소리로 아름답게 연주할지어다"(2-3) 합니다. 그러면 "의인들"은 누구를 가리키며, 무엇을 찬양하라 하는가?

㉠ 32편은 "허물로 시작하여, 의인"으로 마치는 구조였습니다.

㉡ 이런 맥락에서 33편의 "의인"이란, 32:1절에서 "허물의 사함을

받고 자신의 죄가 가려진 자"를 가리킨다고 말할 수 있습니다.

② 무엇을 찬양하라 하는가? 4-9절은 찬양할 이유인데 첫 창조(創造)를 들고 있습니다. "여호와의 말씀은 정직(正直)하며 그가 행하시는 일은 다 진실(眞實)하시도다"(4)고 "말씀"을 강조하면서,

㉠ "여호와의 말씀으로 하늘이 지음이 되었으며 그 만상을 그의 입 기운으로 이루었도다"(6) 합니다. 이처럼 33편이 첫 창조를 언급하는 의도가 어디에 있는가? 둘째 단원에서 상고하게 될 "여러 나라들의 계획을 폐하시며(10), 여호와의 계획은 영원히 서고"(11), 즉 하나님의 계획하신 바는 반드시 "이루어지고 만다"는 재창조(再創造)의 이루심를 역설하기 위해서입니다.

㉡ 어떤 방도로 이루신다 하는가? 5절을 보십시오. "그는 공의와 정의를 사랑하심이여 세상에는 여호와의 인자하심이 충만하도다"(5) 합니다. 4절에서도 "그가 행하시는 일은 다 진실(眞實)하시도다" 합니다. 4-5절 안에는 "정직 · 진실 · 정의 · 공의 · 인자"가 있습니다. 이는 하나님의 속성들을 나타내는 주제인데, 첫 창조와 관련이 있는 것이 아니라 재창조와 결부되는 속성들인 것입니다.
그렇습니다. 하나님께서 이루어나가시는 구원계획은 "공의(公義)와 인자"(仁慈), 즉 의로우심과 사랑이라는 속성에 의해서 시행되고 있는 것입니다. 그래서 "진실"하신 것입니다.

㉢ "그가 바닷물을 모아 무더기 같이 쌓으시며 깊은 물을 곳간에 두시도다 온 땅은 여호와를 두려워하며 세상의 모든 거민들은 그를 경외할지어다 그가 말씀하시매 이루어졌으며 명령하시매 견고히 섰도다"(7-9) 합니다. "말씀"하시고도 이루시지 못한 것이 하나님께 있을 수 있단 말인가? 그런데 "하나님이 지으신 그 모든 것을 보시니 보시기에 심히 좋았더라"(창 1:31)한 첫 창조가 "한 사람으로 말미암아 죄가 세상에 들어오고 죄로 말미암아 사망이 왔나니"하고 깨어

지고 말았던 것입니다. 그러자 하나님은 "내가 … 하리라"고 재창조를 시작하신 것입니다. 이점을 둘째 단원에서 보게 될 것입니다.

둘째 단원(10-19) 열방의 계획과 여호와의 계획

"여호와께서 나라들의 계획을 폐하시며 민족들의 사상을 무효하게 하시도다"(10)

③ 둘째 단원에는 "나라들의 계획(10)과 여호와의 계획"(11)이 대조(對照)되어 있는데, 여기에 33편의 중심점이 있습니다.

㉠ 그러면 "나라들의 계획"이 무엇인가? "어찌하여 이방 나라들이 분노하며 민족들이 헛된 일을 꾸미는가 세상의 군왕들이 나서며 관원들이 서로 꾀하여 여호와와 그의 기름 부음 받은 자를 대적하며 우리가 그들의 맨 것을 끊고 그의 결박을 벗어 버리자 하는도다"(2:1-3)한 "여호와와 그 기름 부음 받은 자를 대적"하는 일입니다. 또한 "민족들의 사상"이 무엇인가? "그 모든 사상에 하나님이 없다"(10:4)하는 인본주의 사상입니다.

"너희는 함께 계획하라 그러나 끝내 이루지 못하리라 말을 해 보아라 시행되지 못하리라"(사 8:10) 하십니다.

㉡ 그러나 "여호와의 계획은 영원히 서고 그의 생각은 대대에 이르리로다"(11) 합니다. 그러면 "여호와의 계획"하심이 무엇인가? "일을 행하시는 여호와, 그것을 만들며 성취하시는 여호와"(렘 33:2)라 하신 하나님의 구원계획(救援計劃)입니다. 여호와께서 계획하시고 언약하신 바는 반드시 그리고 영원토록 이루어질 것이라는 말씀입니다.

④ 그래서 "여호와를 자기 하나님으로 삼은 나라 곧 하나님의

기업으로 선택된 백성은 복이 있도다"(12)하는 것입니다.

㉠ 이 말씀에는 인간의 책임과 하나님의 주권적인 선택이 동시에 나타나고 있는데

㉮ "여호와를 자기 하나님으로 삼았다"는 말은 "영접하는 자 곧 그 이름을 믿는"(요 1:12) "믿음"을 가리키고,

㉯ "곧 하나님의 기업으로 선택된 백성"이라는 "선택"은 "이는 혈통으로나 육정으로나 사람의 뜻으로 나지 아니하고 오직 하나님께로서 난 자들"(요 1:13)이라는 하나님의 "택하심"을 가리킵니다.

㉡ 이 예민함을 보십시오. "여호와를 자기 하나님으로 삼은 나라"라고 말씀했다가 이내 "곧 하나님의 기업으로 선택된 기업"이라고 하나님의 주권적인 선택을 앞세우고 있는 것입니다. 바울 사도도 "하나님을 사랑하는 자"라 했다가 "곧 그의 뜻대로 부르심을 입은 자들에게는 모든 것이 합력하여 선을 이루느니라"(롬 8:28)고 "하나님의 뜻"을 앞세우고 있습니다. "하나님을 사랑함"은 인간의 의무이나, "그의 뜻대로 부르심을 입은 자들"이란 인간의 사랑보다 먼저 하나님의 선수적인 택하심이 있었다는 말씀입니다. 이런 나라, 이런 백성, 이런 성도들은 참으로 복을 받은 자들이라고 말하지 않을 수 없는 것입니다.

12절을 신약적으로 표현한 것이 "모든 일을 그의 뜻의 결정대로 일하시는 이의 계획을 따라 우리가 예정을 입어 그 안에서 기업이 되었으니 이는 우리가 그리스도 안에서 전부터 바라던 그의 영광의 찬송이 되게 하려 하심이라"(엡 1:11-12)가 되는 것입니다. 참으로 한 말씀, 한 말씀이 경이로운 주제들입니다.

㉢ 그래서 "여호와께서 하늘에서 굽어보사 모든 인생을 살피심이여"(13)라고, 13-15절 안에는 "살피심이여, 굽어살피시는도다, 굽어살피시는 이로다"하는 "살피심"이 강조되어 있습니다. "곧 그가 거하시

는 곳에서 세상의 모든 거민들을 굽어살피시는도다 그는 그들 모두의 마음을 지으시며 그들이 하는 일을 굽어살피시는 이로다"(14-15) 합니다. 이는 14편에서 "여호와께서 하늘에서 인생을 굽어살피사 지각이 있어 하나님을 찾는 자가 있는가 보려 하신즉 다 치우쳐 함께 더러운 자가 되고 선을 행하는 자가 없으니 하나도 없도다"(2-3)한 말씀과 상통합니다. 이는 인간의 자력구원의 불가능성을 나타내는 말입니다.

⑤ 그런 후에 "많은 군대로 구원 얻은 왕이 없으며 용사가 힘이 세어도 스스로 구원하지 못하는도다"(16)고 진술합니다.

16-17절에서는 자력구원의 불가능성을 나타내는 "없으며, 없도다"는 부정이 네 번이나 나오는데,

㉮ "많은 군대로 구원 얻은 왕이 없으며"

㉯ "용사가 힘이 세어도 스스로 구하지 못하는도다"(16)

㉰ "구원하는 데에 군마는 헛되며",

㉱ "군대가 많다 하여도 능히 구하지 못하는도다"(17) 합니다.

⑥ 그러므로 도달하게 되는 결론은 "여호와는 그를 경외하는 자 곧 그의 인자하심을 바라는 자를 살피사"(18)

㉠ "그들의 영혼을 사망에서 건지시며 그들이 굶주릴 때에 그들을 살리시는도다"(19) 합니다. 18-19절은 16-17절과 상반된 언급인데, "많은 군대로도, 용사로도, 군마로도, 큰 힘으로도" 못하는 구원을 오직 "여호와는···하신다", 즉 "사망에서 건지시며, 살게 하신다"는 것입니다. 구원이 오직 여호와께로 말미암아 가능하여짐을 말씀합니다. 어떤 자들을 구원하시는가? "여호와를 경외하는 자, 그의 인자(仁慈)하심을 바라는 자"(18)입니다.

ⓛ 여기서 첫 절에서 말씀한 "너희 의인들아"한 "의인"(義人)이 누구인가가 분명히 밝혀지고 있는데,

㉮ "여호와를 경외하는 자,

㉯ 그의 인자하심을 바라는 자"(18)

㉰ 여호와를 자기 하나님으로 삼은(12) 자들입니다.

이들은 "여호와의 모든 계획은 영원히 서고 그의 생각은 대대에 이르게 될"(11) 것을 믿는 자들입니다.

셋째 단원(20–22) 여호와를 바라고 의지하는 자

"우리 영혼이 여호와를 바람이여 그는 우리의 도움과 방패시로다" (20),

⑦ 셋째 단원은 결론부분인데, 하나님의 말씀이 성취될 것을 믿는 자들의 신앙고백과 간구입니다. 그래서 인칭대명사가 "우리"로 되어있습니다. "우리"라는 말이 세 절 속에 여섯 번이나 나타납니다.

ⓖ "우리 마음이 그를 즐거워함이여 우리가 그의 성호를 의지하였기 때문이로다"(21) 합니다. 20-22절에는 "바람이여, 즐거워함이여, 의지하였기 때문이로다" 하는 신뢰(信賴)가 있는데 이는 모두가 하나님을 믿는 "믿음"을 가리키는 묘사입니다.

ⓛ 그리하여 "찬송은 정직한 자들이 마땅히 할 바로다"(1)하고 "찬송"으로 시작한 33편은, "여호와여 우리가 주께 바라는 대로 주의 인자하심을 우리에게 베푸소서"(22)하는 "간구"로 마치고 있습니다.

㉮ "바라는 대로"란 "믿는" 대로를 의미하는데, 무엇을 믿는다는 말인가?

㉯ "주의 인자하심", 즉 하나님의 사랑과 은혜입니다. 하나님의 은혜를 받는 비결은 오직 믿음뿐임을 나타냅니다. 이것이 "여호와를 바라고 의지하는 자"입니다.

33편을 통해서 말씀하려는 바는 분명해졌습니다. "하나님이 말씀하시매 천지만물이 이루어진 것 같이 하나님께서 말씀(언약)하신 재창조의 역사도 반드시 이루어지고야 만다는" 확신입니다. 그래서 "수금으로 여호와께 감사하고 열 줄 비파로 찬송할지어다"(2)하는 것입니다. 이것이 복 받은 "하나님의 기업으로 선택된 백성"입니다.

적용 : 형제도 하나님의 기업으로 선택된 복 받은 사람이요, 찬양할 이유가 있는 자임을 명심하시기 바랍니다.

묵상

㉠ 첫 창조를 진술하는 의도에 대해서
㉡ 재창조는 하나님의 어떤 속성에 의해서 이루어지는가에 대해서
㉢ 자력구원의 불가능성과 복을 받는 비결에 대해서(17-22).

시편 34편 개관도표

주제 : 구속에 대한 찬양과 전파

두려움에서 건지셨다

1-10

1 ① **내가 여호와를 항상 송축함이여 내 입술로 항상 주를 찬양하리이다**
2 **내 영혼이 여호와로 자랑하리니 곤고한 자들이 이를 듣고 기뻐하리로다**
3 ② 나와 함께 여호와를 **광대하시다 하며** 함께 **그의 이름을 높이세**
4 내가 여호와께 간구하매 내게 응답하시고 내 모든 두려움에서 나를 **건지셨도다**
5 그들이 **주를 앙망하고 광채를 내었으니** 그들의 얼굴은 **부끄럽지 아니하리로다**
6 ③ 이 곤고한 자가 부르짖으매 여호와께서 들으시고
그의 모든 환난에서 **구원하셨도다**
7 여호와의 천사가 주를 경외하는 자를 둘러 진 치고 그들을 **건지시는도다**
8 너희는 여호와의 **선하심을 맛보아 알지어다** 그에게 피하는 자는 **복이 있도다**
9 ④ **너희 성도들아 여호와를 경외하라** 그를 경외하는 자에게는 부족함이 없도다
10 젊은 사자는 궁핍하여 주릴지라도
여호와를 찾는 자는 모든 좋은 것에 부족함이 없으리로다

경외를 가르치리라

11-17

11 ⑤ **너희 자녀들아** 와서 내 말을 들으라 내가
여호와를 경외하는 법을 너희에게 가르치리로다
12 **생명을 사모하고 연수를 사랑하여 복 받기를 원하는 사람이 누구뇨**
13 네 혀를 악에서 금하며 네 입술을 거짓말에서 금할지어다
14 악을 버리고 선을 행하며 화평을 찾아 따를지어다
15 ⑥ **여호와의 눈은** 의인을 향하시고 그의 귀는 그들의 부르짖음에 기울이시는도다
16 **여호와의 얼굴은 악을 행하는** 자를 향하사
그들의 자취를 땅에서 끊으려 하시는도다
17 의인이 부르짖으매 여호와께서 들으시고 그들의 모든 환난에서 건지셨도다

정죄함이 없다

18-22

18 ⑦ **여호와는 마음이 상한 자를** 가까이 하시고
충심으로 통회하는 자를 구원하시는도다
19 의인은 고난이 많으나 여호와께서 그의 모든 고난에서 건지시는도다
20 ⑧ **그의 모든 뼈를 보호하심이여 그 중에서 하나도 꺾이지 아니하도다**
21 악이 악인을 죽일 것이라 의인을 미워하는 자는 **벌을 받으리로다**
22 ⑨ **여호와께서 그의 종들의 영혼을 속량하시나니**
그에게 피하는 자는 다 **벌을 받지 아니하리로다**

34편

구속에 대한 찬양과 전파

22 여호와께서 그의 종들의 영혼을 속량하시나니 그에게 피
하는 자는 다 벌을 받지 아니하리로다.

34편도 다윗의 시(詩)인데 "아비멜렉 앞에서 미친 체하다가 쫓겨나서"(삼상 21:10-15), 즉 구원을 얻은 후에 지은 시(詩)라는 표제가 있습니다. 다윗은 서두에서 "내가 여호와를 항상 송축함이여(1), 여호와를 자랑하리니"(2) 합니다. 그러니까 도표에 표시된 대로 심히 "곤고한 자"(2,6)가 위경에서 구원을 얻은 후에 이를 찬양하며 선전하는 내용입니다. 그래서 "건지셨다"는 말이 네 번(4,7,17,19)이나 나오고, "구원하셨도다"는 말도 두 번(6,18) 등장합니다.

34편은 세 단원으로 나누어 상고함이 도움이 됩니다. 다윗이 구원받은 사실(첫째 단원)을 들어서, 그리스도를 통한 궁극적인 구원을 증언(셋째 단원)하는 구조인데, 그 중간에 "너희 자녀들아 와서 내 말을 들으라 내가 여호와를 경외하는 법을 너희에게 가르치리로다"(둘째 단원)하는 "가르치리라"는 것이 끼어 있습니다. 그런데 결론은 놀랍게도 "죄를 받지 아니하리로다", 즉 정죄가 없다는 말씀으로 마치고 있다는 점입니다. 그러면 "정죄를 받지 않는 것"이 어떻게 가능한가? 34편은 "그의 모든 뼈를 보호하심이여 그중에서 하나도 꺾이지 아니하도다"(20)한 말씀에 의해서 해석이 되어야 마땅합니다. 왜냐하면 복음서는 이 예언적인 말씀이 그리스도에게서 성취가 되었다(요 19:36)고 증언하고 있기 때문입니다.

첫째 단원(1–10) **두려움에서 건지셨도다**
둘째 단원(11–17) **여호와 경외를 가르치리라**
셋째 단원(18–22) **구속하시나니 정죄함이 없다**

첫째 단원(1–10) **두려움에서 건지셨도다**

"내가 여호와를 항상 송축함이여 내 입술로 항상 주를 찬양하리이다"(1)

① 첫째 단원의 중심점은 첫 절에서 두 번 거듭 촉구하고 있는 "송축"에 있습니다. 왜 송축하라 하는가? "나를 건지셨도다(4), 그

들을 건지시는도다"(7), 즉 구원하여 주셨기 때문에 송축하라는 것입니다.

㉠ "내 영혼이 여호와를 자랑하리니 곤고한 자들이 이를 듣고 기뻐하리로다"(2) 합니다.

㉮ 다윗은 서두(序頭)에서 두 가지를 말씀하고 있는데, 첫째는 "내가 여호와를 항상 송축함이여 내 입술로 항상 주를 찬양하리이다"(1)한 "찬양"과

㉯ 둘째는 "내 영혼이 여호와로 자랑하리니"(2)한 "전파"입니다.

㉡ 구원을 얻은 성도들이 행해야 할 일은 "찬양하는 것과 이를 전파하는 것"으로 요약됩니다.

㉮ "너희는 시온에 계신 여호와를 찬송(讚頌)하며 그의 행사를 백성 중에 선포(宣布)할지어다"(9:11) 합니다.

㉯ 51:15절에서도 "주여 내 입술을 열어주소서 내 입이 주를 찬송(讚頌)하여 전파(傳播)하리이다" 합니다.

㉢ 왜 전파해야 하는가? 첫째 단원에는 "곤고한 자"가 두 번(2,6) 등장하는데, 전파해야 "곤고(困苦)한 자들이 이를 듣고 기뻐"(2하)할 것이기 때문입니다. 사무엘상에 의하면 다윗이 아비멜렉으로부터 구원을 얻고 아둘람 굴로 도피하자 "환난 당한 모든 자와 빚진 모든 자와 마음이 원통한 자가 다 그에게로 모였다"(삼상 22:2)라고 말씀합니다. 이런 처지에 있는 자들이 "곤고한 자들"입니다. 이점을 주님께서는 "수고하고 무거운 짐 진 자들아 다 내게로 오라 내가 너희를 쉬게 하리라" 말씀하십니다.

② "나와 함께 여호와를 광대하시다 하며 함께 그의 이름을 높이세"(3)

㉠ "내가 여호와께 간구하매 내게 응답하시고 내 모든 두려움에서 나를 건지셨도다"(4) 합니다.

34편의 역사적인 배경이 되는 사무엘상 21장을 보면, 다윗이 사울을 두려워하여 가드 왕 아기스에게로 피하여 갔는데 골리앗을 죽인 장본인이라는 다윗의 정체가 드러나게 됩니다. 그래서 "다윗이 이 말을 그의 마음에 두고 가드 왕 아기스를 심히 두려워하였다"(삼상 21:12) 합니다. 그러니까 늑대를 피하려다가 사자를 만난 셈입니다. 참으로 위기일발의 순간이었는데 그래서 "모든 두려움에서 나를 건지셨도다"라고 진술하는 것입니다.

ⓛ 이처럼 "내가"(1,4)하고 자신의 경험을 진술하던 다윗이 "그들이 주를 앙망하고 광채를 내었으니 그들의 얼굴은 부끄럽지 아니하리로다"(5)하고, 인칭대명사가 "너희"(8)로 전환(轉換)되고 있다는 점을 주목해야 합니다. 이는 다윗의 시편들이 다윗 개인의 경험을 말하는데 목적이 있는 것이 아니라 이를 예표로 하여 그리스도를 통한 곤고한 자들이 구원을 얻게 될 예언적인 말씀이라는 점을 나타냅니다.

ⓒ 그러므로 "그들이 주를 앙망하고 광채를 내었으니 그들의 얼굴은 부끄럽지 아니하리로다"(5) 합니다. "주를 앙망(仰望)하고 광채를 입었다"면 하나님의 얼굴빛에 비춤을 받았다는 뜻인데, 이를 구속사라는 맥락으로 보면 의미심장한 표현인 것입니다.

㉮ 시편에는 "여호와여 주의 얼굴을 들어 우리에게 비추소서"(4:6)하고 하나님께 얼굴을 비춰주시기를 구하는 간구가 자주 등장합니다.

㉯ "주의 얼굴을 주의 종에게 비추시고 주의 사랑으로 나를 구원하소서(31:16)

㉰ 하나님은 우리에게 은혜를 베푸사 복을 주시고 그의 얼굴빛을 우리에게 비추사"(67:1) 합니다.

㉱ 80편은 후렴처럼 세 번이나 "하나님이여 우리를 돌이키시고 주의 얼굴빛을 비추사 우리가 구원(救援)을 얻게 하소서"(3,7,19)하고 강조적입니다.

ㄹ 구약시대란 하나님의 임재를 상징하는 지성소가 휘장으로 굳게 닫혀 있음이 말해주듯이 "너희 죄가 그의 얼굴을 가리어서 너희에게서 듣지 않으시게 함이니"(사 59:2)한 시대였던 것입니다. 그런데 주님께서 "다 이루었다" 선언하실 때에 그 휘장을 열어주심으로 우리가 광채(光彩)를 입게 되었으니 얼마나 기이한 은혜입니까?

③ 그래서 다윗 개인만이 아니라 "이 곤고한 자가 부르짖으매 여호와께서 들으시고 그의 모든 환난에서 구원하셨도다"(6)

7절은 "여호와의 천사가 주를 경외하는 자를 둘러 진 치고 그들을 건지시는도다"고 묘사하고 있는데 열왕기하 6:17절에서는 "여호와께서 그 청년의 눈을 여시매 그가 보니 불 말과 불 병거가 산에 가득하여 엘리사를 둘렀더라"(왕하 6:17) 합니다. 그러면 여호와의 사자가 누구들을 "둘러 진 치고" 건져주신다는 것인가?

ㄱ "주를 경외하는 자"라고 말씀합니다. 문맥적으로 보면 아비멜렉 앞에 있는 다윗입니다. "이 곤고한 자가 부르짖으매"(6)한 곤고한 자, 곧 형제입니다.

ㄴ "너희는 여호와의 선하심을 맛보아 알지어다 그에게 피하는 자는 복이 있도다"(8) 합니다. "선하심을 맛보라"는 말은 지식적인 인식만이 아니라, "친히 때마다 일마다"(살후 3:16) 도우시는 하나님의 선하심을 경험하라는 뜻입니다.

④ 그래서 "너희 성도들아 여호와를 경외하라 그를 경외하는 자에게는 부족함이 없도다"(9)

"젊은 사자는 궁핍하여 주릴지라도 여호와를 찾는 자는 모든 좋은 것에 부족함이 없으리로다"(10) 합니다. "여호와를 경외하라 그를 경외하는 자에게는 부족함이 없도다"(9)라고 말씀하는데, 형제는 어떻게 하는 것이 "여호와를 경외하는 것"인지 말해줄 수 있습니까? 그리스도 없이도 여호와 경외가 가능하단 말인가? 유대인들은 이를 몰랐기 때문에 하나님을 경외한다 하면서도 하나님께서 보내신 그리스도를 배척한 것입니다.

둘째 단원(11–17) 여호와 경외를 가르치리라

"너희 자녀들아 와서 내 말을 들으라 내가 여호와를 경외하는 법을 너희에게 가르치리로다"(11)

둘째 단원의 중심점은 "여호와 경외를 가르치리라" 한 전파에 있습니다. 이점에 분별력이 요청되는데 "여호와 경외"에는 교훈적(教訓的)인 면과 신학적(神學的)인 면, 두 방면이 있다는 점입니다. 이를 분별하지를 못하면 신학, 즉 복음은 실종되고 맙니다. 둘째 단원은 교훈적인 진술이고 신학적인 해답은 결론 부분인 셋째 단원에서 말씀합니다.

⑤ "생명을 사모하고 연수를 사랑하여 복 받기를 원하는 사람이 누구뇨"(12) 합니다. 이들이 여호와를 경외하는 자들입니다. 그러면 여호와를 경외하는 구체적인 방도가 무엇인가?

㉮ "네 혀를 악에서 금하며 네 입술을 거짓말에서 금할지어다"(13)

㉯ "악을 버리고 선을 행하며 화평을 찾아 따를지어다"(14)하고, "혀"로 시작하여 "화평"으로 마치고 있음을 유념해야 합니다. 이점을 야고보서에서는 "누구든지 스스로 경건하다 생각하며 자기 혀를 재

갈 물리지 아니하고 자기 마음을 속이면 이 사람의 경건은 헛것이라"(약 1:26) 합니다.

⑥ 그런 후에 "여호와의 눈은 의인을 향하시고 그의 귀는 그들의 부르짖음에 기울이시는도다"(15),

㉠ "여호와의 얼굴은 악을 행하는 자를 향하사 그들의 자취를 땅에서 끊으려 하시는도다"(16) 합니다. 성도들과 결부해서는 보고 계시는 하나님의 "눈"과 듣고 계시는 하나님의 "귀"가 나타나 있는 반면, 행악하는 자들에게는 맹렬히 비추는 "얼굴"만 있을 뿐입니다. 해를 바로 쳐다 볼 자가 있단 말인가? 하물며 하나님의 얼굴 앞에서 소멸되고 말 것이라는 뜻입니다.

㉡ 그러므로 "의인이 부르짖으매 여호와께서 들으시고 그들의 모든 환난에서 건지셨도다"(17) 합니다.

㉮ 하나님의 귀는 경외하는 자들의 부르짖음을 들으시고(6,15,17)

㉯ 여호와의 손(31:5,15)은 "건지셨도다"(4,6,7,17,19) 합니다.

모세는 죽기 전에 행한 설교에서 약속의 땅 가나안을 가리켜서 "네 하나님 여호와께서 돌보아 주시는 땅이라 연초부터 연말까지 네 하나님 여호와의 눈이 항상 그 위에 있느니라"(신 11:12), 즉 항상 보살피시고 돌아보시는 땅이라고 말씀했습니다.

"너의 하나님 여호와가 너의 가운데 계시니 그는 구원을 베푸실 전능자이시라 그가 너로 말미암아 기쁨을 이기지 못하시며 너를 잠잠히 사랑하시며 너로 말미암아 즐거이 부르며 기뻐하시리라"(습 3:17) 함을 믿으시기 바랍니다. 이것이 "여호와 경외"의 교훈적인 면입니다.

셋째 단원(18–22) 구속하시나니 정죄함이 없다

"여호와는 마음이 상한 자를 가까이 하시고 충심으로 통회하는 자를 구원하시는도다"(18)

⑦ 셋째 단원은 "여호와 경외"가 어떻게 해서 가능해졌는가를 진술하는 신학적(神學的)인 해답인데, "그의 모든 뼈를 보호하심이여 그 중에서 하나도 꺾이지 아니하도다"(20, 요 19:36)한 말씀에 의해서 해석되어야 마땅합니다. 왜냐하면 이 예언적인 말씀이 그리스도에게서 성취되었기 때문입니다.

㉠ "마음이 상한 자, 충심으로 통회하는 자"가 누군가? 하나님 앞에 죄인임을 자백하는 자입니다. 그래서 상하고 통회하는 것입니다. 51:17절에서도 "하나님께서 구하시는 제사는 상한 심령이라 하나님이여 상하고 통회하는 마음을 주께서 멸시하지 아니하시리로다" 합니다. 이것이 "여호와 경외"의 근본적인 심령상태입니다.

좋은 예가 누가복음 18장에 등장하는데, "바리새인과 세리라" 입니다. "바리새인과 세리"는 윤리적으로는 비교하는 것 자체가 용납되지 않을 정도로 하늘과 땅과 같은 차이입니다. 그리고 사람이 보기에는 바리새인은 여호와를 경외하는 자요, 세리는 "죄인" 취급을 합니다. 그런데 주님께서는 "이 사람이 의롭다 하심을 받고 그의 집에 내려갔느니라"(눅 18:10,14) 하십니다. 무엇을 보시고 "의롭다" 하시는가? "하나님이여 불쌍히 여기옵소서 나는 죄인이로소이다", 즉 18절에서 말씀한 "마음이 상한 자, 충심으로 통회하는 자"였기 때문입니다. 그렇다면 주님은 누가 더 여호와를 경외하는 자라 하신 것인가? 이것이 신학적인 여호와 경외입니다. 그런데 많은 사람들이 "여호와 경외"에 대해서 곡해함으로 마치 "바리새인"과 같이 자기를 자랑하고 남을 판단하는 잘못을 범하고 있는 것입니다.

ⓛ 세리를 "의롭다" 하셨다는 점은 본문에 네 번이나 등장하는 "의인"(15,17,19,21)이라는 말과 상통하는데 왜냐하면 시편이 말씀하는 "의인"이란 자기 의가 아니라, "통회"를 통하여 "속량"(22)함을 받아 하나님께 의롭다함을 얻은 자를 가리키는 "의인"이기 때문입니다. 그리고 이것이 궁극적인 "여호와를 경외"하는 방도인 것입니다. 왜냐하면 의롭다함을 얻은 자만이 하나님과 화목할 수 있기 때문입니다.

ⓒ 그런 "의인은 고난이 많으나 여호와께서 그의 모든 고난에서 건지시는도다"(19), 즉 "무릇 그리스도 예수 안에서 경건하게 살고자 하는 자는 박해를 받으리라"(딤후 3:12)는 말씀입니다.

⑧ 그렇다면 "감히 눈을 들어 하늘을 쳐다보지도 못하고 다만 가슴을 치며, 하나님이여 불쌍히 여기옵소서 나는 죄인이로소이다"(눅 18:13)한 자를 "의롭다"고 여겨주시는 것이 어떻게 가능하여지는가? "그의 모든 뼈를 보호하심이여 그중에서 하나도 꺾이지 아니하도다"(20)한 말씀에서 빛을 받을 수 있습니다. 이 진술이 다윗에게 해당되는 경험이란 말인가?

하나님께서는 유월절 양에 대한 규례로 "뼈도 꺾지 말지며"(출 12:46) 하십니다. 민수기에서도 "그 뼈를 하나도 꺾지 말아서 유월절 모든 율례대로 지킬 것이니라"(민 9:12) 하십니다. 그리고 복음서에서는 "이 일이 일어난 것은 그 뼈가 하나도 꺾이지 아니하리라 한 성경을 응하게 하려 함이라"(요 19:36)하고 증언합니다. 무슨 뜻인가? 셋이 못 박힌 중에 두 사람의 뼈는 꺾었으나 주님의 뼈는 꺾지 아니했다는 것은 주님이 유월절 양으로 죽임을 당하셨다는 또 하나의 증언이요, 이 "속량"으로 말미암아 죄인을

"의롭다"고 여겨주시는 것이 가능하여진 것입니다.

⑨ 그러므로 34편은 "악이 악인을 죽일 것이라 의인을 미워하는 자는 벌을 받으리로다"(21)

㉠ "여호와께서 그의 종들의 영혼을 속량하시나니 그에게 피하는 자는 다 벌을 받지 아니하리로다"(22)한 "악인과 의인, 죄를 받으리로다와 죄를 받지 아니하리로다"하는 대조로 마치고 있습니다.

㉮ "악인과 의인"이란 그 뼈가 꺾이지 아니한 분을 영접하느냐, 배척하느냐에 의해서 갈라지게 되고,

㉯ "죄를 받느냐? 받지 않느냐" 하는 것은, 그리스도께서 이루신 "속량"을 믿느냐? 거부하느냐에 달린 것입니다. 이것이 여호와 경외의 신학적인 면이요, 죄인이 구원을 얻게 되는 해답이 오직 여기에 있는 것입니다.

㉡ 다시 강조합니다만 죄를 받지 않는 것이 가능하여지는 것은 그냥 되는 것이 아니라 "나 대신 죄를 받으신 분"이 있기 때문에 가능하여진다는 점을 명심해야 합니다. 이처럼 구약시대에 바울이 로마서에서 "그러므로 이제 그리스도 예수 안에 있는 자에게는 결코 정죄함이 없나니"(롬 8:1)하고 선언한, 선언을 한다는 것은 혁명적인 언급으로 우리를 놀라게 하는 말씀입니다.

㉢ 다시 상기시켜야 하겠습니다. "속량함"(22)을 얻은 자는 "네 혀를 악에서 금하며 네 입술을 거짓말에서 금할지어다 악을 버리고 선을 행하며 화평을 찾아 따를지어다"(13-14)한 성화의 삶을 살기를 사모하는 자들이라는 점을 잊지 마시기 바랍니다. 이것이 "속량에 대한 찬양과 전파"입니다.

적용 : 여호와 경외에 대한 신학적인 면과 윤리적인 면은 마치

새의 두 날개와 같은 것으로 둘이 아니라 하나입니다. 한쪽이 잘못되면 다른 쪽도 온전하지 못하게 되는 것입니다. 그리고 성도가 행해야 할 일은 “찬양과 전파”라는 두 가지 요점에 모두 들어있습니다. 하나를 더 든다면 “가르치리로다”(11)한 “가르치는” 일입니다. 형제도 찬양하며 전파하며 가르치시기를 바랍니다.

묵상

㉠ 다윗의 송축과 자랑이 무엇인가에 대해서
㉡ 여호와 경외의 신학과 윤리적인 면에 대해서
㉢ 죄를 받지 아니하리로다가 어떻게 가능하여 지는가에 대해서.

시편 35편 개관도표

주제 : 무고히 고난을 당하는 자의 호소

전사이신 여호와께 호소함

1-10

1 ① **여호와여 나와 다투는 자와 다투시고 나와 싸우는 자와 싸우소서**
2 **방패와** 손 방패를 잡으시고 일어나 나를 도우소서
3 **창을 빼사** 나를 쫓는 자의 길을 막으시고 또 내 영혼에게 나는 네 구원이라 이르소서
4 ② **내 생명을 찾는 자들이** 부끄러워 수치를 당하게 하시며 나를 상해하려 하는 자들이 물러가 낭패를 당하게 하소서
5 그들이 바람 앞에 겨와 같게 하시고 여호와의 천사가 그들을 뒤쫓게 하소서
6 그들의 길을 어둡고 미끄럽게 하시며 여호와의 천사가 그들을 뒤쫓게 하소서
7 ③ **그들이 까닭없이 나를 잡으려고** 그들의 그물을 웅덩이에 숨기며 **까닭없이 내 생명을 해하려고** 함정을 팠사오니
8 멸망이 순식간에 그에게 닥치게 하시며 그가 숨긴 그물에 자기가 잡히게 하시며 멸망 중에 떨어지게 하소서
9 ④ **내 영혼이 여호와를 즐거워함이여** 그의 구원을 기뻐하리로다
10 내 모든 뼈가 이르기를 여호와와 같은 이가 누구냐 그는 가난한 자를 그보다 강한 자에게서 건지시고 가난하고 궁핍한 자를 노략하는 자에게서 건지시는 이라 하리로다

선을 악으로 갚음

11-16

11 ⑤ **불의한 증인들이 일어나서 내가 알지 못하는 일로 내게 질문하며**
12 **내게 선을 악으로 갚아** 나의 영혼을 외롭게 하나
13 나는 그들이 병 들었을 때에 굵은 베옷을 입으며 금식하여 내 영혼을 괴롭게 하였더니 내 기도가 내 품으로 돌아왔도다
14 ⑥ **내가 나의 친구와 형제에게 행함 같이 그들에게 행하였으며** 내가 몸을 굽히고 슬퍼하기를 어머니를 곡함 같이 하였도다
15 그러나 내가 넘어지매 그들이 기뻐하여 서로 모임이여 불량배가 내가 알지 못하는 중에 모여서 나를 치며 찢기를 마지아니하도다
16 그들은 연회에서 망령되이 조롱하는 자 같이 나를 향하여 그들의 이를 갈도다

의로우신 재판장께 호소함

17-28

17 ⑦ **주여 어느 때까지 관망하시려하나이까** 내 영혼을 저 멸망자에게서 구원하시며 내 유일한 것을 사자들에게서 건지소서
18 내가 대회 중에서 주께 감사하며 많은 백성 중에서 주를 찬송하리이다
19 부당하게 나의 원수 된 자가 나로 말미암아 기뻐하지 못하게 하시며 **까닭없이** 나를 미워하는 자들이 서로 눈짓하지 못하게 하소서
20 무릇 그들은 화평을 말하지 아니하고 평안히 땅에 사는 자들을 **거짓말로 모략하며**
21 또 그들이 나를 향하여 입을 크게 벌리고 하하 **우리가 목격하였다 하나이다**
22 ⑧ **여호와여 주께서 이를 보셨사오니 잠잠하지 마옵소서** 주여 나를 멀리하지 마옵소서
23 나의 하나님, 나의 주여 떨치고 깨셔서 **나를 공판하시며 나의 송사를 다스리소서**
24 여호와 나의 하나님이여 **주의 공의대로 나를 판단하사** **그들이 나로 말미암아 기뻐하지 못하게 하소서**
25 그들이 마음속으로 이르기를 아하 소원을 성취하였다 하지 못하게 하시며 우리가 그를 삼켰다 말하지 못하게 하소서
26 나의 재난을 기뻐하는 자들이 함께 부끄러워 낭패를 당하게 하시며 나를 향하여 스스로 뽐내는 자들이 수치와 욕을 당하게 하소서
27 ⑨ **나의 의를 즐거워하는 자들이** 기꺼이 노래 부르고 즐거워하게 하시며 **그의 종의 평안함을 기뻐하시는 여호와는 위대하시다** 하는 말을 그들이 항상 말하게하소서
28 **나의 혀가 주의 의를 말하며** 종일토록 주를 찬송하리이다

35편

무고히 고난을 당하는 자의 호소

27 나의 의를 즐거워하는 자들이 기꺼이 노래 부르고 즐거워
하게 하시며 그의 종의 평안함을 기뻐하시는 여호와는 위
대하시다 하는 말을 그들이 항상 말하게 하소서.

35편도 다윗의 시인데 중심점은 세 번(7,7,19)이나 등장하는 "까닭 없이"라는 말에 있습니다. 주님은 잡히시던 날 밤에 "까닭 없이 나를 미워하는 자"라 한 19절을 인용하셔서 "이는 그들의 율법에 기록된바 그들이 이유 없이 나를 미워하였다 한 말을 응하게 하려 함이라"(요 15:25)고 자신에게 적용시키셨습니다.

도표를 보시면 "까닭 없이 고난을 당하는 종"을 중심으로 "전사(戰士)이신 하나님"(첫째 단원)께 호소하면서, 그들은 "선을 악으로 갚는다"(둘째 단원)고 말하면서, "의로운 재판장이신 하나

님"(셋째 단원)께 의탁하는 내용으로 되어있습니다. 그러니까 다윗이 연고 없이 당한 고난을 통해서 영적 다윗 되시는 그리스도께서 까닭 없이 고난 당하실 것을 예시해주고 있는 것입니다. 그러므로 본문에는 까닭 없이 고난 당하는 자의 모습이 생생하게 묘사되어 있습니다.

첫째 단원(1–10) **전사이신 여호와께 호소함**
둘째 단원(11–16) **선을 악으로 갚음**
셋째 단원(17–28) **의로우신 재판장께 호소함**

첫째 단원(1–10) 전사이신 여호와께 호소함

"여호와여 나와 다투는 자와 다투시고 나와 싸우는 자와 싸우소서"(1)

다윗의 시편을 상고할 때에 유념해야 할 점을 다시 상기시키고자 합니다.

㉠ 첫째는 다윗이 직면했던 역사적인 사실이라는 점입니다.
㉡ 그런데 둘째는 이 역사적인 사실을 통해서 그리스도께서 당하실 고난을 예시해주고 있으며
㉢ 셋째는 다윗이 직면했던 일과 그리스도에게서 성취된 사실을 통해서 성도들에게 적용된다는 점입니다.

하나님께서는 "내 종 다윗이 그들의 왕이 되리니 그들 모두에게 한 목자가 있을 것이라"(겔 37:24)고, 다윗이 그리스도의 예표적인 인물임을 말씀하셨습니다. 이런 맥락에서 시편들은 그리스

도께서 당하실 고난들을 직접적으로, 간접적으로, 또는 암시적으로 증언하고 있는 것입니다. 또한 시편 만큼 성도들에게 위로와 용기를 준 책도 달리는 없다 하겠습니다.

① 첫째 단원은 하나님을 우리를 위하여 싸우시는 전사(戰士)로 묘사해주고 있습니다. 왜냐하면 하나님의 나라를 회복하는 구원계획은 선한 싸움을 통해서 이루어지기 때문입니다.

㉠ 이 점에서 먼저 확고해야 할 점은 하나님께서 인간 다윗의 싸움을 싸워주시는 것이 아니라, 다윗이 "여호와의 싸움을 싸우고"(삼상 25:28) 있다는 점입니다. 그래서 하나님께서도 다윗을 위하여 싸워주시는 것입니다. 다윗은 139:20-22절에서 하나님의 원수가 곧 자기 원수요, 자기를 대적하는 것이 하나님을 대적하는 것임을 밝히고 있습니다.

㉡ "방패와 손 방패를 잡으시고 일어나 나를 도우소서"(2) 합니다. "방패"로 대적의 공격을 막아주시고, "창을 빼사 나를 쫓는 자의 길을 막으시고 또 내 영혼에게 나는 네 구원이라 이르소서"(3) 합니다. 하나님께서는 우리를 향해서 "나는 네 구원이라" 하십니다.

② "내 생명을 찾는 자들이 부끄러워 수치를 당하게 하시며 나를 상해하려 하는 자들이 물러가 낭패를 당하게 하소서"(4),

"그들을 바람 앞에 겨와 같게 하시고 여호와의 천사가 그들을 몰아내게 하소서 그들의 길을 어둡고 미끄럽게 하시며 여호와의 천사가 그들을 뒤쫓게 하소서"(5-6) 합니다. "여호와의 천사"를 두 번 언급하면서 대적을 "몰아내고, 뒤쫓게" 해달라고 호소하는데 이는 그를 도울 자가 지상에는 달리는 없다는 절박한 상황임을 나타냅니다. 아람 왕에게 포위당한 것을 안 엘리사의 사환이

"아아, 내 주여 우리가 어찌하리이까"하고 절망했을 때에, 눈을 열어서 보게 하시니 "불 말과 불 병거가 산에 가득하여 엘리사를 둘렀더라"(왕하 6:15-17) 합니다. 이처럼 "여호와의 천사"를 보내셔서 다윗이나 엘리사를 구원하여 주신 하나님이신데, 그러나 하나님 아들 그리스도께서는 무고히 고난을 당하시면서도, "너는 내가 내 아버지께 구하여 지금 열두 군단 더 되는 천사를 보내시게 할 수 없는 줄로 아느냐 내가 만일 그렇게 하면 이런 일이 있으리라 한 성경이 어떻게 이루어지겠느냐"(마 26:53-54)고 고난을 자취하셨던 것입니다.

③ "그들이 까닭 없이 나를 잡으려고 그들의 그물을 웅덩이에 숨기며 까닭 없이 내 생명을 해하려고 함정을 팠사오니"(7)하고 호소합니다.

㉠ "까닭 없이"(7)라는 말을 반복적으로 강조하고 있는 것은 대적이 그를 "잡으려 하고, 생명을 해하려"는 일을 계속하고 있기 때문입니다. 다윗이 이런 고난을 당하게 된 것은 하나님의 택하심을 받아 "기름 부음"(삼상 16:13)을 받았기 때문입니다. 그러므로 다윗을 대적하는 것은 하나님을 대적하는 것이요, 이는 까닭 없이 고난을 당하실 그리스도에 대한 예표가 되는 것입니다.

㉡ "멸망이 순식간에 그에게 닥치게 하시며 그가 숨긴 그물에 자기가 잡히게 하시며 멸망 중에 떨어지게 하소서"(8)라고 호소합니다. 이점을 주님께서는 "날이 이를지라 네 원수들이 토둔을 쌓고 너를 둘러 사면으로 가두고 또 너와 및 그 가운데 있는 네 자식들을 땅에 메어치며 돌 하나도 돌 위에 남기지 아니하리니 이는 네가 보살핌 받는 날을 알지 못함을 인함이니라"(눅 19:43-44)고 경고하셨습니다.

④ 그런 중에서도 "내 영혼이 여호와를 즐거워함이여 그의 구원을 기뻐하리로다"(9) 합니다.

이 고백은 "나는 네 구원이라 이르소서" 한 3절과 짝을 이루는 말씀인데 그래서 "내 모든 뼈가 이르기를 여호와와 같은 이가 누구냐 그는 가난한 자를 그보다 강한 자에게서 건지시고 가난하고 궁핍한 자를 노략하는 자에게서 건지시는 이라 하리로다"(10) 고 선언하는 것입니다. 이것이 "전사이신 여호와께 호소함"입니다.

둘째 단원(11-16) **선을 악으로 갚음**

"불의한 증인들이 일어나서 내가 알지 못하는 일로 내게 질문하며"(11)

⑤ 둘째 단원은 무고한 자가 불의의 재판을 받고있는 장면입니다.

㉠ 11절에는 "불의한 증인"이 등장하여, "내가 알지 못하는 일로 내게 질문"(11하)하고, 20절에서는 "거짓 증인"이 등장하여 "하하 우리가 목격하였다"(21)고 거짓 증언을 합니다.

㉡ 그들은 "내게 선을 악으로 갚아 나의 영혼을 외롭게 하나 나는 그들이 병 들었을 때에 굵은 베 옷을 입으며 금식하여 내 영혼을 괴롭게 하였더니 내 기도가 내 품으로 돌아왔도다"(12-13)고 진술합니다.

⑥ "내가 나의 친구와 형제에게 행함 같이 그들에게 행하였으

며 내가 몸을 굽히고 슬퍼하기를 어머니를 곡함 같이 하였도다" (14) 합니다. 그런데 그들은 이 사랑을 배척하고 "선을 악으로 갚고" 있다는 것입니다.

㉠ 성경 역사상 이런 대우를 당한 분이 누구십니까? 1차적으로는 다윗이 당한 어떤 경험일 수 있습니다. 그러나 35편이 증언하고 있는 광경은 가야바의 뜰에서 재판을 당하시는 예수 그리스도의 모습입니다. 우리 주님은 무리들이 목자 없는 양같이 유리 방황하는 것을 불쌍히 여기셨습니다. 병든 자를 고쳐 주시고 주릴 때 먹이셨습니다. "암탉이 제 새끼를 날개 아래에 모음같이 내가 너희의 자녀를 모르려 한 일이 몇 번이냐 그러나 너희가 원하지 아니하였도다"(눅 13:34)하고 탄식하셨습니다. 그런데 그들은 "선을 악으로 갚았던" 것입니다.

주님은 본문 19절을 인용하셔서 "그들이 이유 없이 나를 미워하였다 한 말을 응하게 하려 함이라"(요 15:25) 하셨습니다. "대제사장들과 온 공회가 예수를 죽이려고 그를 칠 증거를 찾되 얻지 못했다"(막 14:55) 합니다.

㉡ 그런데 "그러나 내가 넘어지매 그들이 기뻐하여 서로 모임이여 불량배가 내가 알지 못하는 중에 모여서 나를 치며 찢기를 마지 아니하도다 그들은 연회에서 망령되이 조롱하는 자 같이 나를 향하여 그들의 이를 갈도다"(15-16) 합니다. 이것이 "까닭 없이 고난받는 종"의 모습입니다.

셋째 단원(17-28) 의로우신 재판장께 호소함

나의 의를 즐거워하는 자들이 기꺼이 노래 부르고 즐거워하게 하시며"(27상)

셋째 단원은 "주여 어느 때까지 관망하시려 하나이까 내 영혼을 저 멸망자에게서 구원하시며 내 유일한 것을 사자들에게서 건지소서"(17) 의로우신 재판장 되시는 하나님께 호소하는 내용입니다. 그러므로 "공판(公判), 송사(訟事)(23), 공의(公義), 판단(判斷)하사"(24) 등 법정 용어가 자주 등장합니다.

⑦ "내 유일한 것"이란 말이 22:20절에도 나오는데, 인간에게 있어서 유일한 것이란 영혼(靈魂)입니다.

㉠ 그런데 이어서 말하기를 "내가 대회 중에서 주께 감사하며 많은 백성 중에서 주를 찬송하리이다"(18)하는 것이 아닌가? 22:22절에서도 "내가 주의 이름을 형제에게 선포하고 회중 가운데에서 주를 찬송하리이다" 합니다. 두 편 모두 암담한 상황 중에서 하는 말인데, 이는 최후승리 곧 죽은 자 가운데서 다시 사실 것을 믿기 때문에 이렇게 말할 수 있는 것입니다.

㉡ 그래서 "부당하게 나의 원수된 자가 나로 말미암아 기뻐하지 못하게 하시며 까닭 없이 나를 미워하는 자들이 서로 눈짓하지 못하게 하소서 무릇 그들은 화평을 말하지 아니하고 오히려 평안히 땅에 사는 자들을 거짓말로 모략하며 또 그들이 나를 향하여 입을 크게 벌리고 하하 우리가 목격하였다 하나이다"(19-21)하는 것입니다.

⑧ 그러나 "여호와여 주께서 이를 보셨사오니"(22상) 합니다. 성경은 하나님께서는 "백성의 고통을 분명히 보고, 듣고, 아신다"(출 3:7)라고 말씀합니다.

㉠ 이를 믿기에 "잠잠하지 마옵소서 주여 나를 멀리하지 마옵소서 나의 하나님, 나의 주여 떨치고 깨셔서 나를 공판하시며 나의 송사를 다스리소서"(22하-23)하는 것입니다.

㉡ "여호와 나의 하나님이여 주의 공의대로 나를 판단하사 그들이 나

로 말미암아 기뻐하지 못하게 하소서 그들이 마음속으로 이르기를 아하 소원을 성취하였다 하지 못하게 하시며 우리가 그를 삼켰다 말하지 못하게 하소서"(24-25) 합니다.

ⓒ 대적자들은 예수님을 죽이고 무덤을 수직하면서 "아하 소원을 성취하였다··· 우리가 그를 삼켰다"(25)하고 승리한 줄로 여겼을 것입니다. 그리고 3일 동안 침묵이 흘렀습니다. 그러나 우리 주님은 무덤을 깨치고 사망의 권세 잡은 자를 이기시고 "떨치고 깨셔서"(23상) 죽은 자 가운데서 다시 살아나심으로, "나의 재난을 기뻐하는 자들이 함께 부끄러워 낭패를 당하게 하시며 나를 향하여 스스로 뽐내는 자들이 수치와 욕을 당하게"(26) 하셨던 것입니다.

⑨ 그리하여 "나의 의를 즐거워하는 자들이 기꺼이 노래 부르고 즐거워하게 하시며"(27상) 합니다.

㉠ 27절은 25절과 대조를 이루면서 손바닥을 뒤집듯이 역전(逆轉)되는 장면인데

㉮ 25절에서 사탄은 "아하 소원 성취하였다, 우리가 그를 삼켰다" 하였으나,

㉯ 27절에서는 "나의 의를 즐거워하는 자들이 기꺼이 노래 부르고 즐거워하게 하시며"(27)하고 역전(逆轉)되는 것입니다. "나의 의"란 무엇을 의미하며, 이를 "즐거워하는 자"란 누구를 가리키는 것이겠는가?

"나의 의"가 1차적으로는 다윗의 무고함을 가리킨다고 하여도 궁극적으로는 그리스도께서 죽은 자 가운데서 다시 살아나실 것을 가리키고, 이를 "즐거워하는 자"도 다윗을 추종하는 자들(34:2,6)만이 아니라, 그리스도를 따르는 자들을 가리키는 것이 됩니다.

㉡ 저는 27절을 35편의 요절로 삼았는데 형제가 보기에도 그러합니까?

㉮ 다윗의 패배(敗北)는 그들 전체의 패배요, 다윗의 승리(勝利)는 그를 따르는 모든 자의 승리가 되듯이, 우리 주님께서 사망권세를 잡은 사탄을 이기시고 죽은 자 가운데서 다시 살아나셨다는 것은 그를 믿는 우리 모두의 승리가 되는 것입니다.

㉯ 그리고 다윗이 승리하고 왕위에 오름으로 그를 따르던 자들이, "나의 의를 즐거워하는 자들이 기꺼이 노래 부르고 즐거워하게 하시며 그의 종의 평안함을 기뻐하시는 여호와는 위대하시다 하는 말을 그들이 항상 말하게 하소서"(27) 함과 같이, 주를 믿는 자들도 "그러나 이제 그리스도께서 죽은 자 가운데서 다시 살아나사 잠자는 자들의 첫 열매가 되셨도다"(고전 15:20)하고 항상 증언하는 것입니다.

그리스도인이 되었다는 것은 더 이상 개인이 아니라 몸 된 교회의 지체임을 명심해야 합니다. 당신의 실패는 당신만의 패배와 불명예가 아닙니다. "만일 한 지체가 고통을 받으면 모든 지체가 함께 고통을 받고 한 지체가 영광을 얻으면 모든 지체가 함께 즐거워하느니라"(고전 12:26) 합니다.

ⓒ 그리하여 35편은 "나의 혀가 주의 의를 말하며 종일토록 주를 찬송하리이다"(28)하는 "주의 의와 찬송"으로 마치고 있습니다. "나의 의(27)와 주의 의"(28)라 말씀함을 주목하시기 바랍니다.

㉮ 27절의 "나의 의"란 다윗이 까닭 없이 고난 당하고 있다는 결백을 나타내고,

㉯ 28절의 "주의 의"는 하나님의 구원행사가 공의(公義)에 입각한 정정당당한 행사임을 나타냅니다.

그래서 "나의 혀가 주의 의" 곧 복음을 증언하며, "종일토록 주를 찬송하리이다"하는 것입니다. 우리 하나님은 공의로 천하를 심판하시는 심판 주가 되십니다. 이것이 "의로우신 재판장께 호소함"이요, "까닭 없이 고난당하는 자의 호소"입니다.

적용 : 다윗이 당한 고난은 그리스도께서 당하실 고난의 예표가 되고, 고난 중에 있는 성도들의 위로와 격려가 됩니다. 이 점에서 혼동하지 말아야 할 점은 "부당하게 고난을 받아도 하나님을 생각함으로 슬픔을 참으면 이는 아름다우나 죄가 있어 매를 맞고 참으면 무슨 칭찬이 있으리요 그러나 선을 행함으로 고난을 받고 참으면 이는 하나님 앞에 아름다우니라"(벧전 2:19-20)한 말씀입니다. 하나님께서는 우리를 향해서 "나는 네 구원이라" 하십니다. 그리고 무고히 고난 당할지라도, "원수 갚는 것이 내게 있으니 내가 갚으리라"(롬 12:19)하신 하나님께 의탁하라 하신 말씀도 기억해야 할 것입니다.

묵상

㉠ 35편에 나타난 주님의 무고히 고난 당하심에 대해서
㉡ 선을 악으로 갚는 그들의 사랑의 배척에 대해서
㉢ 27절에 나타난 공동체 의식에 대해서,

시편 36편 개관도표

주제 : 주의 인자와 주의 성실

자긍하는 자

1-4

1 ① **악인의 죄가 그의 마음속으로 이르기를** **그의 눈에는 하나님을**
두려워함이 없다 하니

2 **그가 스스로 자랑하기를** 자기 죄악은 드러나지 아니하고
미워함을 받지도 아니하리라 함이로다

3 ② **그의 입에서 나오는 말은 죄악과 속임이라** 그는 지혜와 선행을
그쳤도다

4 그는 그의 침상에서 죄악을 꾀하며 스스로 악한 길에 서고 악을
거절하지 아니하는도다

측량할 수 없는 주의 인자

5-9

5 ③ **여호와여** **주의 인자하심이 하늘에 있고**
주의 진실하심이 공중에 사무쳤으며

6 **주의 의는** 하나님의 산들과 같고 **주의 심판은** 큰 바다와 일같으니이다
여호와여 주는 사람과 짐승을 구하여 주시나이다

7 ④ **하나님이여** **주의 인자하심이 어찌 그리 보배로우신지요** 사람들이 주의
날개 그늘아래 피하나이다

8 그들이 **주의 집의 있는 살진 것으로 풍족할 것이라**
주께서 **주의 복락의 강물을 마시게 하시리이다**

9 **진실로 생명의 원천이 주께 있사오니**
주의 빛 안에서 우리가 빛을 보리이다

두 부류

10-12

10 ⑤ **주를 아는 자들에게 주의 인자하심을** 계속 베푸시며
마음이 정직한 자에게 주의 공의를 베푸소서

11 ⑥ **교만한 자의 발이** 내게 이르지 못하게 하시며
악인들의 손이 나를 쫓아내지 못하게 하소서

12 **악을 행하는 자들이** 거기서 넘어졌으니 엎드러지고 다시
일어날 수 없으리이다

36편

주의 인자와 주의 진실

5 여호와여 주의 인자하심이 하늘에 있고 주의 진실하심이
공중에 사무쳤으며,

36편에도 "여호와의 종 다윗의 시"라는 표제가 있습니다. 그런데 그냥 다윗이라 하지 않고 "여호와의 종"이라는 설명이 부가되어 있음을 주목하게 됩니다. 왜냐하면 36편의 내용이 경건한 여호와의 종이 "그 가운데서 행하는 모든 가증한 일로 말미암아 탄식하며 우는"(겔 9:4), 그런 내용을 담고 있기 때문입니다. 그러니까 "사람을 보며 세상을 보고" 낙담을 하던 "여호와의 종 다윗"은 머리를 들어 하나님을 바라보면서 "주의 인자와 진실"을 찬양하는 것입니다. 이 "주의 인자와 진실"이 36편의 중심이요, 시편 전체의 중심주제이기도 합니다.

도표를 보시면 "주의 인자와 주의 진실"을 중심으로 인간은 "교만하고 자긍"(첫째 단원)하지만, 하나님께서는 "측량할 수 없는 주의 인자와 진실"(둘째 단원)을 베푸시고, 결론에서는 "경건한 자와 교만한 자"(셋째 단원), 두 부류의 종말을 대조하여 보여주는 구조로 되어있습니다.

첫째 단원(1-4) **교만하고 자긍하는 자의 특성**
둘째 단원(5-9) **측량할 수 없는 주의 인자와 진실**
셋째 단원(10-12) **경건한 자와 교만한 자의 종말**

첫째 단원(1-4) 교만하고 자긍하는 자의 특성

"악인의 죄가 그의 마음속으로 이르기를 그의 눈에는 하나님을 두려워하는 빛이 없다"(1)

첫째 단원은 자긍하는 자, 즉 교만하여 자고하는 자의 특성을 진술하는 내용인데 핵심은 "하나님을 두려워하는 빛이 없다"(1)는 데 있습니다.

① 그런데 뜻이 명확하게 드러나지 않는 구절입니다. 이를 현대인의 성경은 "죄가 악인들의 마음 깊숙이 숨어있어 한결같이 악한 짓을 충동하므로 그들의 눈앞에는 하나님을 두려워함이 없다"라고 의역하고 있는데, "악인의 죄가, 경건한 자의 마음을 상하게 한다"는 뜻으로 볼 수 있습니다. 이런 의미가 "그가 스스로 자랑하기를 자기의 죄악은 드러나지 아니하고 미워함을 받지도

아니하리라 함이로다"(2)하는 말에 나타납니다.

② 교만하고 자긍하는 자의 특성은 지체 중 입을 통해서 극명하게 드러나는 법인데, "그의 입에서 나오는 말은 죄악과 속임이라 그는 지혜와 선행을 그쳤도다"(3).

㉠ "그는 그의 침상에서 죄악을 꾀하며 스스로 악한 길에 서고 악을 거절하지 아니하는도다"(4) 합니다. 이런 특성을 73편에서는 "그들의 입은 하늘에 두고 그들의 혀는 땅에 두루 다니도다, 말하기를 하나님이 어찌 알랴 지존자에게 지식이 있으랴"(73:9,11)하고 거만히 말한다는 것입니다.

㉡ 이를 요약하면 근원적인 잘못은,

㉮ 하나님을 두려워하지 않는 것인데

㉯ 스스로 자긍(자랑)하여

㉰ 죄에 대한 보응도 받지 아니하리라 하면서

㉱ 입으로는 죄악과 궤휼을 말하며

㉲ 침상에서는 죄지을 궁리만 하고

㉳ 결론적으로는 악을 싫어하지 않는다는 것입니다.

이것이 하나님이 없다 하고 "자긍하는 자의 특성"입니다. 다윗은 이런 자들로 말미암아 마음이 상하고 있는 것입니다.

둘째 단원(5–9) **측량할 수 없는 주의 인자와 진실**

"하나님이여 주의 인자하심이 어찌 그리 보배로우신지요 사람들이 주의 날개 그늘 아래에 피하나이다"(7)

둘째 단원은 측량할 수 없는 하나님의 인자와 진실을 진술함인데, 교만하고 자긍하는 인간의 거짓됨과는 너무나 판이한 하나님의 "자비 · 긍휼 · 오래 참으심 · 용납하심" 등이 나타나 있습니다.

"사람을 보고" 낙담을 하던 "여호와의 종 다윗"은 머리를 들어 하늘을 우러러 하나님의 인자와 진실의 무한대함을 묵상하고 있는 것입니다.

③ 첫마디가 "여호와여 주의 인자하심이 하늘에 있고 주의 진실하심이 공중에 사무쳤으며"(5) 합니다. 5-6절에는 "하늘 · 공중(5) · 산들 · 큰 바다"(6)라는 말을 연속적으로 진술하는데, 이는 "큰 바다"라는 표현이 말해주듯이 모두가 헤아릴 수 없는 무한대한 하나님의 사랑을 나타내는 비유들입니다. 측량할 수 없는 하나님의 성품을 달리는 표현할 길이 없어서 이렇게 비유를 들어서 말씀하는 것입니다.

㉮ 주의 인자하심은 하늘과 같고
㉯ 주의 진실하심은 공중에 가득하고
㉰ 주의 의는 저 높은 하나님의 산(시내 산)과 같이 변함이 없고
㉱ 주의 판단은 큰 바다와 같습니다, 하고 이해할 수 있습니다.

57:10절에서도, "무릇 주의 인자는 커서 하늘에 미치고 주의 진리는 궁창에 이르나이다"라고 말씀합니다. "주의 인자"란 하나님의 자비 · 긍휼 · 사랑을 나타내고, "주의 진실 · 주의 진리"란 한번 언약하신 것은 반드시 지켜주신다는 하나님의 진실하심을 의미합니다. 그러므로 "인자(仁慈)와 의"(義)는 떼어놓을 수 없는 짝입니다. 10절을 보십시오, "주의 인자와 주의 의"가 함께 등장합니다. 다윗은 101:1절에서도 "내가 인자(仁慈)와 정의를 노래하겠나이다"하는데, 왜냐하면 하나님의 구원행사는 "사랑"으로만이

아니라 "인자와 정의"로 행하신 의로우신 행사이기 때문입니다.

④ 7-8절에는 "보배 · 날개 · 살진 것 · 강물" 등의 비유가 나타납니다.

㉠ "주의 인자", 즉 측량할 수 없는 사랑을 어느 한 가지로는 표현할 수 없기 때문입니다.

㉮ 주의 인자를 "보배"에 비유한 것을 통해서는 "천국은 마치 밭에 감추인 보화와 같으니 사람이 이를 발견한 후 숨겨 두고 기뻐하며 돌아가서 자기의 소유를 다 팔아 그 밭을 사느니라"(마 13:44)하신 주님의 비유를 상기하게 되고,

㉯ "주의 날개 그늘 아래"를 통해서는 "암탉이 제 새끼를 날개 아래 모음같이 내가 너희의 자녀를 모으려 한 일이 몇 번이냐 그러나 너희가 원하지 아니하였도다"(눅 13:34)하신 말씀을 상기하게 되고,

㉰ "그들이 주의 집에 있는 살진 것으로 풍족할 것이라"(8상) 한 말씀을 통해서는, "나의 소와 살진 짐승을 잡고 모든 것을 갖추었으니 혼인 잔치에 오소서"(마 22:4)하신 초청을 듣게 됩니다.

㉱ 또한 "주께서 주의 복락의 강물을 마시게 하시리이다" 한 말씀을 통해서는, "누구든지 목마르거든 내게로 와서 마시라"(요 7:37)고 외치시는 주님의 음성을 듣게 되는데,

㉲ 이를 한마디로 요약을 한 것이 "진실로 생명의 원천이 주께 있사오니 주의 빛 안에서 우리가 빛을 보리이다"(9)라는 말씀입니다. 이점을 베드로는 "영생의 말씀이 주께 있사오니 우리가 누구에게로 가오리이까"(요 6:68)하고 말합니다.

㉡ 궁극적으로는 "주의 집의 살진 것과 주의 복락의 강물"이란, "내 살을 먹고 내 피를 마시는 자는 영생을 가졌고"(요 6:54)하신 그리스도로 말미암아 주어지게 되는 것입니다. 이것이 거짓된 인간에 대

한 "측량할 수 없는 주의 인자와 성실"입니다.

셋째 단원(10–12) 주를 아는 자와 교만한 자

"주를 아는 자들에게 주의 인자하심을 계속 베푸시며 마음이 정직한 자에게 주의 공의를 베푸소서"(10)

셋째 단원은 결론적인 말씀인데 "주를 아는 자와 교만한 자"가 대비되어 있습니다. 이 점에서 다시 상기시킵니다만 대부분의 시편들의 중심점이 결론부분에 등장한다는 점입니다. 이는 앞부분에서 진술한 예시를 통해서 우리를 그리스도에게로 인도하기 위한 것입니다.

⑤ 10절은 두 마디로 되어있는데, "주를 아는 자, 마음이 정직한 자"란 1절의 "악인"과는 대조되는 성도들을 가리키는 말입니다.

㉠ 첫째로 "주의 인자하심을 계속하시며"한. "계속하신다"는 점을 잊지 마시기 바랍니다. 23:6절에서는 "선하심과 인자하심이 반드시 나를 따르리니"하고, 30:5절에서는 "그 노염은 잠깐이요 그의 은총은 평생(平生)이로다"합니다. 평생뿐만이 아니라 "영원"(永遠)한 것입니다.

㉡ 둘째로 "주의 공의를 베푸소서" 한 "공의"인데 하나님에게는 "공의와 칭의" 두 가지 의가 있는 것이 아니라, 오직 하나님은 "의로우시다"하는 "의" 하나뿐인 것입니다. 이 "의"가 직접 임하게 되면 죄를 심판하는 공의가 되고, "인자" 즉 그리스도의 속량을 통해서 임하게 되면 "의롭다"고 여겨주시는 칭의가 되는 것입니다. 그렇다면 "주를 아는 자에게 주의 인자하심을 계속 베푸시며 마음이 정직한 자에게

주의 공의를 베푸소서"(10), "인자"도 계속 베푸시고, "공의도 베푸소서"라고 "인자와 공의"가 함께 등장하는데 어떤 의미가 되는가?

종교개혁을 촉발하게 한 로마서 1:17절은 "복음에는 하나님의 의가 나타나서"라고 말씀합니다. 그러면 나타난 "하나님의 의"는 공의냐? 칭의인가? 하나님의 공의를 자기 아들에게 나타내심(롬 3:26)으로 말미암아 우리를 의롭다고 여겨주시는 칭의가 가능해졌던 것입니다. 그러니까 "하나님의 인자와 하나님의 공의"는 동전 앞뒤와 같아서 나눌 수 없는 것입니다.

⑥ 반면 "교만한 자의 발이 내게 이르지 못하게 하시며 악인들의 손이 나를 쫓아내지 못하게 하소서"(11)하는데 "교만한 자, 악인"은 다 같이 "하나님을 두려워함이 없는"(1) 자를 가리키는 말입니다.

㉠ 10절과 11절을 대조해서 함께 생각해보시기 바랍니다.

㉮ "교만한 자의 발이 내게 이르지 못하는"(11) 반면, "주의 인자하심을 계속 베푸시며"(10)

㉯ "악인들의 손이 나를 쫓아내지 못하는"(11) 반면, "주의 공의를 베풀어 주신다"(10)는 말씀이 되는 것입니다.

㉡ "악인의 죄"로 시작된 36편은 "악을 행하는 자들이 거기서 넘어졌으니 엎드러지고 다시 일어날 수 없으리이다"(12)라는 선언으로 마치고 있습니다. "넘어지고, 엎드러지고, 다시 일어날 수 없다"는 묘사는 대단히 강한 표현입니다.

그렇다면 주를 아는 자는 어떻게 되는가? 20:8절을 보십시오. "그들은 비틀거리며 엎드러지고 우리는 일어나 바로 서도다" 합니다. 어떻게 바로 설 수 있단 말인가? 오직 "베풀어주신 주의 인자와 공의"(10)를 힘입기 때문입니다. 이것이 "주를 아는 자와 교만한 자"의 두 종말이요, "주의 인자와 주의 진실"입니다.

적용 : 본문에는, "주의 인자(5,7,10), 주의 진실(5), 주의 의(6), 주의 빛"(9)이 있습니다. 이 하나님의 성품이 우리에게 "주의 집의 살진 것"으로 먹여주시고, "주의 복락의 강물"로 마시게 해주신 것입니다. 그렇다면 "주를 아는 자와 죄악을 행하는 자"의 특성이 다르듯이 우리의 삶도 불신자와는 대조적으로 달라야 하지 않겠습니까?

묵상

㉠ 첫째 단원에 나타난 악인의 특성에 대해서

㉡ 측량할 수 없는 하나님의 인자와 공의에 대해서

㉢ 주를 아는 자와 교만한 자의 종말에 대해서.

시편 37편 개관도표

주제 : 의인의 미래와 악인의 미래

불평투기하지 말라	1-9 1 ① **악을 행하는 자들 때문에 불평하지 말며 불의를 행하는 자들을 시기하지 말지어다** 2 그들은 풀과 같이 **속히** 베임을 당할 것이며 푸른 채소 같이 쇠잔할 것임이로다 3 ② **여호와를 의뢰하고** 선을 행하라 땅에 머무는 동안 그의 성실을 먹을 것으로 삼을지어다 4 또 **여호와를 기뻐하라** 그가 네 마음의 소원을 네게 이루어 주시리로다 5 네 길을 5 **여호와께 맡기라** 그를 의지하면 그가 이루시고 6 네 의를 빛같이 나타내시며 네 공의를 정오의 빛같이 하시리로다 7 **여호와 앞에 잠잠하고 참고 기다리라** 자기 길이 형통하며 악한 꾀를 이루는 자 때문에 불평하지 말지어다 8 분을 그치고 노를 버리며 불평하지 말라 오히려 악을 만들 뿐이라 9 진실로 악을 행하는 자들은 **끊어질 것이나 여호와를 소망하는 자들은** 땅을 **차지하리로다**
그날이 이름을 보심이라	10-26 10 ③ **잠시 후에는 악인이 없어지리니** 네가 그곳을 자세히 살필지라도 없으리로다 11 그러나 온유한 자들은 땅을 차지하며 풍부한 화평으로 즐거워하리로다 12 악인이 의인 치기를 꾀하고 그를 향하여 그의 이를 가는도다 13 ④ 그러나 **주께서 그를 비웃으시리니 그의 날이 다가옴을 보심이로다** 14 **악인이** 칼을 빼고 활을 당겨 가난하고 궁핍한 자를 엎드러뜨리며 행위가 정직한 자를 죽이고자 하나 15 그들의 칼은 오히려 그들의 양심을 찌르고 그들의 활은 부러지리로다 16 **의인의** 적은 소유가 **악인의** 풍부함보다 낫도다 17 **악인의** 팔은 부러지나 **의인은** 여호와께서 붙드시는도다 18 ⑤ 여호와께서 **온전한 자의 날을 아시나니 그들의** 기업은 **영원하리로다** 19 그들은 환난 때에 부끄러움을 당하지 아니하며 기근의 날에도 풍족할 것이나 20 **악인들은** 멸망하고 여호와의 원수들은 어린 양의 기름같이 타서 연기가 되어 없어지리로다 21 **악인은** 꾸고 갚지 아니하나 **의인은** 은혜를 베풀고 주는도다 22 **주의 복을 받은 자들은 땅을 차지하고 주의 저주를 받은 자들은 끊어지리로다** 23 ⑥ **여호와께서 사람의 걸음을 정하시고** 그의 길을 기뻐하시나니 24 그는 넘어지나 아주 엎드러지지 아니함은 여호와께서 그의 손으로 붙드심이로다 25 내가 어려서부터 늙기까지 **의인이** 버림을 당하거나 **그의 자손이 걸식함을 보지 못하였도다** 26 그는 종일토록 은혜를 베풀고 꾸어주니 **그의 자손이 복을 받는도다**
구원과 멸망의 두 미래	27-40 27 ⑦ 악에서 떠나 선을 행하라 그리하면 **영원히 살리니** 28 여호와께서 정의를 사랑하시고 그의 성도를 버리지 아니하심이로다 **그들은 영원히 보호를 받으나 악인의 자손은 끊어지리로다** 29 **의인이** 땅을 차지함이여 거기서 **영원히 살리로다** 30 **의인의** 입은 지혜로우며 그의 혀는 정의를 말하며 31 **그의 마음에는 하나님의 법이 있으니** 그의 걸음은 실족함이 없으리로다 32 **악인이 의인을** 엿보아 살해할 기회를 찾으나 33 여호와는 그를 악인의 손에 버려두지 아니하시고 재판 때에도 **정죄하지 아니하시리로다** 34 여호와를 바라고 그의 도를 지키라 그리하면 네가 땅을 차지하게 하실 것이라 **악인이 끊어질 때에** 네가 똑똑히 보리로다 35 ⑧ 내가 **악인의 큰 세력을 본즉 그 본래의 땅에 서있는 나무잎이 무성함과 같으나** 36 내가 지나갈 때에 그가 없어졌나니 내가 찾아도 발견하지 못하였도다 37 온전한 사람을 살피고 정직한 자를 볼지어다 모든 **화평한 자의 미래는 평안이로다** 38 범죄자들은 함께 멸망하리니 **악인의 미래는 끊어질 것이나** 39 ⑨ **의인들의 구원은 여호와로부터 오나니** 그는 환난 때에 그들의 요새이시로다 40 여호와께서 그들을 도와 건지시되 악인들에게서 건져 **구원하심은 그를 의지한 까닭이로다**

37편

의인의 미래와 악인의 미래

[9] 진실로 악을 행하는 자들은 끊어질 것이나 여호와를 소망
하는 자들은 땅을 차지하리로다.

37편에는 "악인"이라는 말이 열다섯 번, "의인"이라는 말이 아홉 번, 그리고 의인과 동의어(同義語)가 열 번이나 등장합니다. 그리하여 여러 방면으로 의인(義人)과 악인(惡人)을 대조(對照)해서 반복적으로 보여주고 있습니다.

시편은 1편에서부터 "의인과 악인"을 대조해서, "두 부류, 두 길, 두 종말"이 있음을 증언하고 있는데, 그러면 시편이 언급하는 "의인과 악인"은 누구를 가리키는 말씀인가? 모든 사람은 두 길 중 한 길을 가고 있는데 두 진영의 대표자(代表者)가 의로우신 주님과 악한 사탄이기 때문입니다. 37편의 중심사상은 "의인의 미

래와 악인의 미래"를 대조해서 보여주는 데 초점을 맞추고 있습니다. "화평한 자의 미래는 평안이요, 악인의 미래는 끊어질 것이라"(37,38)는 결론에 도달합니다. 그래서 형통한 "악을 행하는 자들 때문에 불평하지 말며 불의를 행하는 자들을 시기하지 말지어다"(1)라고 말씀합니다.

첫째 단원(1-9) **악인의 번영을 투기하지 말라**
둘째 단원(10-26) **그 날의 이름을 보심이라**
셋째 단원(27-40) **구원과 멸망의 두 미래**

첫째 단원(1-12) 악인의 번영을 투기하지 말라

"악을 행하는 자들 때문에 불평하지 말며 불의를 행하는 자들을 시기하지 말지어다"(1)

① 첫째 단원의 핵심은 세 번 등장하는 "불평하지 말라"(1,7,8)는 경계입니다.

㉠ "불평(不平)하지 말라"는 말을 세 번이나 반복적으로 강조하고 있는데, 왜 불평하게 되는가? 불신자들이 번영하기 때문입니다. 그러면 누구에게 하는 불평인가? 결국 하나님께 하는 불평이 된다는 점을 명심해야 합니다. 왜냐하면 "시기"한다는 것은 그런 자들을 부러워한다는 뜻이기 때문입니다. 이 불평은 36:5절에서 "여호와여 주의 인자하심이 하늘에 있고 주의 진실하심이 공중에 사무쳤으며" 한 말씀을 망각한 데서 오는 불평인 것입니다. 73편에서 아삽은 경건한 한 사람이 시험에 빠졌던 경험을 다루고 있는데, 그 사람은 "악인의 형

통함을 보고 오만한 자를 질투"(73:3)하다가 거의 실족할 뻔한 것입니다. 이런 갈등이 어찌 그 한 사람뿐이겠는가?

ⓛ 그래서 "그들은 풀과 같이 속히 베임을 당할 것이며 푸른 채소 같이 쇠잔할 것임이로다"(2) 합니다. 악인의 형통함을 129:6절에서는 "지붕의 풀과 같을지어다 그것은 자라기 전에 마르는 것이라" 합니다. 그래서 불평하거나 시기하지 말라는 것입니다. 이는 소극적인 면이고,

② 적극적으로 "여호와를 의뢰하고 선을 행하라 땅에 머무는 동안 그의 성실을 먹을 거리로 삼을지어다"(3) 합니다.

ⓖ 도표에 표시된 대로 37편에는 경구(警句)와 같은 말씀들이 몇 번 등장하는데, 이것이 "불평 · 시기"에 대한 처방입니다.

㉮ 여호와를 의뢰하라(3)

㉯ 여호와를 기뻐하라(4)

㉰ 여호와께 맡기라(5)

㉱ 여호와 앞에 잠잠하고 참고 기다리라(7)

㉲ 여호와를 소망하라(9)는 말씀 등입니다.

어느 분은 이 다섯 말씀을 들어 한 권의 책을 저술했다 하는데 참으로 깊이 새겨야 할 경구입니다. 이것이 적극적인 치료책입니다. 이렇게만 한다면 행악하는 자의 번영으로 말미암아 시험에 들 염려가 없는 것입니다.

ⓛ "여호와를 의뢰(依賴)하라"는 것이 "믿음"이요, "선을 행하라, 성실을 먹을 거리로 삼을지어다"(3하)하는 것은 "실천"입니다. "믿음과 행함"은 함께 가는 것입니다.

ⓒ "또 여호와를 기뻐하라 그가 네 마음의 소원을 네게 이루어 주시리로다"(4) 합니다. 느헤미야서에 보면 백성들이 "율법의 말씀을 듣고 우는지라", 그들을 향해서 "여호와로 인하여 기뻐하는 것이 너희의

힘이니라"(느 8:9,10)하고 격려합니다.
"비록 무화과나무가 무성하지 못하며 포도나무에 열매가 없으며 감람나무에 소출이 없으며 밭에 먹을 것이 없으며 우리에 양이 없으며 외양간에 소가 없을지라도 나는 여호와로 말미암아 즐거워하며 나의 구원의 하나님으로 말미암아 기뻐하는 것"(합 3:17-18), 이것이 여호와를 기뻐하는 것입니다.

㉣ "네 길을 여호와께 맡기라 그를 의지하면 그가 이루시고 네 의를 빛 같이 나타내시며 네 공의를 정오의 빛 같이 하시리로다"(5-6) 합니다. 진정한 "의지"(3)는 "맡기는" 것입니다. 그런데 믿노라, 즉 의뢰(依賴)한다고 말하면서도 맡기지(依託)는 못하는 경우가 많은데, 그것은 결국 믿지 못한다는 불신앙인 것입니다.

㉤ "여호와 앞에 잠잠하고 참고 기다리라"(7상) 합니다. 참아 기다릴 수 있는 것은 "의지하고 맡겼기" 때문이요, 불안하고 조급해하는 것은 신뢰(信賴)하지 못한다는 증거입니다. "여호와를 의지하고, 기뻐하고, 맡기고, 참고 기다리면" 어떤 결과에 이르게 된다고 말씀하는가?

㉮ "마음의 소원을 이루어 주시리로다"(4하)
㉯ "그를 의지하면 그가 이루시고"(5하)
㉰ "네 공의를 정오의 빛같이 하시리로다"(6), 즉 합력하여 선을 이루신다는 것입니다.

예레미야 선지자는 예루살렘이 멸망하고 성전이 불에 탄 극한상황 중에서도 "사람이 여호와의 구원을 바라고 잠잠히 기다림이 좋도다, 혼자 앉아서 잠잠할 것은 주께서 그것을 메우셨음이라"(애 3:26,28) 합니다. 이처럼 잠잠히 기다릴 수 있는 것은 "바벨론에서 칠십 년이 차면 내가 너희를 돌보고 나의 선한 말을 너희에게 성취하여 너희를 이 곳으로 돌아오게 하리라, 너희를 향한 나의 생각을 내가 아나니 평안이요 재앙이 아니니라 너희에게 미래와 희망을 주는 것이니라"

(렘 29:10-11)하신 언약을 믿기 때문입니다.

ⓑ "자기 길이 형통하며 악한 꾀를 이루는 자 때문에 불평하지 말지어다 분을 그치고 노를 버리며 불평하지 말라 오히려 악을 만들 뿐이라"(7하-8) 합니다. 8절 안에는 "분 · 노 · 불평"이 있는데 이는 행악자에 대한 것이 아니라 "하나님"께 하는 행악, 즉 불신앙 임을 인식해야 합니다.

ⓢ "진실로 악을 행하는 자들은 끊어질 것이나 여호와를 소망하는 자들은 땅을 차지하리로다"(9) 합니다. 37편에는 "끊어질 자와 차지할 자"가 네 번(9,22,28,29,34) 강조되어 있는데, 그래도 악인의 잠시 있다가 없어질 번영을 불평하고 시기할 것입니까? 34절에서는 "악인이 끊어질 때에 네가 똑똑히 보리로다" 합니다. 금과옥조(金科玉條)와 같은 말씀을 다시 상기시킵니다. "여호와를 의뢰하여, 여호와께 맡기고, 여호와 앞에 잠잠하고 참고 기다리라, 그리고 여호와를 소망하라, 이것이 여호와로 기뻐하는 자"입니다.

둘째 단원(10-22) 그 날의 이름을 보심이라

"잠시 후에는 악인이 없어지리니 네가 그 곳을 자세히 살필지라도 없으리로다"(10)

③ 둘째 단원의 핵심은 "잠시 후에(10), 그의 날이 다가옴(13), 날을 아시나니"(18)하는 시제(時制)에 있습니다. "잠시 후"란 악인의 번영이 잠시 잠깐 뿐이라는 뜻이요, "그날"이란 궁극적으로 심판의 날을 지향하는 종말적인 뜻합니다. 73편의 사람도 "하나님의 성소에 들어갈 때에야"(73:17) 졸지에 황폐되는 악인의 미

래를 깨닫고는 자신의 우매 무지함으로 말미암아 마음이 산란해졌던 것입니다.

㉠ 73:19절에서는 "그들이 어찌하여 그리 갑자기 황폐되었는가? 놀랄 정도로 그들은 전멸하였나이다" 말씀하고, 계시록에서는 "한 시간에 망하였도다"하는 말을 세 번(계 18:10,17,19)이나 강조합니다. 이와는 대조적으로 "영원"이란 말도 네 번이나 강조되어(18,27,28,29) 있습니다. 그런데 "영원"하리라 말씀하면서 "그러나 온유한 자들은 땅을 차지하며 풍성한 화평으로 즐거워하리로다"(11)하고, "땅을 차지하리라"는 말씀이 다섯 번(9,11,22,29,34)이나 나온다는 점입니다.

㉡ 그러면 이 언급을 "그들의 기업은 영원(永遠)하리로다"(18)한 말씀과 결부시켜 보면 어떤 의미가 되는가? 이는 "썩지 않고 더럽지 않고 쇠하지 아니하는 유업을 잇게 하시나니 곧 너희를 위하여 하늘에 간직하신 것이라"(벧전 1:4)한 "기업"에 대한 구약적인 표현이라 하겠습니다. 그러므로 이 땅에서는 "악인이 의인 치기를 꾀하고 그를 향하여 그의 이를 가는도다"(12)하는 것입니다.

④ 그러나 "주께서 그를 비웃으시리니 <그의 날>이 다가옴을 보심이로다"(13) 합니다.

㉠ 하나님을 믿는 자의 소망이란 "그의 날의 다가옴"을 바라보는 것입니다. 그러나 영적인 맹인에게는 "뜻밖에 그 날이 덫과 같이 너희에게 임하리라"(눅 21:34) 경고하십니다. "악인이 칼을 빼고 활을 당겨 가난하고 궁핍한 자를 엎드러뜨리며 행위가 정직한 자를 죽이고자 하나 그들의 칼은 오히려 그들의 양심을 찌르고 그들의 활은 부러지리로다"(14-15)

㉡ 그러므로 "의인의 적은 소유가 악인의 풍부함보다 낫도다 악인의

팔은 부러지나 의인은 여호와께서 붙드시는도다"(16-17)하는 것입니다.

⑤ "여호와께서 온전한 자의 날을 아시나니 그들의 기업은 영원하리로다"(18) 합니다.

㉠ 여기 "온전한 자"란 하나님을 경외하는 자인데 그의 "날을 아신다"는 뜻은 그의 평생을 주관하신다는 것입니다. 23절에서는 "여호와께서 사람의 걸음을 정하시고" 합니다. 이점을 139:16절에서는 "내 형질이 이루어지기 전에 주의 눈이 보셨으며 나를 위하여 정한 날이 하루도 되기 전에 주의 책에 다 기록이 되었나이다"라고 진술합니다.

㉡ "그들은 환난 때에 부끄러움을 당하지 아니하며"(19상) 합니다. "부끄러움을 당하지 아니하며"란 실망(失望)시키지 않는다는 뜻입니다. 사도 바울은 우리에게 있는 "소망이 우리를 부끄럽게 하지 아니함은 우리에게 주신 성령으로 말미암아 하나님의 사랑이 우리 마음에 부은 바 됨이니"(롬 5:5) 합니다. 그래서 "다만 이뿐 아니라 우리가 환난 중에도 즐거워하나니"(롬 5:3)라고 말할 수 있었던 것입니다. 하나님께서 주신 소망이 우리를 실망시키리라는 것은 상상할 수 없는 것입니다.

㉢ "기근의 날에도 풍족할 것이나"(19하), 그러나 "악인들은 멸망하고 여호와의 원수들은 어린 양의 기름 같이 타서 연기가 되어 없어지리로다"(20), "악인은 꾸고 갚지 아니하나 의인은 은혜를 베풀고 주는도다"(21) 합니다.

26절에서는 "그는 종일토록 은혜를 베풀고 꾸어 주니 그의 자손이 복을 받는도다" 합니다. "꾸고 갚지 않는다"는 것은 도둑질하는 것과 같으나 "베풀고 주는" 것은 은혜(恩惠)입니다. 그렇다면 "그날에", "주의 복을 받은 자들은 땅을 차지하고 주의 저주를 받은 자들은 끊어지리로다"(22)하는 것은 합당한 결론인 것입니다.

⑥ "여호와께서 사람의 걸음을 정하시고 그의 길을 기뻐하시나니"(23), 그러므로 주의 복을 받은 자는 "그는 넘어지나 아주 엎드러지지 아니함은 여호와께서 그의 손으로 붙드심이로다 내가 어려서부터 늙기까지 의인이 버림을 당하거나 그의 자손이 걸식함을 보지 못하였도다"(24-25) 합니다. 이것이 "그 날의 이름을 바라봄"인데 진심으로 이를 믿는 자라면 악인의 형통함으로 말미암아 불평하거나 시기하지 않는다는 말씀입니다.

셋째 단원(27–40) **구원과 멸망의 두 미래**

"화평한 자의 미래는 평안이로다 범죄자들은 함께 멸망하리니 악인의 미래는 끊어질 것이나"(37–38)

마지막 단원에는 "의인"이라는 말이 네 번(29,30,32,39), "악인"이라는 말이 여섯 번 등장하는데, 핵심은 "화평한 자의 미래(37)와 악인의 미래"(38)라고 한 "두 미래"의 대조에 있습니다.

⑦ "악에서 떠나 선을 행하라 그리하면 영원히 살리니"(27)

㉠ "여호와께서 정의를 사랑하시고 그의 성도를 버리지 아니하심이로다 그들은 영원히 보호를 받으나 악인의 자손은 끊어지리로다(28), 의인이 땅을 차지함이여 거기서 영원히 살리로다"(29) 합니다.

셋째 단원에는 "영원히 살리니"(27,28,29)하는 말과 "끊어지리라"

(28,34,38)는 말이 대조를 이루고 있는데, 그래도 "불평하며, 시기" 하겠느냐 라고 묻고 있는 셈입니다.

㉡ "의인의 입은 지혜로우며 그의 혀는 정의를 말하며 그의 마음에는 하나님의 법이 있으니 그의 걸음은 실족함이 없으리로다 악인이 의인을 엿보아 살해할 기회를 찾으나 여호와는 그를 악인의 손에 버려두지 아니하시고 재판 때에도 정죄하지 아니하시리로다"(30-33) 합니다. 여기서 유념할 점은 "그 마음에 하나님의 법(法)이 있다"는 것과 "재판 때에도 정죄(定罪)하지 아니하시리라"는 말씀입니다.

㉮ 이점이 어째서 중요하냐 하면 새 언약은 "내 법을 그들의 마음에 두리니"(히 10:16) 하셨고,

㉯ "그러므로 이제 그리스도 예수 안에 있는 자에게는 결코 정죄함이 없나니"(롬 8:1)한 복음적인 말씀이기 때문입니다.

㉢ 그래서 "여호와를 바라고 그의 도를 지키라 그리하면 네가 땅을 차지하게 하실 것이라 악인이 끊어질 때에 네가 똑똑히 보리로다"(34) 하는 것입니다. 이점이 이어지는 말씀에도 계속되는데,

⑧ "내가 악인의 큰 세력을 본즉 그 본래의 땅에 서 있는 나뭇잎이 무성함과 같으나"(35) 합니다.

㉠ "본래의 땅"이라는 묘사와 "나뭇잎이 무성(茂盛)함"이라는 언급을 유념하시기 바랍니다.

㉮ 그들에게는 이 땅이 "본래의 땅이요, 그러나 "푸른 나무의 무성함" 같은 것은 이 땅에서 잠시 뿐이기 때문입니다.

㉯ 이와는 대조적으로 "의인은 종려나무같이 번성하며 레바논의 백향목같이 성장하리로다 이는 여호와의 집에 심겼음이여 우리 하나님의 뜰 안에서 번성하리로다"(92:12-13)하는 것입니다. 이점을 계시록에서는 "이기는 자는 내 하나님 성전에 기둥이 되게 하리니 그가 결코 다시 나가지 아니하리라 내가 하나님의 이

름과 하나님의 성 곧 하늘에서 내 하나님께로부터 내려오는 새 예루살렘의 이름과 나의 새 이름을 그이 위에 기록하리라"(계 3:12)고 말씀합니다.

㉰ 그러므로 "내가 지나갈 때에 그는 없어졌나니 내가 찾아도 발견하지 못하였도다"(36), 그래도 투기하겠느냐 하는 것입니다.

㉡ 그리하여 "완전한 사람을 살피고 정직한 자를 볼지어다.

㉮ "화평한 자의 미래는 평안이로다"(37)

㉯ "범죄자들은 함께 멸망하리니 악인의 미래는 끊어질 것이나"(38)하고, 두 미래가 다름을 말씀합니다.

⑨ 이처럼 두 부류를 대조적으로 진술한 37편은 "의인들의 구원은 여호와로부터 오나니 그는 환난 때에 그들의 요새이시로다 여호와께서 그들을 도와 건지시되 악인들에게서 건져 구원하심은 그를 의지한 까닭이로다"(39-40)는 말씀으로 마치고 있다는 것은 합당한 결론입니다. 38절에는 악인의 "멸망"이 있고, 39절에는 의인의 "구원"이 있습니다. 이들이 무엇에 의해서 갈라지게 되는가? "구원(救援)하심은 그를 의지(依支)한 까닭이로다"(40)한 믿느냐? 믿지 않느냐로 갈라지게 된다는 것입니다. 이것이 "구원과 멸망의 두 미래요, 의인의 미래와 악인의 미래"입니다.

적용 : 형제도 37편과 73편의 사람과 같이 갈등을 경험해 본 적이 있겠지요? 본문이 형제의 마음을 안위하여 줄 것입니다. 그리고 "여호와를 의뢰하라, 여호와를 기뻐하라, 여호와께 맡기라, 여호와 앞에 잠잠하고 참아 기다리라, 여호와를 기대하라"는 말씀을 마음에 간직해 두시기 바랍니다.

묵상

㉠ 악인의 번영을 불평이나 시기하지 말아야 할 점에 대해서

㉡ “그 날의 이름을 보심이라”에 대해서

㉢ 구원과 멸망의 두 미래에 대해서.

시편 38편 개관도표

주제 : 속히 나를 도우소서 나의 구원이시여

징벌당하는 자의 탄식	1-10	
	1	① **여호와여** **주의 노하심으로** 나를 책망하지 마시고 **분노하심으로** 나를 징계하지 마소서
	2	**주의 화살이** 나를 찌르고 **주의 손이** 나를 심히 누르시나이다
	3	**주의 진노로** 말미암아 내 살에 성한 곳이 없사오며 ② **나의 죄로 말미암아** 내 뼈에 평안함이 없나이다
	4	**내 죄악이** 내 머리에 넘쳐서 무거운 짐 같으니 내가 감당할 수 없나이다
	5	내 상처가 썩어 악취가 나오니 내가 우매한 까닭이로소이다
	6	내가 아프고 심히 구부러졌으며 종일토록 슬픈 중에 다니나이다
	7	내 허리에 열기가 가득하고 내 살에 성한 곳이 없나이다
	8	내가 피곤하고 심히 상하였으매 마음이 불안하여 신음하나이다
	9	③ **주여 나의 모든 소원이 주 앞에 있사오며** 나의 탄식이 주 앞에 감추이지 아니하나이다
	10	내 심장이 뛰고 내 기력이 쇠하여 내 눈의 빛도 나를 떠났나이다
고독과 침묵	11-15	
	11	④ **내가 사랑하는 자와** **내 친구들이** 내 상처를 멀리하고 **나의 친척들도** 멀리 섰나이다
	12	**내 생명을 찾는 자가** 올무를 놓고 나를 해하려는 자가 괴악한 일을 말하여 종일토록 음모를 꾸미오나
	13	⑤ **나는 못 듣는 자** 같이 듣지 아니하고 **말 못하는 자 같이** 입을 열지 아니하오니
	14	나는 듣지 못하는 자 같아서 입에는 변박할 말이 없나이다
	15	⑥ **여호와여 내가 주를 바랐사오니** 내 주 하나님이 내게 응답하시리이다
내가 주를 바라나이다	16-22	
	16	⑦ **내가 말하기를 두렵건대 그들이 나 때문에 기뻐하며** 내가 실족할 때에 나를 향하여 스스로 교만할까 하였나이다
	17	내가 넘어지게 되었고 나의 근심이 항상 내 앞에 있사오니
	18	⑧ **내 죄악을 아뢰고 내 죄를 슬퍼함이니이다**
	19	**내 원수가 활발하며 강하고** 부당하게 나를 미워하는 자가 많으며
	20	또 악으로 선을 대신하는 자들이 **내가 선을 따른다는 것 때문에** 나를 대적하나이다
	21	여호와여 나를 버리지 마소서 나의 하나님이여 나를 멀리하지 마소서
	22	⑧ **속히 나를 도우소서 주 나의 구원이시여**

38편

속히 나를 도우소서 나의 구원이시여

[22] 속히 나를 도우소서 주 나의 구원이시여

38편은 참회 시로 분류되는 일곱 편(6,32,38,52,102,130,143) 중의 하나입니다. 그런데 38편의 장본인은 3중적인 고난에 직면해 있다는 점을 주목해야 합니다.

㉠ 첫째는 "내 죄악이 내 머리에 넘쳐서 무거운 짐 같으니"(4)한 "죄짐"이요

㉡ 둘째는 "내 상처를 멀리하고 내 친척들도 멀리 섰나이다"(11)한 "배신"(11)이요

㉢ 셋째는 "내 원수가 활발하며 강하고"(19)한 "대적"으로부터의 고난

입니다.

이점이 왜 중요하냐 하면 38편이 이사야 50장과 53장에 등장하는 고난의 종과 맥을 같이 하기 때문입니다. 다른 점은 다윗은 자신의 죄로 말미암아 이런 고난을 당하나, 다윗의 자손으로 오실 그리스도는 우리 무리의 죄악으로 말미암아 고난을 당하신다는 이점이 다를 뿐입니다. 그러므로 38편을 통해서 우리의 죄로 말미암아 대신 고난을 당하실 그리스도를 볼 수 있어야 한다는 점은 사활적으로 중요한 요점입니다. 도표에 표시된 대로,

㉮ 첫째 단원에서는 "나의 모든 소원이 주 앞에 있다"(9) 진술하고,
㉯ 둘째 단원에서는 "내가 주를 바랐사오니"(15) 말씀하고,
㉰ 셋째 단원에서는 "속히 나를 도우소서 주 나의 구원이시여"(22) 한 "구원"에 소망이 있다 하겠습니다.

첫째 단원(1–10) **징벌을 당하는 자의 탄식**
둘째 단원(11–15) **징벌을 당하는 자의 침묵**
셋째 단원(16–22) **내가 구원자를 바라나이다**

첫째 단원(1–10) 징벌을 당하는 자의 탄식

"여호와여 주의 노하심으로 나를 책망하지 마시고 주의 분노하심으로 나를 징계하지 마소서"(1)

① 첫째 단원의 중심점은 도표에 표시된 대로 "주의 진노"에 있습니다. 어찌하여 주께서 진노하셨는가? "나의 죄로 말미암아"(3)라고 말씀합니다.

㉠ 다윗이 이처럼 주의 진노로 말미암아 견책을 받은 때가 언제였을까? 밧세바 사건으로 인하여 "칼이 네 집에 영원히 떠나지 아니하리라"(삼하 12:10)하신 징벌로 임한 압살롬의 반역사건 때일 것입니다.

㉡ "주의 화살이 나를 찌르고 주의 손이 나를 심히 누르시나이다 주의 진노로 말미암아 내 살에 성한 곳이 없사오며"(2-3상) 합니다.

㉮ 하나님의 화살이 자신의 몸에 박혔다고 말합니다.

㉯ "주의 손이 나를 심히 누르신다"고 말합니다. 32:4절에서도 "주의 손이 주야로 나를 누루시오니 내 진액이 빠져서 여름 가뭄에 마름같이 되었다" 하고 말합니다.

그런데 이처럼 "주의 손이 나를 누른다"는 것은 "사랑하신다"(94:12)는 증거입니다. 왜냐하면 두려운 것은 "버려두신다"(롬 1:26)는 유기(遺棄)인 것입니다. 어찌하여 이런 징벌을 당하게 되었는가?

② "나의 죄로 인하여 내 뼈에 평안함이 없나이다"(3하)한 "죄" 때문입니다.

㉠ 원인은 "나의 죄로 말미암아"이고, "내 죄악이 내 머리에 넘쳐서 무거운 짐 같으니 내가 감당할 수 없나이다 내 상처가 썩어 악취가 나오니 내가 우매한 까닭이로소이다"(4-5)하고 자신이 우매(愚昧)하여 죄를 범했다고 참회합니다.

㉡ "내가 아프고 심히 구부러졌으며 종일토록 슬픔 중에 다니나이다 내 허리에 열기가 가득하고 내 살에 성한 곳이 없나이다 내가 피곤하고 심히 상하였으매 마음이 불안하여 신음하나이다"(6-8) 합니다.

이상의 진술을 대하면서 어느 장면을 생각하게 됩니까? "나는 벌레요 사람이 아니라 사람의 비방 거리요 백성의 조롱거리니이다 나를 보는 자는 다 나를 비웃으며 입술을 비쭉거리고 머리를 흔들며 말하되 그가 여호와께 의탁하니 구원하실 걸, 그를 기뻐하시니 건지실 걸 하나이다"(22:6-8)고 부르짖는 22편의 고난의 종입니다. 나아가 이 "신음과 탄식"이 바로 우리의 모습이었다고 말한다면 무엇이라 말하겠습니까? 그래도 실감이 나지 않는다면 로마서 7장을 보시기 바랍니다. "오호라 나는 곤고한 사람이로다 이 사망의 몸에서 누가 나를 건져내랴"(롬 7:24)하고 절규하면서, "누가, 누가" 하고 "구원자"를 애타게 찾고 있는 것을 보게 됩니다.

형제는 죄로 말미암아 이처럼 "신음하고 탄식"을 한 후에 복음, 즉 그리스도를 만나셨습니까? 현대교회의 심각성은 자신의 비참한 상태를 모르고 신음과 탄식이 없다는 데 있는 것입니다. 그래서 복음의 영광스러움과 자유함의 기쁨과 구원의 환희를 모르고 있는 것입니다.

③ 그런데 "주여 나의 모든 소원이 주 앞에 있사오며 나의 탄식이 주 앞에 감추이지 아니하나이다"(9) 합니다. 39:7절에서도, "주여 이제 내가 무엇을 바라리요 나의 소망은 주께 있나이다" 합니다. 얼마나 탄식을 했으면 "내 심장이 뛰고 내 기력이 쇠하여 내 눈의 빛도 나를 떠났나이다"(10), 즉 시력까지 잃었다고 말하겠는가? 그런데 그런 중에서도 "나의 모든 소원(所願)이 주의 앞에 있다"한 "모든 소원, 주 앞에"라는 고백에 소망의 빛이 비추고 여기가 첫째 단원의 핵심입니다. 이것이 "징벌을 당하는 자의 탄식"입니다.

둘째 단원(11–15) 징벌을 당하는 자의 침묵

"나는 못 듣는 자 같이 듣지 아니하고 말 못하는 자 같이 입을 열지 아니하오니"(13)

둘째 단원의 중심점은 "징벌당하는 자의 침묵"에 있습니다. 도표에 표시된 대로 "사랑하는 자 · 친구 · 친척"도 다 멀리하는 배척을 당하고 있습니다. 이 장면을 통해서도 "털 깎는 자 앞에 잠잠한 양같이" 침묵하고 있는 고난의 종을 바라보게 합니다.

④ "내가 사랑하는 자와 내 친구들이 내 상처를 멀리하고 내 친척들도 멀리 섰나이다"(11) 합니다. 이는 "나의 형제들이 나를 멀리 떠나게 하시니 나를 아는 모든 사람이 내게 낯선 사람이 되었구나 내 친척은 나를 버렸으며 가까운 친지들 나를 잊었구나"(욥 19:13-14)한 욥기와 상통합니다. "내 생명을 찾는 자가 올무를 놓고 나를 해하려는 자가 괴악한 일을 말하여 종일토록 음모를 꾸미오나"(12) 합니다. 이 점에서 다시 한번 상기할 점은 다윗의 시에는 전부라 할 만큼 "대적 · 원수"(19)가 등장한다는 점입니다. "여호와 우리 주여 주의 이름이 온 땅에 어찌 그리 아름다운지요"한 전원(田園)시라 할 수 있는 8편에도 빠짐없이 "원수"(8:2)는 등장하고, "여호와는 나의 목자시니 내게 부족함이 없으리로다"하는 목가적(牧歌的)인 23편에도 어김없이 "원수"(23:5)가 등장합니다.

이는 다윗의 시편들이 단순한 노래가 아니라 영적인 싸움을 하고 있는 전쟁 마당이라는 증거입니다. 그리고 이 전쟁은 "여자의 후손은 네 머리를 상하게 하리니" 한 원 복음으로부터 시작하여, "용을 잡으니 곧 옛 뱀이요 마귀요 사탄이라"(계 20:2)한 계시록까지 계속될 싸움인 것입니다.

⑤ "나는 못 듣는 자 같이 듣지 아니하고 말 못하는 자 같이 입을 열지 아니하오니"(13), "나는 듣지 못하는 자 같아서 내 입에는 반박할 말이 없나이다"(14) 합니다. 이 말씀은 "그가 곤욕을 당하여 괴로울 때에도 그의 입을 열지 아니하였음이여 마치 도수장으로 끌려가는 어린 양과 털 깎는 자 앞에 잠잠한 양같이 그 입을 열지 아니하였도다"(사 53:7)한 말씀과 상통합니다. 왜 이렇게 잠잠하셨는가? "여호와께서 그에게 상함을 받게 하시기를 원하사 질고를 당하게 하셨기"(사 53:10) 때문입니다.

⑥ 그러나 둘째 단원은 낙망으로 끝나는 것이 아니라, "여호와여 내가 주를 바랐사오니 내 주 하나님이 내게 응답하시리이다"(15)는 확신으로 마치고 있습니다. 여기에 소망이 있고 이것이 믿음입니다. "징벌을 당하는 자가 침묵"하는 이유가 이런 소망·믿음이 있기 때문인 것입니다.

셋째 단원(16-22) **내가 구원자를 바라나이다**

"주 나의 구원이시여"(22)

38편의 중심주제는 도표에 표시된 대로 "나의 모든 소원이 주의 앞에 있사오니... 내가 주를 바랐사오니... 속히 나를 도우소서 주 나의 구원이시여"로 이어지는 "구원자"를 대망(待望)하는데 있다는 점을 놓치지 마시기 바랍니다.

⑦ 왜냐하면 "내가 말하기를 두렵건대 그들이 나 때문에 기뻐하며 내가 실족할 때에 나를 향하여 스스로 교만할까 하였나이다"(16)하기 때문이라는 것입니다.

㉠ 다윗은 언제나 그러했고 또한 모든 그리스도인들이 그러해야 마땅한 것은 시련 당할 때 자신의 고통 · 손해 · 명예를 생각하는 것보다, 우선적으로 자신에게 주어진 하나님의 "거룩하신 이름 · 영예"를 생각해야 한다는 점입니다.

㉡ 왜냐하면 자신이 실족(失足)하게 되거나 넘어지게 되면 대적자들이 기뻐하면서 "우리가 그를 이기었다"(13:4)하고 망자존대(妄自尊大)할까 이것이 두렵기 때문이라는 것입니다. 그렇게 되면 궁극적으로 하나님의 이름에 모독을 돌리는 일이기 때문입니다. 그래서 "내가 넘어지게 되었고 나의 근심이 항상 내 앞에 있사오니"(17)하는 것입니다.

⑧ 이로 인하여 "내 죄악을 아뢰고 내 죄를 슬퍼함이니이다"(18) 합니다.

㉠ 왜냐하면 "또 악으로 선을 대신하는 자들이 내가 선을 따른다는 것 때문에 나를 대적"(20)하기 때문이라는 것입니다.

㉡ 그러므로 다윗이 "여호와여 나를 버리지 마소서 나의 하나님이여 나를 멀리하지 마소서"(21)라고 간구하는 것은 자신을 위해서가 아니라 하나님의 거룩하신 이름을 위해서라는 뜻이 됩니다.

이점을 115편에서는 "여호와여 영광을 우리에게 돌리지 마옵소서 우리에게 돌리지 마옵소서 오직 주는 인자하시고 진실하시므로 주의 이름에만 영광을 돌리소서"(115:1)라고 탄원합니다. 무슨 뜻인가 하면 이들은 자신들을 바벨론 포로에서 돌아가게 해달라고 간구하고 있습니다. 그런데 이것이 자신들을 위해서가 아니라, “어찌하여 뭇 나라가 그들의 하나님이 이제 어디 있느냐 말하게 하리이까”(115:2), 즉 자신들이 당하는 고난은 죄 값으로 마땅하지만 자신들로 말미암아 하나님의 거룩하신 이름이 모독을 받으시는 것은 참을 수 없다는 것입니다.

⑧ 그래서 “여호와의 노와 징계”(1)로 시작한 38편은 “속히 나를 도우소서 주 나의 구원이시여”(22)하는 “구원”(救援)으로 마치고 있는 것입니다.

㉠ 결론인 22절의 표현은, 단순히 구원하여 달라는 말이 아니라, 애타게 “구원자”를 부르는 탄원입니다. 다윗은 14편에서도 “이스라엘의 구원이 시온에서 나오기를 원하도다”(7)하고 그 답을 알고 있었습니다. 이런 맥락에서 38편에서 다윗의 징벌만을 볼 것이 아니라 우리 대신 버림을 당하시고 고난 당하실 그리스도를 바라보게 합니다.

㉡ 38편을 마치기 전에 자신의 신앙을 점검해보아야 하겠습니다. 왜냐하면 “성경이 모든 것을 죄 아래 가두었으니 이는 예수 그리스도를 믿음으로 말미암은 약속을 믿는 자들에게 주려 함이라 믿음이 오기 전에 우리는 율법 아래에 매인 바 되고 계시될 믿음의 때까지 갇혔느니라”(갈 3:22-23)고 말씀하기 때문입니다.

나 자신은 본문과 같은 탄식과 부르짖음 끝에 “속히 나를 도우소서 주 나의 구원이시여”(22)한 “구원자”를 만났는가? “오호라 나는 곤고한 사람이로다 이 사망의 몸에서 누가 나를 건져내랴”(롬 7:24)한 탄식 후에 구원자를 만났는가? 이것이 “내가 구원자를 바라나이다”요, “속히 나를 도우소서 나의 구원이시여”입니다.

적용 : 다윗은 징벌을 당할 때 변명하지 않았습니다. 주님께서도 까닭 없이 고난 당하면서도 털 깎는 자 앞에 잠잠한 양같이 그 입을 열지 아니하셨습니다. 우리도 오직 "나의 모든 소원이 주의 앞에 있나이다, 내가 주를 바랐사오니 속히 나를 도우소서" 하고 구원자만을 바라보십시다.

묵상

㉠ 다윗이 징벌을 당하게 된 원인에 대해서

㉡ 다윗 · 그리스도 · 나 자신의 탄식의 연관성에 대해서

㉢ "속히 나를 도우소서 주 나의 구원이시여" 한 "구원자"를 구하고 있음에 대해서.

시편 39편 개관도표

주제 : 시련의 의미와 목적

나의 연약을 알게하소서

1-6

1 ① 내가 말하기를 **나의 행위를 조심하여 내 혀로 범죄하지 아니하리니**
악인이 내 앞에 있을 때에 내가 **내 입에 재갈을 먹이리라 하였도다**
2 내가 **잠잠하여 선한 말도 발하지 아니하니** 나의 근심이 더 심하도다
3 **내 마음이 내 속에서 뜨거워서 작은 소리로 읊조릴 때에** 화
불이 붙으니 나의 혀로 말하기를
4 ② **여호와여 나의 종말과 연한이 언제까지인지 알게 하사**
내가 나의 연약함을 알게 하소서
5 ③ **주께서 나의 날을 한 뼘 길이만큼 되게 하시매**
나의 일생이 주의 앞에는 없는 것 같사오니
사람은 그가 든든히 서있는 때에도 진실로 **허사 뿐이니이다**(셀라)
6 진실로 각 사람은 **그림자 같이** 다니고 **헛된 일로** 소란하며
재물을 쌓으나 누가 거둘는지 알지 못하나이다

나의 소망은 주께 있나이다

7- 13

7 ④ **주여 이제 내가 무엇을 바라리요 나의 소망은 주께 있나이다**
8 **나를 모든 죄에서 건지시며** 우매한 자에게 욕을 당하지 아니하게 하소서
9 ⑤ **내가 잠잠하고 입을 열지 아니하옴은 주께서 이를 행하신 까닭이니이다**
10 **주의 징벌을 나에게서 옮기소서** 주의 손이 치심으로
내가 쇠망하였나이다
11 주께서 죄악을 책망하사 사람을 징계하실 때에
그 영화를 좀 먹음 같이 소멸하게 하시니 참으로 인생이란
모두 **헛될 뿐이니이다**(셀라)
12 ⑥ **여호와여 나의 기도를 들으시며** 나의 부르짖음에 귀를 기울이소서
내가 눈물 흘릴 때에 잠잠하지 마옵소서
나는 주와 함께 있는 나그네이며 나의 모든 조상들처럼 떠도나이다
13 주는 나를 용서하사 내가 떠나 없어지기 전에
나의 건강을 회복시키소서

39편

시련의 의미와 목적

[7] 주여 내가 무엇을 바라리요 나의 소망은 주께 있나이다.

39편도 다윗의 시인데, 내용이나 주제(主題)가 38편과 유사합니다. "나의 건강을 회복시키소서"(13하)한 것으로 보아 중병을 앓고 있는 것으로 여겨지는데, 38편에서도 "내가 아프고 심히 구부러졌으니 종일토록 슬픈 중에 다니나이다"(38:6)고 말씀했습니다. 다윗은 이 병을 "죄과"(8)에 대한 "징벌"(10)로 받아드리고 있는데, 38편에서도 "내 죄악이 내 머리에 넘쳐서 무거운 짐 같으니 내가 감당할 수 없나이다"(38:4)고 말하면서, "나의 모든 소원이 주 앞에 있사오니"(38:9) 했는데, 39:7절에서도 "나의 소망은 주께 있나이다"라고 고백합니다.

탐구할 점은 이런 시련의 날에 어찌하여 "내 입에 재갈을 먹이리라"(1) 하는가? 하는 점입니다. 이는 "악인이 내 앞에 있을 때에"가 해답입니다. 왜냐하면 불신자들은 성도들이 고난 당하는 것을 보게 되면, "네 하나님이 어디 있느뇨"(42:3)고 조롱하는 자들이기 때문에 "내 입에 재갈을 먹이리라"(1)하는 것입니다. 왜냐하면 부지불식 간에 하나님께 "불평"(37:1)을 토하게 될까 보아서 재갈을 먹이리라 하는 것입니다. 다윗은 이 고난을 통해서 도리어 자신의 "연약함을 알게"(4)되어, "나의 소망은 주께 있나이다"(7)고 전적으로 하나님만을 의뢰하고 의탁하게 됩니다. 여기에 시련의 의미와 목적이 있는 것입니다.

첫째 단원(1–6) **나의 연약함을 알게 하소서**
둘째 단원(7–11) **나의 소망은 주께 있나이다**

첫째 단원(1–6) **나의 연약함을 알게 하소서**

"여호와여 나의 종말과 연한이 언제까지인지 알게 하사 내가 나의 연약함을 알게 하소서"(4)

첫째 단원의 중심점은 도표에 나타난 대로, "나의 연약함을 알게 해 달라"는데 있습니다. 형통을 통해서는 교만하기 쉽지만, 고난을 통해서는 "연약"(軟弱)을 깨닫게 되는 유익이 있는 것입니다. 그러므로 "고난 당한 것이 내게 유익이라 이로 말미암아 내가 주의 율례들을 배우게 되었나이다"(119:71)고 말씀합니다.

① "내가 말하기를 나의 행위를 조심하여 내 혀로 범죄하지 아

니하리니"(1상) 합니다.

㉠ 이는 시련의 날에 성도들이 각별히 조심해야 할 점입니다. 환난 당하게 되면

㉮ 항변(抗辯)하고

㉯ 원망(怨望)하고

㉰ 변명(辨明)하게 되는 것이 인간의 본성입니다.

이런 것들은 모두가 "혀"를 통해서 발생하는 어리석음인데 그래서 "내 혀로 범죄하지 아니하리니"하는 것입니다.

㉡ 37:7절에서도 "여호와 앞에 잠잠하고 참고 기다리라 자기 길이 형통하며 악한 꾀를 이루는 자 때문에 불평하지 말지어다"한 것입니다. 좀 더 말씀을 드려야 안전할 것 같습니다. 경건한 자란 고난의 날에 "나는 못 듣는 자 같이 듣지 아니하고 말 못하는 자 같이 입을 열지 아니하오니 나는 듣지 못하는 자 같아서 내 입에는 반박할 말이 없나이다"(38:13-14)라고 말하는 자입니다. 욥이 극한적인 시련을 당할 때에도 "이 모든 일에 욥이 범죄하지 아니하고 하나님을 향하여 어리석게 원망하지 아니하니라, 이 모든 일에 욥이 입술로 범죄하지 아니하니라"(욥 1:22, 2:10)한 것이 이를 의미합니다. 이렇게 행한다는 얼마나 어렵고도 중요하면 "만일 말에 실수가 없는 자라면 곧 온전한 사람이라 능히 온 몸도 굴레 씌우리라"(약 3:2)고 말씀하겠는가?

㉢ 악인이 내 앞에 있을 때에 "내 입에 재갈을 먹이리라"하고, "내가 잠잠하여 선한 말도 하지 아니하니 나의 근심이 더 심하도다"(1하-2) 합니다.

㉮ 다시 강조합니다만 어찌하여 "악인" 즉 "그 모든 사상(思想)에 하나님이 없다"(10:4)하는 자들 앞에서 입에 재갈을 먹여야 하는가? 첫째는 나의 흔들리는 모습, 불평하는 말로 말미암아 하나님께 모독을 돌리게 될까 두렵기 때문입니다. 둘째는 "그들이

마음 속으로 이르기를 아하 소원을 성취하였다"(35:25)고 좋아할 것이기 때문입니다.

㈏ 그럼에도 어찌하여 우리는 말을 함부로 토해내는가? "재갈 먹일" 만한 훈련이 되어있지 않기 때문이요, 하나님의 이름과 영예를 생각하지 않기 때문입니다. 그래서 경건한 자는 "선한 말도 발하지 아니하니 나의 근심이 더 심하도다"하는 것입니다.

② 그러하다가 "내 마음이 내 속에서 뜨거워서 작은 소리로 읊조릴 때에 불이 붙으니 나의 혀로 말하기를"(3)하고 참다못하여 입을 열게 되는데,

㉠ "여호와여 나의 종말과 연한이 언제까지인지 알게 하사 내가 나의 연약함을 알게 하소서"(4)하고, 하나님께 입을 열어 기도로 토해냅니다. 모세의 기도에도 "연한(年限)에 대한 진술이 나타나는데, "우리의 연수가 칠십이요 강건하면 팔십이라도 그 연수의 자랑은 수고와 슬픔뿐이요 신속히 가니 우리가 날아가나이다 우리에게 우리 날 계수함을 가르치사 지혜로운 마음을 얻게 하소서"(90:10,12)한 간구입니다. "연약함을 알게 해 달라, 지혜를 얻게 해 달라"는 것은 불평이 아니라, 자신이 질그릇 조각 중 하나와 같음을 깨닫게 해달라는 낮아짐입니다.

㉡ 다윗은 "나의 연약함을 알게 하소서"(4)하는데, 로마서 5:6절에는 "우리가 아직 연약(軟弱)할 때에"(롬 5:6)라고 언급합니다. 이는 인간이 나약하다는 그런 단순한 뜻이 아니라 자력구원의 불가능성을 의미합니다. 바로의 노예에서 자력(自力)으로 해방될 수 있었단 말인가? 하물며 사탄의 노예로부터 자력으로 구원될 수 있겠는가? 39편의 상황에서 다윗이 자력으로 구원될 수 있단 말인가? 이 연약을 깨닫게 될 때 "나의 소망은 주께 있나이다"(7)하고 매달리게 되는 것입니다. 자신의 연약함을 깨닫는다면 문제의 절반은 해답(解答)을 얻

은 셈입니다. 인생의 무상을 깨닫게 될 때 불신자들은 허무주의에 빠지게 되나, 성도들은 오직 하나님께만 "소망"을 두게 되는 것입니다.

③ 5-6절은 깨달은바 연약에 대한 진술인데 "주께서 나의 날을 한 뼘 길이만큼 되게 하시매 나의 일생이 주 앞에는 없는 것 같사오니 사람은 그가 든든히 서 있는 때에도 진실로 모두가 허사뿐이니이다(셀라)"(5), "진실로 각 사람은 그림자 같이 다니고 헛된 일로 소란하며 재물을 쌓으나 누가 거둘는지 알지 못하나이다"(6) 합니다. "헛된 일과 헛된 일로 소란하여" 그림자같이 인생을 살아가고 있는 자들이 얼마나 많습니까? 이는 전도서와 상통하는 사상인데, 인생이 이것뿐이라면 얼마나 "헛되고 헛되며 헛되고 헛된" 것인가? 그러나 전도자는 말합니다. "일의 결국을 다 들었으니 하나님을 경외하고 그의 명령들을 지킬지어다 이것이 모든 사람의 본분(本分)이니라"(전 12:13). 왜 건강해야 합니까? 왜 재물이 필요합니까? 당신의 남은 생이 얼마나 되는지 그 연한(年限)이 어떤 의미가 있습니까? 당신의 병을 회복시켜주면 무엇을 위해서 살겠다는 것입니까? 이런 의미를 깨닫기 위해서 "나의 연약함을 알게 하소서" 하는 것입니다.

둘째 단원(7–13) **나의 소망은 주께 있나이다**

"주여 내가 무엇을 바라리요 나의 소망은 주께 있나이다"(7).

④ 다윗은 고백합니다.

㉠ 다윗은 62편에서도 “나의 영혼이 잠잠히 하나님만 바람이여 나의 구원이 그에게서 나오는도다(1), 나의 영혼아 잠잠히 하나님만 바라라 무릇 나의 소망이 그로부터 나오는도다”(5)라고 거듭 진술합니다. 사도 바울은 고백합니다. “우리가 소망으로 구원을 얻었으매 보이는 소망이 소망(所望)이 아니니 보는 것을 누가 바라리요 만일 우리가 보지 못하는 것을 바라면 참음으로 기다릴지니라”(롬 8:24-25).

㉡ 이처럼 소망을 하나님께 두는 자는 “나를 모든 죄에서 건지시며”(8상)한 “죄”(罪)라는 문제로 고민하는 자입니다. 다윗은 자신이 당하는 고난의 원인이 “죄”로 말미암음임을 인정하고, 죄를 참회하는 것이 문제해결의 열쇠임을 인식하고 있는 것입니다. 그리하여 “주는 나를 용서(容恕)하사 내가 떠나 없어지기 전에 나의 건강을 회복시키소서”(13)하는 것입니다.

⑤ 다윗은 고난 당할 때에, “내가 잠잠하고 입을 열지 아니함은 주께서 이를 행하신 까닭이니이다”(9)라고, 하나님께서 메워주신 징벌로 인식하고 있습니다. 예레미야 애가에서는 “사람이 젊었을 때에 멍에를 메는 것이 좋으니 혼자 앉아서 잠잠할 것은 주께서 그것을 메우셨음이라”(애 3:27-28)고 말씀하고, 미가 선지자는 “너희는 매를 순히 받고 그것을 정하신 자를 순종할지니라”(미 6:9, 개역)고 “순히 받으라” 합니다. 환난 당할 때에 반발하듯할 것이 아니라 시련을 주의 견책으로 순히 받아들이고 자신을 돌아보아 반성하면서 잠잠히 하나님만 바라는 것이 바른 신앙자세입니다. 그는 사람 앞에서는 잠잠하고 하나님 앞에 입을 엽니다.

"주의 징벌을 나에게서 옮기소서 주의 손이 치심으로 내가 쇠망하였나이다 주께서 죄악을 책망하사 사람을 징계하실 때에 그 영화를 좀먹음같이 소멸하게 하시니 참으로 인생이란 모두 헛될 뿐이니이다(셀라)"(10-11)고 긍휼히 여겨지기를 간구합니다.

⑥ "여호와여 나의 기도를 들으시며 나의 부르짖음에 귀를 기울이소서 내가 눈물 흘릴 때에 잠잠하지 마옵소서"(12상).

㉠ 다윗은 눈물을 흘리며 여호와께 부르짖고 있습니다. 이것이 자신의 "연약"을 아는 자요, "나의 소망은 주께 있나이다"고 고백하는 자입니다. 짐작하건대 다윗은 불신자들 앞에서 입에 재갈을 먹였듯이, 불신자들 앞에서는 눈물을 보이지 않았을 것입니다.

㉡ "나는 주와 함께 있는 나그네이며 나의 모든 조상들처럼 떠도나이다"(12하), 어찌하여 자신을 "나그네, 조상"과 같다 하는가? 모든 조상들도 "땅에서는 외국인과 나그네로라"(히 11:13-14)고 증언하였기 때문입니다. 베드로는 성도들을 가리켜서 "거류민과 나그네"(벧전 2:11)라고 말씀합니다. 다윗도 이 땅에서는 "객(客)이요, 거류민"이라고 말하면서 "나의 소망은 주께 있나이다"고 본향 찾는 것을 나타내었던 것입니다. 형제도 그러합니까?

㉢ 그리하여 "나의 행위를 조심하여, 입에 재갈을 먹이리라"(1)고 시작한 39편은 "주는 나를 용서하사 내가 떠나 없어지기 전에 나의 건강을 회복시키소서"(13)하는 기도로 마치고 있습니다. 이것이 "시련의 의미와 목적"입니다.

적용 : 시련은 연단, 즉 신앙의 성숙을 낳습니다. 형제도 시련을 당하거든 사람 앞에서는 입을 다물고, 하나님 앞에 입을 열어 토해내시기 바랍니다. "주여 이제 내가 무엇을 바라리요 나의 소

망은 주께 있나이다"(7)고 고백하는 자에게는 "모든 것을 합력하여 선을 이루신다"는 점을 믿으시기 바랍니다.

묵상

㉠ 다윗은 시련의 원인을 무엇으로 받아드리고 있는가?

㉡ 이를 통해서 알기를 원하는 것이 무엇인가?

㉢ 시련의 의미와 목적이 어디에 있는가에 대해서.

시편 40편 개관도표

주제 : 귀를 통하여 들려주신 복음

<table>
<tr><td>여호와를 의지하는 자</td><td>1-5
1 ① 내가 여호와를 기다리고 기다렸더니 나의 부르짖음을 들으셨도다 귀를 기울이사
↓
2 ② 나를 기가 막힐 웅덩이와 수렁에서 끌어올리시고 내 발을 반석
위에 두사 내 걸음을 견고하게 하셨도다
3 새 노래 곧 우리 하나님께 올릴 찬송을 내 입에 두셨으니
많은 사람이 보고 두려워하여 여호와를 의지하리로다
4 ③ 여호와를 의지하고 교만한 자와 거짓에 치우치는 자를 돌아보지
아니하는 자는 복이 있도다
5 여호와 나의 하나님이여 주께서 행하신 기적이 많고 우리를
향하신 주의 생각도 많아 누구도 주와 견줄 수가 없나이다
내가 널리 알려 말하고자 하나 너무 많아 그 수를 셀수도 없나이다</td></tr>
<tr><td>두루마리 책에 기록됨</td><td>6-10
6 ④ 주께서 나의 귀를 통하여 들려주시기를
제사와 예물을 기뻐하지 아니하시며 번제와 속죄제를 요구하지 아니하신다 하신지라
↓
7 ⑤ 그 때에 내가 말하기를
내가 왔나이다 나를 가리켜 기록한 것이 두루마리 책에 있나이다
8 나의 하나님이여 내가 주의 뜻 행하기를 즐기오니
주의 법이 나의 심중에 있나이다 하였나이다
9 ⑥ 내가 많은 회중 가운데에서 의의 기쁜 소식을 전하였나이다
여호와여 내가 내 입술을 닫지 아니할 줄을 주께서 아시나이다
10 내가 주의 공의를 내 심중에 숨기지 아니하고 주의 성실과 구원을 선포하였으며
내가 주의 인자와 진리를 회중 가운데에서 감추지 아니하였나이다</td></tr>
<tr><td>주의 구원을 사랑하는 자</td><td>11-17
11 ⑦ 여호와여 주의 긍휼을 내게서 거두지 마시고 주의 인자와 진리로
나를 항상 보호하소서
12 수많은 재앙이 나를 둘러싸고 나의 죄악이 나를 덮치므로 우러러 볼 수도 없으며
죄가 나의 머리털보다 많으므로 내 마음이 사라졌음이니이다
13 ⑧ 여호와여 은총을 베푸사 나를 구원하소서 여호와여 속히 나를 도우소서
14 내 생명을 찾아 멸하려 하는 자는 다 수치와 낭패를 당하게 하시며
나의 해를 기뻐하는 자는 다 물러가 욕을 당하게 하소서
15 나를 향하여 하하 하하 하며 조소하는 자들이 자기 수치로 말미암아 놀라게 하소서
16 ⑨ 주를 찾는 자는 주의 구원을 사랑하는 자는 다 주 안에서 즐거워하고 기뻐하게 하시며
항상 말하기를 여호와는 위대하시다 하게 하소서
17 나는 가난하고 궁핍하오나 주께서는 나를 생각하시오니
주는 나의 도움이시요 건지시는 이시라 나의 하나님이여 지체하지 마소서</td></tr>
</table>

40편

귀를 통하여 들려주신 복음

[7] 그 때에 내가 말하기를 내가 왔나이다 나를 가리켜 기록한 것이 두루마리 책에 있나이다.

40편도 다윗의 시인데 중심점은 "내가 왔나이다 나를 가리켜 기록한 것이 두루마리 책에 있나이다"(7)고, 자신을 드리는 데 있습니다. 다윗은 "기가 막힐 웅덩이"에서 건짐을 받은 후에 감사제를 드리려 했습니다. 그런데 하나님께서 "번제와 속죄제를 요구하지 아니하신다"(6) 하시는 것이 아닌가?

다윗은 즉각적으로 하나님이 자신을 원하신다는 것을 깨닫고는 "내가 왔나이다"라고 자신(自身)을 드립니다. 하나님은 이를 통해서 구약시대의 제사제도가 "오직 나를 위하여 한 몸을 예비"(히 10:5)하신, 즉 그리스도께서 단번에 드려주실 대속에 대한 예표임을 계시하셨던 것입니다. 조석으로 상번제를 드리던 구약 시대에 다윗의 귀를 통(通)하여, 즉 열어서 깨닫게 하셨다는 것은 혁명적인 사건이라 할 것입니다. 그래서 신약성경은 다윗을 가리켜서 "그는 선지자(先知者)라 하나님이 이미 맹세하사 그 자손 중에서 한 사람을 그 위에 앉게 하리라 하심을 알고 미리 보았다"(행 2:30-31)고 말씀하는 것입니다.

첫째 단원(1–5) **여호와를 의지하는 자는 복이 있다**
둘째 단원(6–10) **두루마리 책에 기록이 된 것**
셋째 단원(11–17) **주의 구원을 사랑하는 자**

첫째 단원(1–5) 여호와를 의지하는 자는 복이 있다

"새 노래 곧 우리 하나님께 올릴 찬송을 내 입에 두셨으니 많은 사람이 보고 두려워하여 여호와를 의지하리로다"(3)

첫째 단원의 중심점은 "여호와를 의지하리로다(3), 여호와를 의지하는 자는 복이 있다"(4)는데 있습니다. 이는 40편의 명제(命題)와 같은 말씀으로 구원 얻은 자의 찬양이요, 증언인 것입니다.

① "내가 여호와를 기다리고 기다렸더니 귀를 기울이사 나의 부르짖음을 들으셨도다"(1) 합니다. 이를 39편과 결부시켜 보면 "여호와여 나의 기도를 들으시며 나의 부르짖음에 귀를 기울이소서 내가 눈물 흘릴 때에 잠잠하지 마옵소서"(39:12)한 간구에 대한 들으심, 즉 응답을 받았다는 것이 됩니다.

② 무엇을 들어주셨는가? "나를 기가 막힐 웅덩이와 수렁에서 끌어올리시고 내 발을 반석 위에 두사 내 걸음을 견고하게 하셨도다"(2)라고 진술합니다.

㉠ "기가 막힐 웅덩이와 수렁"이라 한 묘사가 "내가 떠나 없어지기 전에 나의 건강을 회복시키소서"(39:13)한 중병일 수도 있습니다.

㉡ 그런데 주목할 점은 "새 노래 곧 우리 하나님께 올릴 찬송을 내 입에 두셨으니 많은 사람이 보고 두려워하여 여호와를 의지하리로다"(3)라고 진술한다는 점입니다. 다윗은 "새 노래"를 부르고, 많은 사람은 "두려워 여호와를 의지하리로다" 한 동기가 무엇인가 하는 점입니다.

㉮ 다윗을 죽을병에서 회복시켜주심을 통해 "새 노래를 부르며 많은 사람들이 하나님을 믿게 되리라"는 뜻인가?

㉯ 이는 40:6의 "주께서 내 귀를 통하여 내게 들려주시기를 제사와 예물을 기뻐하지 아니하시며 번제와 속죄제를 요구하지 아니하신다" 한 말씀에 의해 해석되어야 하는데 복음시대에 성취될 말씀으로 보아야 할 것입니다.

③ 이점이 "여호와 나의 하나님이여 주께서 행하신 기적이 많고 우리를 향하신 주의 생각도 많아 누구도 주와 견줄 수가 없나이다 내가 널리 알려 말하고자 하나 너무 많아 그 수를 셀 수도 없나이다"(5)한 진술에 나타납니다. 그러니까 하나님의 행사는 중병을 회복시켜주신 그것이 전부가 아니라는 것입니다. 그렇다면 하나님께서 행해주신 대사(大事)가 무엇인가? 이점을 둘째 단원에서 분명히 깨닫게 될 것입니다.

둘째 단원(6–10) **두루마리 책에 기록이 된 것**

"내가 주의 공의를 내 심중에 숨기지 아니하고 주의 성실과 구원을 선포하였으며 내가 주의 인자와 진리를 많은 회중 가운데에서 감추지 아니하였나이다"(10)

둘째 단원의 중심점은 "두루마리 책", 즉 성경에 기록이 되었다는 데 있습니다. 어떤 내용이 성경에 기록되었다는 것인가?

④ "주께서 내 귀를 통하여 내게 들려주시기를 제사와 예물을 기뻐하지 아니하시며 번제와 속죄제를 요구하지 아니하신다 하신지라"(6)고 진술합니다. 기독교는 하나님께서 "귀를 통하여 들려주시는" 계시의 종교입니다. 귀가 뚫리지 않은 자들을 가리켜서 스데반 집사는 "마음과 귀에 할례를 받지 못한 사람들"(행 7:51)이라고 지적합니다. 다윗은 "기가 막힐 웅덩이와 수렁에서 끌어올리신"(2) 구원체험을 한 후에, 하나님의 은혜가 너무나 감사해서 "제사와 예물"(6)을 드리려 했습니다. 그런데 하나님께서 다윗의 귀를 통하여 두 가지 놀라운 하나님의 의도를 깨닫게 하셨습니다. 첫째가 "제사와 예물을 기뻐하지 아니하시며 번제와 속죄제를 요구하지 아니하신다"(6)는 것이었습니다. 이 깨달음은 당시로는 가히 혁명적인 깨달음이었던 것입니다. 그래서 "나의 귀를 통(通)하여", 즉 막혔던 귀를 뚫어서 깨닫게 해주셨다고 진술하는 것입니다. 생각해보십시오. 당시는 조석으로 상번제를 드리던 시기입니다. 다윗의 아들 솔로몬은 왕위에 오르자 일천 번제를 드렸고, 성전 낙성식 때에 드린 제물이 소가 이만이천이요, 양이 십이만(대하 7:5) 마리였습니다. 그런데 이를 기뻐하시지도 요구하

지도 아니하신다니 어찌 놀라지 아니할 수 있단 말인가?

⑤ "그 때에 내가 말하기를 내가 왔나이다 나를 가리켜 기록한 것이 두루마리 책에 있나이다"(7)한 언급에 나타나는데, 이것이 두 번째 깨달음입니다. 하나님께서 요구하시는 것은 가축이 아니라, "내가 왔나이다" 한 사람, 즉 "한 몸"임을 깨닫게 하셨던 것입니다.

㉠ 이를 깨닫게 된 다윗은 "나의 하나님이여 내가 주의 뜻 행하기를 즐기오니 주의 법이 나의 심중에 있나이다 하였나이다"(8)하고 자신을 드리기에 이릅니다.

이 점에서 두 가지 물음이 제기되는데, 첫째는 "두루마리", 즉 성경이 다윗을 증언하는 책이란 말인가? 둘째는 하나님의 뜻이 다윗을 통해서 성취된다는 말인가? 이 점에서 시편을 통해 계속적으로 강조하고 있는 다윗이 그리스도의 예표의 인물임이 분명하게 드러납니다.

㉡ 이점을 밝히 드러난 신약성경은 해설하여주기를 "하나님이 제사와 예물을 원하지 아니하시고 오직 나를 위하여 한 몸을 예비(豫備)하셨도다"(히 10:5)고 말씀합니다. 이만 이천 마리의 송아지나, 십이만 마리의 어린 양이 아닙니다. "한 몸", 즉 한 사람 곧 자기 아들을 예비하셨다는 말씀입니다.

㉢ 왜 그런가? "이는 황소와 염소의 피가 능히 죄를 없이하지 못하기"(히 10:4) 때문이라는 것입니다. 이 말씀을 거슬러 올라가면 "번제할 어린 양은 어디 있나이까"라고 묻는 이삭의 질문에, "번제할 어린 양은 하나님이 자기를 위하여 친히 준비(準備)하시리라"(창 22:8)한 아브라함의 답변과 결부되는 핵심적인 교리입니다.

㉣ 그러면 "내가 주의 뜻 행하기를 즐거워한다"한 "주의 뜻"이 무엇인가? 주님은 "내가 하늘로서 내려온 것은 내 뜻을 행하려 함이 아니

요 나를 보내신 이의 뜻을 행하려 함이니라"(요 6:38) 말씀하시고, "나의 원대로 마시옵고 아버지의 원대로 하옵소서"(마 26:39)하고 대속제물로 드리셨던 것입니다. 히브리서는 "이 뜻을 따라 예수 그리스도의 몸을 단번에 드리심으로 말미암아 우리가 거룩함을 얻었노라"(히 10:10)고 증언합니다.

ⓜ 이 뜻은 선지자 이사야를 통해서도 예언하신 바인데, "여호와께서 그에게 상함을 받게 하시기를 원하사 질고를 당하게 하셨은즉 그의 영혼을 속건제물로 드리기에 이르면 그가 씨를 보게 되며 그의 날은 길 것이요 또 그의 손으로 여호와께서 기뻐하시는 뜻을 성취하리로다"(사 53:10) 하셨습니다.

ⓑ "나를 가리켜 기록한 것이 두루마리 책에 있나이다"(7)한 이것이 얼마나 중요한 계시인가? 이는 두 마디로 되어있는데,

㉮ 첫째는 "나를 가리켜" 한 "나"가 누군가? 표면적으로는 다윗을 가리키는 것 같으나 주님께서는 친히 "너희가 성경에서 영생을 얻는 줄 생각하고 성경을 연구하거니와 이 성경이 곧 내게 대하여 증언하는 것이니라"(요 5:39)고 대답하십니다.

㉯ 둘째는 "두루마리 책에 기록이 되었다"는 점입니다. 부활하신 주님은 말씀하십니다. "모세의 율법과 선지자의 글과 시편(詩篇)에 나를 가리켜 기록된 모든 것이 이루어져야 하리라 한 말이 이것이라"(눅 24:44) 하시고, 시편도 궁극적으로는 그리스도를 증언하기 위해서 기록되었다고 말씀하셨습니다.

사도 바울은 증언하기를 "이 복음은 하나님이 선지자들을 통하여 그의 아들에 관하여 성경(聖經)에 미리 약속하신 것이라(롬 1:2), 이제는 율법 외에 하나님의 한 의가 나타났으니 율법과 선지자(구약성경)들에게 증거를 받은 것이라"(롬 3:21)고 기록된 "두루마리"를 증거로 제시하는데 이것이 최종적인 권위입니다.

그러면 "번제와 속죄제를 요구하지 아니하신다"(6)는 뜻이 당장 중단하라는 그런 의미인가? 아닙니다. 구약의 제사제도는 그리스도가 오시어서 단번에 성취하시기까지,

㉮ 메시아언약을 바라보고

㉯ 망각하지 않게 하기 위해서 주어진 조치인 것입니다.

⑥ 이를 깨닫게 되자 "내가 많은 회중 가운데에서 의의 기쁜 소식을 전하였나이다 여호와여 내가 내 입술을 닫지 아니할 줄을 주께서 아시나이다"(9)고 고백하는데 귀만 통(通)한 것이 아니라 입이 열리어 "의의 기쁜 소식"을 선포하기에 이릅니다.

㉠ "많은 회중", 즉 교회 중에서 전(傳)하겠다는 "의의 기쁜 소식"이 무엇인가? "입술을 닫지 않고" 즉 침묵하지 않고 전하겠다는 것이 무슨 소식인가? 다윗의 중병이 나았다는 소식이란 말인가? 아닙니다. 10절에 그 내용이 나옵니다. "내가 주의 공의를 내 심중에 숨기지 아니하고 주의 성실과 구원을 선포하였으며 내가 주의 인자와 진리를 많은 회중 가운데에서 감추지 아니하였나이다"(10) 합니다.

㉡ 핵심은 "주의 성실과 구원"인데 우리의 구원은 하나님께서 아브라함과 다윗에게 세워주신 언약을 성실(誠實)히 지켜주심으로 이루어주신 구원이기에

㉮ "주의 성실과 구원"(10)이라 말씀하고, 그러면 어떤 방도로 구원하여 주셨다 하는가?

㉯ 10절과 11절에 반복적으로 강조되어 있는, "인자(仁慈)와 진리"(眞理), 즉 하나님의 "사랑과 공의"를 충족시킨 행사였기에 "주의 인자와 진리"(10)라 말씀하는 것입니다. 다윗은 "하나님이 제사와 예물을 원하지 아니하시고 오직 나를 위하여 한 몸을 예비(豫備)하셨도다"(히 10:5)한 이 복음을 대회 중에서 전하고 "감

추지 아니하였다"(10하), 숨기지 않고 증언하겠다는 것입니다.

㉢ "여호와여 내가 내 입술을 닫지 아니할 줄을 주께서 아시나이다"(9하) 합니다. 이 "의의 기쁜 소식"을 깨달은 자가 어찌 입술을 닫을 수 있단 말인가? 51:15절에서도 "주여 내 입술을 열어주소서 내 입이 주를 찬송하여 전파하리이다" 합니다. 이것이 우리의 고백이어야 합니다.

셋째 단원(11–17) 주의 구원을 사랑하는 자

"주를 찾는 자는 다 주 안에서 즐거워하고 기뻐하게 하시며 주의 구원을 사랑하는 자는 항상 말하기를 여호와는 위대하시다 하게 하소서"(16)

셋째 단원의 중심점은 "주를 찾는 자, 주의 구원을 사랑하는 자" (16)에 있습니다. 이는 하나님께서 한 몸을 통해서 이루어주실 복음을 믿고 사랑하는 자를 가리키는 언급입니다.

⑦ 둘째 단원이 "나를 가리켜 기록한 것이 두루마리 책에 있나이다"(7)한 미래에 성취될 예언적인 내용이라면 셋째 단원은 환난 중에 있는 현재 상황입니다.

그래서 "여호와여 주의 긍휼을 내게서 거두지 마시고 주의 인자와 진리로 나를 항상 보호하소서"(11) 호소하는 것입니다. 왜 이렇게 간구하는가? 다윗의 귀를 통하여 들려주신 "의의 기쁜 소식"(9), 즉 복음은 미래(未來)에 성취될 예언적인 말씀이요, 현재(現在)는 "수많은 재앙이 나를 둘러싸고 나의 죄악이 나를 덮치므로 우러러볼 수도 없으며 죄가 나의 머리털보다 많으므로 내가 낙심하였음이니이다”(12)한 처지이기 때문입니다. 그래서 “인자와 진리로 나를 항상 보호하소서”(11)라고 호소하는 것입니다.

⑧ “여호와여 은총을 베푸사 나를 구원하소서 여호와여 속히 나를 도우소서”(13), “내 생명을 찾아 멸하려 하는 자는 다 수치와 낭패를 당하게 하시며 나의 해를 기뻐하는 자는 다 물러가 욕을 당하게 하소서 나를 향하여 ‘하하 하하’하며 조소하는 자들이 자기 수치로 말미암아 놀라게 하소서”(14-15) 합니다.

“생명을 찾아 멸하려 하는 자”가 누군가? 1차적으로는 당시의 그 누구일 수도 있으나 그 배후는 사탄인 것입니다. 그리고 하하 하던 자들이 “수치와 낭패와 물러가 욕을 당하게 됨과” 놀라 엎어지게 되는 것은, 종말적인 말씀으로 궁극적으로는 메시아왕국이 도래할 때 성취될 말씀입니다.

⑨ 이와는 대조적으로 “주를 찾는 자는 다 주 안에서 즐거워하고 기뻐하게 하시며 주의 구원을 사랑하는 자는 항상 말하기를 여호와는 위대하시다 하게 하소서”(16) 합니다.

㉠ 16절 안에는 “주를 찾는 자와 주의 구원을 사랑하는 자”가 함께 등장합니다. “주를 찾는 자”란 믿는 자를 의미하고, 그래서 구원을 얻은 자는 “주의 구원을 사랑하는 자”인 것입니다. 요한복음의 앞부분에는 “믿는 자는 구원을 얻는다”는 “믿음”이 강조되어 있습니다만 부활하신 주님은 “네가 나를 사랑하느냐”(요 21:15)고 물으십니다.

㉡ 40편의 구조(構造)는,

㉮ “내가 여호와를 기다리고 기다렸더니”(1)한 응답(해답)을 요구하는 다윗에게,

㉯ 귀를 통하여 "번제와 속죄제는 요구하지 아니하신다"는 본질적인 해답(그리스도)을 말씀해주십니다.

㉰ 이를 깨닫고는 "주의 구원을 사랑하는 자"라는 구조입니다.

ⓒ 40편은 현재 상황으로 돌아와 "나는 가난하고 궁핍하오나 주께서는 나를 생각하시오니 주는 나의 도움이시요 나를 건지시는 이시라 나의 하나님이여 지체하지 마소서"(17)하는 기다림으로 마치고 있습니다.

그래서 믿음 장은 "이는 하나님이 우리(신약의 성도들)를 위하여 더 좋은 것을 예비하셨은즉 우리가 아니면 그들(구약의 성도들)로 온전함을 이루지 못하게 하려 하심이라"(히 11:40)하는 것입니다. 이것이 "다윗의 귀를 통하여 들려주신 복음"입니다.

적용 : 하나님은 형제의 귀를 통하여 "그리스도의 영광의 복음"을 깨닫게 하셨습니다. "이를 네게 알게 한 이는 혈육이 아니요 하늘에 계신 내 아버지시니라"(마 16:17) 하십니다. 그리하여 형제는 "주를 의지하는 자요(4), 주를 찾는 자요, 주의 구원을 사랑하는 자"(16)가 된 것입니다. 그렇다면 "내가 많은 회중 가운데에서 의의 기쁜 소식을 전하였나이다"(9상)한 기쁜 소식을 "전하고, 선포하기" 위해서 "여호와여 내가 내 입술을 닫지 아니할 줄을 주께서 아시나이다"(9)하는 결단이 따라야 할 것입니다.

묵상

㉠ 여호와를 의지하는 자는 복이 있다는 첫째 단원에 대해서

㉡ 다윗의 귀를 통하여 들려주신 "의의 기쁜 소식"에 대해서

㉢ 40편의 구조와 기다림으로 마치고 있는 점에 대해서.

시편 41편 개관도표

주제 : 빈약한 자를 돌아보는 자

빈약한 자를 돌아보는 자	1-4	
	1 ①	**가난한 자를 보살피는 자에게 복이 있음이여** **재앙의 날에 여호와께서 그를 건지시리로다**
	2 ②	**여호와께서 그를 지키사 살게 하시리니** **그가 이 세상에서 복을 받을 것이라** 주여 그를 그 원수들의 뜻에 맡기지 마소서
	3	**여호와께서 그를 병상에서 붙드시고 그가 누워 있을 때마다 그의 병을 고쳐 주시나이다**
	4	내가 말하기를 여호와여 내게 은혜를 베푸소서 내가 주께 범죄하였사오니 나를 고치소서 하였나이다
가까운 친구의 배신	5-9	
	5 ③	**나의 원수가 내게 대하여 악담하기를** **그**가 어느 때에나 죽고 그의 이름이 언제나 없어질까 하며
	6	나를 보러 와서는 거짓을 말하고 그의 중심에 악을 쌓았다가 나가서는 이를 널리 선포하오며
	7	나를 미워하는 자가 다 하나같이 내게 대하여 수군거리고 나를 해하려고 꾀하며
	8	이르기를 악한 병이 그에게 들었으니 이제 그가 눕고 다시 일어나지 못하리라 하오며
	9 ④	**내가 신뢰하여 내 떡을 나눠 먹던 나의 가까운 친구도 나를 대적하여 그의 발꿈치를 들었나이다**
최후 승리	10-13	
	10	⑤ 그러하오나 **주 여호와여 내게 은혜를 베푸시고** 나를 일으키사 내가 그들에게 보응하게 하소서
	11	**내 원수가 나를 이기지 못하오니** 주께서 나를 기뻐하시는 줄을 내가 알았나이다
	12 ⑥	**주께서 나를 온전한 중에 붙드시고** 영원히 주 앞에 **세우시나이다**
	13	**이스라엘의 하나님 여호와를 영원부터 영원까지 송축 지로다 아멘 아멘**

41편

빈약한 자를 돌아보는 자

1 가난한 자를 보살피는 자에게 복이 있음이여 재앙의 날에
여호와께서 그를 건지시리로다.

41편도 다윗이 성령의 감동으로 기록한 시인데, 9절 말씀을 중심으로 해석되어야 합니다. 왜냐하면 주님께서 잡히시던 날 밤에 본문을 인용하셔서 "그러나 내 떡을 먹는 자가 내게 발꿈치를 들었다 한 성경을 응하게 하려는 것이니라"(요 13:18)고, 이 예언적인 말씀이 가룟 유다로 응하여졌음을 지적하셨기 때문입니다.

이런 맥락에서 "가난한 자를 보살피는 자"(1)란 그리스도께서 모든 이로부터 배척을 당하셨을 때 돌아본 자를 가리키는 것이 됩니다. 성령께서 이를 기록하게 하심은 다윗이나 가룟 유다를 드러내기 위해서가 아니라 "일이 일어날 때에 내가 그인 줄 너희

가 믿게 하려 함이로라"(요 13:19)하신 그리스도를 증언하기 위해서인 것입니다. 그러므로 41편을 통해서도 그리스도를 만나야 하는 것입니다. 41편의 역사적인 배경은 압살롬의 반역사건 때에 다윗의 모사였던 아히도벨이 다윗을 배반하고 반역에 가담한 데서 찾을 수 있습니다. 아히도벨도 가룟 유다의 종말처럼 "스스로 목매어"(삼하 17:23) 자살하고 말았습니다.

첫째 단원(1–4) **가난한 자를 보살피는 자의 복**
둘째 단원(5–9) **가까운 친구의 배신**
셋째 단원(10–13) **원수의 패망과 최후 승리**

첫째 단원(1–4) 가난한 자를 보살피는 자의 복

"가난한 자를 보살피는 자에게 복이 있음이여"(1상)

① 첫째 단원은 어려운 처지에 있는 자를 돌아보는 자가 받을 축복인데,

㉠ "가난한 자"가 누구를 가리키는가? 1차적으로는 어려운 상황에 처해 있는 다윗을 가리킵니다. 사무엘하 15:30절에 보면 "다윗이 감람산 길로 올라갈 때에 그의 머리를 그가 가리고 맨발로 울며 가고"라고 말씀합니다. 아들도 반역하고 모사도 배신하는 "가난"한 처지에 있는 다윗을 "보살피는 자"가 친구 후새인데, "이스라엘의 인심이 다 압살롬에게로 돌아갔나이다" 하는 상황에서도 "후세가 옷을 찢고 흙을 머리에 덮어쓰고 다윗을 맞으러 온지라"(삼하 15:13,32) 합니다. 후새는 연약한 자를 돌아보아 다윗이 왕위를 회복하는 데 결정적인

역할을 담당했던 것입니다. 그를 "아렉 사람 후새"라 하는데 그렇다면 그는 이방인이었던 것입니다.

㉡ 그런데 가장 빈약(貧弱)하게 되신 분이 누군지 아십니까? 하나님의 본체이신 그리스도께서 종의 몸을 입으시고 "죽기까지 복종하셨으니 곧 십자가에 죽으심이라"(빌 2:8)한 하나님의 아들이십니다. 성경은 "우리 주 예수 그리스도의 은혜를 너희가 알거니와 부요하신 이로서 너희를 위하여 가난하게 되심은 그의 가난함으로 말미암아 너희로 부요하게 하려 하심이라"(고후 8:9)고 그리스도께서 가난한 자의 대표자가 되셨다고 말씀합니다.

㉢ "가난한 자를 보살피는 자"라는 주제를 구속사라는 맥락에서 보면 어떤 의미가 되는가?

㉮ 여리고의 기생 라합이 정탐꾼을 영접함으로 그리스도의 족보에 오르는 축복을 받음과 같이 후세가 빈약한 다윗에게 한 것이 궁극적으로는 그리스도에게 한 것이 되었던 것입니다.

㉯ 신약성경에서는 주님의 "장례할 날을 위하여"(요 12:7) 향유를 붓던 마리아

㉰ "당돌히 빌라도에게 들어가 예수의 시체를 달라"(막 15:43) 하여 자기 무덤에 장사한 아리마대 요셉 등은 가난한 자를 보살핀 자들입니다.

그런데 시편은 하나님을 경외하는 자를 가리켜 "가난하고 궁핍한 자"(37:14)라 말씀합니다. 그러므로 주님께서는 "지극히 작은 자에게 한 것이 내게 한 것이니라" 말씀하십니다.

② "재앙의 날에 여호와께서 그를 건지시리로다"(1하) 합니다.

㉠ 1하-3절은 가난한 자를 보살피는 자가 받을 축복인데, 이는 마치 사도 요한이 빈약한 자를 돌아본 가이오에게 한 축복(요삼 1:2)과 상통합니다.

㉮ "재앙의 날에 여호와께서 그를 건지시리로다 여호와께서 그를 지키사 살게 하시리니"(1하-2상)한 것은 "네 영혼이 잘됨 같이"에 해당되고

㉯ "그가 이 세상에서 복을 받을 것이라"(2하)한 복은 "네가 범사에 잘 되고"에 해당되고

㉰ "여호와께서 그를 병상에서 붙드시고 그가 누워 있을 때마다 그의 병을 고쳐 주시나이다"(3)한 것은 "강건하기를 내가 간구하노라"한 축복에 해당된다고 하겠습니다. 얼마나 자상하고도 모자람이 없는 축복인가? 이것이 "가난한 자를 보살피는 자"가 받을 복입니다.

㉡ 4절에서 다윗은 "내가 말하기를 여호와여 내게 은혜를 베푸소서 내가 주께 범죄하였사오니 나를 고치소서 하였나이다"(4) 합니다. 다윗이 "가난한 자"의 처지에 놓이게 된 것은 자신의 죄로 말미암은 것이나, 그리스도께서 "오히려 자기를 비워 종의 형체를 가지사 죽기까지 복종"(빌 2:7-8)하신 "가난한 자"가 되심은 전적으로 우리의 죄를 대신 담당하시기 위한 "가난함"이었던 것입니다.

둘째 단원(5-9) 가까운 친구의 배신

"나의 원수가 내게 대하여 악담하기를 그가 어느 때에나 죽고 그의 이름이 언제나 없어질까 하며"(5)

③ 둘째 단원 안에는 "원수(5), 간악한 자(6), 미워하는 자(7), 가까운 친구"(9) 등이 등장하는데 이들은 "가난한 자를 보살피는 자들"이 아니라 "그가 어느 때에나 죽고 그의 이름이 언제나 없어질까"(5)하는 대적하는 자들입니다.

㉠ "나를 보러 와서는 거짓을 말하고", 즉 목전에서는 입에 발린 아첨하는 말을 하고, "그의 중심에 악을 쌓았다가 나가서는 이를 널리 선포하오며"(6), 즉 악담을 한다는 것입니다.

㉡ 또한 "나를 미워하는 자가 다 하나같이 내게 대하여 수군거리고 나를 해하려고 꾀하며 이르기를 악한 병이 그에게 들었으니 이제 그가 눕고 다시 일어나지 못하리라 하오며"(7-8)

④ "내가 신뢰하여 내 떡을 나눠 먹던 나의 가까운 친구도 나를 대적하여 그의 발꿈치를 들었나이다"(9) 합니다.

이런 모함과 악담과 배신을 다윗이 당했습니다. "나의 가까운 친구"란 어떤 사람이 다윗에게 "압살롬과 함께 모반한 자들 가운데 아히도벨이 있나이다" 한 모사 아히도벨을 가리킵니다. 그는 모략에 능한 자였는데 그래서 "다윗이 이르되 여호와여 원하옵건대 아히도벨의 모략을 어리석게 하옵소서"(삼하 15:31)라고 간구한 것입니다. 그런데 성령께서는 다윗이 당한 이런 배신을 예표로 하여 그리스도께서 당하실 배신을 예언하게 하신 것입니다. 그리고 경건히 살고자 하는 성도들에게도 이런 고난이 따르게 될 터인데 "믿음의 주여 또 온전하게 하시는 이인 예수를 바라보자" 라고 격려합니다.

"그는 그 앞에 있는 기쁨을 위하여 십자가를 참으사 부끄러움을 개의치 아니하시더니 하나님 보좌 우편에 앉으셨느니라 너희가 피곤하여 낙심하지 않기 위하여 죄인들이 이같이 자기에게 거역한 일을 참으신 이를 생각하라"(히 12:2-3) 하십니다. 이것이 "가까운 친구의 배신"입니다.

셋째 단원10-13) 원수의 패망과 최후 승리

"그러하오나 주 여호와여 내게 은혜를 베푸시고 나를 일으키사"(10상)

⑤ 셋째 단원은 결론적인 말씀인데 중심사상은 "불의는 패망하고, 의가 승리한다"는데 있습니다.

㉠ "그러하오나"한 것은 온 세상이 그를 배척하고 대적하는 절망적인 상황을 가리킵니다. 그런 극한적인 상황이 하나님의 아들을 십자가에 못 박아 죽이고 장사지낸 무덤을 인봉하고 수직하는 자를 세워 지키게 한 사건이었던 것입니다.

㉡ "그러하오나" 하나님이 그를 "일으키사", 즉 "사망(死亡)의 고통을 풀어 살리셨다"(행 2:24)고 선언합니다. 그리하여 "내가 그들에게 보응하게 하소서"(10하), 즉 "죽은 자 가운데서 다시 살아나사" 심판 주로 다시 오시게 된 것입니다.

이는 다름 아닌 "여자의 후손은 네 머리를 상하게 할 것이요 너는 그의 발꿈치를 상하게 할 것이니라"(창 3:15)하신 원복음의 성취였던 것입니다. 그래서 "내 원수가 나를 이기지 못하오니 주께서 나를 기뻐하시는 줄을 내가 알았나이다"(11)하는 것입니다.

㉢ 전부가 열세 절에 불과한 41편 안에는 "원수"라는 말이 세 번(2,5,11)이나 등장합니다. "그가 어느 때에나 죽고 그의 이름이 언제나 없어질까"(5)하는 말이 1차적으로는 다윗을 가리키는 것이라 해도 궁극적으로는 "그리스도"에 대한 적대감인 것입니다. 왜냐하면 사탄은 "여자의 후손"에 의하여 멸망 당하리라는 선고를 창세기 3:15절에서 선고(宣告)받았기 때문입니다. 그리하여 가룟 유다 속에 "예수를 팔려는 생각"을 집어넣은 자는 마귀였던 것입니다. 이런 맥락에서 41편은 "원수" 사탄과의 영적인 싸움인 것입니다.

㉣ 영적인 전쟁에서 군사들이 붙들고 확신하는 중에 선언(宣言)해야 할 무기는 "그러하오나, 그러나"(10)하는 역설입니다. 성경 역사를 보면 언제나 대적이 승리하는 듯하는 상황이 전개됩니다. "그러나 죄가 더한 곳에 은혜가 더욱 넘쳤나니"(롬 5:20)하고, 그때마다 은혜로 막아주심으로 의가 승리하게 하셨던 것입니다. 그 절정이 십자가 사건이요, 온전한 완성(完成)이 "이루었도다"(계 21:6)하시는 그리스도의 재림의 날인 것입니다.

⑥ "주께서 나를 온전한 중에 붙드시고 영원히 주 앞에 세우시나이다"(12) 합니다.

㉠ 여기 "붙드시고, 세우시나이다" 한 언급은 다윗의 왕위를 회복시켜 주심을 가리킵니다. 다윗이 압살롬의 반역을 당하여 피난할 때 "만일 내가 여호와 앞에서 은혜를 입으면 도로 나를 인도하사 내게 그 궤와 그 계신 데를 보이시리라 그러나 그가 이와 같이 말씀하시기를 내가 너를 기뻐하지 아니한다 하시면 종이 여기 있사오니 선히 여기시는 대로 내게 행하시옵소서 하리라"(삼하 15:25-26)한 다윗을 하나님께서는 다시 일으켜서 세워주셨던 것입니다

㉡ 그러나 궁극적으로 "완전한 중에 붙드시고, 세우심"은 그리스도께서 죽은 자 가운데서 다시 살아나심으로 성취되었던 것입니다. 그리고 그리스도의 대속과 승리로 말미암아 "그 말씀이 여러분을 능히 든든히 세우사 거룩하게 하심을 입은 모든 자 가운데 기업이 있게 하시리라"(행 20:32)한 성도들을 든든히 세워주시는 것입니다.

㉢ "가난한 자를 보살피는 자에게 복이 있음이여"(1)하고 시작한 41편은 "이스라엘의 하나님 여호와를 영원부터 영원까지 송축할지로다 아멘 아멘"(13)하고 마치고 있습니다.

그렇다면 우리도 "아멘, 아멘"(13) "진실로, 진실로" 할 것밖에 없는 것입니다. 이것이 "원수의 패망과 최후승리"요, "가난한 자를 보

살피는 자"가 받을 축복입니다.

적용 : 우리도 가난한 자들을 돌아봄이 마땅합니다. 그 날에 "주여 내가 어느 때에 이렇게 하였나이까"하고 묻는다면, "지극히 작은 자에게 한 것이 곧 내게 한 것이라"(마 25:31-40)고 대답하실 것이기 때문입니다.

묵상

㉠ 41편의 1차적인 배경에 대해서

㉡ 어떤 구절들이 그리스도로 성취된 예언적인 말씀인가에 대해서

㉢ 가난한 자를 보살피는 자에게 주시는 복에 대해서.

시편 42편 개관도표
주제 : 상한 마음의 치유

자신이 자신에게 설교함

1-5

1 ① 하나님이여 사슴이 시냇물을 찾기에 갈급함 같이
내 영혼이 주를 찾기에 갈급하니이다
2 ② 내 영혼이 하나님 곧 살아 계시는 하나님을 갈망하나니
내가 어느 때에 나아가서 하나님 얼굴을 뵈올까
3 사람들이 종일 내게 하는 말이 **네 하나님이 어디 있느뇨 하오니**
내 눈물이 주야로 내 음식이 되었도다

4 ③ **내가 전에** 성일을 지키는 무리와 동행하여 기쁨과 감사의 소리를 내며
그들을 하나님의 집으로 인도하였더니
이제 이 일을 기억하고 내 마음이 상하는도다

5 ④ **내 영혼아 네가 어찌하여 낙심하며** **어찌하여 내 속에서 불안해 하는가**
너는 하나님께 소망을 두라 그가 나타나 도우심으로 말미암아
내가 **여전히 찬송하리로다**

기억 기도 찬송하리라

6-11

6 ⑤ **내 하나님이여 내 영혼이 내 속에서 낙심이 되므로**
내가 요단 땅과 헤르몬과 미살 산에서 **주를 기억하나이다**
7 주의 폭포 소리에 깊은 바다가 서로 부르며
주의 모든 파도와 물결이 나를 휩쓸었나이다
8 ⑥ **낮에는** 여호와께서 그의 인자하심함을 베푸시고
밤에는 그의 찬송이 내게 있어 생명의 하나님께 **기도하리로다**
9 내 반석이신 하나님께 말하기를 어찌하여 나를 잊으셨나이까
내가 어찌하여 원수의 압제로 말미암아 슬프게 다니나이까 하리로다
10 내 뼈를 찌르는 칼 같이 **내 대적이 나를 비방하여** 늘 내게 말하기를
네 하나님이 어디 있느냐 하도다

11 ⑦ **내 영혼아 네가 어찌하여 낙심하며** **어찌하여 내 속에서 불안하여 하는가**
너는 하나님께 소망을 두라 나는 그가 나타나 도우심으로 말미암아
내 하나님을 **여전히 찬송하리로다**

42편

상한 마음의 치유

[11] 내 영혼아 네가 어찌하여 낙심하며 어찌하여 내 속에서 불
안해 하는가 너는 하나님께 소망을 두라 나는 그가 나타나
도우심으로 말미암아 내 하나님을 여전히 찬송하리로다

42편에는 "고라 자손의 마스길"이라는 표제가 있습니다. "고라"는 레위 지파 고핫의 자손들로 성막의 문지기(대상 9:19)와 찬양하는 사역을 담당했습니다. 다윗은 "아삽 · 헤만 · 여두둔의 자손 중에서 수금과 비파와 제금을 잡아 신령한 노래를 하게 하였는데"(대상 25:1), "헤만"이 바로 고라 자손입니다. 42편의 내용으로 볼 때 다윗이 사울에게 쫓기어 성막으로부터 멀리 떨어진 북쪽 헤르몬 산(6)을 유리하면서, "내가 어느 때에 나아가서 하나님의 얼굴을 뵈올까"(2)하고 갈망하면서 지은 시를 고라 자손이

교훈(마스길)하기 위하여 노래로 부른 것으로 볼 수 있습니다.

42편의 성도는 “마음이 상하고(4), 낙심하며 불안”(5,11)해하고, 주야로 눈물을 흘리고(3) 있습니다. 이럴 경우 치유책이 무엇인가? 도표에 표시된 대로 “내 영혼아 네가 어찌하여 낙심하며 어찌하여 내 속에서 불안해 하는가”(5)하고 자신이 자신에게 설교하는 것입니다. 이 점에서 중요한 점은 자신이 자신에게 설교할 내용이 무엇인가 하는 점입니다. 성경은 크게 두 가지 내용으로 되어있는데 하나님께서 주권적으로 행해주시는 하나님의 행사(行事)와 인간이 행해야 할 실천윤리입니다. 마음이 상하고 불안하고 눈물을 흘릴 때 묵상해야 할 내용은 하나님의 행사를 “기억하고, 기도하고, 찬양”하는 일입니다. 이처럼 낙망하는 일이 어찌 42편의 성도뿐이겠는가? 그러므로 42-43편은 험악한 세상을 살아가는 현대교회 성도들에게도 적실성이 있는 것입니다.

첫째 단원(1–5) **자신이 자신에게 설교함**
둘째 단원(6–11) **기억하고 기도하고 찬송하라**

첫째 단원(1–5) 자신이 자신에게 설교함

“하나님이여 사슴이 시냇물을 찾기에 갈급함 같이 내 영혼이 주를 찾기에 갈급하니이다”(1)

① 42편에는 “영혼”이라는 말이 다섯 번(1,2,5,6,11)이나 등장하는데 이는 본문의 갈급함이 육신만의 문제가 아니라, “내가 너

희에게 이른 말은 영이요 생명이라"(요 6:63)하신 영혼의 갈망임을 나타냅니다. 이점이 어째서 중요하냐 하면 오늘의 염려와 낙망이 육의 문제일 뿐 영혼의 갈망에 대해서는 너무나 모르는 경향이 있기 때문입니다.

② "내 영혼이 하나님 곧 살아 계시는 하나님을 갈망하나니 내가 어느 때에 나아가서 하나님의 얼굴을 뵈올까"(2) 합니다.

㉠ "내가 어느 때에 나아가서 하나님 얼굴을 뵈올까"하는 주제를 구속사라는 맥락에서 보면 하나님의 존전에서 추방을 당한 아담의 후예들이 해결해야 할 가장 큰 난제(難題)인 것입니다.
이에 대한 해답으로 주님께서는 "내가 곧 길이요 진리요 생명이니 나로 말미암지 않고는 아버지께로 올 자가 없느니라"(요 14:6) 하십니다. 베드로 사도는 "그리스도께서도 단번에 죄를 위하여 죽으사 의인으로서 불의한 자를 대신하셨으니 이는 우리를 하나님 앞으로 인도하려 하심이라"(벧전 3:18)고 증언합니다.

㉡ "사람들이 종일 내게 하는 말이 네 하나님이 어디 있느뇨"(3상)고 비웃는다고 말합니다. 이 말이 하나님의 백성들에게는 가장 뼈아픈 말입니다. 10절을 보십시오. "내 뼈를 찌르는 칼같이 내 대적이 나를 비방하여 늘 내게 말하기를 네 하나님이 어디 있느냐 하도다" 합니다. 이는 대적이 조롱하는 말인데, 마치 "뼈를 찌르는 칼"과 같다고 합니다.

왜 그런가? 자신이 당하는 고난은 죄 값으로 당연한 것이지만 자신으로 말미암아 하나님의 거룩하신 이름이 모독을 받으시게 하는 것은 견딜 수 없기 때문입니다. 115:1-2절에서는 "여호와여 영광을 우리에게 돌리지 마옵소서 우리에게 돌리지 마옵소서 오직 주는 인자하시고 진실하시므로 주의 이름에만 영광을 돌리소서 어찌하여 뭇 나라가 그들의 하나님이 이제 어디 있느냐 말하게 하리이까" 하는데 무슨 뜻인가?

그들은 자신들을 바벨론에서 돌아가게 해달라고 간구하고 있습니다. 그런데 자신들을 위해서가 아니라는 것입니다. 이점이 "영광을 우리에게 돌리지 마옵소서" 하는 뜻입니다. 자신들로 말미암아 모독을 받으시게 한 "주의 이름"을 위하여 돌아가게 해달라는 것입니다. 79:10절에서도 "이방 나라들이 어찌하여 그들의 하나님이 어디 있느냐 말하나이까" 합니다. 요엘 선지자도 "어찌하여 이방인으로 그들의 하나님이 어디 있느냐 말하게 하겠나이까"(욜 2:17)라고 호소합니다. 그래서 본문에서는 "내 눈물이 주야로 내 음식이 되었도다"(3)하는 것입니다.

③ "내가 전에 성일을 지키는 무리와 동행하여 기쁨과 감사의 소리를 내며 그들을 하나님의 집으로 인도하였더니"(4상) 합니다.

도표에 표시된 대로 4절 안에는 "전(前)에와 이제"가 대조(對照)되어 있는데, 전에는 "성일(聖日)을 지키고, 기쁨과 감사의 소리를 내며", 즉 하나님과 기쁨으로 교제를 유지한 때가 있었다는 것입니다. 그런데 "이제 이 일을 기억하고 내 마음이 상하는도다"(4하), 즉 하나님으로부터 멀리 떨어져 있는 처지로 인하여 마음이 아프다는 것입니다. 그렇다면 "어찌하여" 이런 조롱을 당하게 되었는가? 성도가 이런 처지에 놓이게 되는 데는, 첫째는 대적의 박해로 인해서이고, 둘째는 자신의 잘못으로 인한 징계 때문입니다.

④ "내 영혼아 네가 어찌하여 낙심하며 어찌하여 내 속에서 불안해 하는가"(5상) 합니다.

㉠ 42편의 성도는 "낙심하고, 불안"해하고 있고, 3절에 의하면 울고 있습니다. 이것이 어찌 시편 기자만의 일이겠는가? 그러면 "낙심과 불안"을 몰아내는 비결이 무엇인가? 당면한 문제나 자기 자신을 바라보지 말고 눈을 들어 "너는 하나님께 소망을 두라"(5중)한 하나님을 바라보는 것이 비결입니다.

베드로가 주님을 바라보았을 때는 험한 파도 위를 걸을 수 있었으나, 자신을 바라보자 빠져들어 갔던 것입니다. "오직 여호와를 앙망(仰望)하는 자는 새 힘을 얻으리니(사 40:31)라고 말씀합니다.

㉡ 그렇다면 "하나님을 바라라"한 구체적인 방도가 무엇인가? 도표에 표시된 대로 하나님께서 행해주신 행사를 "기억하는" 것입니다. 하나님의 치료법은 "그가 그의 말씀을 보내어 그들을 고치시고 위험한 지경에서 건지시는도다"(107:20)한 "말씀"이 치료약인 것입니다. "말씀"은 유혹자를 물리치는 "성령의 검"이자, "나는 너희를 치료하는 여호와임이라"(출 15:26)하신 "양약"(良藥)도 되는 것입니다.

㉢ 그런데 본문을 보면 "내 영혼아 네가 어찌하여 낙심하며 어찌하여 내 속에서 불안(不安)해 하는가"하고, 자기(自己)가 자신(自身)에게 설교하고 있다는 점입니다. 이점이 5절과 11절과 43:5절, 세 번이나 강조되어 있습니다. 이는 중요하고도 그만큼 어려운 일이기도 합니다. 사도 바울은 "항상 기뻐하라, 범사에 감사하라"고 권면하는데, 이것이 자동으로 되어지는 일이 아니라는 것입니다. "오직 여호와의 율법을 즐거워하여 그의 율법을 주야로 묵상하는도다"(1:2)한 묵상(黙想)을 통해서만 가능하여지는 것입니다. 77편의 기자도 "주께서 영원히 버리실까 다시는 은혜를 베풀지 아니하실까 그 인자하심이 길이 다하였는가 그 허락을 영구히 폐하셨는가 하나님이 은혜 베푸심을 잊으셨는가 노하심으로 그 긍휼을 막으셨는가"하고 번민합니다.

그러했던 그가 "또 내가 말하기를 이는 나의 잘못이라"고 잘못을 깨닫습니다. 하나님께서 행해주신 행사는 생각하지 않고 자신의 문제만을 바라보았기 때문입니다. 이를 깨닫고는 "지존자의 오른손의 해 곧 여호와의 일들을 기억하며 주께서 옛적에 행하신 기이한 일을 기억하리이다 또 주의 모든 일을 작은 소리로 읊조리며 주의 행사를 낮은 소리로 되뇌이리이다"(77:10-12)라고, 하나님께서 행해주신 들일을 "기억하여, 묵상하며, 깊이 생각"함으로 상한 마음을 치유 받게 됩니다.

㉣ 본문에서도 "너는 하나님께 소망을 두라 그가 나타나 도우심으로 말미암아 내가 여전히 찬송하리로다"(5하), 즉 낙심과 불안은 물러가고, "오히려 찬송하리로다" 하게 되는 것입니다.

문제는 이처럼 자신이 자신에게 설교하는 법을 실행하기 위해서는 마음 판에 하나님의 말씀이 기록이 되어있어야 한다는 점입니다. 그래서 새 언약은 "나의 법을 그들의 속에 두며 그들의 마음에 기록하리라"(렘 31:33, 히 8:10) 하셨고, 사도 바울은 "성령의 검 곧 하나님의 말씀을 가지라"(엡 6:17)한 것입니다. 치료책은 "자신이 자신에게 설교"하는 법을 활용하는 것입니다.

둘째 단원(6-11) 기억하고 기도하고 찬송하라

"내 하나님이여 내 영혼이 내 속에서 낙심이 되므로 내가 요단 땅과 헤르몬과 미살 산에서 주를 기억하나이다"(6)

⑤ 둘째 단원의 중심 단어는 "기억하나이다(6), 기도하리로다(8), 찬송하리로다"(11)한 "기억 · 기도 · 찬송"에 있습니다.

㉠ 42편의 성도는 하나님의 성막이 있는 예루살렘에서 멀리 떨어져

있는 북쪽 헤르몬 산 지경을 유리하고 있습니다. 그런데 첫째 단원(1-5)을 통해서 상한 마음이 치유를 받은 줄 알았는데, 또다시 "내 영혼이 내 속에서 낙심이 된다"고 말하는 것이 아닌가? 이것이 인간의 연약입니다. 그래서 밀턴 빈센트라는 목사님은 "그리스도인들이여 날마다 자신에게 복음을 전하라"는 제목으로 책을 펴냈던 것입니다.

㉡ 그러므로 본문을 주목해보면 "낙심과 불안"해하는 육신의 자아와 하나님을 바라는 성령의 "나"가 대결하듯이 나타나고 있는 것을 보게 됩니다.

㉮ 3-4절에서는 "눈물을 흘리며 마음이 상해" 있습니다.

㉯ 그런 나를 향해서 "너는 하나님께 소망을 두라, 내가 여전히 찬송하리로다"(5) 합니다.

㉰ 그런데 6절에서는 또다시 "내 영혼이 내 속에서 낙심이 된다"고 말하고

㉱ 그런가 하면 8절에서는 "여호와께서 그의 인자하심을 베푸시고 밤에는 그의 찬송이 내게 있어 생명의 하나님께 기도하리로다" 합니다.

㉲ 그런데 9절에서는 또다시 "어찌하여 나를 잊으셨나이까"고 말하는데,

㉳ 11절에서는 그런 나를 향해서 "내 영혼아 네가 어찌하여 낙심하며 어찌하여 내 속에서 불안해 하는가 너는 하나님께 소망을 두라" 합니다. 이런 갈등이 인간의 심령에서 반복되고 있는 것입니다.

이처럼 영적 전쟁이란 사람의 "마음"을 차지하기 위한 두 세력 간의 싸움이라 해도 과언이 아닙니다. 인류의 시조는 부족함이 없는 에덴 낙원에서 사탄에게 마음을 빼앗겼습니다. 그런데 죄악이 관영한 이 세상에서 "모든 지킬 만한 것 중에 더욱 네 마음을 지키라"(잠 4:23)한 "마음을 지키는 일"이란 생각보다 훨씬 치열한 싸움입니다.

ⓒ 7절에서는 "주의 폭포 소리에 깊은 바다가 서로 부르며 주의 모든 파도와 물결이 나를 휩쓸었나이다"(7)라고 진술하는데 성도는 헬르몬 산의 어떤 폭포 소리를 들으면서 눈물을 흘리고 있는지도 모릅니다. 이점이 "폭포 소리, 깊은 바다, 파도 물결"이라는 묘사와 "나를 휩쓸었나이다"하는 표현에 나타납니다. 성도의 심령상태도 "폭포 소리, 깊은 바다, 파도 물결"과 같은 갈등 하고 있다는 점을 말해줍니다.

⑥ "낮에는 여호와께서 그의 인자하심을 베푸시고 밤에는 그의 찬송이 내게 있어 생명의 하나님께 기도하리로다"(8)고 "낮과 밤"을 언급합니다.

㉠ 그런가 하면 8절 안에는 "인자(仁慈)와 찬송과 기도"가 있습니다. 어떠한 처지와 형편에서도 하나님의 인자를 생각하노라면 "찬송하고 기도"할 수가 있는 것입니다. "많이 친 후에 옥에 가두고 간수에게 명하여 든든히 지키라" 했습니다. 그런데 "한밤중에 바울과 실라가 기도하고 하나님을 찬송하매 죄수들이 듣더라"(행 16:23,25) 합니다.

㉡ 그러면서도 육신의 자아는 "내 반석이신 하나님께 말하기를 어찌하여 나를 잊으셨나이까 내가 어찌하여 원수의 압제로 말미암아 슬프게 다니나이까"(9)고 탄식하면서, "내 뼈를 찌르는 칼같이 내 대적이 나를 비방하여 늘 내게 말하기를 네 하나님이 어디 있느냐 하도다"(10)고 항변하듯 말하는 것입니다.

⑦ 이처럼 갈등하는 42편은 "내 영혼아 네가 어찌하여 낙심하며 어찌하여 내 속에서 불안해 하는가 너는 하나님께 소망을 두라 나는 그가 나타나 도우심으로 말미암아 내 하나님을 여전히 찬송하리로다"(11)한 또다시 자신이 자신에게 설교하는 것으로

마치고 있습니다. 왜냐하면 상한 마음을 치료하는 다른 방법이 없기 때문입니다. "폭포 소리"와 같은 파상적인 시련 중에서도 "하나님께 소망을 두라", 즉 눈을 들어 하나님을 바라보노라면 자비(慈悲)히 나를 바라보고 계시는 하나님의 얼굴을 대할 수 있다는 뜻이 됩니다. 그러면 이렇게 외칠 수 있는 것입니다. "보라 하늘이 열리고 인자가 하나님 우편에 서신 것을 보노라"(행 7:56) 아멘. 이것이 상한 마음을 치유하는 비결입니다.

적용 : 이제 자신이 자신에게 설교하는 법을 훈련하시기 바랍니다. 명심할 점은 그렇게 하려면 먼저 하나님의 말씀이 심비에 기록되어있어야 한다는 점입니다. "하나님의 말씀"은 사탄을 물리치는 성령의 검이요, 심령을 살찌게 하는 보약이요, 상한 심령을 치료하는 양약입니다. 다른 비결이란 없습니다.

묵상

㉠ 42편의 사람은 어떤 처지에 있는가?

㉡ 그가 겪고 있는 심적인 갈등이 어떻게 묘사되어 있는가?

㉢ 그에 대한 치료책이 무엇인가?

시편 43편 개관도표

주제 : 빛과 진리를 보내어 인도하소서

주의 장막에 이르게 하소서

1-4

1 ① 하나님이여 나를 **판단**하시되 내 **송사**를 변호하시며 **경건하지 아니한 나라에 대하여 간사하고 불의한 자에게서 나를 건지소서**

2 ② 주는 나의 힘이 되신 하나님이시어늘 **어찌하여 나를 버리셨나이까 내가 어찌하여 원수의 억압으로 말미암아 슬프게 다니나이까**

3 ③ **주의 빛과 주의 진리를 보내시어** 나를 인도하시고 **주의 거룩한 산과 주께서 계시는 곳에 이르게 하소서**

4 ④ 그런즉 **내가 하나님의 제단에 나아가** 나의 **큰 기쁨의 하나님께 이르리이다**
하나님이여 나의 하나님이여 내가 수금으로 주를 **찬양하리이다**

얼굴을 도우심

5

5 ⑤ 내 영혼아 네가 어찌하여 **낙심하며** 어찌하여 내 속에서 **불안하여 하는가**
너는 하나님께 소망을 두라 그가 나타나 도우심으로 말미암아 내 하나님을 여전히 찬송하리로다

43편

빛과 진리를 보내어 인도하소서

3 주의 빛과 주의 진리를 보내시어 나를 인도하시고 주의 거룩한 산과 주께서 계시는 곳에 이르게 하소서.

학자들은 43편과 42편이 한 편의 시(詩)였으리라고 여깁니다. 그 근거로 43편에는 표제가 없다는 것과 동일하게 후렴과 같은 "네가 어찌하여 낙심하며 불안해하는가"(5)하는 구절이 있는 것을 들고 있습니다. 그런데 주목해야 할 중요한 점은 43편이 보다 진전(進展)된 계시를 말씀함으로 42편의 문제에 대한 명백한 해답(解答)을 제시해주고 있다는 점입니다. 그 해답이 "주의 빛과 주의 진리를 보내어" 달라는 말씀입니다.

42편과 43편에는 공통된 문제 제기가 있는데, 그것은 "내가 어느 때에 나아가서 하나님의 얼굴을 뵈올까(42:2), 나를 인도하시고 주의 거룩한 산과 주께서 계시는 곳에 이르게 하소서”(43:3) 한 하나님 앞에 나아가게 해달라는 탄원입니다. 그런데 43편에서는 “주의 빛과 주의 진리를 보내시어 나를 인도하시고 주의 거룩한 산과 주께서 계시는 곳에 이르게 하소서”(3)하고, 이에 대한 명백한 해답(解答)을 제시해주고 있는 것입니다. 그러면 구속사라는 맥락으로 보면 “빛과 진리”가 누구를 가리키는가?

첫째 단원(1–4) **주의 장막에 이르게 하소서**
둘째 단원(5) **내 얼굴을 도우시는 하나님**

첫째 단원(1–4) 주의 장막에 이르게 하소서

“하나님이여 나를 판단하시되 경건하지 아니한 나라에 대하여 내 송사를 변호하시며”(1상)

① ㉠ 42편에서는 “내가 어느 때에 나아가서 하나님의 얼굴을 뵈올까”(42:2) 할 뿐 어찌하여 하나님 앞에 나아가지 못하게 되었는지에 대한 언급이 없었습니다. 그런데 43편에서는 “경건하지 아니한 나라”에 붙들려서 송사(訟事)를 당하고 있기 때문이라고 말씀하고 있는 것입니다. 그러면 성도들을 이렇게 송사하는 “경건하지 아니한 나라”는 무엇이며 송사하는 자는 누군가?

㉡ “간사하고 불의한 자에게서 나를 건지소서”(1하)하고, “간사하고 불의 한 자”에게 송사를 당하고 있다는 것입니다. 형제는 “경건하지 아니한 나라, 간사하고 불의한 자”라는 말씀을 통해서 어떤 나라, 어떤 자를 연상(聯想)하시게 됩니까? 이방 나라들입니까? 아니면 사울

과 그의 나라입니까?

ⓒ 1차적으로는 그럴 수도 있습니다만, 그러나 사울이 다윗을 죽이려고 한 것은 악신(惡神)이 그를 번뇌케 했기 때문이요, 그러므로 궁극적으로 "경건하지 아니한 나라"는 이 세상 임금이 왕 노릇하는 나라요, 성도들을 참소하는 "간사하고 불의한 자"란 사탄을 가리키는 것으로 보아야 합니다. 그래야만 43편이 다윗의 경험을 뛰어넘어 우리에게 하나님의 말씀으로 다가오게 되는 것입니다.

② "주는 나의 힘이 되신 하나님이시어늘 어찌하여 나를 버리셨나이까"(2상)하면서 "내가 어찌하여 원수의 억압으로 말미암아 슬프게 다니나이까"(2하) 합니다. 이는 42편에서 "내 반석이신 하나님께 말하기를 어찌하여 나를 잊으셨나이까 내가 어찌하여 원수의 압제로 말미암아 슬프게 다니나이까"(42:9)한 것과 맥을 같이 하는 부르짖음입니다. 성경은 대답하기를 하나님이 우리를 버리신 것이 아니라 "사람이 흑암과 사망의 그늘에 앉으며 곤고와 쇠사슬에 매임은 하나님의 말씀을 거역하며 지존자의 뜻을 멸시함이라(107:10-11)고 말씀합니다. 그러면 이들이 어떻게 하나님 앞으로 돌아갈 수(42:2) 있단 말인가?

③ "주의 빛과 주의 진리를 보내시어 나를 인도하사"(3상)하고, "빛과 진리"를 보내어 달라고 간구합니다.

㉠ 그리하여 "주의 거룩한 산과 주께서 계시는 곳에 이르게 하소서"(3하) 합니다. 하나님 존전(尊前)에서 추방당한 원죄하에 있는 자들의 절박한 소원은 어떻게 하면 하나님 앞으로 돌아갈 수 있는가 하는 문제인데, 그러면 보내어 달라고 간구하는 "빛과 진리"가 무엇을 의

미하는가? "57편에서 그 빛을 받을 수 있는데, "다윗이 사울을 피하여 굴에 있던 때에"라는 표제가 있습니다. "그가 하늘에서 보내사 나를 삼키려는 자의 비방에서 나를 구원하실지라 (셀라) 하나님이 그의 인자와 진리를 보내시리로다"(57:3)라고 "보내시리로다"는 확신을 나타냅니다. 이는 43:3절의 "주의 빛과 주의 진리를 보내시어 나를 인도하시고 주의 거룩한 산과 주께서 계시는 곳에 이르게 하소서"한 간구에 대한 해답이라 할 것입니다. 같은 맥락에서 본문이 "주의 빛과 주의 진리를 보내시어(3), 나를 인도하시고 주의 거룩한 산과 주께서 계시는 곳에 이르게 하소서" 한다면 "빛과 진리"도 그리스도를 가리키는 것으로 볼 수 있는 것입니다.

ⓛ 하나님께서 하늘로부터 보내실 "주의 빛과 주의 진리(43:3), 인자와 진리"(57:3)란, "은혜(恩惠)와 진리(眞理)는 예수 그리스도로 말미암아 온 것이라"(요 1:17)한 그리스도를 가리키는 것 외에 달리는 없다는 점에 형제도 공감합니까?

구약시대란 하나님의 얼굴을 가리신 시대였습니다. 그것은 "너희 죄가 그의 얼굴을 가리어서 너희에게서 듣지 않으시게"(사 59:2) 했기 때문입니다. 그런데 가리셨던 휘장은 주님께서 십자가상에서 "다 이루었다" 하고 선언하셨을 때에 제거되었고, "어두운데서 빛이 비치라 말씀하셨던 그 하나님께서 예수 그리스도의 얼굴에 있는 하나님의 영광을 아는 빛을 우리 마음에 비추셨느라"(고후 4:6)고 증언합니다.

하나님 존전에서 추방당한 죄인을 하나님 앞으로 인도하실 수 있는 분은 오직 "내가 곧 길이요 진리요 생명이니 나로 말미암지 않고는 아버지께로 올 자가 없느니라"(요 14:6)하신 그리스도 외에는 달리는 없기 때문입니다.

④ "그런즉 내가 하나님의 제단에 나아가 나의 큰 기쁨의 하나

님께 이르리이다"(4상) 합니다.

"큰 기쁨의 하나님"이란 그 이상의 기쁨이란 없는 "영광의 하나님"을 가리키는 말입니다. 드디어 하나님께 이르게 된 자는 "하나님이여 내가 수금으로 주를 찬양하리이다"(4하)하는 것입니다. 이것이 "주의 장막에 이르게 하소서" 한 간구입니다.

둘째 단원(5) 내 얼굴을 도우시는 하나님

그가 나타나 도우심으로 말미암아 내 하나님을 여전히 찬송하리로다"(5하)

둘째 단원은 한절에 불과하지만 단원을 달리한 것은 여기에 복음적인 치료책이 있기 때문입니다. 5절을 세 마디로 되어있는데,

⑤ 첫째로 "내 영혼아 네가 어찌하여 낙심하며 어찌하여 내 속에서 불안해 하는가"(5상) 합니다. 인간의 낙심과 불안(不安)은 근원적으로 하나님과의 분리에서 온 것입니다.

㉠ 왜냐하면 인간이란 짐승과 달라서 하나님께서 "사람들에게 영원을 사모하는 마음"(전 3:11)을 주셨기 때문입니다. 그러므로 영혼의 목마름이 채워지기 전에는 만족함을 얻을 수가 없는 것입니다. 그러므로 전도서를 기록한 솔로몬은 권세는 왕이요, 부귀와 영화는 극에 달했고, 수많은 처첩을 두어 "무엇이든지 내 눈이 원하는 것을 내가 금하지 아니하며 무엇이든지 내 마음이 즐거워하는 것을 내가 막지 아니하였다"(전 2:10)고 말하면서도, "그 후에 내가 생각해 본즉 내 손으로 한 모든 일과 내가 수고한 모든 것이 다 헛되어 바람을 잡는 것이며 해 아래서 무익한 것이로다"(전 2:11)라고 말하는 것입니다.

㉡ 둘째로 "너는 하나님께 소망을 두라"(5중)고 말합니다. 하나님을 바라라는 말을 달리 표현하면 "오직 여호와를 앙망하는 자는 새 힘을 얻으리니"(사 40:31)한 앙망(仰望)하라는 말입니다. 그래서 "땅의 모든 끝이여 내게로 돌이켜 구원을 받으라 나는 하나님이라 다른 이가 없느니라"(사 45:22) 하시는 것입니다.

㉢ 그리하여 "경건하지 아니한 나라, 불의 한 자"(1)에게 송사를 당하는 것으로 시작된 43편은, "그가 나타나 도우심으로 말미암아 내 하나님을 여전히 찬송하리로다"(5하)고 "그가 나타나 도우심으로" 마치고 있는 것입니다.

시편에는 부르짖고 탄원하는 내용들이 많습니다. 그런데 이 탄원이 결론에 이르러서는 찬양으로 바뀌고 있는 것을 보게 됩니다. 어떻게 이것이 가능하여지는가? 대답은 "시편에 나를 가리켜 기록된 모든 것이 이루어져야 하리라"(눅 24:44)하신 그리스도를 만남으로 가능해지는 것입니다. 이것이 "내 얼굴을 도우시는 하나님"이요, 해답은 "빛과 진리를 보내어 인도하소서"에 있는 것입니다.

적용 : 형제도 그리스도의 구속으로 말미암아 "때를 따라 돕는 은혜를 얻기 위하여 은혜의 보좌 앞에 담대히 나아갈 것이니라"(히 4:1), 이처럼 큰 기쁨의 하나님께 이르게 되었음을 확신하게 되었다면, 낙망과 불안이 변하여 오히려 찬송하게 될 것입니다.

묵상

㉠ 42편과 43편이 공통적으로 제기한 문제가 무엇인가?

㉡ 43편에 42편에 대한 해답, 즉 진전된 계시가 주어진 점에 대해서

㉢ 아담 안에 있는 자들이 풀어야 할 숙제와 그 해답에 대해서.

시편 44편 개관도표

주제 : 시련을 극복하는 비

옛날을 추억하라	1-3 8 ① 하나님이여 주께서 **우리 조상들의 날** 곧 옛날에 행하신 일을 그들이 **우리에게 일러 주매 우리가 우리 귀로 들었나이다** 2 ② 주께서 주의 손으로 **뭇 백성을 내쫓으시고** **우리 조상들을 이 땅에 뿌리박게 하시며** 주께서 다른 민족들은 고달프게 하시고 **우리 조상들은 번성하게 하셨나이다** 3 그들이 자기 칼로 땅을 얻어 차지함이 아니요 **그들의 팔이 그들을 구원함도 아니라** **오직 주의 오른손과 주의 팔과 주의 얼굴의 빛으로 하셨으니** 주께서 그들을 **기뻐하신 까닭이니이다**
하나님은 나의 왕	4-8 4 ③ 하나님이여 주는 **나의 왕이시니** 야곱에게 **구원을 베푸소서** 5 우리가 **주를 의지하여** 우리 대적을 누르고 우리를 치려 일어나는 자를 주의 이름으로 밟으리이다 6 나는 내 **활을 의지하지 아니할 것이라** 내 **칼이 나를 구원하지 못하리이다** 7 ④ 오직 주께서 우리를 우리 **원수들에게서 구원하시고** 우리를 미워하는 자로 수치를 당하게 하셨나이다 8 우리가 종일 **하나님으로 자랑하였나이다** 우리가 하나님의 이름에 **영원히 감사하리이다**
인자를 인하여 구속하소서	9-26 9 ⑤ **그러나 이제는** 주께서 우리를 버려 욕을 당하게 하시고 **우리 군대와 함께 나아가지 아니하시나이다** 10 주께서 우리를 **대적들에게서 돌아서게 하시니** 우리를 미워하는 자가 자기를 위하여 탈취하였나이다 11 주께서 우리를 잡아먹힐 양처럼 그들에게 넘겨주시고 **여러 민족 중에 우리를 흩으셨나이다** 12 주께서 주의 **백성을 헐값으로 파심이여** 그들을 판 값으로 이익을 얻지 못하셨나이다 13 주께서 우리로 하여금 **이웃에게 욕을 당하게 하시니** 그들이 우리를 둘러싸고 조소하고 조롱하나이다 14 주께서 우리로 뭇 백성 중에 이야기 거리가 되게 하시며 민족 중에서 머리 흔듦을 당하게 하셨나이다 15 나의 능욕이 종일 내 앞에 있으며 수치가 내 얼굴을 덮었으니 16 나를 비방하고 욕하는 소리 때문이요 나의 원수와 복수자 때문이니이다 17 ⑥ **이 모든 일이 우리에게 임하였으나** 우리가 **주를 잊지 아니하며** **주의 언약을 어기지 아니하였나이다** 18 우리 **마음은 위축되지 아니하고** 우리 걸음도 **주의 길을 떠나지 아니하였으나** 19 주께서 우리를 승냥이의 처소에 밀어 넣으시고 우리를 사망의 그늘로 덮으셨나이다 20 우리가 우리 하나님의 이름을 잊어버렸거나 우리 손을 이방 신에게 향하여 폈더면 21 하나님이 이를 알아내지 아니하셨으리이까 무릇 주는 마음의 비밀을 아시나이다 22 **우리가 종일 주를 위하여 죽임을 당하게 되며 도살할 양 같이 여김을 받았나이다** 23 ⑦ **주여 깨소서 어찌하여 주무시나이까** 일어나시고 우리를 영원히 버리지 마소서 24 어찌하여 **주의 얼굴을 가리시고** 우리의 고난과 압제를 잊으시나이까 25 우리 영혼은 진토 속에 파묻히고 우리 몸은 땅에 붙었나이다 26 일어나 우리를 도우소서 **주의 인자하심으로 말미암아 우리를 구원하소서**

44편

시련을 극복하는 비결

[4] 하나님이여 주는 나의 왕이시니 야곱에게 구원을 베푸소서.

44편은 22절을 염두에 두고 해석함이 마땅합니다. 왜냐하면 성령께서 로마서에서 이 구절을 인용하여 "기록된바 우리가 종일 주를 위하여 죽임을 당하게 되며 도살당할 양같이 여김을 받았나이다 함과 같으니라"(롬 8:36)고, 환난 중에 있는 성도들을 위로(慰勞)하고 격려해주셨기 때문입니다.

44편은 하나님의 선민 이스라엘이 적과의 싸움에서 패퇴한 후(9-16)에 어떻게 대처(對處)했는가를 보여주고 있습니다. 그러므로 44편은 "하나님의 나라에 들어가려면 많은 환난을 겪어야 할 것이라"(행 14:22)한 신약의 성도들에게도 적실성이 있는 말씀인 것입니다. 모든 고난이 반드시 죄 값으로 당하는 것은 아닙니다. 범죄로 인하여 고난을 당하는 것은 징벌(懲罰)이지만, 특별한 죄가 없이 당하는 고난은 훈련(訓練)이요 연단이 됩니다.

44편에는 "고라 자손의 마스길"이라는 표제가 있는데, "마스길"이란 교훈이라는 뜻입니다. 그러므로 본문은 하나님의 자녀들이 이 세상에서 시련 당할 경우 어떻게 대처해야 하는가를 교훈해주고 있다 하겠습니다.

첫째 단원(1-3) **옛날에 행해주신 일을 생각하라**
둘째 단원(4-8) **원리적인 신앙을 고백하라**
셋째 단원(9-26) **인자하심으로 구원하소서 하라**

첫째 단원(1-3) 옛날에 행해주신 일을 생각하라

"하나님이여 주께서 우리 조상들의 날 곧 옛날에 행하신 일"(1상)

① 첫 마디가 하나님께서 행해주신 일을 언급합니다. 유념해야 할 점은 시편 기자는 자신들이 직면한 문제로 직행(直行)하고 있지 않다는 점입니다. 이것이 우리와 다른 점입니다.

성경이 분량이 많다 하여도 하나님께서 행해주신 일과 사람이 행한 일, 두 가지로 되어있습니다. 시련의 날에는 내가 행한 일, 또는 행하지 못한 일들보다 먼저 하나님께서 행해주신 일을 생각하라는 것입니다. 이렇게 할 수 있으려면 "그들이 우리에게 일러주매 우리가 우리 귀로 들었나이다"(1하)한 전수(傳授)하는 일이 시행되어야 하는 것입니다. 모세는 "옛날을 기억하라 역대의 연대를 생각하라 네 아버지에게 물으라 그가 네게 설명할 것이요 네 어른들에게 물으라 그들이 네게 말하리로다"(신 32:7)고 말했습니다. 그런데 사사시대에 이르러 "그 후에 일어난 다른 세대는 여호와를 알지 못하며 여호와께서 이스라엘을 위하여 행하신 일도 알지 못하였더라"(삿 2:10)한 것은 전수하는 데 실패했음을 말해줍니다. 결과는 사사시대가 혼란을 반복하는 악순환에 빠지게 된 원인이 여기에 있었던 것입니다.

② 그러면 "옛날에 행하신 일"이 무엇인가? "주께서 주의 손으로 뭇 백성을 내쫓으시고 우리 조상들을 이 땅에 뿌리 박게 하시며 주께서 다른 민족들은 고달프게 하시고 우리 조상들은 번성하게 하셨나이다"(2)한 바로의 노예에서 구원하셔서 약속의 땅을 기업으로 주신 일입니다.

㉠ "옛날에 행하신 일" 중에 가장 중요하고 핵심점인 요점은 "유월절 어린양의 피"입니다. 이점이 하나님께서 유월절을 자손 대대로 지키라 하시면서, "이 후에 너희의 자녀가 묻기를 이 예식이 무슨 뜻이냐 하거든 너희는 이르기를 이는 여호와의 유월절 제사라"(출 12:26)고, 잊지 않도록 전수하라고 명하셨기 때문입니다.

㉡ 바로의 노예였던 "그들이 자기 칼로 땅을 얻어 차지함이 아니요 그들의 팔이 그들을 구원함도 아니라 오직 주의 오른손과 주의 팔과 주의 얼굴의 빛으로 하셨으니 주께서 그들을 기뻐하신 까닭이니이다"(3) 합니다. 여기 중요한 요점들이 등장하는데 자신의 능력이나 자력으로 구원함이 아니라,

㉮ 첫째는 "주의 오른손"으로 구원하여 주셨다는 언급입니다. "오

른손"이란 "여호와의 오른손이 권능을 베푸시며"(118:15-16) 한 권능에 대한 상징이요, 하나님의 구원행사를 "지존자의 오른손의 해"(77:10)라고 말씀합니다. 이는 우리를 구원하실 때에 최고 최대의 능력을 베푸셨다는 점을 나타내는 묘사입니다.

㉯ 둘째는 "주의 얼굴의 빛으로 하셨다"는 언급인데 이를 "너희 죄가 그의 얼굴을 가리웠다"(사 59:2)한 말씀과 결부시켜 본다면, "너희를 속량하여 너희를 내 백성으로 삼고"(출 6:6-7)한 "속량"과 결부되는 표현입니다. 그리고 "주의 얼굴 빛"으로 구원하셨다는 상징적인 표현이 신약의 성도들에게는 "어두운 데에 빛이 비치라 말씀하셨던 그 하나님께서 예수 그리스도의 얼굴에 있는 하나님의 영광을 아는 빛을 우리 마음에 비추셨느니라"(고후 4:6)한 복음으로 성취되었다는 맥락을 인식해야 합니다.

㉰ 셋째는 "그들을 기뻐하신 까닭이니이다"한 언급인데 이렇게 행해주신 것이 자격이나 공로가 있어서가 아니라, 하나님의 사랑하심과 은혜로 되어졌다(신 7:7, 엡 1:5)는 뜻입니다. "주의 오른손, 주의 얼굴의 빛, 그들을 기뻐하신 까닭"이란 모두가 복음적인 요소인 것입니다.

이처럼 "시련을 극복하는 비결"은 문제로 직행하지 말고 먼저 하나님께서 "옛날에 행해주신 일을 생각하라"는 것입니다. 그러면 신약의 성도들이 시련의 날에 생각해야 할 일이 무엇인가? "자기 아들을 아끼지 아니하시고 우리 모든 사람을 위하여 내주신 이가 어찌 그 아들과 함께 모든 것을 우리에게 주시지 아니하겠느냐"(롬 8:32)는 말씀입니다. 이점을 잊지 않게 하시려고 주님은, "이것은 너희를 위하여 주는 내 몸이라 너희가 이를 행하여 나를 기념하라"(눅 22:19)하신 것입니다. 그리고 사도 바울이 "너희가 이 떡을 먹으며 이 잔을 마실 때마다 주의 죽으심을 그가 오실 때까지 전하는 것이니라"(고전 11:26)한 십자가 복음인 것입니다.

둘째 단원(4–8) 원리적인 신앙을 고백하라

"오직 주께서 우리를 우리 원수들에게서 구원하시고 우리를 미워하는 자로 수치를 당하게 하셨나이다"(7)

③ 둘째 단원은 신앙을 고백하는 내용인데, 핵심은 고백입니다. "하나님이여 주는 나의 왕이시니"(4상) 합니다.

㉠ 하나님을 "나의 왕"으로 고백하는 것은 "오직 주께서 우리를 우리 원수들에게서 구원하시고"(7)한 "구원자"라는 고백과 맥을 같이 합니다. 그래서 "주는 나의 왕이시니 야곱에게 구원을 베푸소서"(4)하는 것입니다. 74:12절에서도 "하나님은 예로부터 나의 왕이시라 사람에게 구원을 베푸셨나이다" 합니다.

예수는 누구신가? 하나님이 임마누엘 하셔서 "사망의 세력을 잡은 자 곧 마귀를 없이 하시며 또 죽기를 무서워하므로 일생에 매여 종노릇하는 모든 자를" 구원하여 주신 우리의 "왕"이십니다. 또한 "염소와 송아지의 피로 하지 아니하고 오직 자기의 피로 영원한 속죄를"(히 9:12) 이루어주신 우리의 구원자이십니다.

㉡ 그러면 하나님은 옛날 어느 때부터 왕이셨으며 구원자이신가? 출애굽 때부터 하나님은 이스라엘의 왕이시고 구원자이시며, 그들은 하나님의 백성들이었습니다. 더 거슬러 올라가 "그는 우리를 지으신 이요 우리는 그의 것이니 그의 백성이요 그의 기르시는 양이로다"(100:3)한 창조 때부터입니다.

㉢ 그러면 하나님을 왕으로 고백하는 자는 어떤 자들인가? "우리가 주를 의지하여 우리 대적을 누르고 우리를 치러 일어나는 자를 주의

이름으로 밟으리이다 나는 내 활을 의지하지 아니할 것이라 내 칼이 나를 구원하지 못하리이다"(5-6)고 고백하는 자입니다. 5절에는 "의지하는 것"이 있고, 6절에는 "의지하지 않겠다"는 것이 있습니다.

④ "오직 주께서 우리를 우리 원수들에게서 구원하시고 우리를 미워하는 자로 수치를 당하게 하셨나이다"(7) 합니다. 그러면 이처럼 구원을 얻은 자가 행해야 할 사명이 무엇인가? 두 가지를 꼽고 있는데,

㉮ "우리가 종일 하나님을 자랑하였나이다"

㉯ "우리는 하나님의 이름에 영원히 감사하리이다(셀라)"(8) 한 "자랑하는 것, 즉 전파하는 것과 감사하는 것"이라고 말씀합니다. 이것이 시련을 극복하는 두 번째 비결인 "원리적인 신앙고백"입니다.

셋째 단원(9-26) **인자하심으로 말미암아 구원하소서 하라**

"일어나 우리를 도우소서 주의 인자하심으로 말미암아 우리를 구원하소서"(26)

첫째 단원에서 "옛날에 행하신 일"을 묵상하고, 둘째 단원에서 "원리적인 신앙을 고백"한 후에야 비로소,

⑤ "그러나 이제는"(9상)하고, 현재(現在)로 돌아와서 당면한 환난을 진술합니다. 셋째 단원은 세 부분(9-16,17-22,23-26)으로 구분하여 관찰함이 이해에 도움이 됩니다.

1. 첫째 부분(9-16)

㉠ "그러나 이제는 주께서 우리를 버려 욕을 당하게 하시고 우리 군대와 함께 나아가지 아니하시나이다 주께서 우리를 대적들에게서 돌아서게 하시니 우리를 미워하는 자가 자기를 위하여 탈취하였나이다"(9-10), 즉 대적과의 싸움에서 대패(大敗)를 당했다고 호소합니다.

㉡ "그러나"한 상황은 첫째 단원과는 정반대의 상황입니다.

㉮ 전에는 "뭇 백성을 내쫓으시고 우리 조상들을 이 땅에 뿌리 박게 하셨는데"(2)

㉯ 이제는 "우리를 대적들에게서 돌아서게(패하게) 하시고(10), 주께서 우리를 잡아먹힐 양처럼 그들에게 넘겨주시고 여러 민족 중에 흩으셨나이다"(11) 합니다.

㉰ 전에는 "주의 오른손과 주의 팔과 주의 얼굴의 빛"(3)으로 구원하여 주셨는데

㉱ 이제는 "주께서 우리로 하여금 이웃에게 욕을 당하게 하시니 그들이 우리를 둘러싸고 조소하고 조롱하나이다 주께서 우리를 뭇 백성 중에 이야기 거리가 되게 하시며 민족 중에서 머리 흔듦을 당하게 하셨나이다 나의 능욕이 종일 내 앞에 있으며 수치가 내 얼굴을 덮었으니 나를 비방하고 욕하는 소리 때문이요 나의 원수와 나의 복수자 때문이니이다"(13-16)고 탄원합니다.

2. 둘째 부분(17-22)

⑥ "이 모든 일이 우리에게 임하였으나 우리가 주를 잊지 아니하며 주의 언약을 어기지 아니하였나이다"(17)고 신앙의 절개를 지켰다고 진술입니다.

㉠ 이는 마치 시험을 당하는 욥이 "이 모든 일에 욥이 범죄하지 아니하고 하나님을 향하여 원망하지 아니하니라"(욥 1:22)한 점을 연상

하게 합니다. 이를 요약하면,

㉮ "우리가 주를 잊지 아니하며"

㉯ "주의 언약을 어기지 아니하였나이다"(17)

㉰ "우리 마음은 위축되지 아니하고"

㉱ "우리 걸음도 주의 길을 떠나지 아니하였다"(18) 합니다.

ⓛ 그런 후에 사도 바울이 인용한 "우리가 종일 주를 위하여 죽임을 당하게 되며 도살할 양 같이 여김을 받았나이다"(22)한 말씀이 등장합니다. 사도 바울은 이 말씀을 "누가 우리를 그리스도의 사랑에서 끊으리요 환난이나 곤고나 박해나 기근이나 적신이나 위험이나 칼이랴"고 진술한 후에, "기록된바 우리가 종일 주를 위하여 죽임을 당하게 되며 도살 당할 양같이 여김을 받았나이다 함과 같으니라"(롬 8:35-36)고 인용(引用)하고 있습니다. 바울은 22절만 염두에 둔 것이 아니라

㉮ "이 모든 일이 우리에게 임하였으나 우리가 주를 잊지 아니하며"

㉯ "주의 언약을 어기지 아니하였나이다"

㉰ "우리 마음은 위축되지 아니하고"

㉱ "우리 걸음도 주의 길을 떠나지 아니하였다"한 본문 17-18절도 염두에 두고 있었음이 분명합니다. 왜냐하면 "그러나 이 모든 일에 우리를 사랑하시는 이로 말미암아 우리가 넉넉히 이기느니라"(롬 8:37)고 선언하고 있기 때문입니다.

ⓒ "우리가 우리 하나님의 이름을 잊어버렸거나 우리 손을 이방 신에게 향하여 폈더면 하나님이 이를 알아내지 아니하셨으리이까 무릇 주는 마음의 비밀을 아시나이다"(20-21)고 우리가 무슨 잘못을 했기에 이런 고난을 당하게 하시나이까 호소합니다. 이것이 오늘날 성도들이 당면하는 호소이기도 합니다.

ⓔ 그래서 "우리가 종일 주를 위하여 죽임을 당하게 되며 도살할 양같

이 여김을 받았나이다"(22)고 탄원하는데, 그러면 "우리가, 도살할 양"같이 되었다는 이것이 먼저입니까? 아니면 하나님의 아들 "그리스도"께서 우리를 위하여 "도살할 양같이 여김을 받으신" 이것이 먼저입니까? 우리는 다만 그 자취를 따라가고 있을 뿐입니다.

그러므로 이 말씀을 대하는 그리스도인이라면 "그가 곤욕을 당하여 괴로울 때에도 그의 입을 열지 아니하였음이여 마치 도수장으로 끌려가는 어린 양과 털 깎는 자 앞에 잠잠한 양같이 그의 입을 열지 아니하였도다"(사 53:7)한 말씀을 상기해야 마땅한 것입니다. 그래야만 시련 중에서도 "믿음의 주요 또 온전하게 하시는 이인 예수를 바라보자, 너희가 피곤하여 낙심하지 않기 위하여 죄인들이 이같이 자기에게 거역한 일을 참으신 이를 생각하게"(히 12:2,3)되는 것입니다. 이것이 현재 당면한 시련인데,

3. 셋째 부분(23-26)

⑦ "주여 깨소서 어찌하여 주무시나이까 일어나시고 우리를 영원히 버리지 마소서 어찌하여 주의 얼굴을 가리시고 우리의 고난과 압제를 잊으시나이까 우리 영혼은 진토 속에 파묻히고 우리 몸은 땅에 붙었나이다"(23-25)라고 탄원합니다.

㉠ 그런데 44편은 절망적인 탄원으로 끝나는 것이 아니라 "일어나 우리를 도우소서 주의 인자하심으로 말미암아 우리를 구원하소서"(26) 하는 확신으로 마치고 있습니다. 44편에서도 결정적인 소망이 마지막 절에 등장하는데, 그것은 "주의 인자(仁慈)와 구원입니다.

㉡ 시편 기자는 20-21절에서 "우리가 우리 하나님의 이름을 잊어버렸거나 우리 손을 이방 신에게 향하여 폈더면 하나님이 이를 알아내지 아니하셨으리이까 무릇 주는 마음의 비밀을 아시나이다"라고 자

신들의 결백을 주장했습니다. 그런데 결론에 이르러 자기 의(義)를 내세우고 있는 것이 아니라,

㉮ 첫째로 "주의 인자"(仁慈)를 의지하면서

㉯ 둘째로 "우리를 구원하소서"하고 구원을 바라고 있습니다.

㉰ 그렇습니다. "이스라엘아 여호와를 바랄지어다 여호와께서는 인자(仁慈)하심과 풍성한 속량이 있음이라 그가 이스라엘을 그의 모든 죄악에서 속량하시리로다"(130:7-8) 합니다.

㉱ 신약성경에서는 "예루살렘의 속량을 바라고"(눅 2:38) 기도하다가 아기 예수님을 만나는 장면이 있습니다.

ⓒ 탄식하며 "속량"을 기다린 것은 구약의 성도들만이 아닙니다. 신약의 성도들도 "그분 아니라 또한 우리 곧 성령의 처음 익은 열매를 받은 우리까지도 속으로 탄식하여 양자 될 것 곧 우리 몸의 속량을 기다리느니라"(롬 8:23) 합니다. "여호와 앞에 잠잠하고 참고 기다리라, 여호와를 소망하는 자들은 땅을 차지하리로다(37:7,9) 하십니다. 이것이 "인자(仁慈)하심으로 말미암아 우리를 구원하소서"요, "시련을 극복하는 비결"입니다.

적용 : 형제여, 현재의 고난은 장차 받을 영광과 족히 비교할 수 없다 하십니다. 시련을 극복하는 비결은 당면한 문제를 앞에 놓는 것이 아니라, 하나님의 행사, 즉 자기 아들을 통하여 행해주신 "인자와 구원"을 앞세우는 데 있다는 점을 명심하십시다.

묵상

㉠ 시련의 날에 우선적으로 생각해야 할 점이 무엇인가에 대해서

㉡ 주는 나의 왕이시라(4)는 고백에 대해서

ⓒ "인자하심으로 말미암아 우리를 구원하소서"한 결론에 대해서.

시편 45편 개관도표

주제 : 왕이요 전사이신 우리의 신랑

은혜와 진리의 왕

1-5

1 ① 내 마음이 좋은 말로 **왕을 위하여 지은 것을 말하리니**
내 혀는 글솜씨가 뛰어난 서기관의 붓끝과 같도다
2 ② **왕은 사람들보다 아름다워 은혜를 입술에 머금으니**
그러므로 하나님이 왕에게 영원히 복을 주시도다
3 ③ **용사여 칼을 허리에 차고** 왕의 영화와 위엄을 입으소서
4 **왕은 진리와 온유와 공의를 위하여 왕의 위엄을 세우시고 병거에 오르소서**
왕의 오른손이 왕에게 놀라운 일을 가르치리이다
5 ④ 왕의 화살은 날카로워 **왕의 원수의 염통을 뚫으니 만민이 왕의 앞에**
엎드러지는도다

영원한 왕국

6-9

6 ⑤ **하나님이여 주의 보좌는 영원하며** **주의 나라의 규은 공평한 규이니이다**
7 ⑦ **왕은 정의를 사랑하고 악을 미워하시니** 그러므로 하나님 곧 왕의 하나님이
즐거움의 기름을 왕에게 부어 **왕의 동료보다 뛰어나게 하셨나이다**
8 왕의 모든 옷은 몰약과 침향과 육계의 향기가 있으며
상아궁에서 나오는 현악은 왕을 즐겁게 하도다
9 왕의 가까이 하는 여인들 중에는 왕들의 딸이 있으며 **왕후는 오빌의**
금으로 꾸미고 왕의 오른쪽에 서도다

신부와 왕이 되리라

10-17

10 ⑧ **딸이여 듣고 보고** 귀를 기울일지어다 **네 백성과 아버지의 집을 잊어버릴지어다**
11 그러하면 왕이 네 **아름다움을 사모하실지라**
그는 네 주인이시니 **너는 그를 경배할지어다** 12 두로의 딸은
12 예물을 드리고 백성 중 부한 자도 **네 얼굴 보기를 원하리로다**
13 ⑨ **왕의 딸은 궁중에서 모든 영화를 누리니** 그의 옷은 금으로 수 놓았도다
14 **수 놓은 옷을 입은 그가 왕께로 인도함을 받으며**
시종하는 친구 처녀들도 왕께로 이끌려 갈 것이라
15 그들은 기쁨과 즐거움으로 인도함을 받고 **왕궁에 들어가리로다**
16 ⑩ **왕의 아들들은 왕의 조상들을 계승할 것이라** 왕이 그들로 온 세계의
군왕을 삼으리로다
17 내가 왕의 이름을 만세에 기억하게 하리니 그러므로
만민이 왕을 영원히 찬송하리로다

45편

왕이요 전사이신 우리의 신랑

> 6 하나님이여 주의 보좌는 영원하며 주의 나라의 규는 공평
> 한 규이니이다.

45편의 핵심어는 “내 마음이 좋은 말로 왕을 위하여 지은 것을 말하리니”(1)한 “왕”(王)입니다. “왕”이라는 말이 짧은 45편 안에 무려 스물여덟 번이나 등장합니다. 그런데 그냥 왕이 아니라 “은혜의 왕(2), 진리의 왕(4), 전사(戰士)이신 왕(3-5), 신랑(新郞)이신 왕”(10-15)으로 묘사되어 있습니다.

45편은 그리스도를 왕이요 신랑으로, 교회를 그의 신부로 묘사한 사랑 노래 곧 혼례 시입니다. 그런데 내용을 관찰해보면 왕의 영광만이 아니라, 영광에 참여하게 될 신부(新婦), 즉 “영광스러운 교회”(엡 5:27)의 모습을 증언해 주고 있다는 점입니다.

첫째 단원(1–5) **은혜의 왕 진리의 왕**
둘째 단원(6–9) **국권과 영광이 영원하리라**
셋째 단원(10–17) **신부인 왕후에 대한 당부**

첫째 단원(1–5) 은혜의 왕 진리의 왕

"은혜를 입술에 머금으니 그러므로 하나님이 왕에게 영원히 복을 주시도다"(2하)

첫째 단원은 우리의 왕이요, 신랑이신 그리스도가 얼마나 뛰어나신 영광스러운 분이신가를 말씀하고 있습니다.

① 시편 기자는 "내 마음이 좋은 말로"(1상), 이 시를 기록하고 있노라고 말합니다. 이는 성령의 감동으로 말씀이 샘솟듯 하는 것을 나타낸다 할 것입니다.

㉠ 그러면 시편 기자의 마음에서 샘물이 용솟음치듯 하는 "좋은 말"이 무엇이겠습니까? 궁극적인 "좋은 말"이란 "온 백성에게 미칠 큰 기쁨의 좋은 소식"(눅 2:10), 곧 복음인 것입니다. 이점을 사도 베드로는 "이 구원에 대하여는 너희에게 임할 은혜를 예언하던 선지자들이 연구하고 부지런히 살펴서 자기 속에 계신 그리스도의 영(靈)이 그 받으실 고난과 후에 받으실 영광을 미리 증언"(벧전 1:10-11)하였다고 말씀합니다.

㉡ 첫째로 "왕을 위하여 지은 것을 말하리니 내 혀는 글솜씨가 뛰어난 서기관의 붓끝과 같도다"(1하) 하면서, "왕"에 대해 증언하기 시작합니다. 설교자가 "내 마음에서 좋은 말이 넘쳐 왕에 대하여 지은 것을 말하리니"(개혁)하고, 심령에 샘솟듯 하는 "좋은 말"이 입을 열어

선포될 때에 성도들의 심령에 은혜가 임하게 될 것이 아니겠는가!

② 첫 마디가 "왕은 사람들보다 아름다워"(2상)하고, 왕의 뛰어난 영광스러움을 진술합니다.

㉠ 시편 기자가 증언하는 첫째 되는 뛰어남은, "은혜를 입술에 머금으니 그러므로 하나님이 왕에게 영원히 복을 주시도다"(2하)한 "은혜(恩惠)의 왕"임을 들고 있습니다. 그렇습니다. "은혜, 은혜"하는데 은혜가 누구로부터 왔는가? "율법은 모세로 말미암아 주어진 것이요 은혜와 진리는 예수 그리스도로 말미암아 온 것이라"(요 1:17) 말씀합니다.

㉡ 7절에서는 "동료보다 뛰어나게 하셨나이다"고 말씀하는데, 이점을 히브리서에서는 "그가 천사보다 훨씬 뛰어나고(히 1:4), 모세보다 뛰어나고(히 3:3), 대제사장 "아론"보다 뛰어난(히 5:4-5) 분이라고 증언합니다.

③ 두 번째로 꼽고 있는 뛰어남은 "용사여"(3상)한 능력의 왕이심을 말씀합니다.

㉠ 인류를 구원하는 것은 "은혜"로 되는 것이지만, 왜 능력이 필요한가? 죄 값에 팔린 자들이 사탄의 노예가 되어있기 때문입니다. 그래서 복음은 "은혜"만이 아니라, "믿는 자에게 구원을 주시는 하나님의 능력이라"(롬 1:16)고 말씀하는 것입니다.

㉮ 이점을 이사야서에서는 "용사가 빼앗은 것을 어떻게 도로 빼앗으며 승리자에게 사로잡힌 자를 어떻게 건져낼 수 있으랴, 여호와가 이같이 말하노라 용사의 포로도 빼앗을 것이요 두려운 자의 빼앗은 것도 건져낼 것이니 이는 내가 너를 대적하는 자를 대적하고 네 자녀를 구원할 것임이라"(사 49:24-25)고 말씀합니다.

㉯ 이점을 주님은 "강한 자가 무장을 하고 자기 집을 지킬 때에는 그 소유가 안전하되 더 강한 자가 와서 그를 굴복시킬 때에는 그가 믿던 무장을 빼앗고 그의 재물을 나누느니라"(눅 11:21-22)고 말씀하시고,

㉰ 계시록에서는 "그의 입에서 좌우에 날선 검(劍)이 나온다"(계 1:16)고 말씀합니다. 그래서 "용사여 칼을 허리에 차고 왕의 영화와 위엄을 입으소서"(3)하는 것입니다. 45편이 예찬하고 있는 "왕"은 은혜의 왕이시면서, 동시에 "칼을 허리에 찬" 장수(將帥)이십니다.

ⓛ 세 번째로 꼽고 있는 뛰어남은 "왕은 진리(眞理)와 온유(溫柔)와 공의(公義)를 위하여 왕의 위엄을 세우시고 병거에 오르소서"(4) 합니다. 우리의 왕은

㉮ "공의"를 위하여

㉯ "진리와

㉰ 온유"로 싸워 승전(勝戰)하는 분이라고 예찬합니다.

"위엄을 세우시고 병거에 오르소서"한 묘사는 계시록에서, "보라 백마와 그것을 탄 자가 있으니, 그가 공의로 심판하며 싸우더라"(계 19:11)한 말씀을 연상하게 합니다.

④ 그러면 왕이 누구와 싸움을 싸우고 있는가? "왕의 화살은 날카로워 왕의 원수의 염통을 뚫으니"(5상)한 "원수"와의 싸움입니다.

㉠ 그러면 성경이 말씀하는 "원수"가 누구인가? 유념해야 할 점은 성경에 등장하는 모든 싸움은, "내가 너로 여자와 원수가 되게 하고 네 후손도 여자의 후손과 원수가 되게 하리니"(창 3:15)하신 연장선상에서 일어나는 싸움이라는 점입니다. 이것이 구약성경에는 예표적으로 등장하고, 신약성경에서는 영적으로 일어나는 것입니다. 그래서

"우리의 싸우는 무기는 육신에 속한 것이 아니요"(고후 10:4)하는 것입니다.

㉡ 이점이 "만민(萬民)이 왕(王)의 앞에 엎드러지는도다"(5하)한 진술에 나타납니다. 이점을 신약성경에서는 "이러므로 하나님이 그를 지극히 높여 모든 이름 위에 뛰어난 이름을 주사 하늘에 있는 자들과 땅에 있는 자들과 땅 아래 있는 자들로 모든 무릎을 예수의 이름에 꿇게 하신다"(빌 2:9-10)고 말씀합니다. 이것이 모든 이름에 뛰어나신 "은혜의 왕, 진리의 왕"입니다.

둘째 단원(6-9) 국권과 영광이 영원하리라

"하나님이여 주의 보좌는 영원하며 주의 나라의 규는 공평한 규이니이다"(6)

⑤ 둘째 단원은 메시아왕국의 영광스러움을 예찬하는 내용입니다.

㉠ 그 나라의 국권(國權)은 "영원"하고, 성격은 "공평"이라고 말씀합니다. 이점을 이사야서에서는 "그 나라를 굳게 세우고 지금 이후로 영원히 정의와 공의로 그것을 보존하실 것이라"(사 9:7) 하십니다.

"규"란 왕권, 국권을 가리키는 표현인데, 이는 이미 창세기에서 "규가 유다를 떠나지 아니하며 통치자의 지팡이가 그 발 사이에서 떠나지 아니하기를 실로가 오시기까지 이르리니"(창 49:10)하고 왕이 유다로 오실 것이 작정된 바입니다.

신약성경 히브리서에서는 6-7절을 인용하여 "아들에 관하여는 하나님이여 주의 보좌는 영원하며 주의 나라의 규는 공평한 규이니이다 주께서 의를 사랑하시고 불법을 미워하셨으니 그러므로 하나님 곧 주의 하나님이 즐거움의 기름을 주께 부어 주를 동류들보다 뛰어나게 하셨도다"(히 1:8-9)하고, 45편이 "아들" 곧 그리스도에 대한 예언적인 진술임을 증언하고 있습니다.

㉡ 그런데 놀라운 진전을 대하게 되는데, 6절에서 "하나님이여 주의 보좌는 영원하다"한 것을 히브리서 1:8절에서는, "아들에 관하여는 하나님이여"하고, "아들을 하나님"이라고 부르고 있다는 점입니다. 그렇습니다. 예수 그리스도는 성자 하나님이십니다.

⑥ "왕은 정의를 사랑하고 악을 미워하시니"(7상) 합니다.

㉠ 이는 앞에서 말씀드린 대로 메시아왕국의 성격을 나타내는데, 이사야서는 "그 날에 유다 땅에서 이 노래를 부르리라 우리에게 견고한 성읍이 있음이여 여호와께서 구원을 성벽과 외벽으로 삼으시리로다 너희는 문들을 열고 신의를 지키는 의로운 나라가 들어오게 할지어다"(사 26:1-2)고 노래합니다. 예레미야서에서도 "보라 때가 이르리니 내가 다윗에게 한 의로운 가지를 일으킬 것이라 그가 왕이 되어 지혜롭게 다스리며 세상에서 정의와 공의를 행할 것이라"(렘 23:5)고 예언되어 있습니다. 메시아왕국은 "정의의 왕국, 공의의 왕국"입니다. "그러므로 하나님 곧 왕의 하나님이 즐거움의 기름을 왕에게 부어 왕의 동료보다 뛰어나게 하셨나이다"(7하)하는 것입니다.

㉡ 8-9절은 혼인예식 장면이라 할 수 있는데,

㉮ "왕의 모든 옷은 몰약과 침향과 육계의 향기가 있으며 상아궁에서 나오는 현악은 왕을 즐겁게 하도다"(8)고 신랑의 모습을 묘사한 후에,

㉯ "왕이 가까이 하는 여인들 중에는 왕들의 딸이 있으며 왕후는 오빌의 금으로 꾸미고 왕의 오른쪽에 서도다"(9)고 신부를 소개합니다.

여기서 말씀하는 "왕의 여인, 왕후" 등은 어린 양의 신부되는 성도

들을 가리키는 표현인데, 이는 그리스도와 연합한 자들이 그의 영광에도 함께 참여하게 될 것을 나타냅니다.

이점을 이사야서에서는 "네 눈을 들어 사방을 보라 그들이 다 모여 네게로 오느니라 나 여호와가 이르노라 내가 나의 삶으로 맹세하노니 네가 반드시 그 모든 무리(성도들)를 장식(粧飾)처럼 몸에 차며 그것을 띠기를 신부(新婦)처럼 할 것이라"(사 49:18) 말씀하십니다. 62장 3절에서는 "너는 또 여호와의 손의 아름다운 관, 네 하나님의 손의 왕관(王冠)이 될 것이라" 하십니다. 그리스도를 영화롭게 하는 장식은 보석이 아니라, 피로 값을 주고 산 성도들임을 인식하시기 바랍니다.

ⓒ "왕후는 오빌의 금으로 꾸미고 왕의 오른쪽에 서도다"(9하)라고 말씀하는데 여기가 신부된 자의 절정이라 할 수 있습니다. 이점을 사도 바울은 "또 함께 일으키사 그리스도 예수 안에서 함께 하늘에 앉히시니"(엡 2:6)하는데 계시록에서는 "내가 내 보좌에 함께 앉게 하여 주기를 내가 이기고 아버지 보좌에 함께 앉은 것과 같이 하리라"(계 3:21) 하십니다. 그래도 부족합니까? 이것이 왕의 신부들이 참여하게 될 "국권과 영광이 영원하리라" 한 메시아왕국입니다.

셋째 단원(10–17) **신부인 왕후에 대한 당부**

"딸이여 듣고 보고 귀를 기울일지어다"(10상)

셋째 단원의 중심점은 "딸이여"(10상) 한 신부(新婦), 즉 성도들에게 하는 권면입니다. 마지막으로 신부에게 당부하는 말과 그가 누리게 될 영화를 말씀하려는 것입니다.

⑦ 신약성경에서는 "귀 있는 자는 성령이 교회(신부)들에게 하

시는 말씀을 들을지어다"(계 2:11) 하시는데, 이는 신부인 성도들이 명심해야 할 권면인 것입니다.

㉠ 첫째로 "네 백성과 네 아버지의 집을 잊어버릴지어다"(10하) 합니다. 이는 육적으로 생각하면 냉정한 말 같지만 영적인 의미는 사탄의 노예에서 그리스도의 신부로 신분(身分)이 바뀐 지금은 떠나온 옛 세상과는 인연을 끊어야 한다는 점을 나타냅니다.

출애굽 당시 끈질기게 하나님의 백성들을 괴롭힌 불신앙의 근원에는 "우리가 애굽에 있을 때에는··· 애굽으로 돌아가자"하고, 떠나온 애굽에 대한 미련을 끊지를 못하고 잊어버리지 못한 데 있었던 것입니다. 하나님께서는 아브라함에게 "너는 너의 고향과 친척과 아버지의 집을 떠나 내가 네게 보여 줄 땅으로 가라"(창 12:1) 명하셨습니다. 아브라함은 먼 훗날 아들 이삭의 신부를 맞이하고자 했을 때, "여자가 나를 따라 이 땅으로 오고자 아니하거든 내가 주인의 아들을 주인이 나오신 땅으로 인도하여 돌아가리이까"라고 묻는 늙은 종에게 "내 아들을 그리로 데리고 돌아가지 말라"(창 23:1-6)고 단호하게 금했던 것입니다.

㉡ 리브가는 아버지 집을 잊어버린 표본이 되는 인물이라 할 수 있는데, "오라버니와 그의 어머니가 이르되 이 아이로 하여금 며칠 또는 열흘을 우리와 함께 머물게 하라"고 머물기를 원했으나, 단호하게 "가겠나이다"(창 24:55,58)라고 보지도 못한 이삭의 신부가 되기 위해서 아버지 집을 잊어버리고 하나님의 인도하심을 쫓았던 것입니다. 반면 주님께서 "롯의 처를 생각하라"(눅 17:32)하신 롯의 처는 이를 끊지 못하다가 멸망한 표본이라 할 수 있습니다.

㉢ 11절은 "그러하면"이라는 말로 시작되는데,

㉮ "그러하면 왕이 네 아름다움을 사모하실지라"(11상)

㉯ "그는 네 주인이시니 너는 그를 경배할지어다"(11하) 합니다. 이는 쌍가락지처럼 짝을 이루는 말씀인데, 신랑 되시는 왕은 오직

신부의 “아름다움을 사모”하고, 신부는 신랑만을 “나의 주”로 고백하고 “경배”하게 된다는 것입니다.

㉣ “두로의 딸은 예물을 드리고 백성 중 부한 자도 네 얼굴 보기를 원하리로다”(12) 하는데, 이사야서 49:22-23절, 60:4-9절을 보십시오. 이는 구원이 이방인에게까지 이르게 될 것을 상징적으로 하는 말씀입니다.

⑧ “왕의 딸은 궁중에서 모든 영화를 누리니”(13상)한 영화를 누리게 될 “왕의 딸”이란 누구를 가리키는가?

㉠ 16절에는 “왕의 아들들”이 있습니다. 이를 전체적인 의미문맥으로 본다면 “왕의 딸, 왕의 아들들”이란 “하나님의 자녀들” 곧 성도들 외에 달리는 생각할 수 없는 것입니다. “그의 옷은 금으로 수 놓았도다”(13하) 합니다. 8절에서는 “왕의 모든 옷은” 하고 “왕의 옷”을 말씀했는데, 13절과 14절에 나오는 “옷”은 신부의 옷을 가리키며 이는 성도들이 누릴 영광스러움을 나타냅니다.

㉡ “수 놓은 옷을 입은 그는 왕께로 인도함을 받으며”(14상)하고, 아름답게 단장한 신부는 신랑 되시는 왕께로 인도함을 받습니다. 그런데 신부만이 아니라, “시종(侍從)하는 친구 처녀들도 왕께로 이끌려 갈 것이라”(14하)한 말씀은 무슨 뜻인가? “친구 처녀들도 왕께로 이끌려 갈 것이라(14), 그들은 기쁨과 즐거움으로 인도함을 받고 왕궁에 들어가리로다”(15)한 “친구들, 그들”은 “너”라는 한 신부를 통해서 많은 이웃들도 잔치(구원)에 참여하게 될 것을 가리킵니다.

이점을 계시록에서는 “어린 양의 혼인 기약이 이르렀고 그의 아내가 자신을 준비하였으니, 어린 양의 혼인 잔치에 청함을 받은 자들은 복이 있도다”(계 19:7,9)라고 말씀합니다. “그의 아내나, 혼인 잔치에 청함을 입은 자들”은 모두가 구원에 참여하게 될 하나님의 자녀들인 것입니다. “왕궁에 들어가리로다” 한 말씀을 작은 일로 여기지 마시기 바랍니다. 왜냐하면 하나님의 존전(尊前)에서 추방당한 때가 있었기 때문입니다.

⑨ 장면은 혼인예식에서 왕의 대관식(戴冠式) 장면으로 바뀌고 있는데, "왕의 아들들은 왕의 조상들을 계승할 것이라 왕이 그들로 온 세계의 군왕을 삼으리로다"(16)고 "계승할 것이라"한 것은 영광이 대대로 무궁할 것을 가리킵니다.

㉠ 그런 후에 "내 마음이 좋은 말로 왕을 위하여 지은 것을 말하리니"(1)고 시작된 45편은, "내가 왕의 이름을 만세에 기억하게 하리니 그러므로 만민이 왕을 영원히 찬송하리로다"(17)하는 "영원 · 찬송"으로 마치고 있습니다.

㉡ 45편에서도 핵심적인 주제가 마지막 부분인 16-17절에 나타납니다.

㉮ 먼저 "만민이 왕을 영원히 찬송하리로다"(17)한 묘사는 인간 왕에게 해당이 되는 말이 아니라 오직 만 왕의 왕께만 적용되는 말씀이요,

㉯ 같은 맥락에서 "왕의 아들들은 왕의 조상들을 계승할 것이라 왕이 그들로 온 세계의 군왕을 삼으리로다"(16)한 묘사도 다윗이나 그 아들들에게 해당되는 말씀이 아닙니다.

이는 "인자가 자기 영광으로 모든 천사와 함께 올 때에 자기 영광의 보좌(寶座)에 앉으리니, 그때에 임금이 그 오른편에 있는 자들에게 이르시되 내 아버지께 복 받을 자들이여 나아와 창세로부터 너희를 위하여 예비된 나라를 상속(相續)받으라"(마 25:31,34)에서 성취될 예언적인 말씀인 것입니다. 이점을 사도 베드로는 "그러나 너희는 택하신 족속이요 왕 같은 제사장들이요 거룩한 나라요 그의 소유가 된 백성이니"(벧전 2:9) 합니다.

㉢ 그러므로 45편에는

㉮ "왕에게 영원히 복을 주시도다(2)

㉯ 주의 보좌는 영원하며(6)

㉰ 왕의 이름을 만세(萬歲)에 기억하게 하리니

㉱ 만민이 왕을 영원히 찬송하리로다"(17)한 "영원히" 강조되어 있습니다.

그러면 45편이 진술하는 이러한 왕이 누구시며, 이런 왕국이 어느 왕국이겠습니까? 다니엘 선지자를 통해서 "이 여러 왕 시대에 하늘의 하나님이 한 나라를 세우시리니 이것은 영원히 망하지도 아니할 것이요 그 국권이 다른 백성에게로 돌아가지도 아니할 것이요 도리어 이 모든 나라를 쳐서 멸망시키고 영원히 설 것이라"(단 2:44)하신 메시아 왕국인 것입니다. 이것이 "왕이요 전사이신 우리의 신랑" 그리스도이십니다.

적용 : 45편은 영광스러움으로 충만합니다. 왕의 영광만이 충만한 것이 아니라, 왕후 곧 성도들이 누리게 될 영광도 충만합니다. 우리가 기억해야 할 점은 "딸이여 듣고 보고 귀를 기울일지어다"(10)한 왕후에 대한 권면하는 말씀입니다.

㉮ 네 백성과 아버지 집을 잊어버리라 하십니다.

㉯ 왕만을 사모하라 하십니다.

㉰ 친구 처녀들도 영광에 참여하도록 하라고 말씀합니다.

묵상

㉠ 왕은 어떤 왕이시며 왕국의 특성에 대해서

㉡ 왕후에게 당부하는 말에 대해서

㉢ 성도들이 누리게 될 셋째 단원의 영광스러움에 대해서.

시편 46편 개관도표

주제 : 우리의 피난처이신 하나님

우리의 피난처	1-3 1 ① **하나님은 우리의 피난처시요 힘이시니 환난 중에 만날 큰 도움이시라** 2 ② 그러므로 땅이 변하든지 산이 흔들려 바다 가운데 빠지든지 3 바닷물이 솟아나고 뛰놀든지 그것이 넘침으로 산이 요흔들릴지라도 **우리는 두려워하지 아니하리로다**(셀라)
우리와 함께하심	4-7 4 ③ 한 시내가 있어 나뉘어 흘러 **하나님의 성** 곧 지존하신 이의 **성소를 기쁘게 하도다** 5 ④ **하나님이 그 성 중에 계시매** 성이 흔들리지 아니할 것이라 **새벽에 하나님이 도우시리로다** 6 뭇 나라가 떠들며 왕국이 흔들렸더니 그가 소리를 내시매 땅이 녹았도다 7 **만군의 여호와께서 우리와 함께 하시니 야곱의 하나님은 우리의 피난처시로다**(셀라)
하나님을 알라	8-11 8 ⑤ **와서 여호와의 행적을 볼지어다** 그가 땅을 황무지로 만드셨도다 9 그가 땅 끝까지 전쟁을 쉬게 하심이여 활을 꺾고 창을 끊으며 수레를 불사르시는도다 10 ⑥ 이르시기를 **너희는 가만히 있어** 내가 하나님 됨을 알지어다 내가 뭇 나라 중에서 높임을 받으리라 내가 세계 중에서 높임을 받으리라 하시도다 11 **만군의 여호와께서 우리와 함께 하시니 야곱의 하나님은 우리의 피난처시로다(셀라)**

46편

우리의 피난처이신 하나님

> 7 만군의 여호와께서 우리와 함께 하시니 야곱의 하나님은 우리의 피난처시로다(셀라)

46편에는 "피난처"라는 말이 세 번(1,7,11) 등장하는데, 이것이 중심주제입니다. 그리고 "셀라"라는 말도 세 번(3,7,11) 등장함으로 세 절로 된 노래와도 같습니다. 그렇다면 "피난처"는 어디에 있단 말인가? 그것은 사람들이 생각하듯이 어떤 장소(場所)적인 개념이 아니라 "하나님은 우리의 피난처시요"(1)하고, 하나님 자신이 "피난처"(避難處)라고 말씀합니다. 그런데 피난처 되시는 "여호와께서 우리와 함께 하신다"(7,11)는 것입니다. 이점이 46편의 핵심이라 할 수 있는데, 그렇다면 46편을 통해서 말씀하시려는 "피난처"의 답은 나온 셈입니다. "하나님이 우리와 함께 계시다", 즉 "임마누엘"(마 1:23)하신 예수 그리스도께서 피난처가 되신다는 말씀입니다.

첫째 단원(1-3) **환난 중에 만날 수 있는 피난처**
둘째 단원(4-7) **우리와 함께 하시는 하나님**
셋째 단원(8-11) **내가 하나님 됨을 알지어다**

첫째 단원(1-3) 환난 중에 만날 수 있는 피난처

"하나님은 우리의 피난처시요 힘이시니 환난 중에 만날 큰 도움이시라"(1)

① 첫째 단원의 중심점은 "만날 수 있다"(1하)는데 있습니다. 피난처가 있다 해도 환난 당한 자가 만날 수 없다면 그림의 떡처럼 별 도움이 되지 못할 것이기 때문입니다.

㉠ 이 선언은 46편 전체의 명제(命題)와 같은 말씀인데, 1절 안에는 "하나님 · 피난처 · 힘 · 환난 · 만남 · 큰 도움" 등이 있습니다. "환난"을 당한 자는 "도움"을 절실히 필요로 합니다. 그런데 그 도움을 "만날" 수 있다는 것입니다. 얼마나 기쁜 소식인가?

㉡ "하나님은 우리의 피난처시라"고 진술하는 시편 기자는 "도피성"을 염두에 두고 한 말일 것입니다. 왜냐하면 구약시대에는 "피난처"가 "도피성"으로 주어졌기 때문입니다. 이점이 "만날 수 있다"라는 말씀에 나타나는데, 하나님께서는 "도피성"(逃避城) 제도를 명하시면서 도피성으로 "가는 길이 멀면 그를 따라 죽일까 하노라"하시고, 여섯이나 두셨던 것입니다. 그리고 "그 길을 닦으라"(신 19:6,3), 즉 길

을 닦고, 다리를 놓고, 찾기 쉽도록 이정표를 세우라고 말씀하셨기 때문입니다.

모형으로 주어진 도피성이 복음이 밝히 드러난 신약성경에서는 "앞에 있는(저곳에 가면 살 수 있다는) 소망을 얻으려고 피난처를 찾은 우리에게 큰 안위를 받게 하려 하심이라"(히 6:18)하고, 예수 그리스도가 도피성의 실체이심을 증언하고 있습니다. 그리하여 주님은 "내가 곧 길이요 진리요 생명이니"(요 14:6)하고 손수 길을 닦아 놓으셨던 것입니다. 그러므로 "피난처"는 가까이 있습니다. 누구든지 "환난 중에 만날 큰 도움"이 되어주시는 것입니다.

② 이제 다음으로 나아갈 수 있게 되었는데 왜냐하면 2절은 "그러므로"하고 시작되기 때문입니다.

㉠ 이 "그러므로"에 확고하지 못하면 46편이 수박 겉핥기식이 되고 마는 것입니다. "땅이 변하든지 산이 흔들려 바다 가운데에 빠지든지 바닷물이 솟아나고 뛰놀든지 그것이 넘침으로 산이 흔들릴지라도 우리는 두려워하지 아니하리로다(셀라)"(2-3) 합니다. 이 점에서 분명해야 할 점은 그리스도를 "피난처"로 삼는 자들은, 환난을 당하지 않게 되리라고 말씀하고 있지 않다는 점입니다.

㉮ "땅이 변하든지"

㉯ "산이 흔들려 바다 가운데 빠지든지"

㉰ "바닷물이 솟아나고 뛰놀든지"

㉱ "그것이 넘침으로 산이 흔들릴지라도" 즉 이와 같은 환난 당할 수 있다는 것입니다.

㉡ 그러나 "우리는 두려워 아니하리로다(셀라)"하는 것입니다. 이점을 사도 바울은 "내가 확신하노니 사망이나 생명이나 천사들이나 권세

자들이나 현재 일이나 장래 일이나 능력이나 높음이나 깊음이나 다른 어떤 피조물이라도 우리를 우리 주 그리스도 예수 안에 있는 하나님의 사랑에서 끊을 수 없으리라"(롬 8:38-39), "나는 끊어 놓을 수 없다"는 점을 확신한다는 것입니다. 왜냐하면 "환난 중에 만날 수 있는 피난처"가 있기 때문입니다.

모세는 죽기 전에 행한 유언과 같은 설교에서 "내가 오늘 네게 명령한 이 명령은 네게 어려운 것도 아니요 먼 것도 아니라" (신 30:11) 합니다. 환난 당한 자가 도움을 얻기 위해서 "하늘에 올라가야 하는 것도 아니요, 바다 밖에 있는 것도 아니라"는 것입니다. "오직 그 말씀이 네게 매우 가까워서 네 입에 있으며 네 마음에 있다"(신 30:12-14)고 말씀합니다.

사도 바울은 이 말씀을 인용하여 복음을 설명하기를 "누가 하늘에 올라가겠느냐 하지 말라 하니 올라가겠느냐 함은 그리스도를 모셔 내리려는 것이요 혹 누가 음부에 내려가겠느냐 하지 말라 하니 내려가겠느냐 함은 그리스도를 죽은 자 가운데서 모셔 올리려는 것이라", 즉 구원은 그렇게 해서 얻는 것이 아니라고 말씀합니다. 왜냐하면 그리스도는 이미 강림하셨으며 또한 죽은 자 가운데서 부활을 하셨기 때문입니다. 그러므로 "말씀이 네게 가까워 네 입에 있으며 네 마음에 있다"(롬 10:8) 합니다. 46편에서도 우리를 도와주실 수 있는 "피난처"는 아주 가까이 있다, 즉 "우리와 함께 계신다"는 점을 말씀하려는 것입니다.

둘째 단원(4-7) **우리와 함께 하시는 하나님**

하나님이 그 성 중에 계시매 성이 흔들리지 아니할 것이라"(5상)

둘째 단원의 중심점은 "하나님의 성, 지극히 높으신 자의 장막의 성소"에 있습니다. 이것이 시편 기자 당시는 성막 또는 성전을 가리키는 것이지만 이것은 모형이었고, 신약시대에 이르러서는 임마누엘로 성취되어 교회로 적용되는 것입니다.

③ "한 시내가 있어 나뉘어 흘러"(4상) 합니다.

㉠ "하나님의 성"(4중)이라 한 예루살렘에는 시내가 없습니다. 그러므로 이는 상징적인 표현으로 보아야만 하는데, 시편 기자는 "강이 에덴에서 흘러나와 동산을 적시고 거기서부터 갈라져 네 근원이 되었으니"(창 2:10)한 에덴의 광경을 염두에 두고 한 표현일 것입니다.

㉡ 중요한 점은 3절과의 대조인데,

㉮ 3절에서 "바닷물이 솟아나고 뛰놀든지"한 것은 시험 · 환난을 상징한 것이나

㉯ 4절의 "한 시내가 있어"한 것은 잔잔히 흐르는 평화를 상징하는 묘사인 것입니다. 그래서 "하나님의 성 곧 지존하신 이의 성소를 기쁘게 하도다"(4하)하는 것입니다.

에스겔 선지자에게 보여주신 성전 환상에서는 "그 문지방 밑에서 물이 나와 동쪽으로 흐르다가 성전 오른쪽 제단 남쪽으로 흘러내리더라"(겔 47:1) 합니다. 그리고 말씀하시기를 "강 좌우 가에는 각종 먹을 과실나무가 자라서 그 잎이 시들지 아니하며 열매가 끊이지 아니하고 달마다 새 열매를 맺으리니 그 물이 성소를 통하여 나옴이라"(겔 47:12) 합니다. "한 시내가 있어 나뉘어 흘러, 성소를 기쁘게 하도다"(4)한 말씀 속에는 이런 뜻이 함의되어 있다 하겠습니다.

④ 이렇게 말씀한 후에 "하나님이 그 성 중에 계시매 성이 흔들리지 아니할 것이라"(5상) 합니다.

㉠ "흔들리지 아니한다"한 것은 3절의 "흔들릴지라도"한 것과 예리하게 대조되어 있는데, 성 밖에는 "땅이 변하든지 산이 흔들려 바다 가운데 빠지든지 바닷물이 솟아나고 뛰놀든지"한 흔들릴지라도, "하나님이 그 성 중에 계시매", 마치 잔잔히 흐르는 시냇물같이 평화롭고, "성이 흔들리지 아니할 것이라"는 말씀입니다.

이점이 신약성경에서는 "내가 이 반석 위에 내 교회를 세우리니 음부의 권세가 이기지 못하리라"(마 16:18)하신, 시온성과 같은 교회요, 이를 축소한 것이 "실로 내가 내 영혼으로 고요하고 평온하게 하기를 젖 뗀 아이가 그의 어머니 품에 있음 같게 하였나니"(131:2)한 영혼의 평온이요, 이를 무한대로 확대하면 "모든 눈물을 그 눈에서 닦아 주시니 다시는 사망이 없고 애통하는 것이나 곡하는 것이나 아픈 것이 다시 있지 아니하리니 처음 것들이 다 지나갔음이러라(계 21:4)한 하나님의 나라인 것입니다.

㉡ "새벽에 하나님이 도우시리로다"(5하) 합니다. "새벽"이란 사람이 일을 시작하기 이전의 시간을 가리킵니다.

㉮ 출애굽의 밤이(출 12:31) 그러했습니다.

㉯ 홍해를 육지같이 건널 수 있었던 것도 새벽(출 14:24,27)이었으며

㉰ 예루살렘을 포위한 앗수르 군대도 "아침에 일찍이 일어나보니 다 송장이 되었더라"(왕하 19:35) 말씀합니다.

하나님의 구원행사는 "모든 것이 하나님께로 났으며"(고후 5:18)한 전적인 하나님의 단독적인 행사인 것입니다. 인간이 무엇인가 보태야 하는 것이 아닙니다. 성경이 이점을 얼마나 강조하고 있는가를 보십시오. "네가 내게 돌로 제단을 쌓거든 다듬은 돌로 쌓지 말라 네가 정으로 그것을 쪼면(가미하면) 부정하게 함이니라"(출 20:25, 신 27:6, 수 8:31)고 강조하고 또 강조하십니다. "번제단"에서 드려지는 제물은 그리스도의 구속사역에 대한 그림자인데 여기다 "그것을

쪼면", 즉 정을 댄다면 이는 다른 복음이 되고 만다는 경계입니다. 그렇게 한 자들이 구원을 얻으려면 "할례"를 받아야 한다고 주장한 할례당들입니다.

ⓒ "뭇 나라가 떠들며 왕국이 흔들렸더니 그가 소리를 내시매 땅이 녹았도다"(6) 합니다. 이는 종말적인 말씀으로 대적자들은 "바닷물이 솟아남"같이 하나님의 교회를 대적하나, "하나님이 그 성 중에 계시매 성이 흔들리지 아니하는" 것만이 아니라, "그가 소리를 내시매"한 심판의 날이 이르게 된다는 말씀입니다.
"땅의 임금들과 왕족들과 장군들과 부자들과 강한 자들과 모든 종과 자유인이 굴과 산들의 바위틈에 숨어, 우리를 가리라"(계 6:15-16) 할 날이 온다는 것입니다. 그러나 임마누엘 하나님으로 피난처를 삼은 자들은 "만군의 여호와께서 우리와 함께 하시니 야곱의 하나님은 우리의 피난처시로다(셀라)"(7)하고 든든히 설 수 있는 것입니다. 이것이 "시온성과 같은 교회"입니다.

셋째 단원(8-11) 내가 하나님 됨을 알지어다

"이르시기를 너희는 가만히 있어 내가 하나님 됨을 알지어다"(10상)

셋째 단원의 중심점은 "내가 하나님 됨을 알지어다" 한 말씀에 있습니다. 성경은 궁극적으로 "하나님 됨을 알게" 하시려는 하나님의 자기계시(啓示)입니다.

⑤ 그러면 "떠들며 흔들리던 이방"이 하나님 됨을 알 날이 언제인가? "와서 여호와의 행적을 볼지어다 그가 땅을 황무지로 만

드셨도다"(8)한 최후심판 때입니다. "그 때에 사람의 말이 진실로 의인에게 갚음이 있고 진실로 땅에서 심판하시는 하나님이 계시다"(58:11) 하리라는 것입니다.

㉠ "그가 땅끝까지 전쟁을 쉬게 하심이여 활을 꺾고 창을 끊으며 수레를 불사르시는도다"(9) 합니다. 이사야와 미가 선지자를 통해서는 "그가 많은 민족들 사이의 일을 심판하시며 먼 곳 강한 이방 사람을 판결하시리니 무리가 그 칼을 쳐서 보습을 만들고 창을 쳐서 낫을 만들 것이며 이 나라와 저 나라가 다시는 칼을 들고 서로 치지 아니하며 다시는 전쟁을 연습하지 아니하리라"(사 2:4, 미 4:3) 합니다.

㉡ 이를 구속사라는 맥락으로 보면 어떤 의미가 되는가? 이는 "여자의 후손이 뱀의 머리를 상하게 함으로"(창 3:15) 전쟁이 그치게 되었음을 의미합니다. 이에 대한 예표가 여호수아서에 있는데, "그 땅에 전쟁이 그쳤더라"(수 14:15)하면서 "여호와께서 그들의 주위에 안식(安息)을 주셨다"(수 21:44)라고 말씀합니다. 이는 그리스도를 통해서 성취될 그림자인 것입니다.

⑥ "이르시기를 너희는 가만히 있어 내가 하나님 됨을 알지어다"(10상) 하십니다.

㉠ "하나님 됨"을 알아야 할 "너희"란 이방인들만은 아닙니다. 에스겔서에는 "여호와인 줄을 알리라"는 말씀이 무려 57회 이상이나 등장합니다. 어찌하여 예루살렘이 멸망 당하고 성전이 불에 타고 백성들이 포로로 끌려가야만 했는가? 한마디로 "하나님을 알지 못했기" 때문입니다.

㉡ 그러므로 옥중에 갇혀있는 바울 사도가 도리어 밖에 있는 성도들을 염려하여 기도하는 첫 제목이 "지혜와 계시의 영을 너희에게 주사 하나님을 알게"(엡 1:17) 해달라는 것이었습니다. 하나님을 알아야

할 만큼 알기만 한다면 "내가 뭇 나라 중에서 높임을 받으리라 내가 세계 중에서 높임을 받으리라"(10하), 진정 하나님을 높이며 경외하게 될 것입니다.

"너희는 가만히 있으라"는 뜻이 무엇인가? 이 말은 앞에는 홍해가 가로막고 있고, 뒤에서는 바로의 군사가 추격해오는 절체절명의 상황에서 두려워하는 백성들을 향해서 모세가 "너희는 두려워하지 말고 가만히 서서 여호와께서 오늘 너희를 위하여 행하시는 구원을 보라, 너희는 가만히 있을지니라"(출 14:13-14)한 말씀과 같은 뜻입니다. 이는 전적인 신뢰(信賴)를 나타냅니다. 믿는 자는 흔들리지 않고 가만히 있을 수 있는 것입니다.

ⓒ "하나님은 우리의 피난처시오"한 선언으로 시작한 46편은, "만군의 여호와께서 우리와 함께 하시니 야곱의 하나님은 우리의 피난처시로다(셀라)"(11)하고 마치고 있습니다. 똑같은 말씀을 7절과 11절에서 반복함으로 강조적입니다. 어찌하여 하나님을 "야곱의 하나님"이라 부르고 있는가? "야곱"은 택하심의 대명사(代名詞)입니다. 하나님은 야곱에게 "네 이름을 다시는 야곱이라 부르지 않겠고 이스라엘이 네 이름이 되리라"(창 35:10) 하셨습니다. 그러므로 하나님을 "야곱의 하나님"이라 부르는 것은, "우리를 택하신 하나님"이라는 고백과 같은 뜻인 것입니다.

ⓓ 이런 맥락에서 도달하게 되는 결론은,

㉮ "야곱의 하나님", 즉 우리를 택하신 하나님은

㉯ "우리와 함께 하신다"(7,11), 즉 임마누엘 하신다는 것입니다.

유사(有史) 이래로 "임마누엘" 사건보다 더 경이로운 사건은 달리는 없습니다. 이것이 "우리의 피난처이신 하나님"입니다. 구약시대는 피난처이신 하나님이 함께 계셨다면 신약시대는 "우리 안에" 계십니다.

적용 : "하나님이 우리와 함께 하신다"는 임마누엘이 끝이 아닙니다. 왜냐하면 그리스도의 구속으로 말미암아 "하나님의 영, 그리스도의 영, 성령"(롬 8:9)께서 "너희와 함께 거하심이요 또 너희 속에 계시겠음이라"(요 14:17)고 말씀하시기 때문입니다. 그리하여 "너희가 하나님의 성전인 것과 하나님의 성령이 너희 안에 계시는 것을 알지 못하느냐(고전 3:16), 너희 몸은 너희가 하나님께로부터 받은바 너희 가운데 계신 성령의 전인 줄을 알지 못하느냐"(고전 6:10)고 묻고 있습니다. 그러므로 "환난 당하는 모든 자의 피난처는 임마누엘이요", 그 분은 "환난 중에 만날" 수 있도록 우리를 찾아와 주시어 우리와 영원토록 함께 계신다는 말씀입니다. 그렇다면 우리는 이렇게 선언할 수 있게 된 것입니다. "그러므로 땅이 변하든지 산이 흔들려 바다 가운데에 빠지든지 바닷물이 솟아나고 뛰놀든지 그것이 넘침으로 산이 흔들릴지라도 우리는 두려워하지 아니하리로다(셀라)(2-3).

묵상

㉠ "피난처"라는 주제의 구속사적 의미에 대해서
㉡ 우리와 함께 하시고, 환난 중에 만날 수 있다는 점에 대해서
㉢ 성 중 · 가정 · 내 안에 계시는 하나님에 대해서.

시편 47편 개관도표

주제 : 올라가셔서 보좌에 앉으신 하나님 찬양

온 땅의 큰 임금	1-4 1 ① **너희 만민들아 손바닥을 치고 즐거운 소리로 하나님께 외칠지어다** 2 지존하신 여호와는 두려우시고 **온 땅에 큰 왕이 되심이로다** 3 ② 여호와께서 만민을 **우리에게,** 발아래 복종하게 하시며 나라들을 **우리** 4 **우리를 위하여** 기업을 택하시나니 곧 사랑하신 야곱의 영화로다(셀라)
올라가신 하나님	5-7 5 ③ **하나님께서 즐거운 함성 중에 올라가심이여** **여호와께서 나팔 소리 중에 올라가시도다** 6 ④ **찬송하라 하나님을 찬송하라 찬송하라 우리 왕을 찬송하라** 7 하나님은 **온 땅의 왕이심이라** 지혜의 시로 찬송할지어다
거룩한 보좌	8-9 8 ⑤ **하나님이 뭇 백성을 다스리시며** **하나님이 그의 거룩한 보좌에 앉으셨도다** 9 ⑥ **뭇 나라의 고관들이 모임이여 아브라함의 하나님의 백성이 되도다** 세상의 모든 방패는 하나님의 것임이여 **그는 높임을 받으시리로다**

47편

승천하셔서 보좌에 앉으신 하나님 찬양

5 하나님께서 즐거운 함성 중에 올라가심이여 여호와께서 나팔 소리 중에 올라가시도다

47편은 "하나님께서 즐거운 함성중에 올라가심이여 여호와께서 나팔 소리 중에 올라가시도다" 한 5절을 중심으로 해석되어야 마땅합니다. 왜냐하면 신약성경에서는 이를 인용하여, "올라가셨다 하였은즉 땅 아래 낮은 곳으로 내리셨던 것이 아니면 무엇이냐"(엡 4:9)고, 그리스도께서 "하나님께로부터 오셨다가 하나님께로 돌아가신"(요 13:3), 승천으로 적용시키고 있기 때문입니다.

도표 오른편에 표시된 대로 "온 땅의 큰 왕(2)이, 올라가시어

(5), 그의 거룩한 보좌에 앉으셨도다"(8)는 진술을, 그리스도께서 강림하셔서 죽으시고 다시 사시고 승천(昇天)하시어(68:18, 엡 4:9), 하나님 우편의 보좌에 앉으셨다는 사건 외에 다른 것을 상정(想定)할 수 없는 것입니다. 그래서 "찬송하라 우리 왕을 찬송하라"(6)하는 것입니다. 이런 맥락에서 첫째 단원은 내려오셔서 "우리를 위하여" 행해주신 일이고, 둘째 단원은 승리하고 올라가신 왕에 대한 묘사요, 셋째 단원은 올라가셔서 보좌에 앉으신 왕이라 할 수 있습니다.

첫째 단원(1–4) **온 땅에 큰 임금이 되신 하나님**
둘째 단원(6–7) **즐거이 부르는 중에 올라가심**
셋째 단원(8–9) **거룩한 보좌에 앉으신 하나님**

첫째 단원(1–4) 온 땅에 큰 임금이 되신 하나님

"지존하신 여호와는 두려우시고 온 땅에 큰 왕이 되심이로다"(2)

첫째 단원은 보좌를 내어놓으시고 이 땅에 내려오신 왕이 우리를 위해서 행해주신 행사를 말씀하는 내용입니다.

① 그래서 "너희 만민들아 손바닥을 치고 즐거운 소리로 하나님께 외칠지어다"(1) 합니다.

㉠ 이는 굉장히 기쁜 소식이 있기 때문임을 나타내는데,

㉮ "손바닥을 치고"

㉯ "즐거운 소리로 하나님께 외칠지어다", 이는 의문에 속한 묘사가 아니라 기쁜 소식 곧 복음시대를 전망하는 나팔소리와 같

은 것입니다.

㉰ 이점이 "너희 만민(萬民)들아"하고, 유대인들만이 아니라 만민을 초청하고 있는 데서 드러납니다. 이는 만민의 구주가 나셨다는 의미가 함축되어 있는 것입니다.

㉡ 이점이 "지존하신 여호와는 두려우시고 온 땅에 큰 왕이 되심이로다"(2)한 말씀에서도 드러납니다. "온 땅의 큰 왕"이 누구신가?
"이는 한 아기가 우리에게 났고 한 아들을 우리에게 주신 바 되었는데, 그의 이름은 기묘자라 모사라 전능하신 하나님이라 영존하시는 아버지라 평강의 왕(王)이라 할 것임이라"(사 9:6)한 "큰 왕"이 오실 것에 대한 예시인 것입니다. 이런 맥락에서 47편의 주제가 113편하고도 상통합니다.

할렐루야, 여호와의 종들아 찬양하라 여호와의 이름을 찬양하라
이제부터 영원까지 여호와의 이름을 찬송할지로다
해 돋는 데에서부터 해 지는 데에까지 여호와의 이름이 찬양을 받으시리로다
여호와는 모든 나라보다 높으시며 그의 영광은 하늘보다 높으시도다
여호와 우리 하나님과 같은 이가 누구리요 높은 곳에 앉으셨으나
스스로 낮추사 천지를 살피시고 가난한 자를 먼지 더미에서 일으키시며
궁핍한 자를 거름 무더기에서 들어 세워
지도자들 곧 그의 백성의 지도자들과 함께 세우시며 (113:1-8) 합니다.

② 그러면 이처럼 "큰 왕"께서 강림하셔서 우리를 위하여 행해주신 일이 무엇인가? 그 내용이 3-4절인데 "여호와께서 만민을 우리에게, 나라들을 우리 발아래에 복종(服從)하게 하시며"(3)라고 말씀합니다.

㉠ 도표에 표시된 대로 "우리에게, 우리 발아래, 우리를 위하여"하고, "우리"가 강조되어 있습니다. 우리를 위하여 첫째로 행해주신 것이

나라들을 "우리 발아래 복종하게 하셨다"는 것인데 이 진술이 당시로는 어떤 대적을 굴복하게 하신 일일 수 있습니다.

그런데 "내 아버지께서 이제까지 일하시니 나도 일한다"(요 5:17) 하신 성부와 성자께서 복종하게 하시려는 궁극적인 일하심은 "여자의 후손은 네 머리를 상하게 할 것이요"(창 3:15)하신 사탄을 발판되게 하시는 일이라는 점을 놓쳐서는 안 됩니다. 다시 말하면 "죽기를 무서워하므로 한평생 매여 종노릇 하는 모든 자들을 놓아주려 하심"(히 2:15)인 것입니다. 이는 그리스도께서 "낮아지셨다가, 올라가심" 즉 죽으시고 다시 사심을 통해서만이 가능하여지는 것입니다.

ⓛ 이점이 둘째로 "우리를 위하여 기업을 택하시나니 곧 사랑하신 야곱의 영화로다 (셀라)"(4)한 말씀에서 나타납니다. 야곱은 영화롭기는커녕 이사야 선지자는 "지렁이 같은 너 야곱아"(사 41:14)라고 부르고 있습니다. 그런 자들에게 어떻게 "기업" 곧 약속의 땅 가나안을 주시고 "사랑하신 야곱의 영화로다" 하신단 말인가?

이점을 모세는 "네 하나님 여호와께서 지상 만민 중에서 너를 자기 기업의 백성으로 택하셨나니, 여호와께서 다만 너희를 사랑하심으로 말미암아 또는 너희의 조상들에게 하신 맹세(언약)를 지키려 하심으로 말미암아"(신 7:6,8)라고 말씀합니다. 이런 맥락에서 "기업 · 택하심 · 야곱의 영화" 등의 표현은 궁극적으로는 "모든 일을 그의 뜻의 결정대로 일하시는 이의 계획을 따라 우리가 예정을 입어 그(그리스도) 안에서 기업이 되었으니 이는 우리가 그리스도 안에서 전부터 바라던 그의 영광의 찬송이 되게 하려 하심이라"(엡 1:11-12)에서 성취될 말씀인 것입니다.

이것이 영광의 보좌를 비우시고 강림(降臨)하셔서 우리를 위하여 행해주신 일입니다. 그래서 "너희 만민들아 손바닥을 치고 즐거운 소리로 하나님께 외칠지어다"(1)하는 것입니다.

둘째 단원(5–7) 즐거이 부르는 중에 올라가심

"하나님께서 즐거운 함성중에 올라가심이여 여호와께서 나팔 소리 중에 올라가시도다"(5)

둘째 단원의 중심점은 "올라가시도다"에 있습니다. 68:18절에서도 "주께서 높은 곳으로 오르시며" 합니다. 신약성경은, "자기가 하나님께로부터 오셨다가 하나님께로 돌아가실 것을 아시고"(요 13:3)라고 말씀합니다. 이 점에서 확고해야 할 점은 하늘로부터 오셨다가 그냥 하늘로 올라가신 것이 아니라는 점입니다. 사망으로써 사망의 세력을 잡은 자 곧 마귀를 정복하시고, 죽기를 무서워하는 자들을 자유하게 하시는 일을 "다 이루시고", 다시 말하면 죽으시고 다시 사심을 통하여 사망 권세를 이기시고 올라가셨다는 점입니다. 이점을 에베소서에서는 "그러므로 이르기를 그가 위로 올라가실 때에 사로잡혔던 자들을 사로잡으시고 사람들에게 선물을 주셨다"(엡 4:8)라고 말씀합니다. 이는 승리하고 올라가심을 의미합니다.

③ 계시록 12장에 보면 "용이 해산하려는 여인 앞에서 그가 해산하면 그 아이를 삼키고자 하는" 장면이 있습니다. 즉 그리스도를 죽이면 자신이 승리하는 줄로 여기고 있다는 것입니다. 그런데 "그 아이를 하나님 앞과 그 보좌 앞으로 올려가더라"(계 12:4,5) 합니다. 즉 용에게 잡혀먹힌 것이 아니라, 죽으실 뿐만 아니라 다시 살아나심으로 도리어 사망권세를 자은 자 마귀를 이기시고 승천하셨다는 것입니다.

④ 얼마나 기쁜 일인가? 그래서 "찬송하라 하나님을 찬송하라 찬송하라 우리 왕을 찬송하라"(6)하는 것입니다.

㉠ 계시록 5장에서는 네 생물과 24장로들이 새 노래로 노래하기를,

㉮ "일찍이 죽임을 당하사 각 족속과 방언과 백성과 나라 가운데에서 사람들을 피로 사서 하나님께 드리시고 그들로 우리 하나님 앞에서 나라와 제사장들을 삼으셨으니 그들이 땅에서 왕 노릇 하리로다"고 외치고,

㉯ 그 수가 만만이요 천천이라 한 천사들은 "큰 음성으로 이르되 죽임을 당하신 어린 양은 능력과 부와 지혜와 힘과 존귀와 영광과 찬송을 받으시기에 합당하도다"(11-12)하고 찬양하고

㉰ 모든 만물들은 "보좌에 앉으신 이와 어린 양에게 찬송과 존귀와 영광과 권능을 세세토록 돌릴지어다"(13)한 오케스트라와 같은 합창을 합니다.

㉡ 이 같은 계시록의 합창이 "찬송하라 하나님을 찬송하라 찬송하라 우리 왕을 찬송하라(6), 하나님은 온 땅의 왕이심이라 지혜의 시로 찬송할지어다"(7)한 본문과 상통합니다. 이것이 "즐거이 부르는 중에 올라가심"입니다.

셋째 단원(8–9) 거룩한 보좌에 앉으신 하나님

"하나님이 뭇 백성을 다스리시며 하나님이 그의 거룩한 보좌에 앉으셨도다"(8)

셋째 단원의 중심점은 "거룩한 보좌에 앉으셨도다"에 있습니다. 이는 주님께서 심문하는 대제사장을 향해서 "내가 너희에게 이르노니 이후에 인자가 권능의 우편에 앉아 있는 것과 하늘 구

름을 타고 오는 것을 너희가 보리라"(마 26:64)하신 선언과 상통합니다.

⑤ 주님은 대제사장적인 기도에서 "아버지여 창세 전에 내가 아버지와 함께 가졌던 영화로써 지금도 아버지와 함께 나를 영화롭게 하옵소서"(요 17:5) 하셨습니다. 그리스도께서 내려오셔서 원수를 발아래 복종하게 하시고 올라가심으로 어떤 일이 가능하여졌는가?

⑥ 9절은 결론과 같은 말씀인데, 내려오시고 올라가심을 통해서 우리를 위하여 이루어주신 일이 무엇인가를 명백하게 밝혀주고 있습니다. "뭇 나라의 고관들이 모임이여 아브라함의 하나님의 백성이 되도다"(9상) 합니다.

㉮ 첫째로 "뭇 나라 고관들이 모임이여"합니다. 이스라엘만이 아니라 "뭇 나라 고관들"이 모이게 된다는 것은 구원의 문이 이방인들에게까지 열리게 된다는 말씀입니다. 이는 선지서의 일관된 예언입니다. "말일에 여호와의 전의 산이 모든 산꼭대기에 굳게 설 것이요 모든 작은 산 위에 뛰어나리니 만방(萬邦)이 그리로 모여들 것이라(사 2:2), 네 눈을 들어 사방을 보라 그들이 다 모여 네게로 오느니라, 그들이 네 아들들을 품에 안고 네 딸들을 어깨에 메고 올 것이며"(사 49:18,22)하고 예언되어 있습니다.

㉯ 둘째로 그들이 "아브라함의 하나님의 백성이 되도다"(9중) 합니다. 46편에서는 "야곱의 하나님"(7,11)이라고 진술했는데, 본문에서는 어찌하여 "아브라함의 하나님"이라 말씀하는가? 이는 "뭇 나라 고관들이 모임이여"한 언급과 결부되기 때문입니다. 하나님께서는 아브라함에게 "네 씨로 말미암아 천하 만민이 복을 받으리라"(창 22:18)하고 언약을 세워주셨던 것입니다. 이점

을 바울 사도는 "너희가 그리스도의 것이며 곧 아브라함의 자손이요 약속대로 유업을 이을 자니라"(갈 3:29)고 말씀합니다. 엄밀한 의미에서 야곱은 선민 이스라엘의 조상이지만 "아브라함"은 모든 믿는 자, 즉 만민의 조상인 것입니다.

㈐ 그리하여 셋째는 "세상의 모든 방패는 하나님의 것임이여 그는 높임을 받으시로다"(9하) 합니다. "세상의 모든 방패"를 현대인의 성경에서는 "세상의 모든 왕들"이라고 번역하고 있는데, 이런 뜻입니다. "세상 나라가 우리 주와 그의 그리스도의 나라가 되어 그가 세세토록 왕 노릇하시리로다"(계 11:15), 즉 메시아왕국이 임하게 된다는 말씀입니다. 47편은 "지존(至尊)하신 여호와"(2)로 시작하여, "높임을 받으시리로다"(9)로 마치고 있습니다. 이것은 합당한 결론인 것입니다. 이것이 "올라가셔서 보좌에 앉으신 하나님 찬양"입니다.

적용 : 47편은 찬양 시입니다. 그것도 감사와 감동과 감격으로 드리는 찬양입니다. 구약시대에는 하나님께서 왕이시었으나 임마누엘 하심으로 신약에 이르러서는 예수 그리스도께서 우리의 왕이 되어주셨고, 구약시대에는 "하나님의 백성"이라 하셨으나, 신약에 와서는 "하나님의 자녀"라 말씀하십니다. "이는 그가 사랑하시는 자 안에서 우리에게 거저 주시는바 그의 은혜의 영광을 찬송하게 하려는 것이라"(엡 1:6) 하십니다. "찬송하라 하나님을 찬송하라 찬송하라 우리 왕을 찬송하라". -아멘-

묵상

㉠ "온 땅에 큰 왕이 되신 하나님"에 대해서
㉡ "즐거이 부르는 중에 올라가심"에 대해서
㉢ "거룩한 보좌에 앉으신 하나님"에 대해서.

시편 48편 개관도표

주제 : 요새로 알리신 여호와의 성

피난처	1-3 1 ① 여호와는 위대하시니 **우리 하나님의 성, 거룩한 산에서 극진히 찬양받으시리로다** 2 ② 터가 높고 아름다워 **온 세계가 즐거워함이여** **큰 왕의 성** 곧 북방에 있는 **시온 산이 그러하도다** 3 하나님이 그 여러 궁중에서 **자기를 요새로 알리셨도다**
영원히 견고함	4-8 4 ③ **왕들이 모여 함께 지나갔음이여** 5 **그들이 보고 놀라고 두려워 빨리 지나갔도다** 6 거기서 떨림이 그들을 사로잡으니 고통이 해산하는 여인의 고통 같도다 7 주께서 동풍으로 다시스의 배를 깨뜨리시도다 8 ④ 우리가 들은 대로 만군의 **여호와의 성,** 우리 **하나님의 성에서** 보았나니 하나님이 이를 영원히 **견고하게 하시리로다**(셀라)
인자와 정의	9-14 9 ⑤ 하나님이여 우리가 **주의 전** 가운데서 **주의 인자하심을 생각하였나이다** 10 하나님이여 **주의 이름과** 같이 찬송도 땅 끝까지 미쳤으며 주의 오른손에는 **정의가 충만하였나이다** 11 ⑥ 주의 심판으로 말미암아 **시온 산은 기뻐하고** 유다의 **딸들은 즐거워할지어다** 12 너희는 **시온을 돌면서** 그 곳을 둘러보고 그 망대들을 세어 보라 13 그의 성벽을 자세히 보고 그의 궁전을 살펴서 **후대에 전하라** 14 ⑦ **이 하나님은 영원히 우리 하나님이시니** 그가 우리를 죽을 때까지 인도하시리로다

48편

요새로 알리신 여호와의 성

9 하나님이여 우리가 주의 전 가운데에서 주의 인자하심을 생각하였나이다.

48편은 "여호와는 위대하시니"(1)하고 "여호와"로 시작하여, "이 하나님은 영원히 우리 하나님이시니"(14)하고 "하나님"으로 마치는 구조(構造)입니다. 48편에는 "시온"이라는 말이 세 번(2,11,12) 등장하는데, "시온" 곧 예루살렘의 안전과 영광스러움을 노래하는 내용입니다. 예루살렘을 가리켜 "하나님의 성(1), 큰 왕의 성(2), 여호와의 성"(8)이라고 부르는 것은 하나님의 성전이 있기 때문인데, 그렇다면 어찌하여 "시온"을 "온 세계가 즐거워함이여"(2)라 하는가? 이에 대한 답은 성전이 누구의 모형인가를 아는 그리스도인이라면 분명해지는 것입니다. 하나님께서는 "내가 나의 왕을 내 거룩한 산 시온에 세웠다"(2:6) 말씀하시고, 다윗은 "이스라엘의 구원이 시온에서 나오기를 원하도다"(14:7) 합니다. 그래서 "자기를 요새, 즉 피난처로 알리셨도다"(3), 즉 "시온"에 오면 구원을 얻을 수 있다고 말씀하는 것입니다.

왕들은 이를 대적하였으나(4), 하나님이 이를 영원히 견고하게 하시리로다(8) 합니다. 그러므로 48편을 통해서도 성전의 실체가 되시는 "큰 왕"을 만날 수 있어야 하는 것입니다.

첫째 단원(1–3) 요새인 큰 왕의 성
둘째 단원(4–8) 영원히 견고하게 하시리로다
셋째 단원(9–14) 주의 인자와 정의

첫째 단원(1–3) **요새인 큰 왕의 성**

"하나님이 그 여러 궁중에서 자기를 요새로 알리셨도다"(3)

첫째 단원의 핵심은 한 "요새"에 있는데 예루살렘의 중심은 "성전"(聖殿)이요, 성전은 그리스도에 대한 모형이기 때문에 요새라 하는 것입니다.

① "여호와는 위대하시니 우리 하나님의 성, 거룩한 산에서 극진히 찬양하리로다"(1) 합니다.

㉠ "성" 자체를 찬양하는 것이 아닙니다. 하나님을 찬양하는 것이라고 말하는 것도 부족합니다. 왜냐하면 이는 예수가 그리스도이심을 부정하는 유대인들과 같은 해석이기 때문입니다. 48편에는 "시온"이라는 말이 세 번(2,11,12) 등장하는데 "시온의 딸아 크게 기뻐할지어다

예루살렘의 딸아 즐거이 부를지어다 보라 네 왕이 네게 임하시나니"(슥 9:9)한 만왕의 왕을 찬양하라는 데까지 나아가야 하는 것입니다. 이점이 "만군의 여호와께서 우리와 함께 하시니 야곱의 하나님은 우리의 피난처시로다"(46:11)한 "우리와 함께 하시는 하나님, 야곱의 하나님, 피난처시로다"라는 진술에 나타납니다.

㉡ 성경 전체가 그러합니다만 48편도 크게는 "하나님이 행해주신 일과 사람이 해야 할 일", 두 가지로 되어있습니다.

㉮ 본문에서 하나님의 행사는 "자기를 요새로 알리셨다"(3)는 것이고

㉯ 우리에게 촉구하는 바는 "찬양하라(1), 후대에 전하라"(13)한 전파입니다.

② "터가 높고 아름다워 온 세계가 즐거워함이여 큰 왕의 성 곧 북방에 있는 시온 산이 그러하도다"(2) 합니다.

㉠ 시온 산을 "큰 왕의 성"이라고 부르고 있는데, "큰 왕"이란 표면적으로는 "하나님"을 가리키는 것이나, 이를 구속사라는 맥락으로 보면 성전의 실체(實體)가 되시는 그리스도를 가리키는 것이 되고, "터가 높고 아름다워"한 것도 물리적인 묘사로만 볼 것이 아니라 "이 닦아 둔 것 외에 능히 다른 터를 닦아 둘 자가 없으니 이 터는 곧 예수 그리스도라"(고전 3:11)한 그리스도를 볼 수 있어야 합니다. 왜냐하면 신구약을 막론하고 "아름다운 다른 터"란 없기 때문입니다.

솔로몬의 성전은 바벨론에 의하여, 헤롯 성전은 로마에 의하여 파괴당하고 불타버렸는데 오늘날까지도 "큰 왕의 성"(2)을 찬양하라는 48편이 하나님의 말씀이 될 수 있는 것은 성전이 임마누엘 하실 그리스도에 대한 모형이요, 주님께서 친히 "이 반석 위에 내 교회를 세우리니"(마 16:18)하고, 교회로 성취되었기 때문입니다. 그래서 "온 세계가 즐거워함이여" 하는 것입니다.

㉡ 이점이 "하나님이 그 여러 궁중에서 자기를 요새로 알리셨도다"(3) 한 말씀에 분명히 드러납니다. 이에 대한 1차적인 의미는 예루살렘 성안에는 많은 궁(宮)들이 있었습니다. "궁"이란 왕이 거하는 곳인데 그런데 "큰 왕"이 거하시는 궁은 오직 성전(聖殿) 하나뿐이요, 그곳이 "요새"라는 뜻입니다. 그런데 성전은 모형(模型)일 뿐 하나님께서 "요새로 알리신" 성전의 원형(原型)은, "다른 이로써는 구원을 얻을 수 없나니 천하 사람 중에 구원을 받을 만한 다른 이름을 우리에게 주신 일이 없음이라"(행 4:12)한 그리스도인 것입니다.

㉢ 그러므로 첫째 단원을 마치기 전에 확고해야 할 점은 "하나님의 성"은 지금 어디에 있으며, "큰 왕"은 어디에 계시는가 하는 물음입니다. 실체가 오심으로 모형은 폐기가 되었으나, 우리가 이른 곳은 "시온 산과 살아계신 하나님의 도성인 하늘의 예루살렘"이라고 말씀합니다.

이런 맥락에서 "큰 왕의 성"은 임마누엘로 성취되었고, 시온 성과 같은 교회로 적용되었다가 "또 내가 보매 거룩한 성 새 예루살렘이 하나님께로부터 하늘에서 내려오니 그 준비한 것이 신부가 남편을 위하여 단장한 것 같더라"(계 21:2)에서 완성되는 것, 이것이 "요새인 큰 왕의 성"입니다.

둘째 단원(4–8) 영원히 견고하게 하시리로다

"영원히 견고하게 하시리로다"(8)

둘째 단원의 중심이 되는 말씀입니다. 첫째 단원에서 "자기를 요새로 알리셨도다"(3)고 말씀했는데, 요새가 견고하지 않다면 무슨 소용이 있겠는가? 그런데 "견고하게 하셨다"는 말씀은 이를 파괴하려는 대적자가 있다는 점을 나타냅니다.

③ "왕들이 모여서 함께 지났음이여"(4) 하는데

㉠ 이는 여러 나라의 왕들이 예루살렘을 점령하고자 대적했으나, "그들이 보고 놀라고 두려워 빨리 지나갔도다"(5), "지나갔다, 두려워 빨리 지나갔다"는 말은 패퇴(敗退)했다는 뜻입니다.

㉮ 그 예가 히스기야 왕 당시 "이 밤에 여호와의 사자가 나와서 앗수르 진에서 군사 십팔만오천 명을 친지라 아침에 일찍이 일어나 보니 다 송장이 되었더라"(왕하 19:35)한 일과

㉯ 여호사밧 왕 당시에 "여호와께서 복병을 두어 유다를 치러 온 암몬 자손과 모압과 세일 산 주민들을 치게 하시므로 그들이 패하였으니"(대하 20:22)한 사건을 들 수 있습니다.

㉡ 그래서 "거기서 떨림이 그들을 사로잡으니 고통이 해산하는 여인의 고통 같도다 주께서 동풍으로 다시스의 배를 깨뜨리시도다"(6-7)하는 것입니다.

④ "우리가 들은 대로"(8상)란 하나님의 말씀을 조상들로부터 귀로 듣기만 했는데,

㉠ "만군의 여호와의 성, 우리 하나님의 성에서 보았나니"(8중), 이제는 목도(目睹)하게 되었다는 것입니다. 욥도 "내가 주께 대하여 귀로 듣기만 하였사오나 이제는 눈으로 주를 뵈옵나이다"(욥 42:5)라고 말했던 것입니다. 이점이 신약의 성도들에게는 "그러나 너희 눈은 봄으로, 너희 귀는 들음으로 복이 있도다"(마 13:16)한 말씀으로 성취된 것입니다. 그리하여 확신하기에 이른 것이 무엇인가?

㉡ "하나님이 이를 영원히 견고하게 하시리로다(셀라)"(8하)한 영원한 "견고"(堅固)입니다. 8절 안에는,

㉮ "우리가 들은 대로" 한 과거(過去)의 보호하심과
㉯ "보았나니"한 현재(現在)의 보호와
㉰ "영원히 견고하게 하시리로다" 한 미래(未來)까지의 보호하심 이 들어있습니다.

지상의 나라에는 "영원히 견고"란 없습니다. 이는 하나님께서 다윗에게 "네 집과 네 나라가 내 앞에서 영원히 보전되고 네 왕위가 영원히 견고하리라"(삼하 7:16)하고 언약을 세워주신 메시아왕국에 대한 전망입니다. 이것이 "영원히 견고하게 하시리로다" 입니다.

셋째 단원(9–14) **주의 인자와 정의**

"하나님이여 우리가 주의 전 가운데서 주의 인자하심을 생각하였나이다"(9)

⑤ 셋째 단원의 중심점은 "인자(仁慈)와 정의"(9,10)에 있습니다.

㉠ 시편에는 "인자"(仁慈)가 자주 등장하는데, "여호와의 모든 길은 그의 언약과 증거를 지키는 자에게 인자와 진리로다"(25:10)하고, "진리"와 함께 짝을 이루는 경우가 많습니다. 왜냐하면 하나님의 구원행사는 "인자(사랑)와 진리"(공의)로 행하신 정정당당한 행사이기 때문입니다. 이점을 요한복음에서는 "은혜(인자)와 진리는 예수 그리스도로 말미암아 온 것이라"(요 1:17)고 말씀합니다. 결국 "자기를 요새로 알리셨도다"(3)한 것이 "인자와 정의"로 되어진 것이라는 뜻이 됩니다.

ⓛ 그래서 "하나님이여 주의 이름과 같이 찬송도 땅 끝까지 미쳤으며 주의 오른손에는 정의가 충만하였나이다"(10) 합니다.

㉮ "주의 이름"이 땅 끝까지 전해지게 되고

㉯ 전해지는 곳에는 "찬양"이 뒤따르게 되는데

㉰ 이는 "인자(仁慈)와 충만한 정의"(正義) 때문이라는 것입니다. 그렇다면 이는 복음의 기쁜 소식 외에 달리는 없다 할 것입니다.

⑥ "주의 심판으로 말미암아 시온 산은 기뻐하고 유다의 딸들은 즐거워할지어다"(11)하는데, 개역본에서는 "주의 판단을 인하여"로 되어있습니다.

㉠ 무슨 뜻이냐 하면 "주의 심판, 즉 판단"(判斷)이란 48편에 세 번(2,11,12) 등장하는 "시온"과 결부되는 진술입니다. 왜냐하면 시편 78편에 보면 "에브라임 지파를 택하지 아니하시고 오직 유다 지파와 그가 사랑하시는 시온 산을 택하시며"(78:68)라고 진술하고 있기 때문입니다. 이는 하나님의 주권적인 선택(選擇)을 나타내는데 그래서 "시온 산은 기뻐하고 유다의 딸들은 즐거워할지어다"(11)하는 것입니다. 스가랴서에서도 "시온의 딸아 크게 기뻐할지어다 예루살렘의 딸아 즐거이 부를지어다 보라 네 왕이 네게 임하시나니"(슥 9:9)하고 "큰 왕"으로 말미암아 크게 기뻐하고 즐거워하라 하는 것입니다.

ⓛ 이점이 "너희는 시온을 돌면서 그 곳을 둘러보고 그 망대들을 세어보라 그의 성벽을 자세히 보고 그의 궁전을 살펴서 후대에 전하라"(12-13)하신 의미와 결부된다 하겠습니다. 이는 혹 자의 말처럼 불원간 예루살렘이 멸망할 터이니 잘 보았다가 후대에 전하라는 뜻은 아닐 것입니다. 그렇게 여긴다면 "자기를 요새로 알리셨다(3), 영원히 견고하게 하시리로다"(8)한 말씀이 무색해지고 말기 때문입니다. 성전이라는 모형(模型)은 불에 탈 수 있으나 실체는 "음부의 권

세가 이기지 못하리라"(마 16:18)하신 대로 영원한 것입니다.

ⓒ 하나님께서는 성전이 불타버린 후에 에스겔에게 성전 환상을 보여 주시면서, "인자야 내가 네게 보이는 그것을 눈으로 보고 귀로 들으며 네 마음으로 생각할지어다 내가 이것을 네게 보이려고 이리로 데리고 왔나니 너는 본 것을 다 이스라엘 족속에게 전할지어다"(겔 40:4) 하십니다. 에스겔에게 보고 전하라 하신 것이 성전의 외모이겠는가? 이 점에서 스데반 집사가 "그러나 지극히 높으신 이는 손으로 지은 곳에 계시지 아니하시나니 선지자가 말한바 주께서 이르시되 하늘은 나의 보좌요 땅은 나의 발등상이니 너희가 나를 위하여 무슨 집을 짓겠으며 나의 안식할 처소가 어디냐"(행 7:48-49)고 증언한 말씀을 상기할 필요가 있습니다. 성전 식양은 임마누엘에 대한 모형이었던 것입니다.

⑦ "여호와는 광대하시니 우리 하나님의 성, 거룩한 산에서 극진히 찬송하리로다"(1)고 시작한 48편은 "이 하나님은 영원히 우리 하나님이시니 그가 우리를 죽을 때까지 인도하시리로다"(14)는 말씀으로 마치고 있습니다.

㉠ 중요한 점은 "우리를 죽을 때까지 인도하시는 하나님"이 누구를 가리키느냐 하는 점입니다.

㉮ 성전을 통해서 "자기를 요새로 알리신"(3) 하나님

㉯ 그리하여 우리로 하여금 "주의 인자하심을 생각하게"(9)하신 하나님

㉰ "시온 산은 기뻐하고 유다의 딸들은 즐거워하라"(11)하신 "임마누엘"의 하나님이신 것입니다.

㉡ "이 하나님은 영원히 우리 하나님이시라"고 말씀합니다. "영원"(永遠)이란 "내가 나의 거룩함으로 한번 맹세하였은즉 다윗에게 거짓말을 하지 아니할 것이라"(89:35)하신 영원불변의 언약(言約)과 결부

되는 표현입니다. 그래서 "우리를 죽을 때까지 인도하시리로다"(14) 하는 것입니다. 이렇게 하심이 우리에게 자격이 있어서가 아니라 "주의 인자와 정의"로 하신 것이요, 이것이 "요새로 알리신 여호와의 성"입니다.

적용 : 형제의 몸과 가정과 섬기시는 교회가 하나님이 함께 하시는 큰 왕의 성이라는 각성이 있어야 합니다. 이는 우리의 영광이요 안전입니다. 이 하나님은 "영원토록 너희와 함께 하신다"(요 14:16)하신 대로, 영원히 우리 하나님이십니다. 이를 찬양하며 후대에 전하십시다.

묵상

㉠ 48편의 주제인 "요새인 큰 왕의 성"의 모형과 원형에 대해서

㉡ "주의 전 가운데서 주의 인자하심을 생각하였나이다"한 인자에 대해서

㉢ "자세히 보고, 살펴서 후대에 전하라" 한 신령한 의미에 대해서.

시편 49편 개관도표

주제 : 너무나 귀한 생명의 구속

오묘한 말을 풀리로다	1-5 1 ① 뭇 백성들아 세상의 거민들아 모두 2 귀천 빈부를 막론하고 **이를 들으라 / 귀를 기울이라 / 다 들을 지어다** 3 ② **내 입은 지혜를 말하겠고** 내 마음은 명철을 작은 소리로 읊조리리로다 4 **나의 오묘한 말을 풀리로다** 내가 비유에 내 귀를 기울이고 수금으로 5 ③ **죄악이 나를 따라다니며 나를 에워싸는 환난의 날을 내가 어찌 두려워하랴**
하나님은 하시나니	6-15 6 ④ 자기의 **재물을 의지하고** 부유함을 자랑하는 자는 7 아무도 자기의 형제를 **구원하지 못하며** 그를 위한 **속전을 하나님께 바치지도 못할 것은** 8 ⑤ **그들의 생명을 속량하는 값이 너무 엄청나서 영원히 마련하지 못할 것임이라** 9 **그가 영원히 살아서 죽음을 보지 않을 것인가** 10 ⑥ 그러나 그는 지혜있는 자도 **죽고 어리석고** 무지한 자도 함께 **망하며** 그들의 재물은 남에게 남겨두고 떠나는 것을 보게 되리로다 11 그러나 그들의 속 생각에 그들의 집은 영원히 있고 그들의 거처는 대대에 이르리라 하여 그들의 토지를 자기 이름으로 부르도다 12 ⑦ **사람은 존귀하나 장구하지 못함이여 멸망하는 짐승 같도다** 13 이것의 바로 어리석은 자들의 길이며 그들의 말을 기뻐하는 자들의 종말이로다(셀라) 14 그들은 양 같이 **스올에 두기로** 작정되었으니 **사망이 그들의 목자일 것이라** 정직한 자들이 아침에 그들을 다스리리니 그들의 아름다움은 소멸하고 스올이 그들의 거처가 되리라 15 ⑧ 그러나 **하나님은 나를 영접하시리니 이러므로 내 영혼을 스올의 권세에서 건져내시리로다(셀라)**
두려워 말라	16-20 16 ⑨ 사람이 치부하여 그의 집의 영광이 더할 때에 **너는 두려워하지 말지어다** 17 **그가 죽으매** 가져가는 것이 없고 그의 영광이 그를 따라 내려가지 못함이로다 18 그가 비록 생시에 자기를 축하하며 스스로 좋게 함으로 사람들에게 칭찬을 받을지라도 19 그들은 그들의 역대 **조상들에게로 돌아가리니** 영원히 빛을 보지 못하리로다 20 ⑩ **존귀하나 깨닫지 못하는 사람은 멸망하는 짐승 같도다**

49편

너무나 귀한 생명의 구속

[15] 그러나 하나님은 나를 영접하시리니 이러므로 내 영혼을
스올의 권세에서 건져내시리로다 (셀라)

49편은 "뭇 백성들아 이를 들으라"(1)는 초청으로 시작됩니다. "귀천 빈부를 막론하고 다 들을지어다"(2) 하면서 "내 입은 지혜를 말하겠고(3), 나의 오묘한 말을 풀리로다"(4) 합니다. "오묘한 말을 풀리로다"를 새 번역에서는 "수수께끼를 풀 것이다"고 번역하고 있는데 "귀천 빈부를 막론하고"(2) 모든 인생은 수수께끼와 같은 풀어야 할 본질적인 문제를 안고 있기 마련인데, 이에 대한 해답을 알려주겠다는 것입니다. 그것이 무엇인가? 세 번 등장하는 "속량"(7,8,15), 즉 구원문제라는 것입니다. 이는 우리를 놀라게 하며 49편이 우리 모두에게 적합한 문제임을 깨닫게 합니다.

첫째 단원(1–5) **오묘한 말을 풀리로다**
둘째 단원(6–15) **하나님은 나를 영접하시리니**
셋째 단원(16–20) **너는 두려워하지 말지어다**

첫째 단원(1–5) 오묘한 말을 풀리로다

"내가 비유에 내 귀를 기울이고 수금으로 나의 오묘한 말을 풀리로다"(4)

① "뭇 백성들아 이를 들으라 세상의 거민들아 모두 귀를 기울이라" (1), "귀천 빈부를 막론하고 다 들을지어다"(2)고 초청합니다. "뭇 백성들, 세상의 거민들(1), 귀천 빈부"(2)를 막론하고 다 들으라 한다면 이에서 제외되는 사람은 한 사람도 없는 것이 됩니다. 그렇다면 모든 사람이 들어야 하고 풀어야 할 긴급한 문제가 무엇이란 말인가?

② "내 입은 지혜를 말하겠고 내 마음은 명철을 작은 소리로 읊조리리로다"(3).

"내가 비유에 내 귀를 기울이고 수금으로 나의 오묘한 말을 풀리로다"(4) 합니다. "오묘"란 비밀스런 것이요, "풀리로다"란 해석, 즉 해답을 알려주겠다는 것입니다. 그런데 시편 기자는 내가 비유에 "내 귀를 기울이고" 합니다. 즉 자기 자신도 깨달음을 얻은 사람이라는 뜻입니다. 자신이 깨달은 바를 모든 사람들에게 전해주겠다는 것입니다. 그러면 모든 사람이 풀어야 할 수수께끼와 같은 "오묘한 말"이 무엇인가?

③ 그것은 "죄악이 나를 따라다니며 나를 에워싸는 환난의 날에"(5상)한 "죄"라는 문제인 것입니다. 이 문제는 즉각적으로 우리를 "모든 사람이 죄를 범하였으매 하나님의 영광에 이르지 못하더니"(롬 3:23)한 말씀으로 인도합니다.

㉠ 그러면 "죄악이 나를 따라다니며 나를 에워싸는 환난의 날"이란 어떤 뜻인가? "죄악"이 자신을 해하려고 추격하고 포위하는 상태를 가리키는데, 이점을 신약성경에서는 "죽기를 무서워하므로 한평생 매여 종노릇"하는 자들이라 합니다.

㉡ 그런데 "내가 어찌 두려워하랴"(5하)한 것은 죽음 문제에 대한 해답을 얻었다는 것이 됩니다. 그래서 "나의 오묘한 말을 풀리로다", 즉 가르쳐주겠다는 것입니다. 다윗도 "허물의 사함을 받고 자신의 죄가 가려진 자는 복이 있도다"(32:1), 즉 죄 문제에 대한 해답을 얻은 후에 "내가 네 갈 길을 가르쳐 보이고 너를 주목하여 훈계하리로다"(32:8) 합니다. 죄 사함을 받은 자는 전도자가 되는 것입니다.

문제는 많은 사람들이 자신이 "죄악이 나를 따라 에워싸는 환난의 날"의 상황에 있다는 사실을 모르고 있다는 점입니다. 그렇다면 온 천하를 얻었다 하여도 "존귀하나 깨닫지 못하는 사람은 멸망하는 짐승 같도다"(20)하는 것입니다. 그래서 "오묘한 말을 풀리로다" 즉 가르쳐주겠다는 것입니다.

둘째 단원(6-15) **하나님은 나를 영접하시리니**

"그들의 생명을 속량하는 값이 너무 엄청나서 영원히 마련하지 못할 것임이니라"(8)

"오묘한 말을 풀리로다"(4)한 지혜 자는 먼저 죄 문제를 해결해주지 못할 것들을 진술하는데, 그래서 "못하며, 못할 것은(7), 못할 것임이라(8)하는 말이 강조되어 있습니다.

그런 후에 "하나님은 하시리니"(15)하고 하나님만이 해결해주실 수 있다고 말씀하는 것이 둘째 단원의 구조(構造)입니다.

④ 첫째로 못하는 것은 "자기의 재물(財物)을 의지하고 부유함을 자랑하는 자는"(6)

㉠ "아무도 자기의 형제를 구원하지 못하며 그를 위한 속전을 하나님께 바치지도 못할 것은"(7) 합니다. 여기서 모든 사람이 풀어야 할 절박한 문제가 무엇인가 하는 점이 분명하게 드러나고 있는데, 그것은 "죄악으로부터의 속량"입니다. "속량과 속전"이라는 말은 49편을 이해하는 열쇠가 됩니다. "속량"이란 노예로 팔린 자를 속전(贖錢)을 지불하고 자유하게 하는 것을 가리키는데 원죄하에 있는 자들은 모두가 죄 값에 팔린 사탄의 노예가 된 상태이기 때문입니다.

㉡ 하나님은 이점을 예표를 통해서 계시하셨는데, "너희의 생명을 대속하기 위하여 여호와께 드릴 때에 부자라고 반 세겔에서 더 내지 말고 가난한 자라고 덜 내지 말지며"(출 30:15) 하셨습니다. 여기에는 두 가지 요점이 있는데,

㉮ 첫째는 모든 사람은 속량이 필요하다는 것이고

㉯ 둘째는 속량을 받아야 할 영혼의 가치는 빈부귀천을 막론하고 동일하다는 점을 나타냅니다. 그런데 신약성경은 증언하기를 죄악으로부터의 속량이란 "은이나 금같이 없어질 것으로 된 것이 아니요 오직 흠 없고 점 없는 어린 양 같은 그리스도의 보배로운 피로 된 것이니라"(벧전 1:18-19)고 말씀합니다.

㉰ 그러므로 구약의 예표가 "그가 모든 사람을 위하여 자기를 대속물로 주셨으니"(딤전 2:6)하고 실체로 성취되었던 것입니다.

⑤ 그래서 본문은 "그들의 생명을 속량하는 값이 너무 엄청나서 영원히 마련하지 못할 것임이니라"(8)하는 것입니다.

㉠ 8절은 세 마디로 되어있는데,

㉮ 첫째로 생명의 속량은 돈으로 되는 것이 아니라는 점입니다. 왜냐하면 죄의 값은 사망이기 때문입니다.

㉯ 그래서 둘째는 "속량하는 값이 너무 엄청나다"고 말하는 것입니다. 이는 설사 돈으로 가능하다 하여도 한 영혼의 값이 너무나 엄청나기 때문에 한반도가 자기 소유라 해도 불가능하다는 것입니다.

㉰ 그래서 셋째는 "영원히 마련하지 못할 것임이니라"는 결론에 도달하게 되는 것입니다.

㉡ 그런 후에 "그가 영원히 살아서 죽음을 보지 않을 것인가"(9)라고 질문을 던집니다. 진시황인가요? 죽지 않고 영생한다는 어떤 이단의 교주인가요? 성경은 "한번 죽는 것은 사람에게 정해진 것이요 그 후에는 심판이 있으리니"(히 9:27)라고 말씀합니다. 그러므로 "구원" 문제는 귀천 빈부를 막론하고 모든 사람이 풀어야 할 수수께끼와 같은 문제인 것입니다.

⑥ "그러나 그는 지혜 있는 자도 죽고 어리석고 무지한 자도 함께 망하며"(10상) 그리고 그들이 최고의 가치로 여기고 일생을 걸고 모았던 "그들의 재물은 남에게 남겨 두고 떠나는 것을 보게 되리로다"(10하) 합니다. 그럼에도 불구하고 "그러나 그들의 속 생각에 그들의 집은 영원히 있고 그들의 거처는 대대에 이르리라

하여”(11상), 즉 천년만년 살 것처럼 여기고 “그들의 토지를 자기 이름으로 부르도다”(11하), 즉 자기 이름으로 등기를 하고는 자긍한다는 것입니다.

⑦ 12절은 작은 결론과 같은 말씀인데 이런 부류의 “사람은 존귀하나 장구하지 못함이여 멸망하는 짐승 같도다”(12) 합니다.

㉠ 이와 유사한 말씀을 마지막 절에서도 결론적으로 말씀하는데, 멸망하는 짐승같이 살아가고 있는 사람들이 너무나 많은 것도 사실입니다. 그럼에도 불구하고 “이것이 바로 어리석은 자들의 길이며 그들의 말을 기뻐하는 자들의 종말이로다(셀라)”(13) 하는데 무슨 뜻인가? 장본인도 그렇게 살았고 또한 그의 업적을 칭송하고 부러워하는 자들도 같은 길을 걷고 있다는 뜻입니다.

㉡ 여기 두 종말이 나타납니다.

㉮ “그들은 양 같이 스올에 두기로 작정되었으니 사망이 그들의 목자일 것이라(14) 합니다. 이는 “자기의 재물을 의지하고 풍부함으로 자긍”하던 자들의 종말입니다. 그들의 거처는 “음부”요, 그들의 목자는 “사망(死亡)이라 합니다. 이는 “여호와는 나의 목자시니”(23:1)한 말과 대조(對照)되는 것으로 얼마나 끔찍한 비극인가? 그리하여 “그들의 아름다움은 소멸하고 스올이 그들의 거처가 되리라”(14하) 합니다.

㉯ 또 하나의 종말은 “정직한 자들이 아침에 그들을 다스리리니”(14중) 합니다. “아침에 그들을 다스리리니”한 것은, “이제는 너희 때요 어두움의 권세라”(눅 22:53)하신 “밤”이 지나가고 “정직한 자”가 다스릴 “시온의 영광이 빛나는 아침”은 온다는 뜻입니다.

⑧ 그래서 "하나님은 나를 영접하시리니"(15상) 합니다.

㉠ 영화 같은 작품을 평할 때에 압권(壓卷)이란 말을 하는데, 여기가 49편의 절정(絶頂)이요 클라이막스(climax)입니다. 6-9절 안에는 "못하며, 못할 것은, 영원히 못할 것임이니라, 못하리니"하고 "못한다"는 말을 네 번이나 강조하고 있는데, "그러나 하나님은 나를 영접하시리니", 이 말씀을 듣게 될 때에 어찌 감사하며 감탄하며 압권이라 말하지 않을 수 있단 말인가!

㉡ "이러므로 내 영혼을 스올의 권세에서 건져내시리로다(셀라)"(15하) 합니다. 여기서 49편의 주제가 "영혼"(靈魂)의 문제임이 드러나고 있는데, 주님은 "몸은 죽여도 영혼은 능히 죽이지 못하는 자들을 두려워하지 말고 오직 몸과 영혼을 능히 지옥에 멸하실 수 있는 이를 두려워하라"(마 10:28) 하십니다.

㉮ 7절에서 "구원하지 못하며"한 것을

㉯ 15절에는 "건져내시리로다"한 해답이 있습니다.

이런 패턴이 "제자들이 듣고 몹시 놀라 이르되 그렇다면 누가 구원을 얻을 수 있으리이까"하고 묻는 말에, 주님은 "사람으로는 할 수 없으나 하나님으로서는 다 하실 수 있느니라"(마 19:25-26)고 답변하시는 데서도 나타납니다.

㉢ 그러면 하나님께서 "나를 영접(迎接)하심"이 어떻게 가능하여진단 말인가? 이점을 "속전(贖錢)을 바치지도 못할 것은"(7하)한 "속전"에서 찾을 수 있습니다. 그러니까 하나님께서는 "속전"을 지불하고 속량하여주신다는 뜻이 됩니다.

이점을 로마서에서는 "율법이 육신으로 말미암아 연약하여 할 수 없는 그것을 하나님은 하시나니 곧 죄로 말미암아 자기 아들을 죄 있는 육신의 모양으로 보내어 육신에 죄를 정하사"(롬 8:3), 즉 자기 아들로 대신 "속전"을 지불하게 하심으로 행해주셨다고 말씀합니다. 이것이 "하나님은 나를 영접하시리니"한 감동입니다.

셋째 단원(16–20) **너는 두려워하지 말지니라**

"사람이 치부하여 그의 집의 영광이 더할 때에 너는 두려워하지 말지어다"(16)

"뭇 백성들아 이를 들으라 세상의 거민들아 모두 귀를 기울이라"(1)한 지혜자는 셋째 단원에 이르러 "너는 두려워하지 말지니라"(16)고 말씀합니다. 무엇을 두려워하지 말라 하는가?

⑨ 즉 악인의 번영을 부러워하지 말고, 그들의 대적을 두려워하지 말라는 격려인 것입니다.

㉠ 왜냐하면 "그가 죽으매 가져가는 것이 없고 그의 영광이 그를 따라 내려가지 못함이로다"(17) 때문이라는 것입니다.

㉡ "그가 비록 생시에 자기를 축하하며 스스로 좋게 함으로 사람들에게 칭찬을 받을지라도"(18),

㉮ "스스로 좋게 함으로"란 자기도취요,

㉯ "사람들에게 칭찬을 받는다"는 것은 타인의 칭송이 따른다는 것입니다.

여기에 기만을 당하여 자신의 실존을 망각하게 되는 것입니다. 그러다가 "그들은 그들의 역대 조상들에게로 돌아가리니 영원히 빛을 보지 못하리로다"(19), 즉 뉘우친들 때가 이미 늦었고 되돌릴 수 없다는 것입니다.

이사야 14장에는 이에 대한 적절한 교훈이 있는데, 바벨론 왕이 죽으니 "너를 보는 이가 주목하여 너를 자세히 살펴보며 말하기를 이 사람이 땅을 진동시키며 열국을 놀라게 하며 세계를 황무하게 하며 성읍을 파괴하며 그에게 사로잡힌 자들을 집으로 놓아 보내지 아니하던 자가 아니냐" 합니다. 그리고 "아래의 스올이 너로 말미암아 소동하여 네가 오는 것을 영접하되"(사 14:16-17)라고 말합니다. 모든 사람들은 "스올의 영접과 하나님의 영접", 둘 중의 하나의 영접을 받게 될 것입니다.

⑩ 결론은 분명해졌습니다. "존귀하나 깨닫지 못하는 사람은 멸망하는 짐승 같도다"(20)한 경구(警句)입니다. 이것이 "생명을 속량하는 값이 너무 엄청나서 영원히 마련하지 못할 것임이니라" 한 "속량"입니다. 이런 속량을 우리는 값 없이 거저 받았으니 "그의 은혜의 영광을 찬송하게 하려는 것이라"(엡 1:6).

적용 : 49편 안에는 "재물(6), 지혜(10), 존귀(12), 아름다움"(14) 등이 있습니다. 형제여,

㉮ "자기의 재물을 의지하고 풍부함으로 교만"하지 마십시다.
㉯ "지혜"가 있다고 잘난 척하지 맙시다.
㉰ "존귀" 즉 명예가 있다고 자고하지 맙시다.
㉱ "아름다움"이 있다고 뽐내지도 마십시다.

이런 것들은 스올에서 소멸하고 말 것들입니다. 결코 생명을 속량하지 못할 것들입니다. 오직 하나님만이 하실 수 있으십니다. 그리스도의 대속을 통해서! 그러므로 환난의 날에 또는 불신자가 번영할 때에 두려워하지 마십시다. "하나님은 나를 영접하시리니"를 묵상하므로 용기를 내시기 바랍니다.

묵상

㉠ 네 번 등장하는 "못한다"에 대해서
㉡ 하나님은 하시나니"에 대해서
㉢ "너는 두려워 말지니라"는 격려에 대해서,

시편 50편 개관도표

주제 : 형식적인 예배와 위선적인 삶에 대한 심문

성도를 네 앞에 모으라	1-6	
	1	① **전능하신 이 여호와 하나님께서 말씀하사** 해 돋는 데서부터 지는 데까지 **세상을 부르셨도다**
	2	온전히 아름다운 시온에서 하나님이 **빛을 비추셨도다**
	3	② **우리 하나님이 오사** 잠잠하지 아니하시니 그 앞에는 삼키는 불이 있고 그 사방에는 광풍이 불리로다
	4	**하나님이 자기의 백성을 판결하시려고** 위 하늘과 아래 땅에 선포하여
	5	이르시되 **나의 성도들을 내 앞에 모으라** 그들은 제사로 나와 언약한 이들이니라 하시도다
	6	**하늘이 그의 공의를 선포하리니 하나님 그는 심판장이심이로다(셀라)**
형식적인 예배 심문	7-15	
	7	③ **내 백성아 들을지어다** 내가 말하리라 이스라엘아 내가 네게 증언하리라 나는 하나님 곧 네 하나님이로다
	8	④ **나는 네 제물 때문에 너를 책망하지는 아니하리니** 네 번제가 항상 내 앞에 있음이로다
	9	내가 네 집에서 수소나 네 우리에서 숫염소를 가져가지 아니하리니
	10	이는 삼림의 짐승들과 뭇 산의 가축이 다 내 것이며
	11	산의 모든 새들도 내가 아는 것이며 들의 짐승도 내 것임이로다
	12	내가 가령 주려도 네게 이르지 아니할것은 세계와 거기에 충만한것이 내것임이로다
	13	**내가 수소의 고기를 먹으며 염소의 피를 마시겠느냐**
	14	⑤ **감사로 하나님께 제사를 드리며** 지존하신 이에게 네 서원을 갚으며
	15	**환난 날에 나를 부르라** 내가 너를 건지리니 네가 나를 영화롭게 하리로다
위선적인 삶을 심문	16-23	
	16	⑥ **악인에게는 하나님이 이르시되 네가 어찌하여** **내 율례를 전하며 내 언약을 네 입에 두느냐**
	17	네가 교훈을 미워하고 내 말을 네 뒤로 던지며
	18	**도둑**을 본즉 그와 연합하고 **간음**하는 자들과 동료가 되며
	19	네 입을 **악**에게 내어 주고 네 혀로 **거짓**을 꾸미며
	20	앉아서 **네 형제를 공박하며** 네 어머니의 아들을 비방하는도다
	21	⑦ **네가 이 일을 행하여도 내가 잠잠하였더니** 네가 나를 너와 같은 줄로 생각하였도다 그러나 내가 너를 책망하여 **네 죄를 네 눈 앞에 낱낱이 드러내리라** 하시는도다
	22	⑧ **하나님을 잊어버린 너희여** 이제 이를 생각하라 그렇지 아니하면 내가 너희를 찢으리니 건질 자 없으리라
	23	**감사로 제사를 드리는 자가** 나를 영화롭게 하나니 **그의 행위를 옳게 하는 자에게** 내가 하나님의 구원을 보이리라

50편

형식적인 예배와 위선적인 삶에 대한 심문

> [23] 감사로 제사를 드리는 자가 나를 영화롭게 하나니 그의 행위를 옳게 하는 자에게 내가 하나님의 구원을 보이리라

50편의 주제는 도표에 표시된 대로 "하나님 그는 심판장이심이로다"(6)한 심판(審判)에 대한 경고입니다. 유념할 점은 심판의 대상은 "세상을 부르셨도다"(1)한 천하 만민입니다만, 50편의 초점은 "자기의 백성을 판결하시려고(4), 나의 성도들을 내 앞에 모으라"(5)한 하나님의 집에서부터 심판이 시작되고 있다는 점입니다. 그리고 교회 중에서도 심판의 초점이 "네가 어찌하여 내 율례를 전하며 내 언약을 네 입에 두느냐"(16)한 설교자에게 맞춰

져 있다는 점을 명심해야 합니다. 심판받게 되는 원인이 크게 두 방면으로 나타나고 있는데, 첫째는 "하나님"(7)과의 관계성(7-15)인데 "나는 네 제물 때문에 너를 책망하지는 아니하리니 네 번제가 항상 내 앞에 있음이로다"(8)한 형식적인 예배를 심판하게 될 것을 말씀합니다. 둘째는 이웃(20)과의 관계성인데(16-21), 겉으로는 거룩한 척하면서 뒤로는 "도둑을 본즉 그와 연합하고 간음하는 자들과 동료가 되며"(18)한 위선적인 삶입니다. 50편은 특히 목회자의 가슴을 찌르는 "좌우에 날이 선" 검과도 같은 경계입니다.

첫째 단원(1–6) **나의 성도들을 네 앞에 모으라**
둘째 단원(7–15) **형식적인 예배에 대한 심문**
셋째 단원(16–23) **위선적인 삶에 대한 심문**

첫째 단원(1–6) 나의 성도들을 네 앞에 모으라

"하늘이 그의 공의를 선포하리니 하나님 그는 심판장이심이로다 (셀라)"(6)

첫째 단원은 심판하시기 위해서 죄인을 법정에 호출(呼出)하는 광경입니다.

① "전능하신 이 여호와 하나님께서 말씀하사 해 돋는 데서부터 지는 데까지 세상을 부르셨도다"(1).

㉠ "해 돋는 데서부터 지는 데까지"란 "또 내가 보니 죽은 자들이 큰

자나 작은 자나 그 보좌 앞에 서 있는데"(계 20:12)한 심판에서 제외될 자란 아무도 없다는 뜻입니다. 그러나 순서는 "하나님의 집에서 심판을 시작할 때가 되었나니 만일 우리에게 먼저 하면 하나님의 복음을 순종하지 아니하는 자들의 그 마지막은 어떠하며"(벧전 4:17)하고, "하나님의 집"에서부터 시작하신다는 점을 명심해야 합니다.

㉡ 그래서 "온전히 아름다운 시온에서 하나님이 빛을 비추셨도다"(2)고 "시온"을 거론합니다. "빛을 비추셨도다"는 뜻을 문맥적으로 보면 흑암 중에 행하던 은밀한 일들을 밝히 드러나게 하신다는 뜻이 됩니다. 21절에서 하나님은 "네가 이 일을 행하여도 내가 잠잠하였더니 네가 나를 너와 같은 줄로 생각하였도다"고 책망하십니다. 미련한 인간들은 하나님이 잠잠하시니까 마치 아시지 못하고 보시지 못하는 양 행동한다는 것입니다. 그들을 향해서 빛을 발하시면 어떻게 되겠는가? "지으신 것이 하나도 그 앞에 나타나지 않음이 없고 우리의 결산을 받으실 이의 눈앞에 만물이 벌거벗은 것같이 드러나느니라"(히 4:13) 합니다.

이점을 사도 바울은 "너희는 열매 없는 어둠의 일에 참여하지 말고 도리어 책망하라 그들이 은밀히 행하는 것들은 말하기도 부끄러운 것들이라 그러나 책망을 받는 모든 것은 빛으로 말미암아 드러나나니 드러나는 것마다 빛이니라"(엡 5:11-13)고 진술합니다. 예를 들면 어두운 밤에 도둑질하기 위해서 담을 넘는 자에게 빛을 비추듯 하신다는 것입니다.

② "우리 하나님이 오사 잠잠하지 아니하시니 그 앞에는 삼키는 불이 있고 그 사방에는 광풍이 불리로다"(3) 합니다.

㉠ 이는 심판 주되시는 주님의 임재와 위엄을 나타냅니다. 드디어 "하

나님이 자기의 백성을 판결하시려고 위 하늘과 아래 땅에 선포하여 이르시되 나의 성도들을 내 앞에 모으라 그들은 제사로 나와 언약한 이들이니라 하시도다"(4-5)고 심판의 초점이 "하나님의 백성, 성도"에게 맞춰집니다.

ⓒ "제사로 나와 언약한 자라"한 언급은 대단히 중요한 의미가 있습니다. 원죄하에 있는 자들은 근원적으로 하나님과 단절(斷絶)된 상태입니다. 이런 상태에 있는 죄인이 하나님과 관계가 성립되기 위해서는 "언약과 대속"을 통해서만이 가능한 것입니다. 그래서 하나님은

㉮ 아브라함에게 메시아언약을 세워주셨고,

㉯ 모세를 통해 제사제도를 명하셨던 것입니다.

그래서 "제사로 나와 언약한 자"라 하시는 것입니다. 이 점에서 구약시대의 제사제도는 그리스도께서 단번에 드려주실 대속제물에 대한 예표로 주어진 것이란 점입니다. 그런데 뒤에 가서 보게 될 것입니다만 그들은 메시아언약은 망각한 채 부지런히 제사를 드렸다는 것입니다. 그러면 어떻게 되는가? 이점을 이사야 선지자는 "우상을 찬송함과 다름이 없이 행하는 자들"(사 66:3)이라고 책망합니다.

ⓒ 6절은 첫째 단원의 결론인데 "하늘이 그의 공의를 선포하리니 하나님 그는 심판장이심이로다 (셀라)"(6) 합니다. 첫째 단원에서 심판하실 법정(法廷)과 피고의 호출과 심판장되시는 하나님께서 입정(入廷)하신 것입니다. 여러분은 재판 광경을 보셨을 터인데 재판장이 입정을 하면 모두 기립합니다. 우리도 기립한 마음 자세로 둘째 단원을 맞이해야 할 것입니다. 이것이 "나의 성도들을 내 앞에 모으라"는 뜻입니다.

둘째 단원(7-15) 형식적인 예배에 대한 심문

"감사로 하나님께 제사를 드리며 지존하신 이에게 네 서원을 갚으며"(14)

둘째 단원은 심판하시는 내용인데, 첫째로 국문하시는 것이 "형식적인 예배", 즉 하나님과의 관계성에 대한 심문입니다.

이 점에서 주목하게 되는 것은 첫째 단원(1-6)은 "전능하신 하나님 여호와께서 말씀하사"(1)하고 대언(代言)하는 것으로 되어있었는데, 둘째 단원에서는 "내 백성아 들을지어다"하고 재판장 되시는 하나님이 친히 심문하신다는 점입니다.

③ "내 백성아 들을지어다 내가 말하리라 이스라엘아 내가 네게 증언하리라 나는 하나님 곧 네 하나님이로다"(7), 엄숙하고 장엄한 선언입니다.

㉠ "네 하나님이로다" 하시는 것은, 5절에서 언급한 "제사로 나와 언약"한 관계임을 상기시키는 말씀입니다. 그래서 "내 백성아"하시는 것입니다. 먼저 하나님의 백성이 되는 것이 어떻게 가능하여지는가? 이점이 49장의 주제인 "속량"을 통해서 뿐입니다. 출애굽기 6장에 의하면 "너희를 속량하여 너희를 내 백성으로 삼고"(출 6:6-7) 하십니다. 사탄의 노예였던 자가 하나님의 백성이 될 수 있는 유일한 방도는 신구약을 막론하고 속량을 통해서 뿐입니다.

㉡ 그런데 "들을지어다, 내가 말하리라, 네게 증언하리라"하시는 것은, "너를 책망하여 네 죄(罪)를 네 눈앞에 낱낱이 드러내리라"(21하), 즉 조목조목 문책(問責)하시겠다는 뜻입니다.

④ "나는 네 제물 때문에 너를 책망하지는 아니하리니 네 번제가 항상 내 앞에 있음이로다"(8) 하십니다.

㉠ 이는 어떤 면에서는 놀랄만한 말씀입니다. 신약성경에서는 "모이기

를 폐하는 어떤 사람들의 습관과 같이 하지 말고 오직 권하여 그 날이 가까움을 볼수록 더욱 그리하자"(히 10:25)고 말씀하는데, 구약의 성도들은 예배드리는 일을 부지런히 행했다는 것입니다. 그들은 "제사로 언약"한 자들이요, 부지런히 제사를 드렸다면 모든 것이 정상이 아닌가? 그러면 무엇이 문제인가?

ⓛ 하나님은 그들의 문제가 어디에 있는가를 적발해내시는데, "내가 네 집에서 수소나 네 우리에서 숫염소를 가져가지 아니하리니 이는 삼림의 짐승들과 뭇 산의 가축이 다 내 것이며 산의 모든 새들도 내가 아는 것이며 들의 짐승도 내 것임이로다"(9-11) 하십니다.

"삼림의 짐승들과 뭇 산의 가축"은 다 창조자이신 하나님의 것이라는 말씀입니다. 이렇게 말씀하는 하나님의 의도는, 구약의 제사제도는 참 것의 그림자일 뿐이라는 뜻입니다. 이사야 1:11절에서도 "너희의 무수한 제물이 내게 무엇이 유익하뇨 나는 숫양의 번제와 살진 짐승의 기름에 배불렀고 나는 수송아지나 어린 양이나 숫염소의 피를 기뻐하지 아니하노라" 하십니다.

ⓒ 이 점에서 유념할 점은, 하나님께 번제를 드리는 것과 우상에게 제사하는 것이 형식적으로는 유사(類似)하다는 점입니다. 그러면 무엇이 다른가? 하나님께서 세워주신 메시아 언약(言約)에 입각해서 제사를 드리느냐 여부에 있는 것입니다. 우리는 40:6절에서 "내 귀를 통하여 내게 들려주시기를 제사와 예물을 기뻐하지 아니하시며 번제와 속죄제를 요구하지 아니하신다" 하시면서, "오직 나를 위하여 한 몸을 예비하셨도다"(히 10:5)한 말씀을 대한 바 있습니다.

그러므로 제물로 드려지는 송아지나 어린 양이 누구의 무엇에 대한 예표인가를 망각한 채 드려지는 제사는 우상숭배나 다름이 없다는 점을 명심해야 합니다. 이점은 점차 기복 신앙화 되어가는 오늘의 예배에도 경계가 됩니다. 드림은 우리에게 있지만 받으심은 하나님께 있으시다는 점을 망각하지 말아야 합니다. 그래서 이사야 선지자는

"소를 잡아 드리는 것은 살인함과 다름이 없이 하고 어린 양으로 제사드리는 것은 개의 목을 꺾음과 다름이 없이 하며 드리는 예물은 돼지의 피와 다름이 없이 하고 분향하는 것은 우상을 찬송함과 다름이 없다"(사 66:3)고 통렬하게 책망했던 것입니다.

㉣ 하나님의 심문은 계속됩니다. "내가 가령 주려도 네게 이르지 아니할 것은 세계와 거기에 충만한 것이 내 것임이로다 내가 수소의 고기를 먹으며 염소의 피를 마시겠느냐"(12-13) 하십니다. 제가 성경을 강론하면서 "내가 수소의 고기를 먹으며 염소의 피를 마시겠느냐" 한 말씀을 참으로 많이 강조했습니다. 왜냐하면 구약성경에 등장하는 모든 제사는 그리스도께서 우리의 대속제물이 되어주실 것에 대한 예표라는 점을 드러내기 위해서요, 오늘날도 십자가 복음을 망각한 채 드리는 예배를 경계하기 위해서였습니다.

⑤ 그러면 어떤 예배가 신령과 진리로 드려지는 예배인가? "감사로 하나님께 제사를 드리며 지존하신 이에게 네 서원을 갚으며"(14) 하시는 것입니다.

㉠ "감사"는 예배의 핵심적인 요소인데 그러면 묻습니다. 무엇에 대한 감사(感謝)인가? 사도 바울은 "항상 기뻐하라, 범사에 감사하라"하는데 이것이 어떻게 가능한 것인가?

"하나님의 사랑이 우리에게 이렇게 나타난 바 되었으니 하나님이 자기의 독생자를 세상에 보내심은 그로 말미암아 우리를 살리려 하심이니라 사랑은 여기 있으니 우리가 하나님을 사랑한 것이 아니요 하나님이 우리를 사랑하사 우리 죄를 속하기 위하여 화목제물로 그 아들을 보내셨음이라"(요일 4:9-10)한 말씀을 믿는 데서 오는 감사인 것입니다. 이점이 감사가 빠진 것과 메시아언약을 망각한 것을 22절에서는 "하나님을 잊어버린 너희여"한 말씀에 나타납니다.

㉡ 그래서 "환난 날에 나를 부르라 내가 너를 건지리니 네가 나를 영

화롭게 하리로다"(15) 하십니다. 이를 신약 적으로 말한다면 "자기 아들을 아끼지 아니하시고 우리 모든 사람을 위하여 내주신 이가 어찌 그 아들과 함께 모든 것을 우리에게 주시지 아니하시겠느냐"(롬 8:32)하는 것이 됩니다. 이것이 메시아언약을 망각한 "형식적인 예배에 대한 심문"입니다.

셋째 단원(16-23) **위선적인 삶에 대한 심문**

"하나님을 잊어버린 너희여 이제 이를 생각하라"(22상)

셋째 단원은 이웃과의 관계성, 즉 위선적(僞善的)인 삶에 대한 심문입니다.

⑥ 첫 말씀이 "악인에게는"(16상) 하시는데, 이 "악인"이 누구를 가리키는지 통찰력을 발휘하여 주목하시기 바랍니다.

㉠ 첫째, 문맥적으로 보면 교회 밖에 있는 사람을 가리키는 것이 아니라, 둘째 단원에서 "내 백성아 들을지어다"(7)한 형식적인 예배를 드리는 자로 보아야 합니다. 왜냐하면 "하나님이 이르시되 네가 어찌하여 내 율례(律例)를 전하며 내 언약(言約)을 네 입에 두느냐"(16하)고 "율례 · 언약"을 언급하시기 때문입니다. 하나님과의 관계가 바르지 않게 되면 이웃과의 관계도 불의하게 되는 것입니다. 그래서 "악인"이라 하시는 것입니다.

㉡ 한 걸음 더 나아가 유념하게 되는 것은 하나님의 "율례(律例)를 전하며, (하나님의) 언약(言約)을 네 입에 두느냐"한 말씀이 누구를 염두에 두고 하신 말씀인가 하는 점입니다. 듣기에 불편할지라도 구약시대는 제사장들이요, 신약시대는 목회자인 것입니다. 그러니까 50편은 평신도보다는 종교지도자를 염두에 두고 하는 경고라 할 수 있

습니다.

㉢ "네가 교훈을 미워하고 내 말을 네 뒤로 던지며 도둑을 본즉 그와 연합하고 간음하는 자들과 동료가 되며 네 입을 악에게 내어주고 네 혀로 거짓을 꾸미며 앉아서 네 형제를 공박하며 네 어머니의 아들을 비방하는도다"(17-20) 하십니다.

이는 주님께서 마태복음 23장에서 "화 있을진저 외식하는 서기관들과 바리새인들이여" 하고 일곱 번이나 책망하신 말씀과 맥을 같이 하고 있다는 점을 유념해야 합니다. 그리고 바울은 로마서에서 "어리석은 자의 교사요 어린아이의 선생이라고 스스로 믿으니 그러면 다른 사람을 가르치는 네가 네 자신을 가르치지 아니하느냐"(롬 2:20-21)한 것과 뜻을 같이 하고 있는 것입니다.

⑦ "네가 이 일을 행하여도 내가 잠잠하였더니 네가 나를 너와 같은 줄로 생각하였도다"(21상) 하시는 "너"는 불신자가 아니라 "나의 성도"(5)요, 성도 중에서도 "율례를 전하는"(16) 지도자를 향해서 하시는 심문인 것입니다.

㉠ "너와 같은 줄로 생각"한다는 말씀은 우리의 마음을 훤히 들여다보시면서 하시는 말씀으로 심장을 찌릅니다. 그것이 무엇인가?

㉮ 알지 못하시고, 보지 못하시리라고 생각했다는 것입니다.

㉯ 심판의 날이 없을 거라고 생각했다는 것입니다.

㉰ 결국 하나님이 없다고 생각했다는 것입니다

㉡ "그러나 내가 너를 책망하여 네 죄를 네 눈 앞에 낱낱이 드러내리라 하시는도다"(21하), 즉 "지으신 것이 하나도 그 앞에 나타나지 않음이 없고 우리의 결산을 받으실 이의 눈앞에 만물이 벌거벗은 것 같이 드러나느니라"(히 4:13)하시는 것입니다. 이것이 "위선적인 삶에 대한 심문"입니다.

⑧ 22-23절은 결론적인 말씀인데, "하나님을 잊어버린 너희여 이제 이를 생각하라"(22상) 하십니다.

㉠ 어찌하여 형식적인 예배(첫째 단원)와 위선적인 삶(둘째 단원)을 살게 되는가?

㉮ "하나님을 잊어버렸기" 때문이라는 것입니다. 모든 원인은 하나님과의 관계성이 잘못 된데 기인합니다.

㉯ 그런데 "하나님을 잊어버렸다"는 말씀을 "제사로 나와 언약한 자니라"는 말씀과 결부를 시키면 메시아언약을 잊어버렸다는 뜻이라는 점을 명심해야 합니다.

㉰ 그래서 "이제 생각하라" 즉 "그러므로 네가 어떻게 받았으며 어떻게 들었는지 생각하고 지켜 회개하라"(계 3:3)는 말씀입니다.

㉱ "만일 일깨지 않으면 내가 너희를 찢으리니 건질 자 없으리라", 즉 "만일 일깨지 아니하면 내가 도둑같이 이르리니 어느 때에 네게 이를는지 네가 알지 못하리라"(계 3:3하)는 뜻입니다. "내가 너희를 찢으리니" 한 말씀을 주목하셨나요? 호세아서에서는 "그들의 마음이 교만하여 이로 말미암아 나를 잊었느니라" 하시면서 얼마나 진노하시면 "그들을 만나 그의 염통 꺼풀을 찢겠다"(호 13:6,8) 하십니다. 무엇에 대한 진노인가? 하나님의 사랑을 배신한데 대한 진노요, 메시아언약을 배신한 진노인 것입니다.

㉡ 심판하시기 위해서 "나의 성도들을 내 앞에 모으라"고 시작한 50편은 "감사로 제사를 드리는 자가 나를 영화롭게 하나니 그의 행위를 옳게 하는 자에게 내가 하나님의 구원을 보이리라"(23)고 마치고 있습니다.

㉮ "감사로 제사를 드리는 자"란 둘째 단원에서 말씀한 형식전인 예배와 반대되는 신령과 진리로 드리는 예배요,

㉯ "그의 행위를 옳게 하는 자"란 셋째 단원의 위선적인 삶과는 반대되는 진실한 삶을 가리킵니다. 이를 요약하면 "하나님 사랑과 이웃 사랑"이 되는 것입니다.

㉰ 그리고 결론은 "구원을 보이리라"한 "구원"으로 모아지고 있습니다. 그리고 "구원"은 짐승의 "제사"가 아닌 오직 예수 그리스도의 속량으로만이 가능하여진다는 점입니다. 이것이 "형식적인 예배와 위선적인 삶에 대한 심문"입니다.

적용 : "하나님을 잊어버린 너희여"한 말씀과 "네가 이 일을 행하여도 내가 잠잠하였더니 네가 나를 너와 같은 줄로 생각하였도다" 하시는 말씀은 우리의 심장을 찌릅니다. 형제여, 하나님을 잊어버리지 않는 것과 언약을 잊어버리지 않는 것은 같은 뜻의 다른 표현임을 명심하십시다. 하나님께서 현대교회의 예배와 삶에 대해서는 무엇이라 말씀하실 것인가?

묵상

㉠ 첫째 단원의 심판받을 대상자에 대해서
㉡ 첫째 심문인 형식적인 예배에 대해서
㉢ 둘째 심문인 위선적인 삶에 대해서.